高等职业教育汽车制造与试验技术专业新形态教材

# 汽车总装技术

主　编　庞成立
副主编　谭　柯　马　骥

北京理工大学出版社
BEIJING INSTITUTE OF TECHNOLOGY PRESS

## 内容提要

本书是一本按照汽车装配生产的特点和三教改革项目化教学的思路，顺应高等教育的发展趋势，面向学生的就业岗位，注重基本技能培养的教学用书，具有较强的针对性和实用性。本书借鉴一汽大众汽车有限公司成都分公司相关技术规范、标准等文件编写。全书各部分基本以典型汽车装配工作任务进行引导讲解，内容包括汽车基本知识及车身结构认知、汽车装配安全及装配工量具使用规范、汽车典型零件装配及基本技能训练、汽车总装基础知识、汽车装配生产管理知识、汽车总装工艺设计、汽车车门分装、汽车仪表分装、汽车内饰装调及汽车底盘装调。

本书可作为高等院校汽车制造与试验技术专业、新能源汽车技术专业和其他相近专业的教材，也可作为汽车类中职相关专业的教学用书，还可作为从事汽车制造与装配工作的技术管理人员的培训及参考用书，特别适用于汽车总装装配工、装调工岗位从业者及初学者。

**版权专有　侵权必究**

### 图书在版编目（CIP）数据

汽车总装技术 / 庞成立主编.--北京：北京理工大学出版社，2021.7（2021.9重印）
ISBN 978-7-5763-0102-1

Ⅰ.①汽…　Ⅱ.①庞…　Ⅲ.①汽车—装配（机械）　Ⅳ.①U463

中国版本图书馆CIP数据核字（2021）第148057号

---

| | |
|---|---|
| 出版发行 / | 北京理工大学出版社有限责任公司 |
| 社　　址 / | 北京市海淀区中关村南大街5号 |
| 邮　　编 / | 100081 |
| 电　　话 / | （010）68914775（总编室） |
| | （010）82562903（教材售后服务热线） |
| | （010）68944723（其他图书服务热线） |
| 网　　址 / | http://www.bitpress.com.cn |
| 经　　销 / | 全国各地新华书店 |
| 印　　刷 / | 河北鑫彩博图印刷有限公司 |
| 开　　本 / | 787毫米×1092毫米　1/16 |
| 印　　张 / | 18 |
| 字　　数 / | 393千字 |
| 版　　次 / | 2021年7月第1版　2021年9月第2次印刷 |
| 定　　价 / | 52.00元 |

责任编辑 / 阎少华
文案编辑 / 阎少华
责任校对 / 周瑞红
责任印制 / 边心超

图书出现印装质量问题，请拨打售后服务热线，本社负责调换

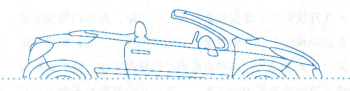

# 前 言
## PREFACE

汽车总装技术是高等院校汽车制造与试验技术类专业的一门主干核心课程，汽车总装技术配套教材按照汽车装配生产的特点和"三教"改革项目化教学的思路，充分考虑汽车装配专业领域技能型紧缺人才培养培训计划的要求，顺应高等教育的发展趋势，体现高等教育思想和教学观念的转变，结合高等教育的教学特点，面向学生的就业岗位，注重基本技能的培养。同时本书针对已变革的、社会化配套的、新的汽车生产模式，基于汽车整车与零部件制造装配的特点，从实际需要出发，力求跟踪汽车装配技术的新工艺、新方法。在阐述汽车装配基本理论时，在保证知识体系相对完整的同时，力求做到知识讲解实用、生动，简明扼要、通俗易懂而又不失系统和严谨；遵循"必需""够用"的原则，在介绍具体的装配方法时，尽可能通过对典型实例的剖析，以便于学生掌握具体规律和细节。本书基于产教融合，校企合作共同开发，由大连职业技术学院（大连开放大学）牵头，联合大连市机械行业协会、校企合作理事会、汽车制造与试验技术专业建设委员会以及北京理工大学出版社，搭建教材框架并进行教材整体架构设计，成都畅易汽车科技有限公司、一汽大众汽车有限公司成都分公司、东风日产汽车有限公司（大连工厂）、奇瑞汽车股份有限公司大连分公司等知名车企参与教材中汽车分装及总装的工艺流程和具体装配装调方法等相关内容的整理，反复商榷完成各个工序典型工作任务分析、职业能力与教学内容梳理、工作流程与工具选用的审查与核实工作。教材内容设计体现"德技双修"，以"盐融于水、润物无声"的原则融入思政元素，基于岗位技能，面向工作过程，体现汽车装配生产真实的岗位能力培养，培养学生的综合职业能力和职业操守。

本书结构体系严整，同时又不失灵活性。对工作安全及操作规范均做重点强调，内容安排上充分考虑职业技能和素质的养成规律，融入课程思政元素，逐步引导学生掌握汽车分装及总装的工艺流程和具体的装配装调方法等。各教学单元制定学习目标和启发性提问，培养学生独立思考和解决实际问题的能力。每个单元均设置多题型单元测试题，并附有强化实践技能的工作表单及工作页，检验学生的学习效果。本书在内容上强调面向应用、任务驱动、精选案例、严把质量；在风格上力求文字精练、脉络清晰、图表明快、版式新颖。

本书由大连职业技术学院（大连开放大学）庞成立副教授担任主编，具体编写教学单元一至教学单元四、教学单元六至教学单元十，并负责全书的组织和统稿；成都畅易汽车科技有限公司谭柯总经理以及东风日产大连分公司马骥总装组长担任副主编，其中谭柯编写教学单元五中的任务一，马骥编写教学单元五中的任务二。两位车企高管给予全书编写很多源于企业的技术指导。

本书在编写过程中得到了国内同行和汽车制造装配企业的大力支持，引用了许多成都畅易汽车科技有限公司、一汽大众汽车有限公司成都分公司，以及长安福特汽车的技术资料，在此表示真诚的感谢！

由于编者水平有限，本书难免会有疏漏和不当之处，敬请业内专家、同行及读者批评指正。

编　者

# 目　录
## CONTENTS

**教学单元一　汽车基本知识及车身结构认知** ……………………………… 001
　　任务一　汽车整车基本参数认知 …………………………………… 001
　　任务二　汽车车身及车架认知 ……………………………………… 009
　　任务三　汽车识别码认知 …………………………………………… 016

**教学单元二　汽车装配安全及装配工量具使用规范** …………………… 024
　　任务一　汽车装配作业要求及安全工作规程 …………………… 024
　　任务二　通用工具的使用规范 ……………………………………… 028
　　任务三　测量工具的使用规范 ……………………………………… 039

**教学单元三　汽车典型零件装配及基本技能训练** …………………… 049
　　任务一　螺纹连接的装配 …………………………………………… 049
　　任务二　垫片垫圈及卡环的装配 …………………………………… 055
　　任务三　密封件的装配 ……………………………………………… 057
　　任务四　汽车装配基本功训练 ……………………………………… 061

**教学单元四　汽车总装基础知识** ………………………………………… 076
　　任务一　装配概念的认知 …………………………………………… 076
　　任务二　汽车装配线、生产线及装配流水线认知 ……………… 086

**教学单元五　汽车装配生产管理知识** …………………………………… 099
　　任务一　生产管理知识认知 ………………………………………… 099
　　任务二　班组建设及班组演练 ……………………………………… 119

## 教学单元六　汽车总装工艺设计 ·········································· 125
任务一　汽车总装配厂组成与布局 ·········································· 125
任务二　汽车总装输送系统及设备 ·········································· 136
任务三　汽车总装配工艺 ························································ 144

## 教学单元七　汽车车门分装 ······················································ 159
任务一　汽车车门认知 ···························································· 159
任务二　车门分装工艺流程 ······················································ 162
任务三　车门分装装调实训 ······················································ 168

## 教学单元八　汽车仪表分装 ······················································ 188
任务一　仪表分装工艺流程 ······················································ 188
任务二　仪表分装装调实训 ······················································ 192

## 教学单元九　汽车内饰装调 ······················································ 203
任务一　汽车内饰装调工艺流程 ··············································· 203
任务二　汽车内饰装调实训 ······················································ 210

## 教学单元十　汽车底盘装调 ······················································ 238
任务一　底盘区域工艺流程 ······················································ 238
任务二　底盘区域装调实训 ······················································ 244

## 参考文献 ································································································ 282

# 教学单元一
## 汽车基本知识及车身结构认知

### 🏁 任务一　汽车整车基本参数认知

汽车组成及基本参数认知

1. 能够正确描述汽车整车基本参数；
2. 能够正确描述汽车质量参数的含义及用途；
3. 能够掌握汽车尺寸参数和容量参数的具体含义和用途；
4. 能够熟悉汽车的主要性能评价指标。

汽车作为现代交通工具，与人们的工作生活密不可分。随着汽车在日常生活中的普及，人们也迫切地想要学习汽车各项相关专业知识。作为一个消费者，在判断一款新车是否满足自己的需求时，主要依据是汽车的基本参数，汽车的基本参数表明的是车辆总体形状尺寸、质量、空间特征等的技术参数。根据它们的作用不同主要分为质量参数、尺寸参数、容量参数、机动性参数、主要性能参数和通过性参数。汽车的基本参数主要包括汽车的质量、尺寸参数、轮距与轴距；车辆通过性参数包括最小离地间隙、纵向通过半径、横向通过半径、最小转向半径等，以及风阻系数和汽车性能参数等数据。

#### 一、质量参数

汽车质量用来度量汽车本身的承载能力和质量。它是设计车辆结构、车速和稳定性，安装各种附件和装置，计算运输工作量以及设计道路等级施工标准的依据之一。汽车质量还是我国汽车车型产品分类中载重车辆的重要分类参数，在汽车产品说明书中必须有所说明。所标明的汽车质量主要包括以下几个方面：

（1）整车整备质量。整车整备质量是指包括车身、全车电气设备和车辆正常行驶所需要的辅助设备，加足冷却液、燃料、润滑材料，带齐备用车轮、随车工具、必备件及灭火器等汽车完全装备好的质量。

（2）最大装载质量。最大装载质量是指额定装载的最大限制质量。

（3）最大总质量。最大总质量是指整车整备质量与最大装载质量的总和。它是限制装载质量和道路通行能力的主要依据。

（4）最大轴载质量。最大轴载质量是指汽车车桥所允许的最大荷载质量。对于常见的双桥结构汽车，可分为前桥最大轴载质量和后桥最大轴载质量。配重比是车身前轴与车身后轴各自所承担质量的比例。这一比例一般以50%∶50%最佳，宝马最引以为豪的就是50%∶50%的前后配重比。但现实生活中经常遇到过弯、加速等情况，从力学角度来看，比例稍小于50%的前轴质量与比例稍大于50%的后轴质量的汽车（如前后配重比在48%∶53%～40%∶60%）在弯道加速时比较灵活，但爬坡能力会相对差一些。相反，当前轴轴荷大于后轴轴荷时，转弯就会迟钝一些。

## 二、尺寸参数

尺寸参数即几何参数，是表达车辆所占有的空间几何形状和位置大小的尺寸。几何参数一般包括车辆的长、宽和高各方向的尺寸。

（1）长度尺寸。长度尺寸是指垂直于车辆纵向对称平面，并分别抵靠在汽车前、后最外端突出部位的两垂直面之间的最长距离（用 $L$ 表示，单位为mm），也就是沿着汽车前进的方向，从最前端到最后端的距离。

（2）宽度尺寸。宽度尺寸是指平行于车辆纵向对称平面，并分别抵靠在车辆两侧固定突出部位（除后视镜、侧面标志灯、示宽灯、转向指示灯、挠性挡泥板、折叠式踏板、防滑链及轮胎与地面接触变形增大的部位）的两垂直平面之间的最宽距离（用 $B$ 表示，单位为mm），也就是汽车最左端到最右端的距离。

（3）高度尺寸。高度尺寸是指在额定荷载及标定轮胎气压的条件下，车辆的支撑平面与车辆最高突出部位相抵靠的水平面之间的距离（用 $H$ 表示，单位为mm），简单地说，就是从地面到汽车最高点的距离。

（4）前悬。前悬是指通过两前轮中心的垂面与抵靠在车辆最前端并垂直于车辆纵向对称平面的垂面之间的距离（用 $K_1$ 表示，单位为mm）。

（5）后悬。后悬是指通过车辆最后车轮轴线的垂面与分别抵靠在车辆最后端并垂直于车辆纵向对称平面的垂面之间的距离（用 $K_2$ 表示，单位为mm）。

（6）轮距。轮距是指同一车轴的两端为单车轮时，车轮在车辆支撑平面上留下的轨迹中心线之间的距离（用 $A$ 表示，单位为mm）。

（7）轴距。轴距是指通过车辆同一侧相邻两车轮的中心，并垂直于车辆纵向对称平面的两条垂线之间的距离。简单地说，就是汽车前轴中心到后轴中心的距离。如为双轴汽车，则轴距为同侧车轮前轴中心至后两轴中点之间的距离（用 $L_1$ 表示，单位为mm）。对于三轴以上的汽车，其轴距用从前到后的相邻两车轮之间的轴距分别表示，总轴距为各轴距之和。

轴距是一个非常重要的参数，它决定汽车重心的位置，汽车轴距一旦改变，就必须重新进行总布置设计。同时，轴距的改变还会引起前桥、后桥轴荷分配的变化，对汽车制动性、操纵性及平顺性产生影响。

从日常使用来看，汽车的长度直接受轴距的长短影响，从而影响汽车的内部使用空间。汽车的轴距短，汽车长度就短，质量就小，最小转弯半径和纵向通过半径也小，汽车的机动性就好。如果轴距过短，车厢长度就会不足，后悬也会过长，造成行驶时纵向摆动大及制动、加速度或上坡时质量转移大，其操纵性和稳定性就会变差。反之轴距过长，就会使车身长度增加，不仅使汽车的最小转向半径变大，而且汽车后部倒车盲区也会偏大，会使倒车时的安全隐患增加。

依据轴距大小不同，国际上通常把轿车分为以下几类：

1）微型车。微型车是指轴距小于 2 400 mm 的车型。如奇瑞 QQ3、长安奔奔、吉利熊猫等，这些车的轴距都在 2 340 mm 左右；更小的有 SMART FORYWO，轴距只有 1 867 mm，如图 1-1 所示。

2）小型车。小型车通常指轴距为 2 400～2 550 mm 的车型，如本田飞度、丰田威驰、福特嘉年华等，如图 1-2 所示。

3）紧凑型车。紧凑型车通常指轴距为 2 550～2 700 mm 的车型，这个级别的车型是家用轿车的主流车型，如大众速腾、丰田卡罗拉、福特福克斯、本田思域等，如图 1-3 所示。

图 1-1　SMART FORYWO

图 1-2　福特嘉年华

图 1-3　丰田卡罗拉

4）中型车。中型车通常指轴距为 2 700～2 850 mm 的车型，通常是家用和商务兼用的车型，如本田雅阁、丰田凯美瑞、大众迈腾、马自达 6 睿翼等，如图 1-4 所示。

5）中大型车。中大型车通常指轴距为 2 850～3 000 mm 的车型，通常是商务用主流车型，如奥迪 A6、宝马 5 系、奔驰 E 系、沃尔沃 S80 等，如图 1-5 所示。

6）豪华车。豪华车通常指轴距大于 3 000 mm 的车型，这个级别的车型价格一般在百万元以上，如奔驰 S 级、宝马 7 系、奥迪 A8 等，如图 1-6 所示。而在豪华车这个分类中还有一个小群体，它们的轴距通常大于 3 300 mm，价格为几百万甚至上千万，数量稀少，主要有劳斯莱斯、宾利和迈巴赫三个品牌。

图 1-4　本田雅阁

图 1-5　宝马 5 系

图 1-6　奥迪 A8

## 三、容量参数

汽车的容量参数是指汽车后备厢及各种运行材料在标定状况下所占有的空间，它是保证车辆正常运行的重要技术参数。

### 1. 后备厢容积

后备厢容积大小决定了汽车能携带行李或其他备用物品的多少，其单位通常为升（L），如图 1-7 所示。车型的大小及使用特性不同，其后备厢容积有所不同。一般来说，车型越大，后备厢容积也越大。越野车和商务车的后备厢都比较大；而由于造型设计原因，跑车后备厢都比较小。

图 1-7 后备厢容量参数

### 2. 油箱容积

油箱容积是指一辆车能够携带燃油的体积，通常单位为升（L）。油箱容积与该车的油耗有直接的关系。一般来说，一辆车一箱油必须能行驶 500 km 左右，例如百千米耗油 10 L 的汽车，其油箱容积为 60 L 左右。每种车型的油箱容积是不同的，由各生产厂家设计制造决定。

## 四、通过性及机动性参数

汽车的通过性及机动性参数包括以下六项：

（1）接近角。接近角是指汽车前端下部最低点向前轮外缘引的切线与地面的夹角，用 $\alpha$ 表示，如图 1-8 所示。

（2）离去角。离去角是指汽车后端下部最低点向后轮外缘引的切线与地面的夹角，用 $\beta$ 表示，如图 1-8 所示。

（3）最小离地间隙。在额定荷载和标定轮胎气压下，最小离地间隙是指车辆支撑平面与车辆底盘突出部分最低点的距离，用 $c$ 表示，单位为 mm，如图 1-9 所示。

图 1-8 汽车接近角及离去角　　图 1-9 汽车最小离地间隙

（4）纵向通过半径。在汽车侧视图上作出的与前轮、后轮轮胎及两轴之间最低点相切圆的半径 $R_1$ 即纵向通过半径，其表示汽车能够无碰撞地越过小丘、拱桥等障碍物的轮廓尺寸。纵向通过半径越小，通过性越好，如图 1-10 所示。

（5）横向通过半径。在汽车后视图上作出的与左、右两车轮轮胎内侧及底盘最低处相切圆的半径 $R_2$ 即横向通过半径，如图1-10所示。

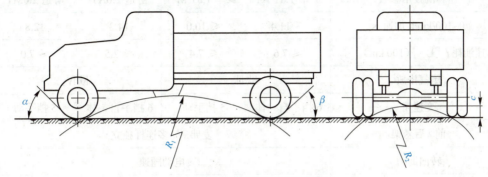

图1-10　纵向及横向通过半径

（6）最小转向半径。转向盘转到极限位置时，汽车外侧转向轮的中心平面在车辆支承平面上的轨迹圆半径即最小转向半径。它是汽车机动性的重要指标，表示汽车在最小面积内的回转能力和通过狭窄地带或绕过障碍物的能力，如图1-11所示。

具体车辆信息数据举例说明，一汽大众速腾车辆基本配置数据见表1-1。

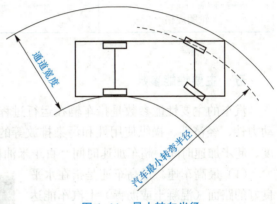

图1-11　最小转向半径

表1-1　一汽大众速腾车辆基本配置

| 速腾的技术参数 | 豪华1.8T AT | 豪华1.8T MT | 舒适2.0AT | 舒适2.0MT |
| --- | --- | --- | --- | --- |
| 长×宽×高/mm | 4 544×1 760×1 461 | | | |
| 轴距/前/后轮距/mm | 2 578/1 539/1 528 | | | |
| 最小离地/转弯直径/mm | 125/10 800 | | | |
| 后备厢/油箱容积/L | 527/55 | | | |
| 整备质量/kg | 1 436 | 1 403 | 1 406 | 1 375 |
| 满载/承载质量/kg | 1 990/554 | 1 920/517 | 1 920/514 | 1 890/514 |
| 发动机排量/mL | 1 781 | | 1 984 | |
| 最大功率/(kW·rpm$^{-1}$) | 110/5 800 | | 85/5 200 | |
| 最高车速/(km·h$^{-1}$) | ≥203 | ≥210 | ≥185 | ≥191 |
| 最大扭矩/(N·m·rpm$^{-1}$) | 200/2 000～4 600 | | 170/4 000 | |

续表

| 速腾的技术参数 | 豪华 1.8T AT | 豪华 1.8T MT | 舒适 2.0AT | 舒适 2.0MT |
|---|---|---|---|---|
| 0~100/km/h 加速 /s | ≤ 11.4 | ≤ 10.0 | 14.2 | 12.8 |
| 等速油耗 /[L·(100 km)$^{-1}$] | ≤ 7.6 | ≤ 7.4 | ≤ 7.5 | ≤ 7.0 |
| 尾气排放 | 欧Ⅲ | | 欧Ⅳ | |
| 变速箱 | 6挡手自一体 | 5挡手动 | 6挡手自一体 | 5挡手动 |
| 前/后悬架 | 麦弗逊/多连杆独立 | | | |
| 转向助力 | 电动随速 | | | |
| 前/后制动盘 | 通风盘/实心盘 | | | |
| 轮胎规格 | 205/55R19 Ⅳ | | | |

## 五、主要性能参数

汽车的主要性能参数是指车辆在运行过程中应达到的技术要求或参数，主要包括动力性、经济性、操纵使用性和污染排放等的汽车使用数据，如最高车速、最大爬坡度、起步加速时间、超车加速时间、百千米油耗、风阻系数、制动距离等。

（1）最高车速。最高车速是指在水平良好的路面（混凝土或沥青）上汽车能达到的最高行驶车速，是汽车在平坦路面无风条件下，行驶阻力和驱动力平衡时的车速，此时汽车的加速度为零，汽车的最高车速由发动机排量和汽车本身设计的传动比决定。排量越大，传动比数据越大，车速就会越高，汽车车速仪表如图 1-12 所示。

图 1-12　汽车车速仪表

（2）最大爬坡度。最大爬坡度是指汽车满载时在良好路面用一挡行驶能克服的最大坡度。它表征汽车的爬坡能力。爬坡度用斜坡的角度值表示，或以斜坡起止点的高度差与其水平距离比值的百分数来表示。如汽车爬坡度是 30%，表示 $\tan\theta=30/100=0.3$，$\theta\approx16°42'$，即此车可通过的最陡坡度是 16°42'。汽车爬坡度表示汽车爬坡的能力，如果汽车技术说明书中"汽车爬坡度"直接标注了角度，就是指此车可通过的最陡坡度。根据汽车行业规定，只有百分比坡度标注方式才是符合标准的，如果仅标注数字，实际上也是百分比数字。对于经常在城市和良好公路上行驶的汽车，最大爬坡度在 10°左右即可。对于载货汽车，有时需要在坏路上行驶，最大爬坡度应在 30%（16.5°）左右。而越野汽车要在无路地带行驶，最大爬坡度应达 30°以上，如图 1-13

所示。

（3）起步加速时间。起步加速时间是指汽车以第一挡或第二挡起步，并以最大加速度逐步换至最高挡或次高挡，且达到某一预定车速所需的时间。

（4）超车加速时间。超车加速时间是指汽车在良好的平直路面上，风速小于 3 m/s，以直接挡或最高挡行驶，车速从 $v_1$ 升到 $v_2$ 所需要的时间。

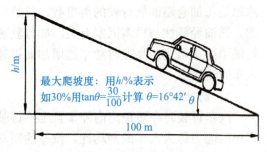

图 1-13　汽车最大爬坡能力

（5）百千米油耗。百千米油耗是指汽车在道路上行驶时，每百千米的平均燃料消耗量。它是汽车耗油量的一个衡量指标，分为理论百千米油耗（90 km/h 等速油耗）和循环百千米油耗（包括市区、郊区和高速路几种循环的综合）。

（6）风阻系数。风阻系数是指空气与汽车以一定的相对速度流过车身表面轮廓时所受到的阻力大小。风阻系数越小，汽车行驶中的空气阻力就越小。风阻系数是设计汽车（特别是轿车）外形轮廓及其他相关结构的重要依据。

（7）制动距离。制动距离是指汽车在一定的初速度下，从驾驶员急踩制动踏板开始，到汽车完全停住为止所驶过的距离。它包括反应的距离和制动的距离两个部分。制动距离越小，汽车的制动性能就越好。

### 六、汽车性能评价指标

通常用来评定汽车的性能指标主要有动力性、燃油经济性、制动性、操控稳定性、平顺性以及通过性等。在一定使用条件下，汽车以最高效率工作的能力，称为汽车使用性能。它是决定汽车利用效率和方便性的结构特性表征。

#### 1. 动力性

汽车的动力性是用汽车在良好路面上直线行驶时所能达到的平均行驶速度来表示的。汽车动力性主要用三个方面的指标来评定：最高车速、汽车的加速时间、汽车所能爬上的最大坡度。

最高车速是指汽车在平坦良好的路面上行驶时所能达到的最高速度。数值越大，动力性就越好。

汽车的加速时间表示汽车的加速能力，也形象地称为反应速度能力，它对汽车的平均行驶车速有很大的影响，特别是轿车，对加速时间要求更高，常用原地起步加速时间以及超车加速时间来表示。

汽车的爬坡能力用满载时的汽车所能爬上的最大坡度表示。

#### 2. 燃油经济性

汽车的燃油经济性常用一定工况下汽车行驶百千米的燃油消耗量或一定燃油量能使汽车行驶的里程来衡量。在我国及欧洲，汽车燃油经济性指标的单位为 L/（100 km），即汽车行驶 100 km 所消耗的燃油升数，其数值越小，汽车燃油经济性就越好，汽车就越省油。而在美国，则用 MPG 或 mi/gall 表示，即每加仑燃油能行驶的英里数，它的意思是每加仑燃油能行驶的英里数，其数值越大，汽车的经济性就越好，汽车就越省油。燃油经济性与很多因素有关，如行驶速度，当汽车在接近低速的中等车速行驶时燃油消耗量最低，高速时随车速增加而迅速增加。另外，汽车的保养与调整也会影响汽车的油耗。

**3. 制动性**

汽车行驶时在短距离内停车且维持行驶方向稳定，以及汽车在下长坡时维持一定车速的能力称为汽车的制动性。汽车的制动性能指标主要有制动效能、制动效能的恒定性、制动时汽车的方向稳定性、汽车的制动过程。

制动效能即汽车的制动距离或制动减速度，用汽车在良好路面上以一定初速度制动到停车的制动距离来评价。制动距离越短，制动性能越好。

制动效能的恒定性即制动器的抗衰退性能，是指汽车高速行驶下长坡连续制动时，制动器连续制动效能保持的程度。

制动时汽车的方向稳定性即汽车制动时不发生跑偏、侧滑以及失去转向能力的性能。主流车型均配置 ABS、ESP 等配置就是提高方向稳定性。

汽车的制动过程主要是指制动机构的作用时间。

**4. 操控稳定性**

汽车的操控稳定性是指驾驶员在不感到紧张、疲劳的情况下，汽车能按照驾驶员通过转向系统给定的方向行驶，而当遇到外界干扰时，汽车所能抵抗干扰而保持稳定行驶的能力。汽车操控稳定性通常用汽车的稳定转向特性来评价。转向特性有不足转向、过度转向以及中性转向三种状况。有不足转向特性的汽车，在固定方向盘转角的情况下绕圆周加速行驶时，转弯半径会增大；有过度转向特性的汽车在这种条件下转弯半径则会逐渐减小；有中性转向特性的汽车则转弯半径不变。易操控的汽车应当有适当的不足转向特性，以防止汽车出现突然甩尾现象。

**5. 行驶平顺性**

平顺性是保持汽车在行驶过程中，乘员所处的振动环境具有一定的舒适度的性能。这与汽车的底盘参数、车身几何参数，以及汽车的动力性及操控性等有密切关系。

**6. 通过性**

通过性是指车辆通过一定情况路况的能力。通过能力强的车辆，可以轻松翻越坡度较大的坡道，可以放心地驶入一定深度的河流，也可以高速地行驶在崎岖不平的山路上，在城市中也不用为停车上下路肩而担心。总之它可以使驾驶员更可能去想去的地方，体验到征服自然的感觉。

**7. 使用性能**

在一定使用条件下，汽车以最高效率工作的能力，称为汽车使用性能。它是决定汽车利用效率和方便性的结构特性表征。

（1）容量：额定装载质量、单位装载质量、货箱单位有效容积、货箱单位面积、座位数和可站立人数；

（2）使用方便性：操纵方便性、出车迅速性、乘客上下车和货物装卸方便性、可靠性和耐久性、维修性、防公害性；

(3) 燃料经济性：最低燃料耗量、平均最低燃油耗量；
(4) 速度性能：动力性、平均技术速度；
(5) 越野性、机动性：最低离地间隙、接近角、离去角、前后轴荷分配、轮胎花纹及尺寸、驱动轴数、最小转弯半径等；
(6) 安全性：稳定性、制动性；
(7) 乘坐舒适性：平顺性、设备完备。

## 任务二　汽车车身及车架认知

汽车车身及汽车传动系统
布置方案

1. 熟知汽车车身的演变历史及类型；
2. 明确各种不同车身结构布置形式；
3. 掌握承载式车身与非承载车身的异同；
4. 能区分汽车车身与发动机的不同连接形式。

### 一、车身演变历史

车身指的是车辆用来载人装货的部分，如板车、摩托车、汽车等，都有自己不同的车身，也指车辆整体。有的车辆的车身既是驾驶员的工作场所，又是容纳乘客和货物的场所。车身包括车窗、车门、驾驶舱、乘客舱、发动机舱和后备厢等。

车身的造型演变：马车形、厢形、甲壳虫形、鱼形、船形、流线形及楔形等几种，如图1-14～图1-21所示。结构形式分为单厢、两厢和三厢等类型。车身造型结构是车辆的形体语言，其设计好坏将直接影响到车辆的性能。

图1-14　马车形：德国奔驰1894年的维洛牌汽车

图1-15　厢形：美国通用1928年生产的雪佛兰

图 1-16　甲壳虫形：美国克莱斯勒"气流牌"

图 1-17　鱼形：1952 年生产的别克牌小客车

图 1-18　船形：通用庞蒂克·博纳维尔·维斯达牌（1959）

图 1-19　流线形：1934 年克莱斯勒 Airflow

图 1-20　楔形：日本丰田汽车公司的 MR2 型中置发动机跑车

图 1-21　现代流线形：布加迪威龙

## 二、车身要求

汽车车身设计汇聚了车身结构、制造工艺要求、空气动力学、人机工程学、工程材料学、机械制图学、声学和光学知识。车身应对驾驶员提供便利的工作条件，对乘员提供舒适的乘坐条件，保护他们免受汽车行驶时的振动、噪声、废气的侵袭以及外界恶劣气候的影响，并保证完好无损地运载货物且装卸方便，如图 1-22 所示。汽车车身上的一些结构措施和设备还有助于安全行车和减轻事故的后果，如图 1-23 所示。

图 1-22 车身整体图

图 1-23 车身安全设计

车身应保证汽车具有合理的外部形状，在汽车行驶时能有效地引导周围的气流，以减少空气阻力和燃料消耗。此外，车身还应有助于提高汽车行驶稳定性和改善发动机的冷却条件，并保证车身内部良好的通风。

### 三、车身结构

汽车车身结构主要包括车身壳体、车门、车窗、车前钣制件、车身内外装饰件和车身附件、座椅以及通风、暖气、冷气、空气调节装置等，如图 1-24 所示。在货车和专用汽车上还包括车厢和其他装备。

#### 1. 车身壳体结构

车身壳体是一切车身部件的安装基础，通常是指纵、横梁和支柱等主要承力元件以及与它们相连接的钣件共同组成的刚性空间结构。客车车身多数具有明显的骨架，如图 1-25 所示。而轿车车身和货车驾驶室则没有明显的骨架。车身壳体通常还包括在其上敷设的隔声、隔热、防振、防腐、密封等材料及涂层。

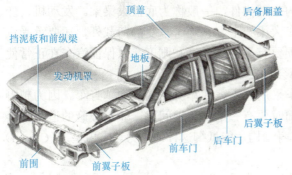

图 1-24 桑塔纳轿车车身总成

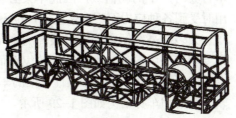

图 1-25 客车车身骨架

车身结构按照受力情况可分为非承载式、承载式和半承载式三种。

（1）非承载式车身。非承载式车身的汽车有一刚性车架，又称底盘大梁架，如图 1-26 所示。在非承载式车身中发动机、传动系统的一部分、车身等总成部件都是用悬架装置固定在车架上，车架通过前后悬架装置与车轮连接。非承载式车身比较笨重，质量大，高度高，一般用在货车、客车和越野车上，也有部分高级轿车使用，因为它具有较好的平稳性和安全性。

（2）承载式车身。承载式车身的汽车没有刚性车架，只是加强了车头、侧围、车尾、底板等部位，发动机、前后悬架、传动系统的一部分总成部件装配在车身上设计要求的位置，车身负载通过悬架装置传给车轮。承载式车身除了其固有的乘载功能外，还要直接承受各种负荷力的作用。承载式车身不论在安全性还是在稳定性方面都有很大的提高，它具有质量小、高度低、装配容易等优点，大部分轿车采用这种车身结构，如图1-27所示。

图1-26　非承载式车身结构　　　　　图1-27　承载式车身结构

（3）半承载式车身。如图1-28所示，车身与车架用螺栓连接、铆接或焊接等方法刚性连接。在此种情况下，汽车车身除了承受上述各项荷载外，还在一定程度上有助于加固车架，分担车架的部分荷载。

非承载式车身和承载式车身都有优缺点，可根据需要使用在不同用途的汽车上。一般而言，非承载式车身用在货车、客车和越野车上，承载式车身一般用在轿车上，现在一些客车也采用这种形式。

非承载式车身的车架是支撑车身的基础构件，一般称为底盘大梁架。发动机、变速器、转向器及车身部分都固定在底盘大梁架上，它除了承受静荷载外，还要承受汽车行驶时产生的动荷载，因此车架必须要有足够的强度和刚度，以保证汽车在正常使用时受到各种应力而不会被破坏，也不会产生塑性变形。

大多数高级轿车和要求很高的客车采用非承载式车身结构，如越野车。因为越野车要求有很强的通过性，行驶崎岖路面时要有一定的离地间隙，非常颠簸的道路就会令车体大幅扭动，只有带刚性车架的车身结构才能抵御这种冲击力。丰田皇冠（Crown）轿车车架和车身结构如图1-29所示。

 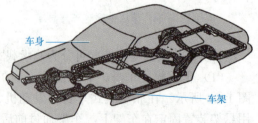

图1-28　半承载式车身结构　　　　　图1-29　丰田皇冠（Crown）轿车车架和车身结构

### 2. 车架的功用、类型和构造

（1）车架的功用。车架是连接各车桥之间的桥梁。其功用是安装汽车的各大总成和部件，使它们之间的相对位置准确无误，并承受各总成部件传递过来的各种静、动荷载。

（2）车架的类型和构造。汽车上的车架按其结构形式不同可分为边梁式车架、中梁式车架、综合式车架、无梁式车架。几种车架的总体结构构造如图1-30所示。

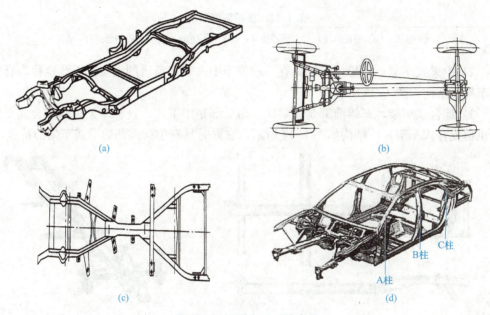

图 1-30　几种不同形式车架

(a)边梁式车架；(b)中梁式车架；(c)综合式车架；(d)承载式车身（无梁式车架）

1）边梁式车架具体结构由两根长纵梁及若干根短横梁铆接或焊接成形，纵梁主要承受弯曲荷载，一般采用具有较大抗弯强度的槽形钢梁，如图1-31所示；也有的采用钢管，但多用于轻型车架上。一般纵梁中部受力最大，因此设计者一般将纵梁中部的截面高度加大，两端的截面高度逐渐减少，这样可使应力分布均匀，同时也减轻了自重。

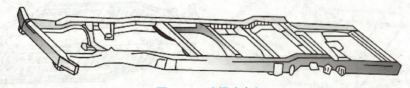

图 1-31　边梁式车架

横梁有槽形、管形或口形等承载型材，横梁各种截面形状如图1-32所示，以保证车架的抗扭刚度和抗弯强度。横梁还用于安装发动机、变速器、车身和燃油箱等，功能得到了合理利用。为适应不同的车型，横梁布置有多种形式，如为了提高车架的抗扭刚度采用X形布置的横梁。边梁式结构简单，工艺要求低，制造容易，使用广泛。

但由于粗壮的大梁纵贯全车，影响整车布置和空间利用率，大梁的横截面高度使车厢离地距离加大，乘客上下车不方便，另外，质量大使整车行驶经济性变差。

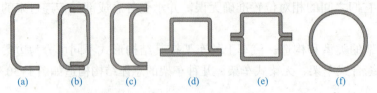

图 1-32　横梁截面形状

(a) 槽形；(b) 叠槽形Ⅰ；(c) 叠槽形Ⅱ；(d) 礼帽箱形；(e) 对接箱形；(f) 管形

2）中梁式车架。中梁式车架只有一根位于中央贯穿前后的纵梁，因此也称为脊梁式车架，结构如图 1-33 所示。

3）综合式车架。车架前部是边梁式，而后部是中梁式，这种车架称为综合式车架（也称复合式车架），结构如图 1-34 所示。它同时具有中梁式和边梁式车架的特点。

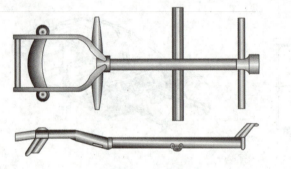 

图 1-33　中梁（脊梁）式车架　　　　图 1-34　综合（复合）式车架

(3) 其他特殊形式车架。

1）用于竞赛汽车及特种汽车的桁架式车架，由钢管组合焊接而成，这种车架兼有车架和车身的作用，结构如图 1-35 所示。

2）平台式车架是一种将底板从车身中分出来，而与车架组成一个整体的结构，车身通过螺栓与车架相连接，结构如图 1-36 所示。

图 1-35　钢管焊接的桁架式车架结构　　　　图 1-36　平台式车架

3）某些高级轿车采用了 IRS 型车架，如图 1-37 所示，后部车架与前部车架用活动铰链连接，后驱动桥总成安装在后车架上，半轴与驱动轮之间用万向节连接，后独立悬架连接在后车架上。这样不仅由于独立悬架可使汽车获得良好的行驶平顺性，而且活动铰链点处的橡胶衬套也使整车获得一定的缓冲，从而进一步提高了汽车行驶平顺性。

4）有些轿车为了减轻车架质量，尽量做到轻量化，采用了半车架，如图1-38所示。

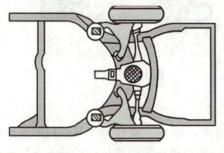
图1-37　IRS型车架

图1-38　半车架

### 3. 车门

车门通过铰链安装在车身壳体上，是保证车身的使用性能的重要部件，其结构较复杂。这些钣制制件形成了容纳发动机、车轮等部件的空间。

### 4. 车身装饰

车身外部装饰件主要是指装饰条、车轮装饰罩、标志、浮雕式文字等。散热器面罩、保险杠、灯具以及后视镜等附件也有明显的装饰性，如图1-39所示。

车身内部装饰件包括仪表板、顶篷、侧壁、座椅等表面覆饰物，以及窗帘和地毯。在轿车上广泛采用天然纤维或合成纤维的纺织品、人造革或多层复合材料、连皮泡沫塑料等表面覆饰材料；在客车上则大量采用纤维板、纸板、工程塑料板、铝板、花纹橡胶板以及复合装饰板等覆饰材料，如图1-40所示。

图1-39　车身外部装饰

图1-40　车身内部装饰

### 5. 车身附件

车身附件有门锁、门铰链、玻璃升降器、各种密封件、风窗刮水器、风窗洗涤器、遮阳板、后视镜、拉手、点烟器、烟灰盒等。在现代汽车上常常装有无线电收放音机和杆式天线，在有的汽车车身上还装有无线电话机、电视机或加热食品的微小炉和小型电冰箱等附属设备。组合大灯如图1-41所示，车窗如图1-42所示。

图 1-41 大灯

图 1-42 车窗

### 6. 座椅

座椅也是车身内部重要装置之一。座椅由骨架、坐垫、靠背和调节机构等组成，如图 1-43 所示。坐垫和靠背应具有一定的弹性。调节机构可使座位前后或上下移动以及调节坐垫和靠背的倾斜角度，如图 1-44 所示。某些座椅还有弹性悬架和减振器，可对其弹性悬架加以调节，以便在驾驶员不同的体重作用下仍能保证坐垫离地板的高度适当。在某些货车驾驶室和客车车厢中还设置适应夜间长途行车需要的卧铺。

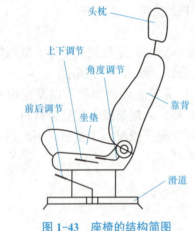
图 1-43 座椅的结构简图

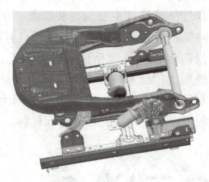
图 1-44 座椅的调节机构

所谓的汽车座椅是坐车时乘坐的座椅。按照部位划分，大致可以分为前排座椅（头枕、靠背、坐垫、扶手），后排座椅（头枕、靠背、坐垫、侧翼、扶手）。

## 任务三　汽车识别码认知

微课-汽车 VIN 码识别

1. 能够明确汽车识别码的作用及应用场合；
2. 掌握汽车识别码的组成和含义；
3. 能够在不同常见车型上找到汽车 VIN 码的位置；

4. 通过查询能正确说出汽车识别码的具体含义；

5. 能够从思政育人角度理解 VIN 码诚信及法律效应。

汽车识别码（Vehicle Identification Number，VIN），是国际上通行的识别机动车辆的代码，相当于机动车的"身份证"。

汽车识别码共有 17 位，一车一码具有法律效用，30 年内不会重号，17 位码由数字和英文字母组成，一般由 7 大部分组成，如图 1-45 所示。

图 1-45　汽车识别码

**注意**：VIN 码中不能包含英文字母 I、O、Q，U、Z 这两个英文字母在 VIN 码中一般也不采用。

VIN 码的每一位数字或代码均代表该车辆某一方面的参数信息。从该码中可以识别出汽车的生产国家、生产厂家或制造公司、品牌名称、车辆类型、车型系列、车身形式、发动机型号、生产年份、安全防护装置型号、检验数字、装配工厂名称代号和出场顺序号码等信息。

汽车 VIN 码的作用及其重要地位毋庸置疑。无论是在汽车整车及配件营销、汽车售后维修保养、车辆保险理赔、二手车评估，还是车辆交通管理环节领域都会用到，对于与汽车相关的其他人员，对于汽车规格参数和性能特征等信息的认知和掌握，汽车识别码都是不可或缺的信息工具。

从思政育人目标角度，我们对 VIN 码应快速识别，严谨对待，去伪存真，诚信运用。

## 一、汽车识别码的意义

汽车识别码具有全球通用性和可检索性，最大限度地进行信息承载，已成为全世界识别车辆唯一准确的"身份证"。VIN 码经过特定的排列组合可以保证每个制造厂在 30 年之内生产的每辆汽车识别代号具有唯一性，不会发生重号或错认。由于车辆管理部门规定的现代汽车车辆使用周期在逐年缩短，一般 15～20 年就会被淘汰，因此 VIN 码表达的出厂时间已够用。

当每辆车打上 VIN 码后，其代号将伴随车辆的注册、保险、年检、保养、修理直至回收报废等阶段。在汽车营销、办理车辆牌照、处理交通事故、办理保险索赔、车辆维修与检测、查获被盗车辆和进出口贸易等方面，VIN 码都具有十分重要的作用。

有的国家规定没有 17 位识别码的汽车不准进口和销售。我国于 1999 年 1 月 18 日由原机械工业部颁布了《车辆识别代号（VIN）管理规则》，并规定 1999 年 1 月 1 日后适用范围内的所有新生产的车辆必须使用汽车识别码。2004 年我国又出台了《车辆识别代号管理办法（试行）》，规定中华人民共和国境内的车辆生产企业及进口车辆生产企业均应按规定在生产、销售的车辆产品上标示 VIN 码。

## 二、汽车识别码的组成

汽车识别码由3个部分组成（图1-46）：汽车识别码的第一部分为世界制造厂识别代码（WMI），第二部分为车辆说明部分（VDS），第三部分为车辆指示部分（VIS）。

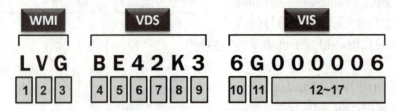

图1-46 汽车识别码的三大部分组成

### 1. 世界制造厂识别代码（WMI）

世界制造厂识别代码是由3位字母或数字组成的，它们必须经过申请、批准和备案后才能使用。根据地理区域不同，分配给各个车辆制造厂家的世界制造厂识别代码也不同：

第1位代码是标明一个地理区域的字母或数字，如非洲、亚洲、欧洲、大洋洲、北美洲和南美洲。也可基本明确车辆所在生产国家，生产国家代码有数字和字母两种，L表示中国。代码对应国家见表1-2。

表1-2 代码对应国家

| 生产国家代码 | | | |
| --- | --- | --- | --- |
| 国家 | 代码 | 国家 | 代码 |
| 美国 | 1 | 德国 | W |
| 加拿大 | 2 | 韩国 | K |
| 墨西哥 | 3 | 中国 | L |
| 美国 | 4 | 英国 | G |
| 巴西 | 5 | 法国 | F |
| 澳大利亚 | 6 | 意大利 | I |
| 泰国 | M | 瑞典 | S |
| 日本 | J | 西班牙 | E |

第2位代码是标明一个特定地区内的一个国家的字母或数字。在美国，机动工程师协会（SAE）负责分配国家代码。

第3位代码是标明某个特定制造厂的字母或数字，由各国的授权机构负责分配。

**注意**：当制造厂的年产量少于500辆的时候，世界制造厂识别代码的第3位字码就是9。

第1、2、3位字符的组合将保证一个国家的某个汽车制造厂识别代码的唯一性。

美国的 WMI 前两位区段为 1A～10、4A～40、5A～50。中国的 WMI 前两位区段为 LA～LO，它规定了所有在中国境内生产的汽车产品的 WMI 编号必须在该区段内。

国内常见汽车制造厂家的 WMI 编号如下：LVS 长安福特、LSG 上海通用、LSV 上海大众、LFV 一汽大众、LDC 神龙富康、LEN 北京吉普、LHG 广州本田、LHB 北汽福田、LKD 哈飞汽车、LS5 长安汽车、LNB 北京现代、LNP 南京菲亚特、LFP 一汽轿车。

### 2. 车辆说明部分（VDS）

车辆说明部分由 6 位字符组成，分别由制造厂用不同的数字或字母标明车辆形式或品牌、车辆类型、种类、系列、车身类型、发动机或底盘类型、驾驶室类型以及汽车车辆的其他特征参数。如果制造厂不用其中的一位或几位字符，则应在该位置填入制造厂选定的字母或数字占位。

该部分的最后一位（17 位代码的第 9 位）为制造厂检验位。检验位由 0～9 中的任一数字或字母 X 标明。与身份证号码中的校验位一样，该校验位的目的是提供校验 VIN 编码正确性的方式，通过它就可以核定整个 VIN 码是否正确。它在车辆的识别过程中起着极其重要的作用。

### 3. 车辆指示部分（VIS）

车辆指示部分由 8 位字符组成。第 1 位字符，即 17 位代码的第 10 位表示汽车生产年份，年份代码按表 1-3 规定使用。

表 1-3　车辆 VIN 码第 10 位代表的年份

| 制造年份代码 | | | | | |
| --- | --- | --- | --- | --- | --- |
| 年份 | 代码 | 年份 | 代码 | 年份 | 代码 |
| 2001 | 1 | 2011 | B | 2021 | M |
| 2002 | 2 | 2012 | C | 2022 | N |
| 2003 | 3 | 2013 | D | 2023 | P |
| 2004 | 4 | 2014 | E | 2024 | R |
| 2005 | 5 | 2015 | F | 2025 | S |
| 2006 | 6 | 2016 | G | 2026 | T |
| 2007 | 7 | 2017 | H | 2027 | V |
| 2008 | 8 | 2018 | J | 2028 | W |
| 2009 | 9 | 2019 | K | 2029 | X |
| 2010 | A | 2020 | L | 2030 | Y |

第 2 位字符，即 17 位代码的第 11 位用来指示汽车装配厂，若无装配厂，制造厂可规定其他的内容。

对于年产量大于或等于 500 辆的制造厂，此部分的第 3～8 位代码，即 17 位代码的第 12～17 位表示生产顺序号。对于年产量小于 500 辆的制造厂，该部分的第 3～5 位代码与第一部分的三位代码共同表示一个车辆制造厂，最后三位代码表示生产顺序号。

美系福特车系汽车识别代码三大部分划分及具体位置含义如图 1-47 所示。

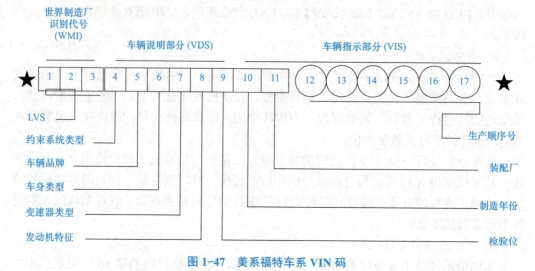

图 1-47 美系福特车系 VIN 码

## 三、汽车识别码的安装位置

VIN 码在汽车上的安装位置，各国汽车生产厂家的各类车型不尽相同，总体分布如图 1-48 所示。具体在车身上主要分布于左前挡风玻璃角处（图 1-49）、右 B 柱下端（图 1-50）、右前乘客侧座椅的前部地板处（图 1-51）以及发动机舱防火墙处（图 1-52）。

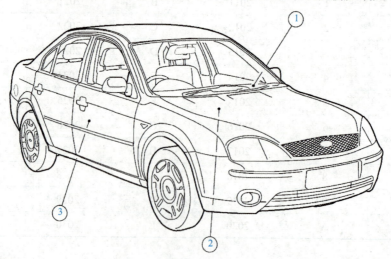

图 1-48 汽车识别码的不同安装位置

图 1-49　左前挡风玻璃角处 VIN

图 1-50　车辆右 B 柱下端处 VIN

图 1-51　右前乘客侧座椅前部地板处 VIN

图 1-52　发动机舱防火墙处 VIN

一些特殊车辆（例如福特金牛座）将 VIN 码设置在车辆后备厢处，如图 1-53 所示。

车辆仪表板左侧的 VIN 码以美国、中国为主的绝大多数车辆采用，在车外透过风窗玻璃可以清楚地看到并便于检查，欧洲共同体规定 VIN 码应安装在汽车右侧的底盘车架上或标写在厂家铭牌上。

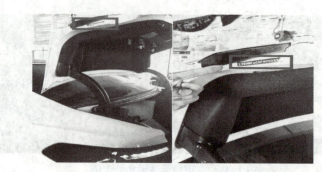

图 1-53 福特金牛座后备厢处 VIN

此外，在 PCM、BCM、IC、MFD、RCM 等模块内部也存储有 VIN 码，在配置车辆模块或其他相关操作时有可能要调取这些 VIN 码以确认车辆的身份和配置。

### 四、VIN 码举例

汽车 VIN 码示例如图 1-54 所示。

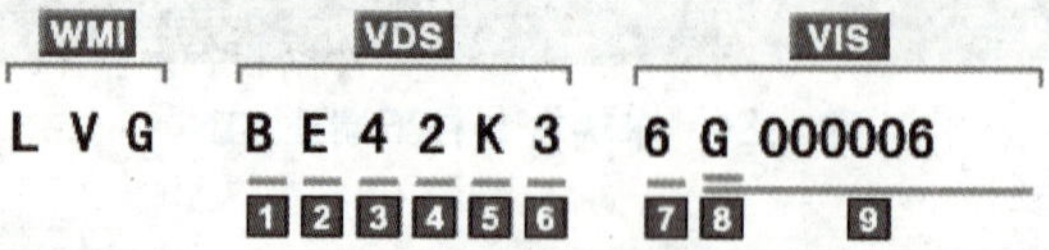

图 1-54 汽车 VIN 码示例

WMI：世界制造商识别器，LVG 指广州丰田。
VDS：
1：车身类型和驱动形式；
2：发动机特征，"E"指 2AZ，"H"指 1AZ；
3：丰田车型形式，40 系列；
4：约束系统，"0"指 6 气囊，"2"指 2 气囊；
5：车型名称，"K"指凯美瑞；
6：检验位，核对识别码的准确性。
VIS：
7："6"指车型年份；
8："G"指工厂或装配线；
9："000006"指生产顺序号。

## 单元测试

**一、判断题**

1. 汽车参数的接近角越大，汽车通过性越差。（    ）
2. 汽车参数的最小离地间隙越大，汽车通过性越好，但稳定性变差。（    ）
3. 汽车轴距越大，通常认定汽车的级别越高。（    ）

4. 承载式车身具有较大的抗弯强度和抗扭刚度，质量大，高度高，汽车质心高，装配复杂。（　　）

5. 非承载式车身汽车具有完整的车架，车身本体悬置于车架上，用弹性元件连接。（　　）

6. 大型客车的传动系统布置形式一般用于发动机前置前驱。（　　）

7. VIN 码具有全球通用性和可检索性，可最大限度地进行信息承载。（　　）

8. 汽车识别码对字母和数字的排列位置、安装位置、书写形式和尺寸都有相关的规定，并保证 30 年内不会重号。（　　）

## 二、选择题

1. 下列选项中，（　　）不属于汽车的质量参数。
   A. 最大车速　　B. 最大装载质量　　C. 最大总质量　　D. 最大轴荷质量

2. 下列汽车参数中，属于汽车尺寸特征参数的是（　　）。
   A. 自重　　B. 轴载质量　　C. 总质量　　D. 前悬

3. （多选）汽车底盘传动系统的布置形式有（　　）。
   A. FF 型　　B. FR 型　　C. RR 型　　D. MR 型
   E. XWD 型

4. 某一美系车系 VIN 码如下，请回答下列问题。

   ＊LVSHMFAH6JH123456＊

   （1）第 1～3 位表示的是（　　）识别代码。
   A. 世界制造厂　　　　　　　B. 车身形式
   C. 发动机变速器代码　　　　D. 车辆等级代码

   （2）VIN 码的第 10 位表示（　　）。
   A. 生产国　　B. 生产厂家　　C. 生产编号　　D. 生产年份

   （3）VIN 码一般在汽车哪个位置？（　　）
   A. 方向盘下　　　　　　　　B. 遮阳板下
   C. 挡风玻璃左上角　　　　　D. 挡风玻璃左下角

   （4）VIN 码是由（　　）位字符组成。
   A. 15　　B. 16　　C. 17　　D. 18

   （5）VIN 码中不能包含的三个英文字母有（　　）。
   A. I、O、Q　　B. I、K、O　　C. O、P、Q　　D. I、N、O

## 三、简答题

1. 什么是接近角、离去角和最小离地间隙？
2. 汽车主要性能参数包括哪些？如何识读？
3. 承载式车身有什么特点？主要应用在哪些场合？
4. 车身外部装饰件主要是指哪些装饰件？内部装饰件又包括哪些装饰件？
5. 汽车 VIN 码的具体位置在哪？
6. 汽车 VIN 码具体应用在哪些场合？
7. 为什么汽车 VIN 码可以识别某车辆而不会重复？

# 教学单元二
## 汽车装配安全及装配工量具使用规范

### 任务一　汽车装配作业要求及安全工作规程

1. 能够明确汽车装配基本要求以及汽车装配作业注意事项；
2. 能够熟知车间必须遵守的安全规定；
3. 能够牢固明确基本的个人安全防护措施；
4. 能够明晰污染物处理措施以及事故预防急救措施。

汽车总装基本技能训练之导线的焊接连接

#### 一、汽车装配作业注意事项

1. 装配操作要点

（1）牢固树立"质量第一，安全第一"的思想意识，严格遵照工艺纪律及质量管理各项规定要求，以严肃认真的工作态度、正确科学的操作方法和团结协作的团队精神搞好产品装配生产作业。

（2）在装配作业过程中应严格履行工艺文件、产品图纸及其他质量技术文件等要求，保证质量，并及时在质量跟踪单上签名。

（3）装配中所使用的各种工具、夹具、量具应具备合格标准及完整性。

（4）各零部件及分总成，在装配中应保持清洁干净，不应直接接触地面，装配场地应清洁整齐，做到文明生产。

（5）零部件工作表面应无损伤、磕碰，总成及阀类部件都不应在装配前启封。

（6）未经检验及不合格的零部件不得装配使用，装配前应注意检查零部件的质量，发现不合格产品应及时向检查员及主管工艺员报告。

（7）装配工作中不得擅自更改零件清单，防止出现错装、乱装、漏装现象，工作自检与互检相结合以确保装配工作正确无误，对不能互换的零件及有规定标记的零件应做装配标记。

（8）在装配过程中，凡是装调合格、有调整螺钉的零部件，不得擅自拧动调整螺钉。

（9）装配工艺中应使用木质、橡胶及其他软质、手锤等工具，禁止使用铁锤直接敲击零部件工作表面。

（10）装配中所用各种密封橡胶条、隔声、隔热板及其他内饰覆盖件涂胶应均匀，粘接应牢固，粘接表面要清洁，不得起皱、断落。

（11）装配中各种液、气管路连接时，应先检查接头部、坡口有无折裂及异物，管口应清洁，联管螺母牙型应完好，以保证可靠连接。以正确方式涂上螺纹密封胶再进行装配，注意胶液不得进入管腔，防止堵塞管路。流水线装配操作禁止使用胶带。

（12）装配中的运动件配合面应均匀涂刷润滑剂，不得干装，要确保装配的正确性，各部分润滑油、润滑脂嘴盖销应配齐，不得缺少。

（13）装配中全车各气管路及电线束应敷设整齐，走向顺畅，避免互相缠绕、打死结、杂乱、叠压或与其他零部件干涉，保证接头或插片连接牢固，不得松脱。每间隔 20 m 应用塑料紧固带捆扎，每间隔 50 cm 要有固定点。

（14）滚动轴承应在装配前开封，并应保持清洁，应使用专用工具，禁止直接经轴承传递外力。

（15）调整用的垫圈，应平整，无凹凸不平，无其他异物。

（16）螺纹连接件，应选用尺寸适合的规定扳手进行操作。

（17）双头螺栓装配中应先拧至螺孔底部，总成外部主要螺栓应伸出螺母 1 扣以上，一般情况下螺栓超出螺母长度应小于 20 mm。

（18）多个螺栓应按拧紧顺序均匀紧固，紧固中应按规定力矩拧紧。

（19）凡需用扭矩扳手和转角扳手装配的螺栓，头部支撑面和螺纹部分应涂润滑脂。

（20）螺栓紧固时弹簧垫圈如有损坏应及时更换。

（21）采用自锁螺母应避免拆卸，以保证自锁性能。

（22）对工艺文件规定的扭矩值应使用检验合格的扭力扳手进行操作。

（23）开口销在穿过销孔后应分别向两边扳开。

（24）在装配各种踏板时，应使各转动部位灵活，转动时不能与其他部件有干涉和磕碰。

### 2. 密封剂、胶粘剂、紧固剂的使用注意事项

（1）被粘接表面用干净的纤维织物擦拭干净。

（2）涂胶粘剂时应在使用前充分搅拌均匀，用毛刷均匀涂抹在两结合面上，涂胶后晾置 1～2 min。

（3）涂螺纹密封剂（如乐泰 569、乐泰 242 等）时，将密封剂先涂抹在螺纹部分，再进行装配。

（4）涂平面密封剂（如乐泰 587 等）时用手动或气动挤胶枪，把直径适当的胶条涂在结合面上，形成一个封闭的胶圈，把需要密封的部位圈起来，10 min 之内合拢装配，装配时不能平行错动。

(5) 各种牌号的密封剂、胶粘剂都含有溶剂，易挥发，所以用完后一定要盖严，否则容易变质，影响性能。

### 3. 各种工具使用注意事项

(1) 标准工具的使用注意事项。

1) 在装配时，根据标准件的尺寸，选择与零件尺寸相符的标准工具进行紧固。对工具要爱护，不能随意进行违章作业、野蛮操作，避免使其损坏。

2) 在使用扭力扳手时，不能超越规格范围使用，发出信号后，应及时解除作用力，避免撞击，检验用的扭矩扳手必须经鉴定在有效期内使用，扳手上必须有检验标记、编号，并在工具室登记备案。

(2) 气动工具的使用注意事项。

1) 在使用气动工具操作时，如气动扳机、气动砂轮等，检查橡胶管是否完好无损、接头处是否牢固密封，避免漏气。

2) 气动工具不得在高气压下长时间空转。

3) 气动工具油室要经常保持有足够的润滑油，长时间闲置后再启用时应在接头处注入少量润滑油，并在低气压下空转几秒钟。

(3) 专用工具的使用注意事项。

1) 根据工艺文件上所提供的专用工具或工装编号，在工具室办理领用登记手续。

2) 按照装配工艺文件正确使用专用工具或工装，使用完毕及时予以归还；如有损坏或磨损，应及时向辅助维修人员反映，并及时维修，以免耽误生产。

## 二、汽车装配安全工作规程

### 1. 个人安全

(1) 眼睛的防护。在汽车装配企业中，眼睛经常会受到各种伤害，如飞来的物体、腐蚀性的化学飞溅物、有毒的气体或烟雾等。常见的保护眼睛的装备是护目镜和面罩。护目镜可以防护各种对眼睛的伤害，如飞来物体或飞溅的液体。

另外，各种焊接更是对眼睛伤害巨大。

1) 电阻焊：该工艺可使熔融金属颗粒高速射出，操作中必须对眼睛和皮肤加以保护。

2) 电弧焊：该工艺会放射高能量紫外线，造成操作人员和附近人员眼睛和皮肤灼伤。气体保护焊在这方面特别有害。必须穿戴个人防护装置，并且用屏蔽装置保护其他人。

3) 气焊：氧乙炔焊炬可用来焊接和切割，应格外小心防止这些气体泄漏，以免引起火灾和爆炸。气焊过程中会产生金属飞溅，需要使用眼睛和皮肤防护装置。气焊火焰明亮，应使用眼睛防护装置，但其放射的紫外线要比电弧焊少得多，可使用较浅的滤光镜。

4) 锡焊：焊锡是几种金属的混合物，混合物的熔点低于各组分金属的熔点。如果使用空气焰，焊锡通常不会产生有毒气体。不得使用氧乙炔焰，因为它们温度太高，会产生铅烟。任何类型的火焰作用在涂有油脂的表面都会产生一些烟雾，应避免吸入这些烟雾。

（2）听觉的保护。汽车装配厂的噪声很大，各种设备如冲击扳手、空气压缩机、砂轮机、发动机等的噪声都很大。短时的高噪声会造成暂时性听力丧失，但持续的较低噪声更有害。常见的听力保护装备有耳罩和耳塞，噪声极高时可同时佩戴。一般在钣金车间必须佩戴耳罩或耳塞。

（3）手的保护。手是身体经常受伤的部位之一，保护手要从两方面着手：一是不要把手伸到危险区域，如发动机前部转动的传动带区域、发动机排气管道附近等；二是必要时应戴上防护手套。不同的场合需用不同的防护手套，如金属加工用劳保安全手套，接触化学品用橡胶手套等。

（4）身体背部的保护。从地面或工作台上搬抬物体时使用正确的方法有助于减小背部受伤的危险。

**注意**：不要试图抬过大的重物，20 kg 通常是一个人的安全质量极限；从地面抬起物体时，两脚应微微分开，屈膝，背部挺直，用腿部肌肉提供力量抬起重物。

对于质量超过 20 kg 的物体，建议使用活动起重机或千斤顶等起重装置，搬运重物时，让重物贴近身体。

（5）衣服、头发及饰物。宽松的衣服、长衣袖、领带都容易卷进旋转的机器，所以在修理厂中，一定要穿合体的工作服，最好是连体工作服，外套、工装裤也可以。如果戴领带则要把它塞到衬衫里。

工作时不要戴手表或其他饰物，特别是金属饰物，在进行电气维修时可能会导入电流而烧伤皮肤或导致电路短路而损坏电子元件或设备。在工厂内要穿劳保鞋，可以保护脚面不被落下的重物砸伤，且劳保鞋的鞋底是防油、防滑的。长发很容易被卷入运转的机器，所以长发一定要扎起来，并戴上帽子。

**2. 污染物处理**

《中华人民共和国大气污染防治法》第四十三条规定：钢铁、建材、有色金属、石油、化工等企业生产过程中排放粉尘、硫化物和氮氧化物的，应当采用清洁生产工艺，配套建设除尘、脱硫、脱硝等装置，或者采取技术改造等其他控制大气污染物排放的措施。

汽车是造成大气污染的主要污染源之一。对于内燃机车辆，主要控制的污染物有 $CO$、$HC$、$NO_x$ 和可吸入颗粒物。整车装配试验车间如果不注意通风排烟，将对车间作业人员造成重大伤害。因此应注意以下几点，以尽量减少车间内的污染物，减小对人员的伤害。

特别注重各种化工材料、废气、空调制冷剂、燃油、溶剂、润滑油和润滑脂、氯氟化碳、氟橡胶、粉尘、石棉、纤维绝缘材料、防冻剂、酸和碱、制动液、防锈材料、蓄电池酸液、油漆、胶粘剂和密封剂、泡沫材料的安全使用与废物处理。

**3. 事故预防和急救**

汽油、柴油、涂料、润滑脂、润滑油、汽车内饰件、带油污的棉丝、木头、纸张等容易引起火灾。电起火及金属燃烧则是不太常见的起火原因，如镁是一种用于制造轮胎的易燃金属，它遇到高温时会燃烧并发强光。

如果润滑油溅出或油泥落在地面上应擦干净，否则容易引起严重的事故或伤害。变速器油特别滑，若溅出则应立即清除，不仅要用清洗剂和水冲洗，而且要将油及其他脏物处理干净。

由于随时可能发生事故，因此汽车装配工必须熟悉装配车间的布局，熟知灭火器、消火栓、急救工具、洗眼水及其他安全设施的位置和操作方法，清楚消防通道和路线。注意车间内所有的警示牌、车间工具或设备的特殊说明。如果没有灭火器，也可用毯子或防护罩来灭火。如果火势太大难以扑灭，所有人应转移并打119电话向消防队求救。应做到防患于未然，并在发生火灾时快速反应。

## 任务二　通用工具的使用规范

通用工具的使用（螺纹尺、塞尺及刀口尺的使用）

### 学习目标

1. 能够正确识别汽车装配各类通用工具；
2. 能够正确描述各类扳手类型、基本原理和使用方法；
3. 能够掌握扭矩控制工具的使用规范；
4. 能够正确规范使用各类气动工具以及电动工具。

### 一、手动工具使用规范

总装车间常用的工具有很多，装配调整工作中比较常用的工具是手动工具，手动工具主要包括扳手、套筒、螺钉旋具以及钳类工具等。手动工具是参与完成工作的重要手段之一。选择合适的工具会使工作效率更高，规范合理地使用工具甚至会使工作效率达到倍增的效果，同时也能延长工具的使用寿命，得以更持久地发挥其作用。

#### 1. 扳手的使用规范

扳手是车间常用手动工具，具有体积小、质量轻，便于携带和存储等特点。在本节我们将对以下3种常用的扳手进行介绍，这些扳手包括梅花扳手、开口扳手以及活动扳手。

（1）梅花扳手。梅花扳手常用于拆卸、安装、紧固螺栓或螺母，由于其结构简单，体积较套筒扳手小，承载能力强，所以常用于承受扭矩比较大的场合。

通常每个梅花扳手由两个不同尺寸的钳口组成，由于螺栓、螺母的尺寸各不相同，因此梅花扳手的尺寸也有不同的规格。图2-1所示为梅花扳手组。梅花扳手组常见的尺寸组合有8-10、10-12、

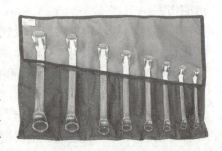

图2-1　梅花扳手组

12-14、14-17、16-18、17-19、19-22、22-24 等，当然也有其他规格。

1）梅花扳手的使用方法（图2-2）。

①梅花扳手钳口是双六角形的，可以在一个有限空间内方便地装配螺栓/螺母；

②由于螺栓/螺母的六角形表面被梅花扳手头部包住，因此没有损坏螺栓角的危险，并可施加大扭矩；

③由于梅花扳手的手柄是有角度的，因此可用于在凹进空间里或在平面上旋转螺栓或螺母。

2）梅花扳手的使用注意事项。

①梅花扳手适用于狭窄的区域；

②梅花扳手手柄要保持清洁，不得使用沾有油脂的扳手工作，以防滑脱；

③选择合适的尺寸，确保扳手与螺栓或螺母紧密配合，防止螺栓或螺母滑牙（图2-3）；

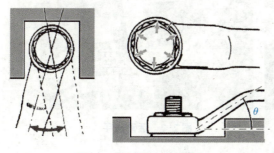

图2-2 梅花扳手的使用

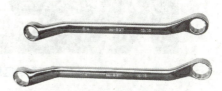

图2-3 梅花扳手的选择

④不准使用已经变形或破裂的梅花扳手；

⑤在紧螺栓时，不要用力过猛，要逐渐施力慢慢扭紧。

（2）开口扳手。开口扳手是车间日常工作中的手动工具，与套筒扳手和梅花扳手相比较，开口扳手不能提供较大扭矩，所以扭矩需求较大的螺栓或螺母不适合使用开口扳手做最终拧紧的工具。

开口扳手的用途与梅花扳手类似，因其钳口结构为开放式，所以较之梅花扳手在使用时更方便，但所能承受的扭矩小于梅花扳手。

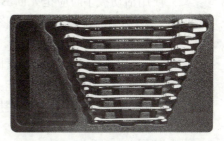

图2-4 开口扳手组

开口扳手的规格与梅花扳手相同，通常有8-10、10-12、12-14、14-17、16-18、17-19、19-22、22-24、24-27、27-30、30-32、32-34、32-36、34-36、36-38、36-41、38-41、41-46、46-50、50-55、55-60、60-65、65-70、70-75 等（图2-4）。

1）开口扳手的使用方法（图2-5）。

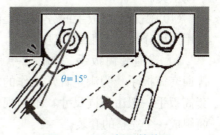

图2-5 开口扳手的使用

①开口扳手的开口中心平面和本体中心平面成15°,这样既适应人手的操作方向,又可降低对操作空间的要求;

②可以根据螺栓的旋转角度,灵活调整开口扳手的正反面,以更加方便地拧动螺栓或螺母。

2)开口扳手的使用注意事项。

①开口扳手一般用在不能用其他扳手拆装螺栓或螺母的区域(图2-6);

②开口扳手钳口上要保持清洁,不得使用沾有油脂的扳手工作,以防滑脱。

(3)活动扳手。活动扳手与开口扳手类似,它与开口扳手最大的区别是,每一把开口扳手两头的尺寸是固定的,需要选对尺寸才可以拆装螺栓,而活动扳手开口位置可自由调节大小,以适应不同大小的螺栓(图2-7)。

图2-6 其他扳手拆装不到的区域　　图2-7 活动扳手

1)活动扳手适用尺寸不规则的螺栓或螺母,旋转活动扳手的调节螺栓可以改变口径,所以一个活动扳手可用来代替多个开口扳手;

2)使用活动扳手时应把死面B作为受力点,活面作为辅助面,避免损坏扳手或伤人,如图2-8所示。

图2-8 活动扳手的使用

### 2. 套筒扳手的使用规范

套筒扳手用于拆卸、安装、紧固螺栓或螺母,由于其结构紧凑,承载能力强,所以常在承受扭矩比较大的场合使用,是扳手选用时的首选工具。

套筒扳手在日常工作中是最为常见的手动工具。

(1)普通套筒扳手的分类。套筒扳手按用途可分为以下几种类型:

1)普通套筒扳手。如图2-9所示为普通套筒扳手。为满足日常工作的需要,套筒扳手一般由不同尺寸、不同规格的套筒组成一个完整的套装。

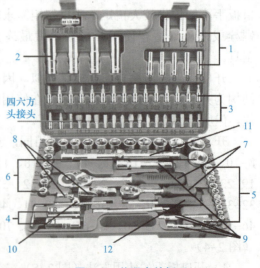

图2-9 普通套筒扳手

普通套筒按所拆卸螺栓的扭矩和使用的工作环境不同，又可分为大、中、小三个系列，并以配套手柄不同来区分，如图 2-10 所示。

2）气动套筒。如图 2-11 所示为专门为气动工具配合使用的套筒，专用的气动套筒经过特殊处理，其强度较之其他套筒扳手更强，能够满足气动工具在冲击力作用下正常使用。

为了与普通套筒相区分，气动套筒一般被加工成黑色，在使用中请注意。

3）火花塞套筒。如图 2-12 所示，在套筒扳手中，有专门为拆装汽油发动机火花塞所设计的专用火花塞套筒，从外观看，套筒的尾部是六角形，这有别于其他套筒。

火花塞套筒主要有 16 mm 和 21 mm 两种类型。

图 2-10　套筒的规格　　　图 2-11　气动工具使用的套筒扳手　　　图 2-12　火花塞套筒

（2）套筒扳手配套附件。套筒扳手还有与之相配套的扳手附件，在本节我们将就日常工作中常见的扳手附件加以介绍。

1）棘轮扳手。

①棘轮扳手在与套筒配合使用，拧动螺栓或螺母时在不脱离套筒和螺栓的情况下，可实现快速单方向的转动，提高了工作效率（图 2-13）；

②棘轮扳手的头部设计有棘轮装置，通过调整按钮 A 的位置可以切换拧松位置 1 或拧紧位置 2，如图 2-14 所示；

③使用时通过调整锁紧机构可改变其旋转方向；

④将锁紧机构手柄调到左边，可以单向顺时针拧紧螺栓或螺母；

⑤将锁紧机构手柄调到右边，可以单向逆时针松开螺栓或螺母。

棘轮扳手的使用方法如图 2-15 所示。

  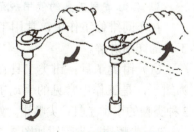

图 2-13　棘轮扳手　　　图 2-14　棘轮扳手工作原理　　　图 2-15　棘轮扳手的使用方法

2）万向节。

①万向节的方形套头部分可以前后或左右移动，配套手柄和套筒之间的角度可以自由变化（图2-16）；

②万向节使用相当方便，普通接杆无法完成的操作，使用万向节可以轻松自如地进行（图2-17）；

③万向节由于中间为角度连接，所以不可用于大扭矩螺栓或螺母的拆装。

（3）套筒扳手的使用方法。套筒扳手适用拆装位置狭窄或需要一定扭矩的螺栓或螺母。在工作中，套筒扳手通常与棘轮扳手、旋转手柄等工具配合使用。

1）选择使用的套筒扳手，并将其套在配套手柄的方榫上，视需要与长接杆、短接杆或万向节配合使用，如图2-18所示。

图2-16 万向节

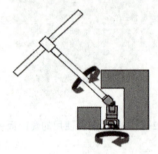
图2-17 万向节的使用方法

图2-18 套筒扳手与其他工具的配合使用

2）套筒扳手在使用时套筒要与被紧固或松动的螺栓或螺母结合稳固，再加力旋转。

3）朝向自己的方向用力，可防止滑脱造成手部受伤。

4）旋转过程中，双手要互相配合，保证套筒扳手旋转时的结合稳固。

5）使用时，要缓慢加力，避免使用冲击力。套筒扳手的使用方法如图2-19所示。

图2-19 套筒扳手的使用方法

3. 其他常用工具的使用规范

在车间维修工作中，常用工具包括钳类工具和螺钉旋具，下面我们将进行这两种工具的详细讲解。

（1）钳类工具。钳类工具在日常工作中简称为钳子，是工作中常见的手动工具。我们将介绍3种类型的钳类工具：尖嘴钳、鲤鱼钳、斜口钳。

1）尖嘴钳。尖嘴钳如图2-20所示。

①尖嘴钳别名为修口钳、尖头钳、尖嘴钳。

②它是由尖头、刀口和钳柄组成。

图2-20 尖嘴钳

③尖嘴钳主要用来剪切线径较细的单股与多股线，剥塑料绝缘层等，能在较狭小的工作空间操作（图2-21）。

**注意：** 切割导线或金属丝时被切割物直径不超过 5 mm。

2）鲤鱼钳。如图2-22所示为鲤鱼钳。

①鲤鱼钳可用于夹东西。改变鲤鱼钳支点上孔的位置，可以调节钳口打开的程度，以便于夹东西（图2-23）；

②鲤鱼钳也可在其颈部剪切细导线。

3）斜口钳。斜口钳又称为偏口钳，是日常工作中常用的手动钳类工具（图2-24）。

图 2-21　尖嘴钳的使用

图 2-22　鲤鱼钳　　　图 2-23　鲤鱼钳的使用　　　图 2-24　斜口钳

①斜口钳一般用于切割细导线。

②由于斜口钳的刀片尖部为圆形，所以可用于切割细线，或者用于将所需的电线从线束中切下（图2-25）。

（2）螺钉旋具。螺钉旋具是日常工作当中常见的手动工具，在工作中对螺钉旋具还有其他的一些称谓，例如，改锥、螺丝刀、起子等。

1）一字螺钉旋具的型号表示为刀头宽度 × 刀杆长度。例如2×75 mm，表示刀头宽度为 2 mm，杆长为 75 mm（图2-26）。

2）十字螺钉旋具的型号表示为刀头大小 × 刀杆。例如2#×75 mm，则表示刀头为 2 号（PH2，通常型号还有PH0、PH1、PH2、PH3等），金属杆长为 75 mm（图2-27）。

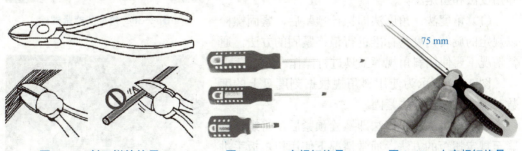

图 2-25　斜口钳的使用　　　图 2-26　一字螺钉旋具　　　图 2-27　十字螺钉旋具

**注意：** 十字螺钉旋具从小到大一般有7个规格，即PH000、PH00、PH0、PH1、PH2、PH3、PH4。刀头的大小型号不同，对应的刀杆的粗细不同。

3）T字螺钉旋具又称为星形螺钉旋具，因其英文是 Torx（译为内梅花头螺钉），取其英文字头"T"简称为T字螺钉旋具（图2-28）。

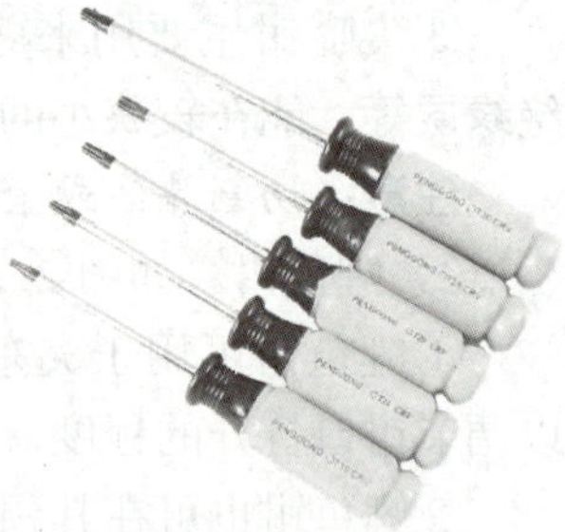

## 二、扭矩控制工具使用规范

扭矩扳手是在汽车维修和保养过程中使用的扭矩控制工具。在本处，我们将通过以下五个方面对扭矩扳手进行介绍。

### 1. 扭矩的定义

扭矩是使物体发生转动的力矩，其大小等于力和力臂的乘积。

扭矩如图2-29所示，$F$表示为力；$A$表示为力臂。根据扭矩的定义，扭矩$M=FA$。

常见的扭矩单位有kgf·m（千克力米）；kgf·cm（千克力厘米）；N·m（牛米）；lb·f（英磅英尺或称磅推力）。

图2-28　T字螺钉旋具

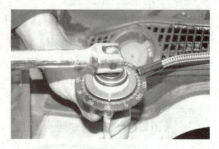

图2-29　扭矩的定义

扭矩单位的换算：

1 kgf·m = 100 kgf·cm = 9.8 N·m = 86.8 lb·f

### 2. 扭矩的应用

在汽车维修过程中，扭矩是评定装配效果的重要指标。为保证汽车在维修和保养过程中部件的装配质量，重要部件的螺栓连接扭矩都有相应的标准和规定。例如，发动机油底壳放油螺栓的拧紧扭矩、发动机火花塞的拧紧扭矩、减振器固定螺母的拧紧扭矩等。

在维修和保养过程中为了保证装配质量、有效控制螺栓的拧紧扭矩，通常有两种扭矩控制方法，即角度法和扭矩法。

（1）角度法。角度法即螺栓预紧后，紧固螺栓以规定的旋转角度为标准进行最终紧固的方法，通常情况下要使用斜角规等工具进行操作。

图2-30所示为使用斜角规根据刻度盘上的度数对螺栓进行角度法紧固。

图2-30　角度法旋紧螺栓

（2）扭矩法。扭矩法即螺栓预紧后，将螺栓拧紧至规定扭矩的方法，通常情况下使用扭矩扳手进行操作。

图2-31所示为使用扭矩扳手按扭矩法对发动机火花塞进行紧固。

图2-31　扭矩法旋紧螺栓

标准的拧紧扭矩，请参见相应维修手册。

### 3. 扭矩不足的影响

在维修作业过程中，如果出现扭矩不足的情况，将会导致以下问题：

（1）固定螺栓及其紧固部件在运转过程中出现松动，甚至脱落，影响其使用安全性，如图 2-32 所示，轮胎螺栓由于紧固扭矩不足导致脱落；

（2）被连接的部件无法保证装配精度，增大装配累计误差，影响其使用性能。

扭矩扳手使用问题如下：

规范使用扭矩扳手对于保证扭矩准确是十分重要的。

在使用中要按照标准紧固扭矩精确调整扭矩扳手的扭矩数值，如图 2-33 所示进行紧固工作。

图 2-32　扭矩不足导致轮胎螺栓脱落　　　图 2-33　扭矩扳手的使用

### 4. 扭矩工具的类型

在维修车间中，根据不同维修工作的需要，能够使用到各种不同的扭矩工具，最常见的扭矩控制工具有机械音响报警式扭矩扳手、数显式扭矩扳手、指针式（表盘式）扭矩扳手、打滑式扭矩扳手（自滑转式）、斜角规。

（1）机械音响报警式扭矩扳手（图 2-34）。机械音响报警式扭矩扳手，使用中可在达到设定扭矩值时发出类似机械相碰的提示音。

机械音响报警式扭矩扳手，采用杠杆原理，当扭矩到达设定扭矩时会出现"咔"类似机械相碰的声音，此后扭矩扳手会成为一个普通扳手，如再用力，会出现扭力过度现象。

图 2-35 所示为机械音响报警式扭矩扳手的结构原理图。

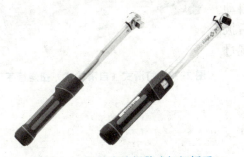
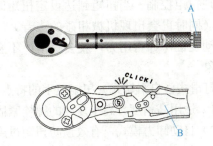

图 2-34　机械音响报警式扭矩扳手　　　图 2-35　机械音响报警式扭矩扳手的结构原理

1）旋转图中旋钮 A 可以改变杠杆 B 的预紧力；

2）当杠杆 B 的预紧力增大时，扭矩扳手的设定扭矩就相应增大；

3）相反，当杠杆 B 的预紧力减少时，扭矩扳手的设定扭矩就相应减小。

（2）数显式扭矩扳手（图 2-36）。数显式扭矩扳手是车间常用的扭矩扳手之一。数显式扭矩扳手具有以下特点：

1）具有预设扭矩数值和声响装置功能。当紧固件的拧紧扭矩达到预设数值时，能自动发出信号，同时伴有明显的手感振动，提示已达到预设扭矩。解除作用力后，扳手各相关零件能自动复位。

2）可切换两种方向。适合精度要求较高紧固件的紧固，具有结构简单、性能稳定，在读数表上流动指示扭矩值，使用方便等特点。

（3）指针式（表盘式）扭矩扳手（图 2-37）。指针式（表盘式）扭矩扳手是车间常用的扭矩扳手之一。指针式（表盘式）扭矩扳手具有以下特点：

图 2-36　数显式扭矩扳手

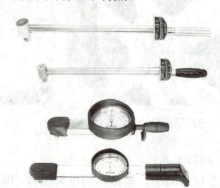

图 2-37　指针式（表盘式）扭矩扳手

1）结构简单；
2）性能稳定；
3）价格低；
4）在使用过程中可以实时显示当前扭矩。

（4）打滑式（自滑转式）扭矩扳手（图 2-38）。打滑式（自滑转式）采用过载保护、自动卸力模式实现扭矩控制。当扭矩到达设定扭矩时会自动卸力（同时也会出现机械相碰的声音）。此后扳手自动复位，如再用力，就会打滑，不会出现过力现象。

图 2-38　打滑式（自滑转式）扭矩扳手

打滑式（自滑转式）扭矩扳手的特点如下：
1）适用高精度、高重复度的螺栓紧固；
2）自动卸力模式，有效预防扭矩过度现象。

**5. 扭矩工具的使用注意事项**

扭矩工具属精密扭矩控制工具，在使用时应严格按照使用规范进行操作。

在使用扭矩扳手时，应注意以下事项：

（1）任何时候不能扔掷扭矩扳手；

（2）扭矩扳手除用于施加扭矩外，不能用于其他操作；

（3）尽量避免油污、油漆沾到扭矩扳手上；

（4）严格按时校验扭矩扳手；

（5）严格按照扭矩扳手的设定值使用扭矩扳手；

（6）严禁擅自改变扭矩扳手的结构；

（7）为保证扭矩扳手始终处于良好的工作状态，应定期对扭矩扳手进行校验；

（8）为确保扭矩扳手的正常使用，应定期检查扭矩扳手的精度，必要时应使用专用设备对扭矩扳手进行校验，如图2-39所示。

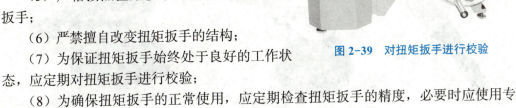

图 2-39 对扭矩扳手进行校验

### 三、气动工具使用规范

气动工具具有使用稳定、安全、能够获得加大扭矩、使用环境广泛等优点，所以在车间工作中广泛使用。日常工作中常见的气动工具按用途分类，可分为以下几类：

（1）剪切类气动工具：气动剪刀、气动铲等；

（2）装配类气动工具：气动扳手、气动棘轮等；

（3）磨砂加工类工具：气动砂轮机、气动抛光机等。

#### 1. 剪切类气动工具

（1）气动剪刀（图2-40）。气动剪刀用于薄金属板的切断，通常用于钣金维修作业。

（2）气动铲（图2-41）。气动铲用于分离金属焊接连接件，通常用于钣金维修作业。

图 2-40 气动剪刀　　　图 2-41 气动铲

#### 2. 装配类气动工具

（1）气动扳手（图2-42）。无论是钣金维修还是机电维修，气动扳手都是维修作业中经常使用的气动工具。

（2）气动棘轮（图2-43）。气动棘轮从功能上与气动扳手相同，不同之处在于承载的扭矩较之气动扳手要小，但因其体积小、质量轻、使用方便等特点，在日常工作中得到广泛使用。

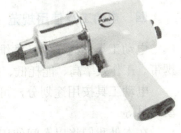

图 2-42 气动扳手

### 3. 磨砂加工类气动工具

（1）气动砂轮机（图2-44）。气动砂轮机通常用于钣金维修。

（2）气动抛光机（图2-45）。气动抛光机通常用于喷漆维修。

图2-43 气动棘轮　　　　图2-44 气动砂轮机　　　　图2-45 气动抛光机

### 4. 气动工具的使用注意事项

在日常维修工作中，气动工具广泛被使用。针对气动工具的使用，本处将以气动扳手为例对气动工具的使用注意事项进行说明。

对于维修中使用的工具设备而言，保证工具使用时的良好状态，不但有利于提高工作效率，更能够有效减少或杜绝安全事故的发生（图2-46）。

图2-46 气动工具的使用

（1）高压空气的要求。

1）气压是否正常，高压空气应保持在686 kPa（7 kg/cm$^2$）。

2）检查油水分离器、干燥器等气源部件工作是否正常。

（2）气动工具的要求。

1）气动扳手使用专用的套筒工具（图2-47），即冲击型套筒（详见扳手内容）。不能在气动扳手上使用手动工具的套筒。

图2-47 气动工具专用套筒扳手

2）定期检查套筒等附件，有无损坏，有磨损的套筒会使功率降低、强度下降，增加安全隐患，应予以更换。

3）更换套筒前，工具与气源必须断开，防止误操作，使气动工具开动，造成危险。

## 四、电动工具使用规范

电动工具作为车间日常维修工作中常见的工具，因其具有体积小、质量轻、方便携带、工作效率高、能耗低、使用环境广泛等优点，在工作中广泛使用。

电动工具按用途划分，可分为金属切削类电动工具、装配类电动工具、研磨类电动工具等。

在本处我们将以车间使用的三种电动工具为例，分别对以上三种不同用途的电动工具进行介绍。这三种电动工具是电钻（属于金属切削类电动工具）、电动扳手（属于装配类电动工具）、角磨机（属于研磨类电动工具）。

### 1. 电钻

在车间工作中，经常会使用到金属切削类电动工具——电钻（图2-48）。

电钻通常用于对金属或非金属材料进行钻孔作业。

### 2. 电动扳手

电动扳手在车间工作中也会经常用到，电动扳手通常分为自带电源式和外接电源式。

（1）电动扳手（外接电源式）。在对总成部件进行拆装过程中，有大量的相同尺寸的螺栓或螺母，在拆装过程中使用电动扳手能够提高工作效率，降低劳动强度（图2-49）。

（2）电动扳手（自带电源式）。与外接电源式电动扳手的特点和用途相同，自带电源式电动扳手携带更为方便，使用更加便捷，因而得到广泛使用（图2-50）。

图2-48 电钻

### 3. 角磨机

在车间工作中，角磨机是常用的研磨类电动工具之一。

角磨机在钣金维修工作中经常使用，主要用途是对金属棱角位置进行磨削处理，故取名为角磨机（图2-51）。

图2-49 电动扳手
（外接电源式）

图2-50 电动扳手
（自带电源式）

图2-51 角磨机

## 任务三 测量工具的使用规范

测量工具的使用
（游标卡尺使用）

测量工具的使用
（内径百分表的使用）

学习目标

1. 能够正确识别汽车装配各类测量工具；
2. 能够正确描述游标卡尺类型、基本原理和使用方法；
3. 能够掌握千分尺的基本原理及使用规范；
4. 能够正确规范识读和使用百分表。

一、钢卷尺

钢卷尺是一种最简单的测量长度直接读数的量具，用薄钢板制成，常用来粗测工件的长度、宽度和厚度，如图 2-52 所示。常见钢卷尺的规格有 2.0 m、3.0 m、5.0 m、10.0 m 等。钢卷尺有两种测量方法，即直接测量法和间接测量法。

图 2-52 钢卷尺

二、游标卡尺

卡尺通常有带表卡尺、数显卡尺和游标卡尺。目前在汽车维修工作中，主流的卡尺一般就是游标卡尺。游标卡尺又称四用游标卡尺，简称卡尺，它能够直接且简单地进行长度、外径、内径及深度的测量。

1. 游标卡尺的应用

游标卡尺作为一种常用量具，其可具体应用在以下这四个方面：测量工件宽度、测量工件外径、测量工件内径、测量工件深度，如图 2-53 所示。

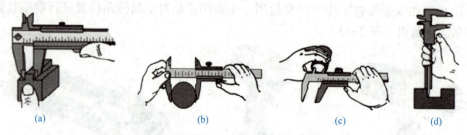

图 2-53 游标卡尺对工件测量的应用

（a）测量工件宽度；（b）测量工件外径；（c）测量工件内径；（d）测量工件深度

2. 游标卡尺的结构类型

通常游标卡尺有三种精度分类，分别为 10 分度游标卡尺，其精度为 0.1 mm；20 分度游标卡尺，其精度为 0.05 mm；50 分度游标卡尺，其精度为 0.02 mm。

如图 2-54 所示，游标卡尺通常由六部分组成，若从背面看，游标卡尺像一个整体。

主尺即游标卡尺的尺身。游标尺（游标）能在主尺上滑动。游标尺与主尺之间有一弹簧片（图中未能画出），利用弹簧片的弹力使游标尺与主尺靠紧。

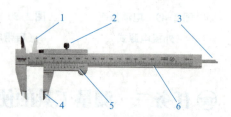

图 2-54 游标卡尺的结构

1—内径测量爪；2—紧固螺钉；3—深度尺；4—外径测量爪；5—游标尺；6—主尺

游标尺上部有一紧固螺钉，可将游标固定在主尺上的任意位置。

主尺和游标尺都有量爪，组合起来成为内径和外径测量爪。利用内径测量爪可以测量零件的宽度或内径，利用外径测量爪可以测量零件的厚度或外径。

深度尺与游标尺连在一起，可以测零件的深度。

游标卡尺刻度线如图2-55所示（以50分度的游标卡尺为例）：

（1）主尺是以毫米来划分刻度的，将1 cm平均分为10个刻度，在厘米刻度线上标有数字1、2、3等，表示为1 cm、2 cm、3 cm；

（2）游标尺总长为49 mm，将其平均分为50等份，每份长度为0.98 mm；

（3）游标尺最小刻度与主尺最小刻度相差0.02 mm。

### 3．游标卡尺的测量方法

正确规范地使用游标卡尺，将大大提高被测零件的测量精度。

（1）测量前的检查。使用游标卡尺时先应依照下列事项逐一检查：

1）零刻度线校正：将量爪并拢，游标和主尺的零位刻线要相互对准，如图2-56所示。

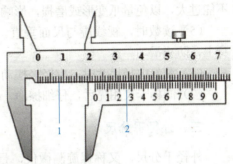

图2-55 游标卡尺的刻度线

1—主尺；2—游标尺

2）测定量爪的密合状态：测量前应把卡尺擦干净，检查卡尺的两个测量面和测量刃口是否平直无损，把两个量爪紧密贴合时，应无明显的间隙。

3）游标的移动状况：移动尺框时，活动要自如，不应过松或过紧，更不能有晃动现象。

4）用固定螺钉固定尺框时，卡尺的读数不应有所改变。在移动尺框时，不要忘记松开固定螺钉，也不宜过松以免掉落。

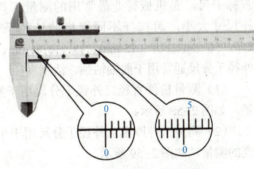

图2-56 游标卡尺使用前检查

（2）测量步骤。

第一步：将游标卡尺和被测物擦干净，使用时轻拿轻放。

第二步：松开游标卡尺的紧固螺钉，校准零位，向后移动游标尺量爪，使两个外测量爪之间距离略大于被测物体。

第三步：如图2-57所示，一只手拿住游标卡尺的尺架，用右手拇指轻压游标卡尺，使量爪轻松接触测量面，同时使被测工件与游标卡尺保持垂直状态。

第四步：略加旋紧游标尺上的紧固螺钉。

第五步：读数，即读取游标卡尺的测量数据，后面会以计数进行介绍。

图2-57 游标卡尺外径测量

### 4．游标卡尺使用的注意事项

（1）游标卡尺是比较精密的测量工具，要轻拿轻放，不得碰撞或跌落地下。

（2）小的游标卡尺一般用单手握尺，大的游标卡尺要用双手握尺。

（3）使用时不要用来测量粗糙的物体，以免损坏量爪，不用时应置于干燥地方防止锈蚀。

（4）测量工件时，量爪测量面必须与工件的表面平行或垂直，不得歪斜。且用力不能过大，以免量爪变形或磨损，影响测量精度。

（5）读数时，视线应与尺面垂直。如需固定读数，可用紧固螺钉将游标固定在尺身上，防止滑动。

（6）测量内径尺寸时，应轻轻摆动，以便找出最大值。

（7）游标卡尺用完后，仔细擦净，抹上防护油，平放在盒内，以防生锈或弯曲。

### 三、外径千分尺

外径千分尺，又称螺旋测微仪，是利用螺旋副原理对弧形尺架上两测量面间分隔的距离进行长度测量的工具。精度有 0.01 mm、0.02 mm、0.05 mm 几种，加上估读的 1 位，可读取到小数点后第 3 位（千分位），故称千分尺。

#### 1. 外径千分尺的应用

外径千分尺主要用于测量机件外尺寸，其测量精度高于游标卡尺，是机械行业最常用的测量工具。根据所测量机件外尺寸大小，可选择不同规格的外径千分尺：0～25 mm、25～50 mm、50～75 mm、75～100 mm、100～125 mm 等。外径千分尺通常用于曲轴轴颈、活塞直径、刹车盘厚度等。

（1）测量机件直径。外径千分尺用于发动机曲轴轴颈的测量，如图 2-58 所示。

图 2-58　曲轴轴颈测量

（2）测量机件厚度。外径千分尺用于车辆刹车盘厚度的测量，如图 2-59 所示。

#### 2. 外径千分尺的结构和原理

外径千分尺主要由手持部分、测量部分、锁紧部分等组成。

（1）外径千分尺的结构。外径千分尺的结构如图 2-60 所示，主要由以下部件组成：

1）尺架：固定外径千分尺附件的支架；

2）测砧：测量工件的固定座；

图 2-59　刹车盘厚度测量

3）测微螺杆：测量工件的活动测量压杆；

4）锁紧装置：用于锁定测微螺杆；

5）固定套管：显示固定刻度和安装测微螺杆；

6）隔热装置：防止因手握外径千分尺时，人体的体温传导至外径千分尺，使其受热膨胀，导致测量失准；

7）微分筒：与测微螺杆固定在一起和显示可动刻度；

8）旋钮：旋入和旋出微分筒，使测微螺杆压紧被测物；

9）测力装置（棘轮）：测力装置的作用是保证测微螺杆的测定压力，当测定压力达到一定值时，限荷棘轮即会空转，使得测定压力保持一致，以测出正确的尺寸。

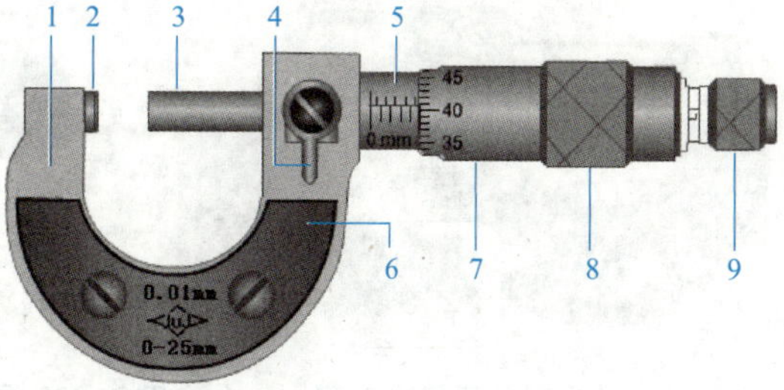

(2) 外径千分尺的原理。外径千分尺是依据螺旋放大的原理制成的，即螺杆在螺母中旋转一周，螺杆便沿着旋转轴线方向前进或后退一个螺距的距离。因此，沿轴线方向移动的微小距离，就能用圆周上的读数表示出来。

图 2-60 外径千分尺的结构
1—尺架；2—测砧；3—测微螺杆；4—锁紧装置；5—固定套管；6—隔热装置；7—微分筒；8—旋钮；9—测力装置（棘轮）

外径千分尺刻度及分度值：

如图 2-61 所示，固定套管上的水平线上、下各有一列间距为 1 mm 的刻度线，上侧刻度线在下侧两相邻刻度线中间。

微分筒上的刻度线是将圆周分为 50 等分的水平线，它是做旋转运动的。

根据螺旋运动原理，当微分筒旋转一周时，测微螺杆沿轴向前进或后退一个螺距 0.5 mm。即，当微分筒旋转一个分度后，它转过了 1/50 周，这时螺杆沿轴线移动了 1/50×0.5=0.01（mm），因此，使用外径千分尺可以准确读出 0.01 mm 的数值。

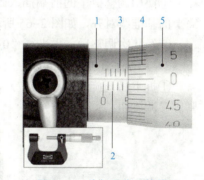

图 2-61 外径千分尺的原理
1—固定套管；2—固定刻度；3—半刻度；4—可动刻度；5—微分筒

由于还能再估读一位，可读到毫米的千分位。

### 3. 外径千分尺标准量程

如图 2-62 所示，外径千分尺的量程为 0～25 mm，分度值是 0.01 mm。常见的量程还有 25～50 mm、50～75 mm、75～100 mm、100～125 mm。

### 4. 外径千分尺的使用规范

外径千分尺是车间维修中广泛使用的测量工具之一，也是维修技师判断零部件损坏程度的重要工具，掌握规范的使用方法尤为重要。

(1) 零位校正。

1）仔细清洁测砧两端面后，将标准量规夹在外径千分尺上，如图 2-63 所示；

2）慢慢转动微调旋钮，旋转测力装置，当螺杆刚好和测砧接触，听到 2～3 次"咔"声后停止。

(2) 检查刻度对齐。

1）微调套筒前端面应在固定套筒的"0"刻线位置，且微调套筒上的"0"刻线要与固定套筒的基准线对齐；

2）若两者不能对齐，如图 2-64 所示，则该外径千分尺有误差，应检查调整后才能继续使用。

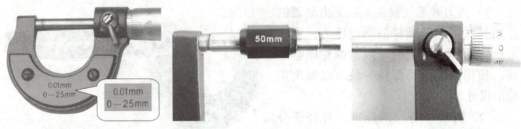

图 2-62　外径千分尺标准量程　　　图 2-63　零位校正　　　图 2-64　检查刻度对齐
　　　　　　　　　　　　　　　　（夹紧标准量规）

（3）调整刻度。

1）当误差在 0.02 mm 以下时，按以下方法进行调整：

①使用调整扳手的前端插入固定套筒，转动套筒使微调套筒的"0"刻线和固定套筒上的基准线对齐，如图 2-65 所示；

②经几次调整后，再进行"0"刻线检查，若还有偏差则根据上述方法再次调整。

2）当误差在 0.02 mm 以上时，使用调整扳手紧固微调套管，如图 2-66 所示。

①拆下微调旋钮（图 2-67），转动套管大致调整零点的偏差在 0.02 mm 以下后，紧固微调旋钮；

图 2-65　调整刻度　　　　　图 2-66　紧固微调套管　　　　图 2-67　拆下微调旋钮

②进行"0"刻线校正，确定误差在 0.02 mm 以内后，再按上述方法进行微调。

（4）测量操作方法。

下面以测量发动机凸轮轴轴颈为例，介绍外径千分尺的操作方法：

1）被测部位及外径千分尺必须保持清洁，若有油污或灰尘须立即擦拭干净（图 2-68）；

2）测量时转动套管将被测面轻轻夹在外径千分尺上（图 2-69）；

3）夹住被测部件后，旋转微调旋钮（测力装置）一圈左右，当听到发出两三响"咔"声后锁紧装置，取下外径千分尺读取测量数据（图 2-70）。

图 2-68　测量面清洁　　　　图 2-69　夹住被测面　　　　图 2-70　旋转微调旋钮

（5）读数方法。外径千分尺的读数由固定套筒上的固定刻度、微分筒上的可动刻度和估读数值组成（图2-71）。

先读固定刻度，再读半刻度，若半刻度线已露出微分筒端面线，记作 0.5 mm；若半刻度线未露出，记作 0.0 mm；然后读可动刻度，记作 $n\times 0.01$ mm；最后的数值一定要记得估读一位，也就是小数点后有三位数字。

最终读数结果 = 固定刻度 + 半刻度 + 可动刻度

$$5+0.5+0.375=5.875（mm）$$

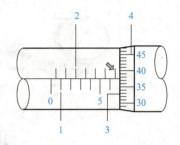

图 2-71 外径千分尺的读数方法

1—固定刻度；2—半刻度；3—微分筒端面；4—可动刻度

## 四、百分表

百分表是一种精度较高的比较量具，如图 2-72 所示，它只能测出相对数值，不能测出绝对值，主要用于检测工件的形状和位置误差，如圆度、平面度、垂直度、跳动等，也可在机床上用于工件的安装找正。

### 1. 百分表的读数

百分表的表盘刻度分为 100 格，当量头每移动 0.01 mm 时，大指针偏转 1 格；当量头每移动 1.0 mm 时，大指针偏转 1 周。小指针偏转 1 格相当于 1 mm。

百分表的表盘是可以转动的，如图 2-73 所示。

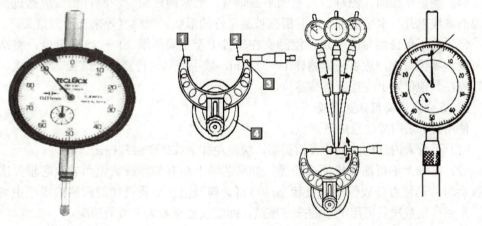

图 2-72 百分表    图 2-73 百分表的使用

### 2. 百分表的使用

百分表要装设在支座上才能使用，在支座内部设有磁铁，旋转支座上的旋钮使表座吸附在工具台上，因而又称磁性表座，如图 2-74 所示。此外，百分表还可以和夹具、V 形槽、检测平板和顶心台合并使用，进行弯曲、振动及平面状态的测定或检查，如图 2-75 所示。

图 2-74　百分表检测曲轴示意图 1　　　图 2-75　百分表检测曲轴示意图 2

（1）测量前应将测杆、测头及工件擦净，装夹表头时夹紧力不宜过大，以免套筒变形及测杆移动不灵活。

（2）测量时应把表装夹在表架或其他可靠的支架上，否则会影响测量精度。

（3）使用百分表对批量工件进行比较测量时，要选用量块或其他标准量具调整百分表指针对准零位，然后把被测工件置放在测头下，观察指针偏摆记取读数，确定被测工件误差。

（4）测量平面时，测杆应与被测平面垂直；测量圆柱面时，测杆轴线应通过被测表面的轴线，并与水平垂直。同时根据被测工件的形状、粗糙度等来选用测量头。

（5）为了保证测量力一定，使测头在工件上至少要压缩 20～25 个分度，将指针与刻度盘零位对准，然后轻提测杆 1～2 mm，放手使其自行复原，试提 2～3 次，若指针停在其他位置上应重新调整零位。

### 3. 百分表的使用注意事项

使用百分表时要注意以下两点：

（1）百分表内部构造和钟表相类似，应避免摔落或遭受强烈撞击。

（2）芯轴上不可涂抹机油或油脂。如果芯轴上沾有油污或灰尘而导致芯轴无法平滑移动时，请使百分表保持垂直状态，再将套筒浸泡在品质极佳的汽油内浸至中央部位，来回移动数次后再用干净的抹布擦拭，即能恢复至原来平滑的情况。

## 五、量缸表

量缸表套装实物如图 2-76 所示。

### 1. 量缸表的使用

使用游标卡尺测量缸径后获得基本尺寸，利用这些长度作为选择合适杆件的参考。量缸表需要经过装配才能使用。首先根据所测缸径的基本尺寸选用合适的替换杆件和调整垫圈，

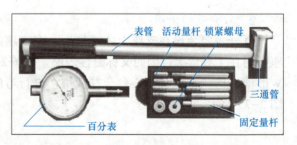

图 2-76　量缸表套装实物

使量杆长度比缸径大 0.5～1.0 mm。

替换杆件和垫圈都标有尺寸，根据缸径尺寸可任意组合。

量缸表的杆件有垫片调整式和螺旋杆调整式。无论哪种类型，只要将杆件的总长度调整至比所测缸径大 0.5～1.0 mm 即可。将百分表插入表杆上部，预先压紧 0.5～1.0 mm 后固定。

将外径千分尺调至所测缸径尺寸，并将千分尺固定在专用固定夹上，对量缸表进行校零。

当大表针逆时针转动到最大值时，旋转百分表表盘使表盘上的零刻度线与其对齐。

### 2. 缸径测量

（1）慢慢地将导向板端倾斜，使其先进入汽缸，而后再使替换杆件端进入。导向板的两个支脚要和汽缸壁紧密配合。

（2）在测定位置维持导向板不动，而使替换杆件的前端做上下移动并观测指针的移动量，当量缸表的读数最小且量缸表和汽缸呈真正直角时，再读取数据。

（3）读数最小即表针顺时针转至最大，在测量位置方面需参考维修手册。

## 单元测试

### 一、填空题

给出三组外径千分尺的实物读数刻度，如图 2-77 所示，请读出这三组读数的准确数值，填写到下面的横线。

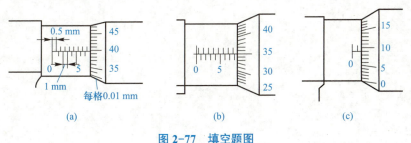

图 2-77　填空题图

（a）正确读数为_____mm；

（b）正确读数为_____mm；

（c）正确读数为_____mm。

### 二、判断题

1. 风动扳手又叫作力矩扳手。　　　　　　　　　　　　　　　　　　　　（　　）
2. 游标卡尺又叫作螺旋测微器。　　　　　　　　　　　　　　　　　　　（　　）
3. 游标卡尺的使用范围是长度测量、内径测量、外径测量、深度测量。（　　）
4. 螺旋测微器比游标卡尺更精确。　　　　　　　　　　　　　　　　　　（　　）
5. 常用的通用工具有气动冲击扳手、开口扳手、棘轮扳手、螺钉旋具。（　　）
6. 拧紧工具的精度对拧紧力矩有直接的影响。　　　　　　　　　　　　（　　）

三、选择题

1. 测量直径为 $\phi 25\pm 0.015$ 的轴颈，应选用的量具是（　　）。
   A. 游标卡尺　　　B. 杠杆表分表　　　C. 内径千分尺　　　D. 外径千分尺
2. 测量轴直线度偏差的常用量具是（　　）。
   A. 外径千分尺　　　B. 千分表　　　C. 钢板尺　　　D. 游标卡尺
3. 游标卡尺属于（　　）测量器具。
   A. 游标类　　　B. 螺旋　　　C. 机械量仪　　　D. 光学量仪
4. 用量具测量读数时，目光应（　　）量具的刻度。
   A. 垂直于　　　B. 倾斜于　　　C. 平行于　　　D. 任意
5. 测量外尺寸时，应先使游标卡尺量爪间距略大于被测工件的尺寸，再使工件与固定量爪贴合，然后使活动量爪与被测工件表面接触，稍微游动一下活动量爪，找出（　　）尺寸。
   A. 平均　　　B. 合适　　　C. 最小　　　D. 最大
6. 下列工具力矩精度超出 ±10% 的有（　　）。
   A. 气动液压脉冲扳手　　　　B. 表盘式力矩扳手
   C. 蓄电池螺钉旋具　　　　　D. 气动弯角定扭扳手
7. 气动工具不得在高气压下长时间（　　）。
   A. 工作　　　　　　　　　　B. 空转
   C. 停放　　　　　　　　　　D. 以上选项均不正确

# 教学单元三
## 汽车典型零件装配及基本技能训练

典型零件的装配包括螺纹连接的装配、弹性挡圈的装配、键连接的装配、密封件的装配、滑动轴承连接的装配、滚动轴承连接的装配、滚动轴承的装配与销连接的装配。本任务主要介绍螺纹连接的装配、弹性挡圈的装配以及密封件的装配等。

### 任务一　螺纹连接的装配

1. 能够正确描述螺栓、螺母、螺钉等类型及其在汽车上的应用；
2. 能够熟练识别和预紧螺栓和螺母；
3. 能够熟练进行垫片垫圈及卡环的装配；
4. 能够熟练完成密封件的识别与装配；
5. 能够熟练进行汽车线束的规范安全插接。

螺栓识别与选用1

螺栓识别与选用2

螺纹连接在装配的定义中属于一种可拆式的固定连接类型，这种装配类型在零件、组件以及部件的组合过程中得到了最广泛的应用。螺纹连接主要是指通过螺栓和螺母将零件紧固在一起。用不同的名称区别螺栓的尺寸和强度。汽车上使用的螺栓可根据各自区域所要求的强度和尺寸进行选择。

#### 一、螺栓

螺栓是外围带有螺纹的圆柱形紧固件。螺栓的一端是带有螺纹的平末端，而另一端则有一个头。螺栓上没有螺纹的部位称为螺栓肩或者螺栓柄。螺栓柄的直径决定了螺栓的尺寸。螺栓头的尺寸决定了螺栓扳手的尺寸，如图3-1所示。

（1）螺栓柄。螺栓柄是一段没有螺纹的光滑圆柱面，位于螺栓的螺纹面和头之间。螺栓柄的长度等于螺栓的整个长度减去螺栓头长度和螺纹面长度。

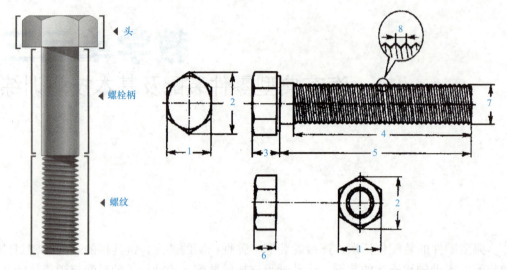

图 3-1 螺栓规格

1—跨面宽度；2—跨角宽度；3—头部高度；4—螺纹长度；5—名义长度；6—螺母高度；7—名义直径；8—螺纹螺距

（2）直径。螺栓的直径指的是螺纹部分或者栓柄部分较大的圆截面直径。

（3）长度。螺栓的长度测量的是从螺栓头的底部开始到螺纹面的末端的距离。

（4）头。螺栓的头是在螺栓柄一端的平面金属块。这个头的重要性在于它可以与一个螺母或者其他的一个部件紧密相靠，紧固住整个螺栓后，就可以起到卡紧的作用。大多数的螺栓头是六角形或者四方形的。配合使用相应的工具就可以紧固或者松开螺栓。

（5）螺距。螺距指的是从一个螺纹牙上的一点到下一个螺纹牙上的对应点之间的距离。确定下一个螺纹牙上对应点的方法是沿着紧固件轴向的一条平行线在螺纹牙上的交点。在北美，螺距的测量通常是英制单位。在这个英制系统中定义了单位英寸内的螺纹数目。而北美以外的地区使用公制单位。公制单位的紧固件可以在一些国外进口车上找到。也有些国产车使用公制紧固件。公制系统定义螺距的方法是测量两个相邻螺纹之间的距离，以毫米为单位，如图 3-2 所示。

（6）螺纹。螺栓的螺纹是指螺栓上的螺旋槽，可以让螺栓拧入有同样螺旋槽的螺母或螺孔，拧紧螺栓之后，与螺母和螺孔一起起到卡紧的作用。螺纹可分为右旋螺纹和左旋螺纹两种，如图 3-3 所示。右旋和左旋的螺纹决定了在安装螺栓时，是需要顺时针拧动还是逆时针转动这个紧固螺栓。如果螺栓的螺纹右旋，那么就顺指针方向把螺栓拧入螺纹孔。右旋螺纹是两种类型中更常用的一种。如果螺栓是左旋螺纹，那么就逆时针方向将螺栓拧入螺纹孔。左旋螺纹使用得不多，在汽车工业和其他范围内，只在一些特殊的场合使用。比如当设计师或工程师认为紧固件装上后有自动向右转动，也就是顺时针转动的趋势时，就可使用左旋螺纹设计。一些老款车辆特别是大客车的乘员侧的车轮就是应用这种设计。

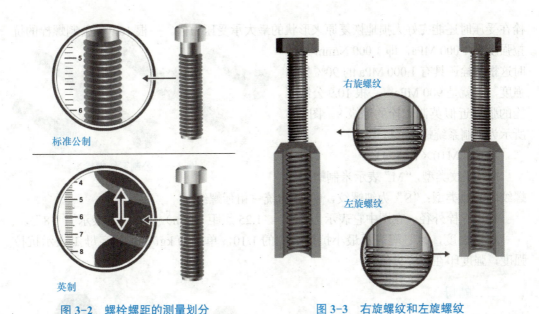

图 3-2 螺栓螺距的测量划分

图 3-3 右旋螺纹和左旋螺纹

螺栓的这种设计可以使螺栓的螺纹末端穿过一个没有螺纹的孔。穿过这个无螺纹部件的螺栓既可以拧入另一个部件上的螺纹孔，也可以利用一个螺母去连接另一个无螺纹的部件，如图 3-4 所示。

图 3-4 不同紧固方式

螺栓必须恰当地拧紧以确保有效。如果太松，它就可能滑落。如果拧得太紧，不但无法将部件紧固到足够的程度，而且会损害螺纹的形状。一个正确紧固的螺栓是紧靠着被其固定的部件而处于弹性负载状态。这个弹性负载效果是由螺栓的伸展，或者说"弹性度"决定的，相当于螺栓本身 70% 的弹性极限。

虽然螺栓在带有螺纹的部件上可以直接使用，但更多的是将螺栓和螺母一起使用，把部件紧固或保持在一起。使用正确的紧固件和恰当地拧紧这些部件会产生很广的影响范围，如从客户满意度到车辆的安全性。如果用错了螺栓，或使用错误的等级，或者螺栓紧固得过紧就会导致螺栓失效。在另一个方面，如果螺栓紧固得太松，螺栓就会因振动而松开。

螺栓等级指的是螺栓的抗拉强度。抗拉强度反映了一种物质抵抗拉伸力量的能力。螺栓的等级则反映了螺栓在其断裂前抵御压力和拉伸的能力。这个等级值是由制作螺栓的材质和螺栓直径所决定的。

在英制系统中，螺栓的等级可以通过螺栓头上的刻线数目识别。等级 1 和 2 的螺栓在头上没有刻线，而等级 3 的螺栓头上有一道刻线，等级 4 有两道，等级 5 有三道，以此类推。在判断螺栓的等级时，只要将其头上的刻线数目加 2 就可以了。在公制系统中，螺栓的等级用一个性能等级值标记在螺栓头上。这个性能等级值有两个数字：一个显示螺栓的抗拉强度；另一个用百分率的方式标示抗屈强度。螺栓的抗屈强度指的是螺栓在受压时还能完好无损地恢复原来形状的最大承受压力值。一根 10.9 的公制螺栓的抗拉强度是 1 000 MPa，即 1 000 N/mm²。同时这根螺栓还具有 1 000 MPa 的 90% 抗屈强度，也就是 900 MPa。一根 10.9 公制螺栓的强度近似英制螺栓的等级 8。图 3-5 所示为公制系统螺栓。

图 3-5　公制系统螺栓

示例：M10×1.25-4T。

M：螺纹类型，"M"表示米制螺纹。螺纹的其他类型；"S"为细螺纹，UNC 为统一粗牙螺纹。

10：螺栓外径，在图中它表示为"7"。1.25 螺距（mm）在图中它表示为"8"。

4T：强度，该号码表示最小抗拉强度的 1/10，单位为 kgf/mm²，字母 T 表示抗拉强度，强度印在螺栓头部。

## 二、螺母

螺母是一个内部带有螺纹的部件，与有相应螺纹的螺栓配合使用，成为一套组件。多数螺栓头是六角形或四方形，可以配合相应的工具使用。同时还有槽顶螺母、蝶形螺母、开槽螺母等，如图 3-6 所示。

螺母是任何一辆车上的基本零件，在整个汽车工业中得到广泛的使用。螺母要跟螺栓配合使用，将两个内部没有螺纹的部件保持在一起。螺母也可以用于一个零件带有一根螺柱的情况，将另一个零件与这个有螺柱的零件固定在一起。

锁紧螺母应用于两个零件的连接固定。锁紧螺母带有一个锁紧机件，防止固定的连接由于振动而松动。

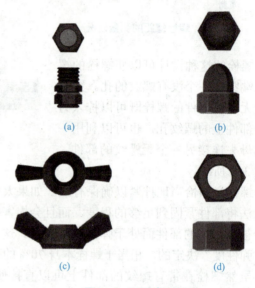

图 3-6　不同类型螺母
（a）止动螺母；（b）槽顶螺母；（c）蝶形螺母；
（d）六角螺母

多数锁紧螺母设计成其中的一部分小于其他部分。锁紧螺母也利用了各种各样的锁紧机件。例如，尼龙衬垫、箍缩螺母，以及带开口销的槽顶螺母，如图 3-7 所示。

图 3-7　不同类型锁紧螺母

## 三、螺柱

带螺纹的螺柱是一种外部带有螺纹的紧固件，螺柱两端都带有螺纹（图 3-8）。常见的，一端螺纹是粗牙的，而另一端是细牙的。螺柱是没有头的。

螺柱可以帮助固定零件，并把它们装配到需要的产品上。螺柱的一端通常是拧入一个带有内螺纹的零件，而另一端则穿过另一个没有内螺纹的部件，然后用螺母将两个零部件固定在一起。

图 3-8　带螺纹的锁紧螺柱

螺柱两端的螺距、长度，以及直径不一定彼此相同。螺柱与两端固定的螺纹孔也许有不同的长度和直径，甚至是不同的螺距。螺柱两端螺距有可能不同的原因是加工细牙外螺纹要比加工内螺纹容易。螺柱两端直径不同的原因是所固定零部件的有效固定空间不同。而两端螺纹长度的不同也是部件的有效固定空间导致的。拧入加工部件的螺纹端通常长度会短一些。与螺栓相比，螺柱具有更多的螺纹接触面。这是因为螺柱两端都有螺纹的原因。

### 四、螺钉

螺钉是一种带有螺纹的紧固装置，有一个头和一个尖末端。螺钉被用来将部件穿接在一起。它的螺纹类型，长度和直径都是可变化的。螺钉上有楔形点，在拧入一个部件的时候，可以使螺钉沿着自身螺纹的方向切入螺孔槽。损坏的螺钉是无法修复的，只能更换（图 3-9）。

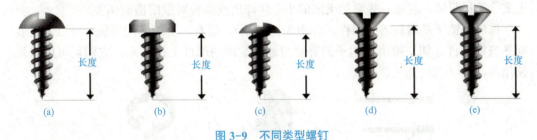

图 3-9　不同类型螺钉

(a) 圆头；(b) 盘头；(c) 大圆头；(d) 埋头螺钉平头；(e) 埋头螺钉椭圆头

要使用正确的螺钉，因为错误的螺钉会形成一个不牢固的连接，可能损坏要连接的各个部件。选择好恰当的螺钉，再用合适的紧固工具把它拧紧对于防止损坏螺钉来说是非常重要的。根据需要，可能考虑选择某种特定的螺钉头。

定位螺钉的设计目的在于防止两个可动物体之间相对的旋转运动。它们经过淬火加硬。外形上或者是无头的，或者有一个头。定位螺钉上的螺纹占有整个螺钉的长度。这样，定位螺钉就没有螺钉柄部分。如果有一个头，螺钉螺纹会延伸到头处。如果没有头，那么整个螺钉都有螺纹。

定位螺钉用来将一个零件锁止在轴上，防止可动物体之间相对的旋转运动。定位螺钉常用于把一个轮子固定在轴上。固定位置既可以是定位点也可以是沉孔（图 3-10）。

图 3-10　定位螺钉

螺纹紧固件上可以使用多种化学剂，例如润滑剂、密封胶、液体螺纹锁和防卡剂。

### 五、铆钉和栓销

铆钉是一种金属的或是塑料的销子，一端有销柄，另一端是一个小的销头，用来把两个部件固定在一起。安装铆钉的时候需要用一个特殊的工具，通过外力将销柄端部穿过套环。销柄使套环膨胀和受压，将销头和套环之间的部件紧固住。当铆钉把部件紧固好以后，伸出来的剩余销柄部分就可以切掉了。每一种场合下，都要使用正确尺寸的铆钉。

栓和销都是很小的部件，但起着重要的作用。安装后，它们可以帮助把其他的部件固定在预设的位置，如图 3-11 所示。

栓的主要作用是防止齿轮和皮带轮在各自的轴上产生转动。栓也可以被用来定位不同的部件，确保运转顺畅。例如皮带轮，或是谐振平衡器。栓的尺寸与转轴上切出来的键槽大小相当，利用这个配对部分将部件固定在位置上。

销的主要作用是防止螺母出现无意的反向转动。它们也可用于带有螺纹的旋转部件，例如万向球节和轮毂。使用时，销会同时嵌入一个带键槽的螺母或开槽螺母，和螺纹部件上相应的螺纹孔，如图 3-12 所示。通常销会使用较软的材质，目的是在部件出现受损之前先把销切断。

在使用栓和销时，一定不要使用已经受损的栓和销。安装栓或销的时候，建议带上安全防护眼镜，避免一些突然飞出的小金属碎屑或颗粒对眼睛造成伤害。

推出型销子是塑料的紧固件，如图 3-13 所示，带有一个单向的倒钩，可以固定表面平齐的部件。如果推出型销子能够恰当地从紧固的部件上拆下来，它们是可以重复使用的。

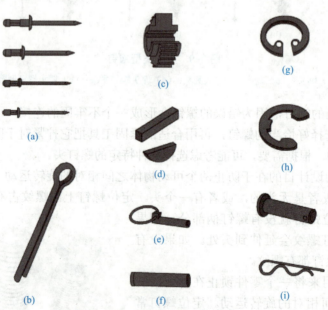

图 3-11 铆钉和不同形式栓销

(a) 铆钉；(b) 开口销；(c) 直槽；(d) 栓；(e) 速关锁销；
(f) 接全销；(g) 内部孔形；(h) 外部"E"形；(i) 弹簧锁销

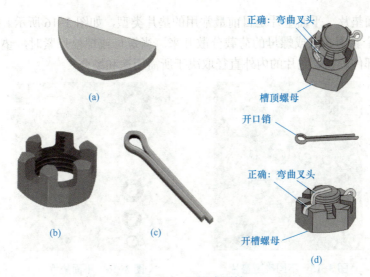

图 3-12　不同类型销

(a) 半月销；(b) 槽形螺母；(c) 开口销；(d) 安装销

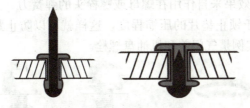

图 3-13　推出型销子

卷形销是将一片金属片卷成一个圆柱体，作为销子把部件固定在一起，如图 3-14 所示。可以把卷形销压缩后插入一个圆柱形孔。卷形销本身的弹性会使插销膨胀，挤压圆柱孔的孔壁，这样就在两者接触面上施加了一个均匀的力。卷形销固定在部件上是一个冲压件，所以，用一个手锤和冲头就可以把它拆下来。安装之前，要查看卷形销是否有损坏。安装后，要确认它是否完全落位。卷形销经常用于很难触碰的狭窄空间。

图 3-14　卷形销

## 任务二　垫片垫圈及卡环的装配

在进行汽车装配时，除了螺纹连接的防松外，还有一类孔与轴的防松，即应用垫片、各种垫圈以及卡环来提高装配质量。

### 一、垫片

垫片一般是中间有孔的薄圆片。它可以将一个螺纹紧固件上的载荷散布开，以确保紧固程度。垫片是一定要更换的，失效后不能修复，如图 3-15 所示。

（1）平面垫片。平面垫片是目前最常用的垫片类型，如图 3-16 所示。平面垫片主要用于把一个紧固螺栓或螺母的荷载分散开来。当螺母或螺栓拧紧时，垫片可以防止紧固件嵌入部件表面。垫片的内外直径取决于所需用途和场合。

图 3-15　不同类型垫片

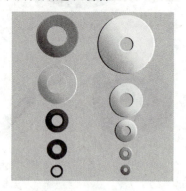

图 3-16　平面垫片

（2）锁止垫片。锁止垫片的目的在于防止螺母松动，保持紧固件端头的紧固程度，如图 3-17 所示。这种效果来自作用在螺母或螺栓头的弹簧力。由于被紧固部件的拉伸或者压平程度都会小于锁止垫片的压缩程度，这样就可以防止紧固件的松动和受损。锁止垫片的一个常用实例是气门盖和机油盘螺栓。

图 3-17　锁止垫片

## 二、垫圈

垫圈根据其锁定的方式通常分为两类：弹性垫圈和波形垫圈，如图 3-18（a）所示。

垫圈的弹力可以将螺栓或螺母松脱的可能性降到最低；牙嵌式垫圈，如图 3-18（b）所示，垫圈一侧有一个齿圈，可以提供摩擦力将螺栓或螺母松脱的可能性降到最低。

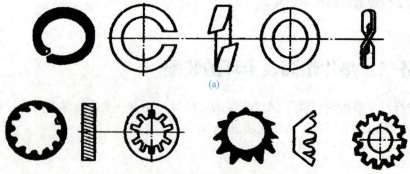

图 3-18　垫圈

（a）弹性垫圈和波形垫圈；（b）牙嵌式垫圈

### 三、卡环

卡环可以防止圆柱体部件和轴在端部的移动。拆卸卡环要用卡环钳。卡环有两种：内环，装在一个壳体内部的开槽中；外环，适合于圆柱体外表面开有键槽的情况（图 3-19）。

卡环一定要完全落位才能有效。卡环常常带有开槽，方便卡钳夹住。有些情况下，卡环会在开槽的位置带有小孔，以便于卡钳夹住运动件。

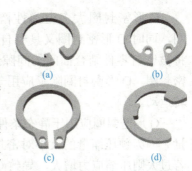

图 3-19　不同类型卡环

（a）内叉型；（b）内孔型；
（d）外孔型；（d）外"E"型

## 任务三　密封件的装配

在汽车备部件中，密封件是必不可少的零件，它的主要作用是阻止介质泄漏和防止污染物侵入。在装配中要求其所造成的磨损和摩擦力应尽量得小，但能长期地保持密封功能。密封件可分为静态密封件和动态密封件。静态密封件用于在被密封零件之间无相对运动的场合，如气缸垫和各种密封胶。动态密封件用于在被密封零件之间有相对运动的场合，如曲轴前后油封、制动卡钳的活塞密封圈等。

### 一、密封圈

密封圈主要是确保在一个部件里承载液体，如机油或冷却液。密封圈有许多种类和尺寸，如图 3-20 所示。每一个密封圈都有自己特定的设计目的，如发动机的气门密封可以防止机油窜入燃烧室。

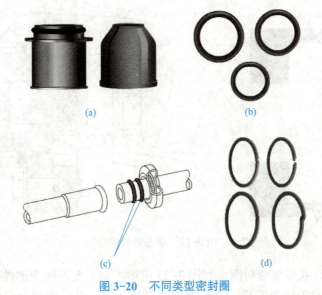

图 3-20　不同类型密封圈

（a）气门挺杆密封圈；（b）密封圈；（c）O 形密封圈；（d）密封件

O 形密封圈大多由弹性橡胶制成，它具有良好的密封性，是一种压缩性密封圈，同时 O 形密封圈又具有自封能力，所以使用范围比较广泛。O 形密封圈作用是将被密封零件结合面间的间隙封住或切断泄漏通道，让被堵塞的介质不能通过 O 形密封圈。O 形密封圈除了应用于静态密封条件下外，还能应用于动态场合的滑动和旋转运动。

O 形密封圈应用于静态条件下时，如图 3-21 所示。O 形密封圈应有一定的预压缩量。因为预压缩量的大小对密封性能影响较大，若过小则密封性能不好，容易泄漏；若过大则压缩应力增大，导致 O 形密封圈容易在沟槽中产生扭曲，加快了磨损。预压缩量一般为 15%～25%，但在轴向和径向安装时还是有所差别。

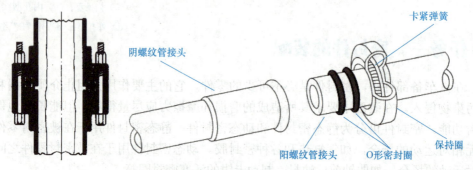

图 3-21 静态密封件

动态密封圈是用来将两个彼此具有相互移动的部件连接在一起。这种相互移动既可以是旋转运动，也可以是往复运动。若为动态密封件，如图 3-22 所示，其预压缩量为 8%～20%。在用于液体介质和气体介质时摩擦力不同。

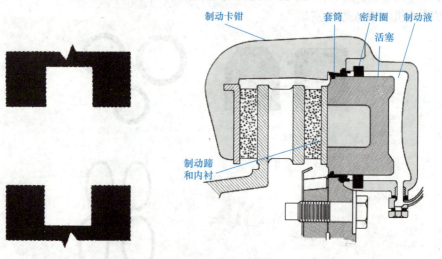

图 3-22 动态密封件

绝对密封圈，或称轴密封圈，如图 3-23 所示，是不允许两个部件之间存在任何细小的液体渗漏。曲轴密封圈是一个典型的绝对密封圈。单缘密封圈可以防止液体单向流入另一侧。双缘密封圈可以将两种液体分隔开。

非绝对密封圈可以允许一定量的液体渗漏，如图 3-24 所示。其主要用于润滑移动部件。非绝对密封圈的一个实例是气门挺杆密封圈。

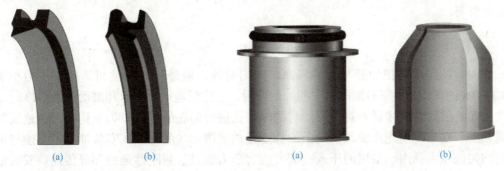

图 3-23　绝对密封圈　　　　　　　　　　图 3-24　非绝对密封圈
（a）单缘；（b）双缘　　　　　　　　　（a）高温材质；（b）低温材质

就地成型密封胶是一种根据一定的位置而涂抹的密封胶。涂抹后会形成一层密封层。这种密封胶的使用替代了一些预成型的密封垫圈。就地成型密封胶既是动态的，也是绝对的密封件。就地成型密封胶有硅树脂型和厌氧型两种。

无论 O 形密封圈是用于静态装配还是动态装配，无论是绝对密封圈还是非绝对密封圈，O 形密封圈和金属零件都必须有良好的润滑。O 形密封圈在装配中有一定的难度，大多数情况下是 O 形密封圈的位置难以接近或尺寸太小。所以，装配时必须用到专用工具。下面介绍一套专用工具的使用，如图 3-25 所示。

（1）尖锥。尖锥用于将小型 O 形密封圈从难以接近的位置拆卸下来，缺点是易损坏密封圈。

（2）弯锥。弯锥用于将 O 形密封圈从难以接近的位置中拆卸下来。拆卸时，将弯锥放入沟槽，同时转动手柄将其推向孔壁，就可以将密封圈从沟槽中卸下来。

（3）曲锥。曲锥用于将 O 形密封圈从沟槽中拆卸下来，也可用于将 O 形密封圈拉入沟槽。

（4）装配钩。装配钩用于将 O 形密封圈放入沟槽。装配时，先将 O 形密封圈推过沟槽，再用装配钩的背面将 O 形密封圈一部分推入沟槽，然后完全将密封圈推入沟槽，如图 3-26 所示。

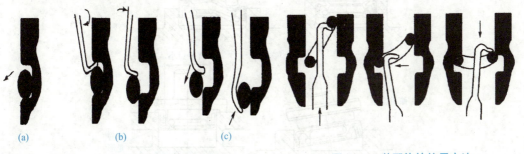

图 3-25　O 形密封圈装卸工具　　　　　　图 3-26　装配钩的使用方法
（a）尖锥；（b）弯锥；（c）曲锥

（5）镊子。镊子适用于用手不易对O形密封圈进行润滑的场合。

（6）刮刀。刮刀主要用于拆卸接近外表面处的O形密封圈和给安装好的密封圈添加润滑剂。

## 二、油封

油封的作用是把油腔与外界隔离，对内封油，对外防尘。油封适用于压力小于0.3 MPa的工作条件下对润滑油（脂）的密封，它广泛地用于轴承和滚动轴承部位。

安装油封时要注意先对需要油封的轴与孔进行彻底的清洁，为了让油封迅速安装到轴上，在装配前先在轴和油封上涂抹适量的润滑油（脂）。在安装油封时必须将油封均匀地压入孔内，采用的压入套筒要能将压力通过油封刚性强的部分传递。安装油封时推荐使用的方法如图3-27所示，而避免用图3-28所示的方法安装油封，防止油封产生变形。

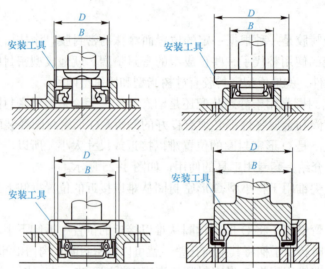

图 3-27 油封的正确安装方法（$D$ 比 $B$ 大 0.5 mm）

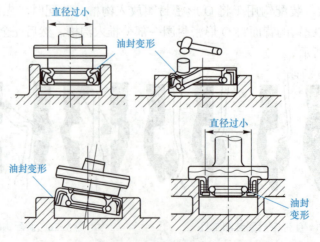

图 3-28 油封的错误安装方法

在装配油封时，不规范的操作方法极有可能导致油封变形、损坏，从而影响油封的密封性。因此，在装配油封时必须十分小心，杜绝不规范的装配方法。

## 任务四　汽车装配基本功训练

### 训练项目一　螺栓螺母识别及预紧

#### 1. 学习目标

练习快速进行汽车装配螺栓、螺母的预拧紧固训练，如图 3-29 所示，快速识别螺栓型号级别，熟练使用游标卡尺、千分尺及百分表等常用工量具进行螺栓直径、螺距等相关数据参数的测量，熟练使用扭矩扳手进行螺栓、螺母的紧固操作训练，达到训练的考核标准。

螺栓螺母识别及预紧

图 3-29　螺栓、螺母识别和拧紧项目及测评标准

#### 2. 工具器材

螺栓、螺母预紧训练实训台两台，如图 3-30 所示，梅花扳手、开口扳手、套筒扳手、活动扳手、扭矩扳手、游标卡尺、千分尺。

图 3-30　螺栓、螺母识别及预紧训练台

#### 3. 项目训练实施标准

（1）螺栓的认知。汽车上所用的紧固件有各种形式，包括螺柱、螺栓、螺母、螺钉、铆钉及相关零件，如垫圈、弹性挡圈、键和锁销（开口销）等，如图 3-31 所示。螺栓有一个六方头并且螺纹仅占全长的一部分。螺栓常与螺母配合使用，也有往螺孔里拧的，不用螺母。

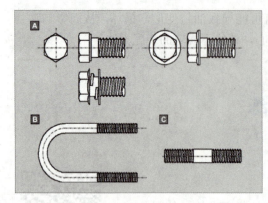
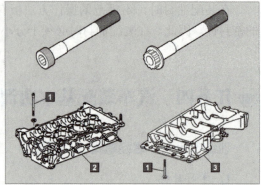

图 3-31 螺栓的识别与认知

（2）训练方法。针对螺栓、螺母识别及预拧紧固训练，对应实训台上置、侧置、平置预留的若干不同直径及螺距公制及英制的螺孔，快速识别出适配型号的螺栓、螺母。

1）准备螺栓的动作。

①螺栓准备，螺栓头部垂直朝向自己，用3个手指灵活地运送螺栓。

②捻出螺栓，露出螺栓头部。

2）上螺栓的动作标准。3个手指夹紧螺栓向扳手中心，用力安装。

①将螺栓安装到扳手上。

②安装螺栓。

（3）拧紧操作姿势。

1）垂直安装。拧紧螺栓时扳手应垂直于安装平面。

2）垂直拔出扳手。拧紧螺栓后拔出扳手时也要垂直于安装平面。

熟练使用梅花扳手、开口扳手、套筒扳手、活动扳手进行紧固，然后运用扭矩扳手按照螺栓扭矩表提供的对应型号螺栓上紧标准力矩进行快速紧固，训练学生能够牢记常用 M4、M6、M8 等螺栓规格的标准力矩，各型号螺栓扭矩规格见表 3-1。熟练选择合适的扳手进行螺栓快速拆卸。同时需要熟练使用游标卡尺、千分尺等常用量具测量螺栓的直径、螺距，练习汽车装调螺栓选择识别及装配的最基本能力，达到熟练准确的标准。

表 3-1 不同型号螺栓扭矩规格

| 螺栓规格 | 强度等级 | | | | | | | | | | | |
|---|---|---|---|---|---|---|---|---|---|---|---|---|
| | 4.6 | | 5.6（A4-50）| | 6.9（A4-70）| | 8.8（A4-80）| | 10.9 | | 12.9 | |
| | N·m | Ft·lb | N·m | Ft·lb | N·m | Ft·lb | N·m | Ft·lb | N·m | Ft·lb | N·m | Ft·lb |
| M4 | 1.0 | 0.7 | 1.3 | 1.0 | 2.4 | 1.8 | 2.8 | 2.1 | 3.9 | 2.9 | 4.9 | 3.6 |
| M5 | 1.8 | 1.3 | 2.5 | 1.8 | 4.7 | 3.5 | 5.6 | 4.1 | 7.8 | 5.8 | 9.3 | 6.9 |
| M6 | 2.8 | 2.1 | 3.9 | 2.9 | 7.8 | 5.8 | 9.8 | 7.2 | 13.7 | 10.1 | 15.7 | 11.6 |

续表

| 螺栓规格 | 强度等级 | | | | | | | | | | | |
|---|---|---|---|---|---|---|---|---|---|---|---|---|
| | 4.6 | | 5.6（A4-50） | | 6.9（A4-70） | | 8.8（A4-80） | | 10.9 | | 12.9 | |
| | N·m | Ft·lb | N·m | Ft·lb | N·m | Ft·lb | N·m | Ft·lb | N·m | Ft·lb | N·m | Ft·lb |
| (M7) | 4.9 | 3.6 | 6.9 | 5.1 | 12.8 | 9.4 | 15.7 | 11.6 | 22.6 | 16.7 | 26.5 | 19.5 |
| M8 | 7.8 | 5.8 | 9.8 | 7.2 | 19.6 | 14.5 | 24.5 | 18.1 | 34.3 | 25.3 | 39.2 | 28.9 |
| M10 | 14.7 | 10.8 | 19.6 | 14.5 | 39.2 | 28.9 | 44.1 | 32.5 | 63.8 | 47.1 | 78.5 | 57.9 |
| M12 | 24.5 | 18.1 | 33.4 | 24.6 | 58.0 | 42.8 | 78.5 | 57.9 | 113.0 | 83.3 | 137.0 | 101.0 |
| (M14) | 39.2 | 28.9 | 54.0 | 39.8 | 108.0 | 79.7 | 128.0 | 94.4 | 181.0 | 133.5 | 216.0 | 159.3 |
| M16 | 61.0 | 45.0 | 82.0 | 60.5 | 167.0 | 123.2 | 196.0 | 144.6 | 267.0 | 196.9 | 320.0 | 236.0 |
| (M18) | 84.0 | 62.0 | 114.0 | 84.1 | 231.0 | 170.4 | 260.0 | 191.8 | 366.0 | 269.9 | 439.0 | 323.8 |
| M20 | 121.0 | 89.2 | 163.0 | 120.2 | 324.0 | 239.0 | 373.0 | 275.1 | 525.0 | 387.2 | 628.0 | 463.2 |
| (M22) | 164.0 | 121.0 | 221.0 | 163.0 | 432.0 | 318.6 | 500.0 | 368.8 | 711.0 | 524.4 | 853.0 | 629.1 |
| M24 | 208.0 | 153.4 | 282.0 | 208.0 | 559.0 | 412.3 | 638.0 | 470.6 | 903.0 | 666.0 | 1 079.0 | 795.8 |
| (M27) | 314.0 | 231.6 | 422.0 | 311.3 | 824.0 | 607.7 | 961.0 | 708.8 | 1 354.0 | 998.7 | 1 638.0 | 1 208.1 |
| M30 | 422.0 | 311.3 | 569.0 | 419.7 | 1 109.0 | 818.0 | 1 315.0 | 969.9 | 1 844.0 | 1 360.1 | 2 217.0 | 1 635.2 |
| (M33) | 579.0 | 427.0 | 785.0 | 579.0 | 1 511.0 | 1 114.5 | 1 795.0 | 1 323.9 | 2 531.0 | 1 866.8 | 3 021.0 | 2 228.2 |

注：N·m（牛·m）= 0.737 556 Ft·lb（英尺镑）

（4）技术要求。实训台面板上的不同型号粗细及螺距的螺孔需要选择对应的螺栓适配，最好能在两次以内选择到合适的型号。项目组成员对实训台每一个螺栓、螺孔的型号尺寸及螺距都进行了测量和标定，并用标签明示，如图3-32所示，并分英制和公制两种，学生也需要亲自利用量具进行测量，验证数据、加深印象，明确标定数据的含义。例如上面一排明亮的螺栓是英制的，下面一排黑色的螺栓是公制的；左上角5/8-11英制标定的含义是该螺栓的直径尺寸是5/8英寸[①]，折合5/8×25.4 mm，后面的11代表螺距，也就是说1英寸里有11个螺纹扣；下面的M16×2.0是公制标称，比较直观，代表该螺栓直径为16 mm，螺距为2.0 mm，一般公制尺寸应用较多。

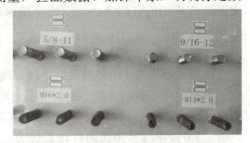

图3-32　螺栓直径及螺距参数标签

---

① 1英寸 = 25.4 mm。

### 4. 考核标准（10分）

螺栓螺母识别及紧固训练项目测评标准见表 3-2。

表 3-2　螺栓螺母识别及紧固训练项目测评标准

| 序号 | 作业项目 | 配分 | 用时/s | 评分标准 | 考核记录 | 扣分 | 得分 |
|---|---|---|---|---|---|---|---|
| 1 | 螺栓螺母识别及拆装预紧 | 10 | | 工装及"5S"标准不符合要求扣1分 | | | |
| | | | | 以1 min为标准，要求预拧螺栓18个，少一个、不合格一个各扣1分 | | | |
| | | | | 能在两次以内选择到合适的型号，多一次扣1分 | | | |
| | | | | 零件或工具每掉落一次扣1分 | | | |
| | | | | 工具选择或使用不合理一次扣1分 | | | |
| | | | | 扭矩扳手使用及读数不准确扣1分 | | | |
| | | | | 上紧力矩不符合对应型号要求扣1分 | | | |
| | | | | 千分尺测量指定螺栓的直径读数不准确扣1分 | | | |
| | | | | 游标卡尺测量指定螺栓的螺距读数不准确扣1分 | | | |
| 要求及否定项：<br>1. 以又快又好完成各比赛项目为最终评判标准；<br>2. 该项目得分少于及格分6分的学生需要重新练习和考试，直到达到标准；<br>3. 发现考生存在重大人身事故隐患时，要立即予以制止，停止考试；<br>4. 工具或设备损坏本项不得分 | | | | | | | |

## 训练项目二　汽车线束识别及插接训练

### 1. 学习目标

训练学生快速准确识别各种车型不同类型线束，并能快速准确实现汽车各不同类型插接器安全插拔训练，保证接头与接线柱、插头与插座之间准确、可靠地连接。安装汽车电路线束时，应采用适宜的方法，正确、迅速地识别和插接线束接头。

插接器拆装1——台架　　插接器拆装2——实车

### 2. 相关知识

汽车线束是汽车电器的网络主体，线束规格也有不同横截面面积（$mm^2$）的电线。它们都有允许负载电流值，配用于不同功率用电设备的导线。以整车线束为例，0.5规格线用于仪表灯、指示灯、门灯和顶灯等；0.75规格线适用牌照灯、前后小灯和制动灯等；1.0规格线适用转向灯和雾灯等；1.5规格线适用前照灯和喇叭等；主电源线如发电机枢线与搭铁线等要求使用2.5～4 $mm^2$电线。电线的颜色分为单色线和双色线，我国行业标准只是规定主色，例如规定单黑色专用于搭铁线，单红色用于电源线。

汽车线束可分为电线和电缆、连接件与电路保护件三组。车用线缆一般可分为电压线、高压线、电线保护件和屏蔽电缆。屏蔽电缆一般应用于无线电天线馈线电缆、点火信号线与氧传感器信号线等领域。

连接器是用在线束之间或者用于线束和电气组件之间，以便提供电气连接。连接器一般分为线和线连接器与线和组件连接器两类。车辆的电器设备通过电气线路连接，因此在安装和拆卸电气零部件时，就需要断开连接器。图 3-33 所示是连接器的示意。断开连接器的连接对，在可靠地使锁销脱离啮合后，分开连接器。在断开连接器时应用手握住整个连接器，防止扯断电线。而当连接器很难断开时，把连接器朝连接器内推动几次，会有助于松开连接器的锁定。

图 3-34 所示为普通连接器连接示意。在连接时，牢固地结合连接器直到听到咔嚓声为止。在装配连接器时要注意连接器的方向，同时对线速不能施加过大的力。

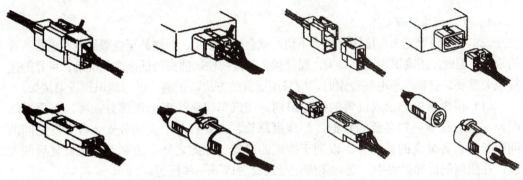

图 3-33　连接器示意　　　　　　　图 3-34　普通连接器连接示意

下面是一种特殊连接器的连接与断开。图 3-35 所示为拉杆型连接器的安装与断开。在断开连接时，解锁位置会解锁并使拉杆抬起，然后完全提起拉杆。在连接时，连接器要使拉杆处于抬起状态，再压下拉杆直到听到"咔"声，连接器即被锁住。

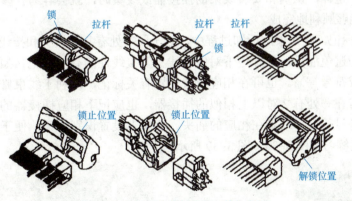

图 3-35　拉杆型连接器的安装与断开

### 3. 工具器材

各种类型线束插接器插头和插座、奇瑞 A3 标准线束识别看板、奇瑞 M11 线束插接训练台、奇瑞 A3 整车车身及发动机线束、小型螺钉旋具，如图 3-36、图 3-37 所示。

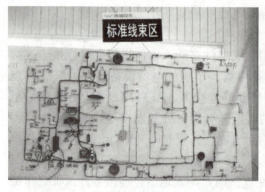 

图 3-36　奇瑞 A3 标准线束识别看板　　图 3-37　奇瑞 M11 线束插接训练台

**4．项目训练实施标准**

汽车线束纷繁复杂，接线时稍有不慎，就会导致短路、断路甚至烧毁导线和电器装置的故障。因此，正确识别线束接头，保证接头与接线柱，插头与插座之间准确、可靠的连接至关重要。安装汽车电路线束时，应采用适宜的方法，正确、迅速地识别线束接头。

（1）根据事先记录或设置的标记识别。当汽车线路线束出现部分损坏，需要拆卸时，一般应记下一些必要的数据，如线束总长、主要有几个大的分支、各分支之间的间隔长度、各分支的长度等，以利于线束的修复。除此之外，为利于线束修复后的安装，在线束的拆卸过程中，通常还应记录或设置以下一些标记。

1）定位标记。因为汽车电路线束通常比较柔软，有一定的伸缩性，安装线束时稍微拉紧一些或放松一些，线束的长度就会发生变化，使线头的安装位置出现变动。在线束的拆卸过程中，如果在一条线束的适当位置上设置或记录下几个安装标记，安装线束时，只要使这几个安装标记对准，其他的线头或插接器基本上也就会与其相对应的位置对正。这样，识别和安装线束的插接器或线头时，就会容易很多，从而使线束的安装工作能够顺利地完成。

2）连接标记。在线束的拆卸过程中，对于同一处有几个接头和接线柱，且不易分辨的情况，为避免混淆，最好记下对应各线头及接线柱的有关标记（如线头颜色、接线柱的形状或符号等）。也可在相应位置设置有关标记，以利于线束修复时接头的连接。同样，若在一处有 2 对以上相似的插接器，也应记下相应插接器的有关标记（颜色、形状或符号等），或是在相应的插头、插座上设置识别标记，便于安装时插接器的连接。插接练习如图 3-38、图 3-39 所示。

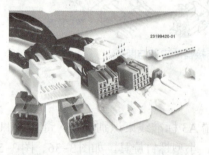 

图 3-38　不同类型线束插接器　　图 3-39　线束插接器插接练习

（2）根据线束内导线线头的颜色及符号标记识别。采用不同颜色、条纹、套管、数字或字母符号等来区别线束内各导线线头属于何种电路系统，是现代汽车电气系统的最大特点。如国产汽车的电源系统电路的主色为红色（R），点火和启动系统的电路主色为白色（W），外部灯光照明系统电路的主色为蓝色（BL），灯光信号系统电路的主色为绿色（G），内部照明系统电路的主色为黄色（Y），仪表及报警灯电路的主色为棕色（BR），收音机、点烟器等辅助装置电路的主色为紫色（V），各种辅助装置的电动机及操纵系统电路的主色为灰色（GR），电气搭铁线为黑色（B）等。各国别的汽车其电气系统电路的主色也不尽相同。如日本汽车多将电源系统的充电电路的主色规定为白色（W），仪表电路的主色规定为绿色（Y），信号电路的主色规定为绿色（G），启动电路的主色规定为黑色（B），附属装置电路的主色规定为蓝色（BL），搭铁线为黑色（B）等。也可以用不同颜色的条纹区别电路的各个分支。

### 训练项目三　汽车线束绕绳穿绳训练

1. 学习目标

练习快速进行汽车线束的穿、插、绕等基本线束装配要领，为学生进行整车各电路系统的线束装配打好基础。

2. 工具器材

各种不同粗细型号的线绳、线束、绕绳，训练台两台。

3. 项目训练实施标准

此项训练是一个熟练工作，汽车制造装配企业就是通过这种方法在实训角里训练刚入职的装配员工提高操作线束的能力。

具体训练方法为学员或学生快速准确按照教师摆放的支架进行牢固、准确、快速的绕线操作，锻炼学生的思维和动手操作线束的能力，如何巧妙地左旋或右旋缠绕，双手并用，在准确牢固的基础上如何做到快速完成，在训练中我们模仿企业的做法：训练中力求一次又一次地提升速度，经过一段时间的练习之后将每个学生完成同一角度支杆缠绕的时间用秒表记录下来，并排出操作名次建立龙虎榜，速度最快的同学照片展示在训练台上，如图3-40所示，激发学生的学习兴趣。

图3-40　线束绕绳训练台龙虎榜

4. 考核标准（10分）

汽车线束绕绳训练项目测评标准见表3-3。

表 3-3 汽车线束绕绳训练项目测评标准

| 序号 | 作业项目 | 配分 | 用时/s | 评分标准 | 考核记录 | 扣分 | 得分 |
|---|---|---|---|---|---|---|---|
| 1 | 汽车线束绕绳训练项目 | 10 | | 工装及"5S"标准不符合要求扣1分 | | | |
| | | | | 以40 s为标准，要求完成10个规定角度支座的绕绳操作，超时扣2分 | | | |
| | | | | 线束缠绕不牢固扣1分 | | | |
| | | | | 线束缠绕角度不合理扣2分 | | | |
| | | | | 线束绕绳杆每倒扶一次扣2分 | | | |
| | | | | 班级前5名完成线束绕绳用时最少者加1分 | | | |

要求及否定项：
1. 该项目得分少于及格分6分的学生需要重新练习和考试，直到达到标准。同时排出整个班级操作名次建立龙虎榜，速度最快的学生照片展示在训练台上，激发学生的学习训练兴趣。
2. 以又快又好完成各比赛项目为最终评判标准；
3. 发现考生存在重大人身事故隐患时，要立即予以制止，停止考试；
4. 工具或设备损坏本项不得分

## 训练项目四　汽车装配卡扣堵件识别及安装训练

### 1. 学习目标

练习快速进行汽车各种类型卡扣堵件的识别及安全拆卸装复，能够明确不同型号卡扣在车辆各部位的安装位置，掌握运用拆卸工具进行卡扣安全快速拆卸安装的方法及技术要领。在车下训练台上训练的好处是打好装配拆卸基础，掌握工具的使用及拆卸安装方法要领，避免实车上由于操作不当造成的卡扣损坏。

汽车卡扣堵件拆装

### 2. 工具器材

卡扣训练台架四台（图3-41）、卡扣螺钉旋具、小平口螺钉旋具、汽车塑料内外装饰件、汽车塑料卡钉、接插件、定位卡扣、汽车胶钉、内饰扣、穿心钉、条子钉、密封条塑料钉扣、尼龙铆钉、雨刮器帽、发动机盖胶堆胶扣堵塞、塑料钉、门护板卡扣、顶棚柱塞卡扣、遮阳板管卡、子母扣、地毯卡扣、包角卡扣、顶棚卡扣、中网大小卡扣、轮毂罩内外卡扣、隔热垫大小卡扣、车门下水条卡扣、大灯内外卡扣、内饰板卡扣、前挡托架扣、工作台大小卡扣、座椅卡扣、地板压条卡扣、前侧板卡扣等。

图 3-41 卡扣训练区和卡扣训练台

### 3. 项目训练实施标准

该项训练基于汽车各种类型卡扣装配训练练习，结合卡扣拆装训练台，训练台的上表面均匀开设若干定位孔，一部分所述定位孔固定有卡扣定位座，卡扣定位座包括基座，基座上设有固定在基座上的固定板和可相对基座滑动的活动板，固定板和活动板之间设有用于使固定板和活动板贴合的拉紧装置，以及使固定板和活动板分开的分离装置，固定板和活动板的顶部相对的侧边分别设有位置对齐的半圆槽，两个半圆槽在固定板和活动板贴合时拼合构成卡扣孔，卡扣孔与汽车内饰的卡孔对齐。训练过程中能回收反复利用，节约训练成本，提高装配熟练度；卡扣装配角度可以根据需要调节，训练方式灵活可以模拟实际情况。可反复使用练习实训台面板如图 3-42 所示。

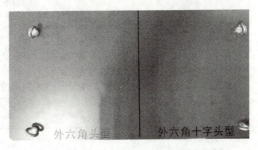

图 3-42 可反复使用练习实训台面板

学生分组训练前，教师首先结合每一种卡扣实物讲解名称、用途、在车上的位置以及拆装的手法及注意事项，然后教师利用各种卡扣拆装工具在卡扣训练实训台上示范操作各种汽车塑料内、外装饰件卡扣。最后学生分组练习安装和拆卸，熟练使用卡扣螺钉旋具、螺钉旋具等拆卸工具，注意训练当中尽量避免卡扣的损坏。

训练时学生两手各拿 5~6 个卡扣，左右交替插入训练，拇指、食指姿势正确，孔位对正，卡入到位。训练台架及卡扣配件如图 3-43、图 3-44 所示。

图 3-43 训练台架

图 3-44 卡扣配件

## 4. 考核标准（10分）

装配卡扣识别及安装测评标准见表 3-4。

表 3-4 装配卡扣识别及安装测评标准

| 序号 | 作业项目 | 配分 | 用时/s | 评分标准 | 考核记录 | 扣分 | 得分 |
|---|---|---|---|---|---|---|---|
| 1 | 装配卡扣识别及安装测评标准 | 10 | | 工装及"5S"标准不符合要求扣1分 | | | |
| | | | | 以1 min为标准，要求快速完成20个不同型号装配卡扣的识别及拆卸安装操作，少一个扣1分 | | | |
| | | | | 卡扣安装及拆卸过程中每掉落一个扣1分 | | | |
| | | | | 卡扣拆卸过程中每损坏一个扣2分 | | | |
| | | | | 卡扣安装不牢固一个扣1分 | | | |
| | | | | 拆卸卡扣工具使用不规范扣2分 | | | |
| | | | | 班级前5名完成卡扣拆卸用时最少者加1分 | | | |

要求及否定项：
1. 该项目得分少于及格分6分的学生需要重新练习和考试，直到达到标准。用时最少者有加分项。
2. 以又快又好完成各比赛项目为最终评判标准。
3. 发现考生存在重大人身事故隐患时，要立即予以制止，停止考试。
4. 工具或设备损坏本项不得分

## 训练项目五 汽车胶管结合训练

### 1. 学习目标

练习快速进行汽车各种类型直径胶管的识别及安装技能，能够明确不同型号胶管在车辆各部位的安装位置，如图 3-45、图 3-46 所示。掌握运用手动工具或电动工具进行胶管快速拆卸安装的方法及技术要领。在车下训练台上训练的好处是打好装配拆卸基础，掌握工具的使用及拆卸安装方法要领，避免实车上由于操作不当造成的损坏。

胶管卡箍拆卸1—台架

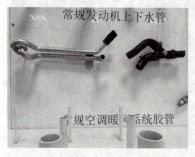

图 3-45 汽车常规胶管结合训练面板

图 3-46 常规发动机上下水管

## 2. 工具器材

胶管结合盲练及指示训练台架各两台（图 3-47、图 3-48）、鲤鱼钳子、电动扳手、套筒扳手。

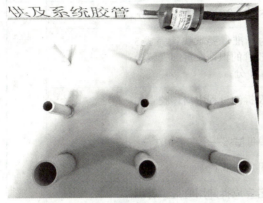

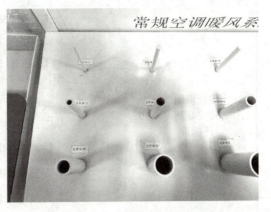

图 3-47　胶管结合盲练训练台　　　　图 3-48　胶管结合指示训练台

## 3. 项目训练实施标准

该项训练基于汽车各种类型尺寸胶管装配训练练习，结合胶管拆装训练台。

（1）选择与预安装螺柱管尺寸型号适合的胶管，训练安装夹子，将夹子套在指定位置，指定位置用彩线标出，如图 3-49 所示。

（2）胶管和螺柱管结合。两手各拿需装配的管头做安装准备。插入螺柱管凸缘，安装后应符合安装标准。

（3）夹子紧固。确定夹紧的位置，夹子头朝里侧并夹紧，如图 3-50 所示，安装完毕后确认。

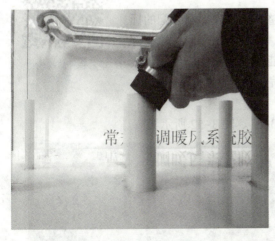

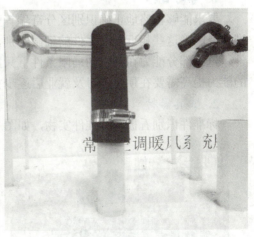

图 3-49　胶管结合盲练训练台　　　　图 3-50　胶管结合指示训练台

## 4. 考核标准（10 分）

汽车胶管测评标准识别及安装见表 3-5。

表 3-5 汽车胶管测评标准识别及安装

| 序号 | 作业项目 | 配分 | 用时/s | 评分标准 | 考核记录 | 扣分 | 得分 |
|---|---|---|---|---|---|---|---|
| 1 | 胶管识别及安装测评标准 | 10 | | 工装及"5S"标准不符合要求扣1分 | | | |
| | | | | 以 1 min 为标准,要求快速完成 5 个不同型号胶管的识别及拆卸安装操作,少一个扣1分 | | | |
| | | | | 胶管安装及拆卸过程中损坏胶管扣1分 | | | |
| | | | | 拆卸过程中每损坏一个夹子扣2分 | | | |
| | | | | 安装不牢固一个扣1分 | | | |
| | | | | 班级前5名完成拆卸用时最少者加1分 | | | |

要求及否定项:
1. 该项目得分少于及格分6分的学生需要重新练习和考试,直到达到标准。用时最少者有加分项。
2. 以又快又好完成各比赛项目为最终评判标准。
3. 发现考生存在重大人身事故隐患时,要立即予以制止,停止考试。
4. 工具或设备损坏本项不得分

## 训练项目六 汽车装配标准件识别训练

### 1. 学习目标

要求能够粗略地正确识别区分奇瑞等整车各总成部件装配的标准件,明确这些相近装配零件的细微区别,一般应用于何种总成部件,这一部分能力在学校的局限条件下只能初步练习,更加深层次的能力提高需要在顶岗实习及就业后逐步完成。

无法拆卸螺栓的处理方法

### 2. 工具器材

标准件识别看板、标准件实物,如图 3-51、图 3-52 所示。

图 3-51 奇瑞总装三车间标准件识别看板

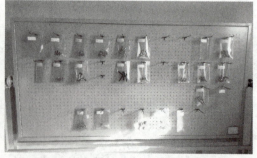

图 3-52 发动机总成标准件识别看板

### 3. 项目训练实施标准

教师结合以奇瑞汽车为主的各总成部件装配的标准件，首先讲解标准件的定义、标准件的类别、汽车零件标准化的目的、正确使用标准件的意义、标准件的种类以及汽车标准件编号规则等。然后学生分组识别奇瑞部分整车装配标准件配件，注意各配件的相似点及区别，如图 3-53 所示。

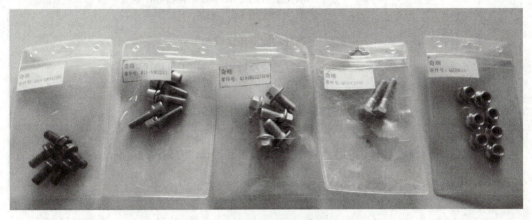

图 3-53 部分整车装配标准件配件

标准件是指由各级标准规范的、按标准件标准管理的零件或小的总成。它是结构形式、尺寸大小、表面质量、表示方法均已标准化的零（部）件。例如，螺纹紧固件、键、销、滚动轴承和弹簧等。标准件使用广泛，并有专业厂生产。

标准件的标准有国际标准、国家标准、行业标准以及企业标准。

汽车零件标准化可使零件的形式、尺寸规格和技术要求经济、合理、通用，从而降低零件制造、运输、存储、装配、管理等成本。

正确使用标准件的意义如下：

螺纹紧固件结构简单，品种繁多，它的使用数量占汽车零件的 30%～40%，它是汽车的主要连接件。总装线上装配汽车的过程，绝大多数是在装配螺纹紧固件。

螺纹紧固件如果在设计、制造、选用、连接结构设计、装配时出现问题，可能造成车毁人亡的恶性事故。

合理、巧妙地使用标准件，可以简化汽车结构设计，提高装配效率，降低汽车成本，保证汽车行驶的安全及可靠性。

标准件的种类有螺柱、螺栓、螺钉、螺母（螺纹紧固件）；垫圈、挡圈、铆钉；销、键；螺塞、管接件；卡箍、管夹、卡扣。

### 4. 考核标准（10 分）

汽车装配标准件识别项目测评标准见表 3-6。

表 3-6  汽车装配标准件识别项目测评标准

| 序号 | 作业项目 | 配分 | 用时/s | 评分标准 | 考核记录 | 扣分 | 得分 |
|---|---|---|---|---|---|---|---|
| 1 | 汽车装配标准件识别项目 | 10 | | 工装及"5S"标准不符合要求扣 1 分 | | | |
| | | | | 以 1 min 为标准，要求快速说明 20 个不同类型装配标准件的专有名称，错一个或少一个扣 1 分 | | | |
| | | | | 标准件功能描述错误扣 1 分 | | | |
| | | | | 标准件安装及拆卸应选用工具描述不合理扣 2 分 | | | |
| | | | | 标准件种类描述不正确扣 1 分 | | | |

要求及否定项：
1. 该项目得分少于及格分 6 分的学生需要重新练习和考试，直到达到标准。用时最少者有加分项。
2. 以又快又好完成各比赛项目为最终评判标准

## 单元测试

### 一、判断题

1. 三角螺纹具有较好的自锁性能，在振动或交变荷载作用下不需要防松。（    ）
2. 同一直径的螺纹按螺旋线数不同，可分为粗牙和细牙两种。（    ）
3. 垫圈根据锁定方式不同通常分为两种类型。（    ）
4. 插接件是线束的重要组成部件，在很大程度上决定线束质量的好坏。（    ）
5. 目前不管是高级豪华型汽车还是经济型普通汽车，线束组成的基本形式是一样的。（    ）
6. 连接部件的过渡插接器的功能是连接同一组的连接端子。（    ）
7. 插接件端子材质用的铜主要是黄铜和青铜。其中黄铜占的比重较大。（    ）
8. 拧紧是用螺栓、螺母把零件连接起来，不能松动。为了不让其松动，必须在螺栓上施加一个叫"轴向力"的适当拉力。（    ）
9. 性能等级数字标号越大的螺纹强度越大。（    ）
10. 螺栓装配扭矩越大，装配越紧、越可靠。（    ）

### 二、选择题

1. 当螺纹公称直径、牙型角、螺纹线数相同时，细牙螺纹的自锁性能比粗牙螺纹的自锁性能（    ）。
   A. 好    B. 差    C. 相同    D. 不一定
2. 用于连接的螺纹牙型为三角形，这是因为三角形螺纹（    ）。

A. 牙根强度高，自锁性能好　　　B. 传动效率高
　　C. 防震性能好　　　　　　　　　D. 自锁性能差
3. 用于薄壁零件连接的螺纹，应采用（　　）。
　　A. 三角形细牙螺纹　　　　　　　B. 梯形螺纹
　　C. 锯齿形螺纹　　　　　　　　　D. 多线的三角形粗牙螺纹
4. 连接螺纹要求自锁性好，传动螺纹要求（　　）。
　　A. 平稳性　　B. 效率高　　C. 螺距大　　D. 螺距小
5. 连接用的螺纹，必须满足（　　）条件。
　　A. 不自锁　　B. 传力　　　C. 自锁　　　D. 传递扭矩
6. 螺纹的标准是以（　　）为准。
　　A. 大径　　　B. 中径　　　C. 小径　　　D. 直径
7. 在常用的螺旋传动中，传动效率最高的螺纹是（　　）。
　　A. 三角形螺纹　B. 梯形螺纹　C. 锯齿形螺纹　D. 矩形螺纹
8. 在常用的螺纹连接中，自锁性能最好的螺纹是（　　）。
　　A. 三角形螺纹　B. 梯形螺纹　C. 锯齿形螺纹　D. 矩形螺纹
9. 当两个被连接件不太厚时，宜采用（　　）。
　　A. 双头螺柱连接　　　　　　　　B. 螺栓连接
　　C. 螺钉连接　　　　　　　　　　D. 紧定螺钉连接
10. 螺栓 M12×1.25×10 的含义表述中正确的选项是（　　）。
　　A. M——螺纹类型　　　　　　　B. 12——螺栓长度
　　C. 10——螺距　　　　　　　　　D. 1.25——螺纹大径
11. 以下选项中（　　）不是连接部件。
　　A. 接线盒　　B. 插接器　　C. 电线保护件　D. 接地螺栓
12. 软管在汽车上应用非常多，以下选项主要应用范围包括（　　）。
　　A. 冷却水管　B. 电线保护件　C. 继电器盒　　D. 点火模块

### 三、简答题

1. 螺纹的规格有哪些？如何对螺纹进行分类？
2. 在汽车上应用的密封圈有哪些种类和尺寸类型？
3. 车辆上应用的螺栓与螺母的锁定方法主要有哪些？
4. 车辆上有哪些特殊插接器？插接线束的注意事项有哪些？

### 四、操作练习

1. 学生分组分别从一堆不同规格和类型（粗牙和细牙）的螺栓中挑出一个螺栓，与另一堆不同规格和类型的螺母进行匹配安装，在规定的时间内安装的螺纹副数量最多的人获胜。

2. 将学生分成两组，一组人员分别从一堆不同规格和类型（粗牙和细牙）的螺栓中挑出一个螺栓，要求对方说出螺栓的规格和类型，在规定的时间内正确率高的人获胜。

# 教学单元四
## 汽车总装基础知识

汽车是各种零部件的有机组合体,一般由 3 000～5 000 个零部件组成,汽车生产的最后一道工序必定是装配(其中也包括检测和调整),否则各种零部件无法组合在一起并发挥应有的功能。装配就是将各种零件、部件或总成按规定的技术条件和质量要求连接组合成完整产品的生产过程,也可视为使各零件、部件或总成具有规定的相互位置关系的工艺过程。

装配按装配过程的程度分类,可分为组装、部装和总装。其中,零件与零件的组合过程称为组装,其成品为组件;零件与组件的组合过程称为部装,其成品为部件;零件、组件和部件的组合过程称为总装,其成品为机器或产品。

### 任务一　装配概念的认知

1. 了解汽车装配的定义及发展趋势;
2. 掌握汽车装配的作用及主要内容;
3. 掌握装配精度的概念以及保证装配精度的装配方法;
4. 了解汽车装配生产的组织形式。

总成流水线装配

#### 一、汽车装配的定义

汽车装配是汽车全部制造工艺过程的最终环节,是把无数合格的各类零件,按规定的精度标准和技术要求组合成总成(整车),并经严格的检测程序,确认其是否合格的整个工艺过程。工艺过程就是使生产对象质和量的状态以及外观发生变化的那部分生产过程,完成工艺过程的手段、方法、条件被统称为工艺,而汽车装配是使汽车各零部件和总成具有一定的相互关系并形成整车的工艺过程。研究和确定汽车零部件、总成形成整车的过程所需的方法、手段、条件并编制为文件的工作，称为汽车总装配的工艺设计。

汽车产品要求有良好的动力性、经济性和耐久性，以适应各种复杂的环境。汽车产品要求安全可靠，造型美观，乘坐舒适并满足环保要求。这些要求，最终是通过装配工艺来保证的。制造出的高精度的合格零件，若装配不当，不一定能组装成合格的汽车。因此，装配是保证产品质量的重要环节。

### 二、汽车装配的特点

汽车装配的特点是零件种类多、数量大、作业内容复杂并采用大批量的生产方式。装配零部件除发动机、传动系、车身悬架、转向系和制动系外，还有大量内外饰件、电器、线束、软管、玻璃以及各类油液加注等。某汽车制造公司统计汽车总装工作量占全部制造工作量的20%～25%，其操作内容包括过盈配合、焊接、铆接、粘接、镶嵌、配管、配线、螺纹紧固和各类油液定量加注等。图4-1所示为各类装配作业所占比例。

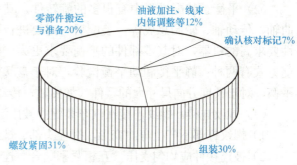

图4-1 各类装配作业所占比例

### 三、汽车装配的作用

装配是汽车产品生产中的最后一道工序，没有装配就没有完整的产品，在产品生产过程中具有重要的作用。

（1）装配将最终检验零部件的制造质量。零件在加工过程中，由于种种原因，不可避免地会有少数不良品甚至不合格件混入下道工序或出厂。这样的零件在装配过程中，往往很容易会被发现而加以剔除。从这个意义上讲，装配具有对零件的最终检验性。在发现各种零件不同质量问题时，通过有意识地搜集、整理、信息反馈，有利于零件制造质量的提高，所以，装配部门是零件制造质量的信息源。作为企业的质量检验和管理部门以及企业领导，应十分重视装配这一环节。

（2）装配过程可以发现生产的薄弱环节。产品的生产过程是一个复杂的过程，只有工厂的各单位统一协调，形成一个有机的整体，才能保证生产有序地进行。装配作为产品生产的最后一道工序，一般来说对于零部件及成品的数量概念比较敏感，管理相对也较为严密，一旦发现零部件供应不上，就会贻误工厂产品的生产，生产计划调度部门要及时查找原因，去发现问题并给予处理。所以，装配是生产计划调度部门发现生产薄弱环节的信息源，任何一个机电产品制造单位的管理者，决不会忽视这个"窗口"。

（3）装配过程将最终影响产品质量。有了合格的零件，能否产出合格的产品，还要看最后一道工序——装配。如果装配工作没有严格按合格工艺文件进行，再好的零

件也装配不出合格的产品。如果零部件质量有一点偏差,也可以通过装配的修配工序生产出合格的产品。所以,装配工作的好坏将最终影响产品质量,任何一个企业的领导和职工,决不能轻视装配过程。

### 四、汽车装配的主要内容

汽车装配的内容很多,按照工作的内容主要分为以下几个方面:

(1)清洗。清洗主要作用是保证和提高装配质量,延长产品的使用寿命。进行装配的零件必须先进行清洗,以除去在制造、存储、运输过程中所黏附的切屑、油脂、灰尘等。部件或总成在运转磨合后也要清洗。清洗的质量主要是靠合理选用清洗液、清洗方法及工艺参数来保证。零件在清洗后,应具有一定的防锈能力。

(2)平衡。装配过程中有很多的旋转件,其中有很多的高速件,如带轮、飞轮、曲轴、传动轴、轮胎总成等,装配后一定要进行平衡。特别是对于转速高、运转平稳性要求高的机器,对其零部件的平衡要求更为严格,平衡工作更为重要。旋转体的平衡方式有两种:静平衡和动平衡检验。对于盘状旋转体零件(如飞轮)一般只进行静平衡,对于长度方向尺寸大的零件(如曲轴、传动轴等)必须进行动平衡检验。

(3)螺纹连接。螺纹连接在汽车装配中被广泛采用。对螺纹连接的要求如下:

1)螺纹杆部不产生弯曲变形,螺栓头部、螺纹地面与被连接件接触良好。

2)被连接件应均匀受压,互相紧密贴合,连接牢固。

3)根据被连接件形状、螺栓的分布情况,按一定顺序逐次(一般为2~3次)拧紧螺母。

螺纹连接的质量除受有关零件的加工精度影响外,还与装配技术有很大的关系。如拧紧的次序不对、施力不均,零件将产生变形,降低装配精度,造成漏气、漏油、漏水等现象。运动部件上的螺纹连接,若拧紧力达不到规定数值,运动时将会产生松动,影响装配质量,严重时会造成事故。因此重要的螺纹连接必须规定拧紧力并达到拧紧力的要求。

(4)过盈配合。机器中的轴孔配合,如轴承和轴的连接,有很多需要采用过盈连接。对于过盈连接件,在装配前应保持配合表面的清洁。常用的过盈连接方法有压入法和热胀(或冷缩)法。压入法是在常温下将工件以一定压力压入装配,有时会把配合表面微观不平度表面挤平,影响过盈量。压入法适用过盈量不大和要求不高的情况,需要专门的压入工具。重要的精密的机械以及过盈量较大的连接常用热胀(或冷缩)法,即装配前加热孔件或冷缩轴件,使过盈量减少或有间隙,然后进行装配的方法。

(5)粘接。粘接的方法在汽车装配过程中应用也不少,内饰件中有衬垫、隔声材料、车门内饰护板,外饰件中有风窗玻璃、车灯、标志等都需要采用粘接的方法。粘接方法是小件预先在车身上涂胶粘剂,大件则在需要装配的零件上直接涂胶粘剂,所使用的设备主要由高压空气泵、贮胶罐、管子、喷枪等组成。其中风窗玻璃装配的好坏直接影响整车的密封。

(6)校正调试。校正是指各零件部件本身或相互之间位置的找正工作,而调整工作也是装配时常常要做的，主要是装配作业，尤其是流水作业，由于各种原因导致在线上零件没装配到位，只能到线下或适当的工位进行调整处理。

（7）充注。充注工艺主要是指在装配时要注入发动机机油、变速器齿轮油、散热器冷却液、制动液、动力转向液压油、空调制冷剂、风窗玻璃洗涤液、燃油等各种汽车运行材料。发动机机油、变速器齿轮油、后桥齿轮油、动力转向液压油、制动液等油液设专门的液体库，并通过泵及管路供至加注点，由定量加注装置定量加注。燃油在厂房外设地下油库，并配有远距离供油系统，采用自动定量加注机加注。在轿车装配中，我国已普遍采用具有抽真空、自动检漏、自动定量加注等功能的加注机，以保证加注质量。

除上述装配工作的基本内容外，部件或总成以至整个产品装配中和装配后的检验、试运转、涂装、包装等也属于装配工作，在编制装配工作时，应充分考虑予以安排。

### 五、汽车装配中的连接

装配过程要把各种零件、组件、部件组合起来，其主要的方法是连接。装配中的连接有以下几种。

（1）可拆式活动连接。两件或两件以上零件自身或借助其他零件连接后，零件之间能相对运动，可拆卸后再连接，不损坏其中任何一个零件，如铰接、圆柱销连接。

（2）不可拆式活动连接。两件或两件以上零件自身或借助其他零件连接后，零件之间能相对运动，但不能再拆开，或者拆开后必定损坏其中一件或几件零件，不加修复或更换不能重新连接，如轴承等。

（3）可拆式固定连接。两件或两件以上零件自身或借助其他零件连接后相互之间不能活动，可以拆开且可以重新连接而不损坏其中任何零件。这种连接在机电产品中最为常见，如螺纹连接，借助螺钉、螺栓、螺母的连接，键连接等。

（4）不可拆式固定连接。两件或两件以上零件相互连接后不能相对活动，而且不能拆开，一旦拆开必定损坏其中一个零件，不经修复或更换不能重新连接，如焊接、铆接、热压（过盈配合）等。不可拆式固定连接在机电产品中也是经常采用的连接方式。

在汽车总装配过程中常见的是可拆式活动连接和可拆式固定连接。

### 六、汽车产品装配的生产组织形式

机电产品的装配根据生产批量的不同大致可分为三种类型：大批大量生产装配、成批生产装配和单件小批量生产装配。

（1）大批大量生产装配。大批大量生产的装配其产品制造数量庞大，每个工作地点经常重复地完成某一工序，并具有严格的节奏。按机械化程度不同大量生产装配可分为人工流水线装配、机械化传送线装配、半自动装配线装配、全自动装配线装配。大量生产中，把产品装配过程划分为部件、组件装配，让某工序只由一个人或一组工人来完成。同时从事装配工作的全部工人，按顺序完成规定的装配工序，才能装配出产品。

(2)成批生产装配。在一定的时期内,成批地制造相同产品的生产方式称为成批生产。这种装配方式各工位有装配夹具、模具和各种工具,以完成规定的工作。成批装配方式可分为部件装配和总装配,或采用不分工的装配方式,借可组成装配对象固定而操作者移动的流水线。这种装配方式生产率较高,能满足质量要求,需要的设备不多。采用成批生产装配的有机床、仪器及飞机等。

(3)单件小批量生产装配。单个制造不同结构的产品,并很少重复,甚至完全不重复的生产方式称为单件生产。单件生产一般是装配单件大产品,或特殊订货产品,多在固定的地点,由一个人或一组人完成全部装配工作。单件生产的装配一般都用手工或普通工具操作,很少采用特种夹具和装备,并依靠操作者的技术素质来保证装配质量。这种装配方法生产效率低,必须密切注意并经常检测、调整,才能保证质量的稳定。采用单件生产装配的有夹具、模具和生产线的装配等。

汽车产品结构比较复杂,通常生产批量大。根据产品的结构特点,从装配工艺角度将其分解为可单独组织装配的单元,以便合理安排人员、设备和工作地点。其装配的生产组织形式,主要取决于产品的生产纲领,即产量的大小。装配一般可做以下分类,如图4-2所示。

**1. 固定式装配**

(1)按集中原则进行的固定式装配。它是单件小批量生产产品常用的生产方式,如图4-3所示。它的特点是全部装配工作都由一组工人在固定的装配地完成,所有的零部件都根据装配需要不断从附近的存储地或生产车间运来。这种装配方式连接种类多,对工人的技术要求高而全面,零件基本是单件或少量生产,在装配过程中可能会出现修配的现象,装配周期也较长,劳动生产率较低,生产的组织管理相对较简单,如重型机械或大型船用柴油机的装配。

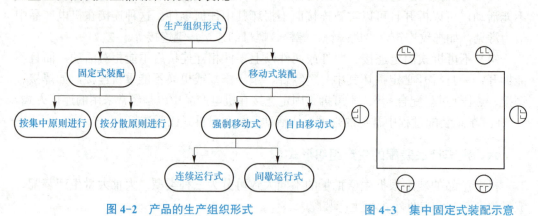

图4-2 产品的生产组织形式　　图4-3 集中固定式装配示意

(2)按分散原则进行的固定式装配。这种方式是把装配过程划分成几个部分,装配点也同时分为相同数量,若干组工人按各自的装配内容顺次由前一个装配点移动到下一个装配点,并重复规定的装配工作,产品在多个装配点完成装配任务,如图4-4所示。所需装配的零部件则源源不断地送至每个装配点。这种装配方式适用于以下情况:

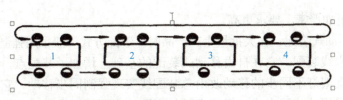

图 4-4 按分散原则进行的固定式装配示意

1)多品种小批量轮换生产。
2)装配体积大、质量大、难以移动的产品。
3)制品刚度差,移动时易引起变形的产品。它具有如下特点:
①工人专业化程度有所提高,装配技术也可得到提高;
②工艺文件编制比较复杂,各组工人之间的工作量要安排合适并尽可能均衡,以减少互相等候怠工;
③装配工具的专用性提高;
④工人走的路较多,每个(组)工人要配备工具小车或便携式工具盒,以适应移动作业;
⑤劳动生产率较集中固定式装配稍高。

**2. 移动式装配**

移动式装配可分为自由移动式装配和强制移动式装配。

(1)自由移动式装配。自由移动式装配一般是将在制品置于专门设计的带轮支架上,靠推动小车移动,小车可以有轨道,也可不设轨道。还有一种形式是将每个在制品置于各装配点的固定支架上,利用起重机吊运将制品移位。在小批量生产汽车时,汽车的总装配采用以下办法:前几个装配位置以固定支架来安置在制品,利用起重机吊运移位,后几个位置靠推动装好车轮的汽车底盘来移位。这种装配方式是在制品装配过程中由一个位置移动到下一个位置,根据装配顺序和内容,不断地将所装的零部件运送到相应的装配位置的方法。装配工人在各自固定的工作位置重复进行相同的装配作业,如图 4-5 所示。这种在制品的移动的特点如下:

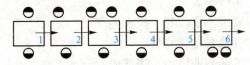

图 4-5 自由移动式装配示意

1)生产节拍较长且不十分严格,各装配点之间相互制约较少,不一定同步移动,具有一定的自由度。
2)每个装配位置的装配工人是固定的,且各自完成固定的装配任务。因而需对每个工人详细制订作业内容,并力求相互之间工作量和工作时间一致。
3)各装配点附近根据不同的装配内容摆放不同的零部件。
4)此种生产组织形式的效率已高于按分散原则进行的固定式装配生产,因而工艺文件的编制要求及装配作业的机具、技术水平、专业化程度都进一步提高,生产现场的组织、管理更加严密，要求更高。

（2）强制移动式装配。在大批量生产产品时，装配方式一般采用强制移动式装配，也叫作自动流水线装配。它在自由移动式装配的基础上增加了装配点，在制品由起重机、手推带轮支架灯不同步的移动改由总装配线实现强制同步移动。它是当今大批量生产汽车广泛采用的装配方式。根据产量的需要，它还可以设计成连续运行的强制移动式装配和间隙运行（周期运行）的强制移动式装配，前者适用单班产量在50辆以上的装配，后者适用单班产量在50辆左右的装配。自动流水线装配的特点如下：

1）生产效率高。
2）生产节奏性强，工人作业分工细，专业化程度高。
3）生产组织和管理更加复杂严密，更具科学化、现代化。
4）促进了企业计算机管理的发展以及生产率的提高。

### 七、保证装配精度的装配方法

汽车制造装配中常用的保证装配精度的装配方法有互换装配法、选择装配法、修配装配法和调整装配法。

#### （一）互换装配法

互换装配法，其装配精度主要取决于零件的制造精度。根据零件的互换程度，互换装配法可分为完全互换装配法和不完全互换装配法。

**1. 完全互换装配法**

完全互换装配法就是机器中每个零件按图样加工后，把这些零件装配起来，不需要任何选择、修配或调节就可以达到规定装配精度要求的一种方法。采用完全互换装配法时，装配精度主要取决于零件的加工精度。完全互换装配法的实质就是通过控制零件的加工误差来保证装配精度。

（1）完全互换装配法的特点。采用完全互换装配法保证装配精度时，零件公差的规定原则：各有关零件公差之和应小于或等于装配公差。完全互换装配法有以下优点：

1）装配过程简单，生产率高。
2）对工人技术水平要求不高，易于扩大生产。
3）便于组织流水作业及自动化装配。
4）容易实现零、部件的专业协作，降低成本。

完全互换装配法不足之处：当装配精度要求较高，尤其是在组成零件数目较多时，各零件的制造公差规定得严，零件制造困难，加工成本高。

（2）完全互换装配法的应用。完全互换装配法适用于装配结构零件数目少、装配精度要求较高的成批生产。

**2. 不完全互换装配法**

不完全互换装配法就是将与装配精度有关的各零件的公差放大，可按经济精度加工，使加工容易而经济，但会使极少数产品的装配精度超出规定要求。这种事件是小概率事件，很少发生。因为不完全互换装配法以概率论为理论依据，故又称为概率互换法。

（1）不完全互换装配法的特点。不完全互换装配法的优点：扩大了组成环的制造公差，零件制造成本低；装配过程简单，生产效率高。其缺点：装配后有极少数产品达不到规定的装配精度要求，须采取另外的返修措施。

（2）不完全互换装配法的应用。在正常生产条件下，零件加工尺寸成为极限尺寸的可能性是较小的，而在装配时，各零、部件的误差同时为极大、极小的组合，其可能性更小。所以，在尺寸链环数较多、封闭环精度要求较高时，特别是在大批大量生产中，使用不完全互换装配法有利于零件的经济加工，以保证绝大多数产品的装配精度要求。

### （二）选择装配法

选择装配法是将各有关零件的公差放大到经济上可行的程度，然后选择合适的零件进行装配，以保证装配精度要求。

选择装配法有三种不同的形式：直接选配法、分组选配法和复合选配法。

#### 1. 直接选配法

直接选配法就是装配工人从许多待装配的零件中选择合适的零件装配在一起，使这些零件组装后能够保证装配精度要求的方法。这种方法的优点是不需要将零件测量分组，全凭工人的经验来选择合适的零件。但此种方法装配费时，而且装配质量在很大程度上取决于装配工人的技术水平，因此，不适宜节奏要求严格的大批量生产。例如，发动机活塞环的装配，为了避免机器工作时活塞环在环槽内咬死，装配工人凭感觉来选择最合适的活塞环就是直接选配法。

#### 2. 分组选配法

分组选配法是指在成批或大量生产中，将产品各配合副的零件按实测尺寸分组，装配时按组进行互换装配以达到装配精度的方法，如发动机活塞与活塞销的装配。这种方法多用于大批量生产中，零件数少、装配精度要求较高且不便于采用调整装配的情况下，可将零件的加工公差按装配精度要求放大数倍，或在零件的加工公差不变的情况下，通过选配来提高装配精度。分组选配法通常采用极值法计算公式进行计算。

（1）分组选配法的优点。
1）零件加工公差要求不高，能获得要求的装配精度。
2）同组内的零件可以互换，具有互换性的优点，故又称"分组互换法"。
（2）分组选配法的缺点。
1）增加了零件的存储量。
2）增加了零件的测量和分组工作，并使零件的存储、运输工作复杂化。
（3）采用分组选配法时应注意的问题。
1）为了保证分组后各组的配合精度和配合性质符合原设计要求，配合件的公差应相等，公差增大的方向要同向，增大的倍数要等于以后的分组数。
2）分组数不宜过多，一般为4～5组，否则会使装配工作复杂化。

3) 分组后各组内相配合的零件数量要相等,形成配套,否则会出现某些尺寸零件积压浪费的现象。

4) 配合件的表面粗糙度、形位公差仍然保持原设计要求,不能随着公差的放大而改变。

综上所述,分组选配法只适用装配精度要求很高和相关零件一般只有两、三个的大批量生产。

### 3. 复合选配法

复合选配法是上述两种方法的合成,即把零件预先测量分组,然后在各组内直接选配。这种方法的特点是配合件的公差可以不等。由于是在分组范围内直接选配,因此,此选配法既能达到理想的装配质量,又能较快地选择合适的零件,有利于保证生产节奏。在汽车发动机装配中,气缸与活塞的装配大多采用这种方法。

### (三) 修配装配法

在单件小批量生产中,对于装配精度要求较高且由多个相关零件组成的机器结构,各个零件按经济加工精度制造,装配时,通过修刮改变某一预先确定零件尺寸的方法来保证装配精度的工艺,称为修配装配法。修配装配法的种类主要有按件修配法、合并加工修配法和就地加工修配法。

### 1. 按件修配法

按件修配法就是在装配中,选定某一固定的易于修配和加工的零件做修配件(修配环),并根据经济精度加工,在装配时进行修配(如锉、刮、研等方法)以保证装配精度。此方法在机械制造中应用较为广泛。例如,卧式车床要求前后顶尖对床身导轨等高度问题的解决就采用按件修配法,其选定尾座底板为修配件,这样对修配件要留足刮研量。由于这种方法增加了装配时的加工量,故适用单件小批量生产、成批生产或装配精度高、相关零件较多的部件装配。

### 2. 合并加工修配法

合并加工修配法是将两个或多个零件合并在一起加工修配。例如,车床溜板箱开合螺母部分的装配不易达到要求,生产上常先将开合螺母壳体上的小燕尾导轨、溜板箱上与螺母壳体相配合的导轨加工好并配对研磨,然后把两者装配在一起进行镗孔,这样就容易保证精度,如图4-6所示。

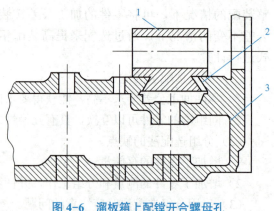

图4-6 溜板箱上配镗开合螺母孔
1—螺母体;2—镶条;3—溜板箱

### 3. 就地加工修配法

机床总装时,对于某些装配精度要求较高的产品或部件,由于严格控制各组成零件的尺寸公差很难,且不易选出一个合适的修配件,因此在装配时采用专门的加工工序,可直接抵消装配后产生的累计误差以保证装配精度，这种方法称为就地加工修配法，又称为综合抵消法。

例如，在装配转塔车床时，为了保证主轴回转中心与转塔刀具孔中心的同轴度公差要求，常用装在主轴上的镗刀镗出转塔上的刀具孔，这样就以"自镗自"的方法，抵消了零件装配后的累计误差，保证了装配精度要求。如图4-7所示，装配万能铣床时，为保证托架锥孔中心与主轴回转中心的同轴度公差要求，常先把托架修配好装到横梁上，再用装在主轴上的镗刀加工出托架的锥孔，以抵消累积误差，保证同轴度公差。

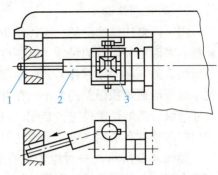

图4-7 在铣床上自镗支架孔
1—刀杆；2—刀杆体；3—刀架

总之，修配装配法的主要优点是既可放宽各相关零件的制造公差，又能保证装配精度。但也存在着装配工时长、对操作工人技术水平要求高等缺点。

（四）调整装配法

调整装配法是指按经济精度规定各组成零件的尺寸公差，装配时选定一个补偿件（也称调整件），用调整的方法改变该零件的位置或尺寸，使封闭环达到其公差或极限偏差的要求，以保证装配精度，其补偿件一般以螺栓、斜面、挡环、垫片或孔轴连接中的间隙等作为调整环。常见的调整方法有以下三种。

**1. 可动调整法**

可动调整法是通过改变调整件的位置来保证装配精度的方法。图4-8所示为卧式车床中使用可动调整法的例子。图4-8（a）所示为通过调整垫圈调整套筒的轴向位置来保证齿轮的轴向间隙；图4-8（b）所示为用调整螺钉来调整镶条的位置来保证导轨副的配合间隙；图4-8（c）所示为用调节螺钉使楔块上下移动来调整丝杠与螺母的轴向间隙。

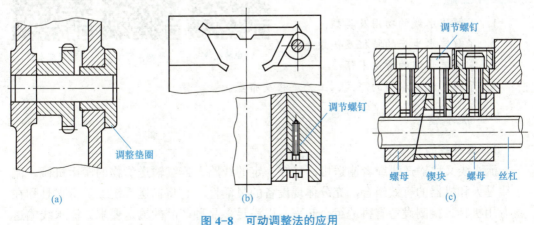

图4-8 可动调整法的应用

用可动调整法能获得比较理想的装配精度。在产品的使用中，还能通过调整来补偿由于磨损、热变形等引起的误差，使产品恢复原来的精度。

## 2. 固定调整法

固定调整法是选定某一零件作为补偿件，根据装配精度来确定补偿件的尺寸（该零件是按一定的尺寸分级制造的一套专用零件）。产品装配时，根据各有关零件所形成累积误差的大小，在补偿件中选定一个尺寸等级合适的调整件进行装配，以保证装配精度。常用的调整件有垫圈、垫片及轴套等。

如图4-9所示，一对锥齿轮在装配时需要保证其啮合间隙，若用互换法则零件加工精度较高，用修配法又比较麻烦，现用两个调整垫圈，装配时可选择不同厚度的垫圈来满足间隙要求。调整垫圈是调整件，要事先按一定的尺寸等级做好，如3.1 mm、3.2 mm、…、4.0 mm等，以备选用。

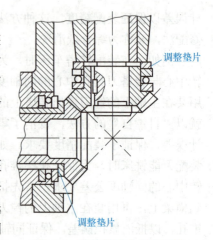

图 4-9 锥齿轮啮合间隙调整

## 3. 误差抵消调整法

误差抵消调整法是指在产品装配时，通过调整有关零件的相互位置，使其加工误差互相抵消一部分，以提高装配精度。例如，在组装机床主轴时，通过调整前后轴承径向圆跳动和主轴锥孔径向圆跳动的大小及方位，来控制主轴的径向圆跳动。这种方法是精密主轴装配中的一种基本装配方法，已得到广泛的应用。

# 任务二　汽车装配线、生产线及装配流水线认知

1. 了解流水线的功用及类型；
2. 了解流水生产的特征及优缺点；
3. 掌握流水线的常用术语；
4. 了解装配流水线的形式、工艺流程及布置。

总成装配线　　总成生产线　　装配流水线

## 一、流水线

### 1. 流水线的功用

流水线又称输送线或者输送机，是在一定的线路上连续输送货物的搬运机械。流水线是人和机器的有效组合，充分体现设备的灵活性，它将输送系统、随行夹具和在线专用机具、检测设备有机地组合起来，以满足多品种产品的输送要求。流水线输送能力大、运距长，可进行水平、倾斜和垂直输送，也可组成空间输送线路，还可在输送过程中同时完成若干工艺操作。所以，流水线在生产企业的批量生产中应用十分广泛。

## 2. 流水线的类型

流水线按传输方式不同可分为同步传输（强制式）和非同步传输（柔性式）两种；按照输送系列产品大体可以分为皮带流水线、板链线、滚筒流水线、插件线、网带线、悬挂线等多种流水线。常用流水线的类型、特点及用途如下：

（1）皮带式流水线如图 4-10 所示。皮带式输送机具有输送量大、结构简单、维修方便、部件标准化等优点，广泛应用于矿山、冶金、煤炭等行业。根据输送工艺要求，皮带式输送机可单台输送，也可多台或与其他输送设备组成水平或倾斜的输送系统，以满足不同布置形式作业线的需要。

皮带式输送机适用输送松散物料或成件物品，堆积密度小于 1.67 t/m³，易于掏取粉状、粒状、小块状的低磨琢性物料及袋装物料，如煤、碎石、

图 4-10 皮带式流水线

砂、水泥、化肥、粮食等，被送物料温度小于 60 ℃。皮带式输送机结构形式多样，有槽形皮带机、平面形皮带机、爬坡皮带机、侧倾皮带机、转弯皮带机等多种形式。皮带式输送机的长度和装配形式可根据用户要求确定，传动装置可用电滚筒，也可用带驱动架的驱动装置。常用的胶带输送机可分为普通帆布芯胶带输送机、钢绳芯高强度胶带输送机、全防爆下运胶带输送机、难燃型胶带输送机、双速双运胶带输送机、可逆移动式胶带输送机和耐寒胶带输送机等。皮带式输送机主要由机架、输送皮带、皮带辊筒、张紧装置和传动装置等组成。

（2）链式流水线如图 4-11 所示。链式流水线是利用链条牵引、承载或由链条上安装的板条、金属网带、辊道等承载物料的输送机进行工作的。根据链条上安装的承载面的不同，链式输送机可分为板链式输送机、差速链输送机、托盘式输送机等。链式流水线也常与其他输送机、升降装置等组成各种功能的生产线，如图 4-12 所示。

图 4-11 链式流水线

图 4-12 链式多功能生产线

1）链式输送机的主要特点。

①输送能力大，运送效率高，允许在较小空间内输送大量物料；

②输送能耗低，借助物料的内摩擦力，变推动物料为拉动，使其与螺旋定输送机相比节电 50%；

③密封和安全，全密封的机壳使粉尘无缝可钻，操作安全，运行可靠；

④使用寿命长，用合金钢材经先进的热处理手段加工而成的输送链，其正常寿命＞5年，链上的滚子寿命（根据不同物料）≥2年；

⑤工艺布置灵活，可高架、地面或地坑布置，可水平或爬坡（≤15°）安装，也可同机水平加爬坡安装，可多点进出料；

⑥使用费用低，节电且耐用，维修少，能确保主机的正常运转，以增加产出、降低消耗、提高效益。

2）常用链式输送机的类型及用途。

①板链式流水线如图4-13所示。板链式流水线由钢结构导轨和弯板链及专用滚针链条等组成，可配以气路、电源、照明等系统，适用汽车、摩托车、空调、五金工具、冰箱、洗衣机等行业的自动化装配流水线。

板链式流水线分为重型板链流水线和轻型板链流水线。

重型板链流水线有时也称为隔板流水线，一般作为地面物流输送设备。重型板链流水线广泛用于汽车、摩托车、家电（电视机、洗衣机、电冰箱等）、大型电器、机电等行业，通常可与悬挂流水线、辊筒流水线、提升机等组成立体自动

图4-13 板链式流水线

化生产线，充分利用各自的优点，以达到提高生产效率、降低劳动成本、确保产品质量的功效，是现代大型企业整厂自动化生产最佳的组合形式。重型板链流水线的特点：承载的产品比较重，与生产线同步运行，可以实现产品的爬坡及转弯；生产的节拍不是很快，以链板面作为承载，可以实现产品的平稳输送。

重型板链流水线的输送链板材质有不锈钢、碳钢和铝合金。机架材质通常采用碳钢。

轻型板链流水线广泛用于食品、饮料、电子、电器及轻工行业。轻型板链流水线具有非常灵活的输送形式，能充分有效地利用空间，既可设计成各种机型单独使用，又能非常方便地和其他输送设备配套。

轻型链板流水线主要特点为结构轻巧，运行平稳、噪声低、维护方便。

②差速链流水线如图4-14所示。其采用特制铝合金型材做导轨，用增速链牵工装板，工装板可以自由传送。流水线采用组合式装配模式，工位数可按工艺要求设定。工位配置有脚踏开关、电源插座工位阻挡器、工艺图板、照明设备等，线体上设有顶升平移机、顶升旋转台等，可以使工件在两端自动顶升、横移过渡，还可以在线设置检测设备、机械手等，使整个流程达到自动化工作状态。

图4-14 差速链流水线

（3）滚筒式流水线如图 4-15 所示。滚筒式流水线有 90°转向滚筒流水线、打包滚筒流水线、滚珠滚筒流水线、二合一滚筒流水线、打通滚筒流水线、包装后段滚筒流水线、仓储物流滚筒流水线、环型滚筒流水线、分道滚筒流水线、转弯滚筒流水线、O 形滚筒输送机等。其特点是承载的产品类型广泛，所受限制少；与阻挡器配合使用，可以实现产品的连续、节拍运行以及积放的功能；采用顶升平移装置，可以实现产品的离线返修或检测而不影响整个流水线的运行。

（4）悬挂式流水线如图 4-16 所示，它是一种三维空间闭环连续输送系统。悬挂式流水线根据输送物件的方法，可分为通用型和轻型的牵引式悬挂输送、通用积放式和轻型积放式的推式悬挂输送。

图 4-15　滚筒式流水线　　　　　　图 4-16　悬挂式流水线

悬挂式流水线能随意转弯、爬升，能适应各种地理环境条件，适用车间内部和车间之间成件物品的空中自动化输送。悬挂式流水线广泛应用于产品涂装、烘干、烤漆以及装配生产线，如汽车厂、家具厂、自行车厂、电子厂、电镀厂、五金厂、牛皮制品厂等。

### 3. 流水线的组成

流水线一般由驱动装置、承载构件、张紧装置和改向装置等组成。

## 二、生产线

生产线是指产品生产过程所经过的路线，即从原料进入生产现场开始，经过加工、运送、装配、检验等一系列生产活动所构成的路线，也就是按顺序完成而设定的具有运送设备、工具、操作工人或工业机器人所组成的生产流程作业线。

狭义的生产线是按对象原则组织起来的、完成产品工艺过程的一种生产组织形式，即按产品专业化原则，配备生产某种产品（零、部件）所需要的各种设备和各工种的工人，进行不同工艺的加工，负责完成某种产品（零、部件）全部制造工作的作业线。

### （一）生产流水线

#### 1. 生产流水线的特征

流水生产是指劳动对象按一定的工艺路线和统一的生产速度，连续不断地通过各

个工位,顺序地进行加工并生产产品(零件)的一种生产过程组织形式。典型的生产流水线具有以下特点:

(1) 工作的专业化程度高,在流水线上固定生产一种或有限几种产品(零件),在每个工位上固定地完成一道或几道工序。

(2) 生产具有明显的节奏性,即按照规定的节拍进行生产。

(3) 流水线上各工序之间的生产能力是平衡、成比例的,即各道工序的工位数(设备)同各道工序单件时间的比例相一致。

(4) 工艺过程是封闭的,并且工位(设备)按工艺顺序排列成链状,劳动对象在工序间做单向移动。

(5) 劳动对象流水般地在工序之间移动,生产过程具有高度的连续性。将一定的设备工具、传送装置和人员按照上述特征组织起来的生产线称为生产流水线。如果工位(设备)是按工艺顺序排列,但不满足上述特征的要求,则只能称其为生产线。

### 2. 生产流水线的优缺点

(1) 生产流水线的优点是每个人只需要做一种生产工艺,对自己所做的工作都非常熟悉,所以生产率比较高,易保证质量。

(2) 生产流水线的缺点是操作重复、单调,使工人觉得很乏味。

### 3. 生产流水线的分类

(1) 按生产对象的移动方式分类。

1) 固定流水线。固定流水线,即生产对象固定不动,由不同工种的工人(组或队)携带工具按规定的节拍轮流到各个产品上去完成自己所担任的工序。这种生产组织形式适用装配特别笨重、巨大的产品,以及在造船、建筑、工程施工等部门中采用。

2) 移动流水线。移动流水线,即生产对象移动,工人和设备位置固定,生产对象顺次经过各道工序的工作地进行加工或装配。这种生产组织形式在机械制造、服装等工业部门广泛采用。

(2) 按生产对象的数目分类。

1) 单一对象流水线。单一对象流水线,即一条流水线只固定生产一种产品,故又称为大量或不变流水线。

2) 多对象流水线。多对象流水线,即一条流水线上生产两种以上制品,并且按轮换方式不同,又可分为可变流水线、成组流水线和混合流水线。

(3) 按生产过程的连续程度分类。

1) 连续生产线。连续生产线,即生产对象从投入到出产连续地从一道工序转向下道工序,没有或很少有间断时间。它一般只适用大量生产,是一种完善的流水生产形式。组织连续流水线的条件是工序同期化。

2) 间断流水线。间断流水线,即由于各道工序的劳动量不等或不成倍比关系,生产能力不平衡,加工对象在各工序之间会出现停放等待中断时间,生产过程是不完全连续的。

(4) 按流水线的节拍分类。

1) 强制节拍流水线。强制节拍流水线是准确地按节拍生产产品的流水线,它是利用专门的装置强制实现规定的节拍，工人必须在规定时间内完成自己的工作，如有延误或违反技术规程，即会影响下道工序的生产。

2）自由节拍流水线。在自由节拍流水线上，不要求严格按节拍生产产品。节拍主要靠工人的熟练操作来保证，因而可能有波动。

(5) 按机械化程度分类。

1）手工流水线。手工流水线多用于机器、仪器、仪表的装配，机械化流水线应用最广泛。

2）自动化流水线。自动化流水线是流水线的高级形式，由于投资大，在应用上受到一定的限制。

### （二）常用术语

#### 1. 流水线的节拍

节拍是指连续完成相同的两个产品（两次服务或两批产品）之间的间隔时间，即指完成一个产品所需的平均时间。节拍通常只是用于定义一个流程中某一具体工序或环节的单位产出时间。如果产品必须是成批制作的，则节拍指两批产品之间的间隔时间。

流水线的节拍是指顺序生产两件相同制品之间的时间间隔。它表明了流水线生产率的高低，是流水线最重要的工作参数。其计算公式如下：

$$r = F/N \tag{4-1}$$

式中　$r$——流水线的节拍（mm/件）；

　　　$F$——计划期内有效工作时间（min），$F=F_0 K$；

　　　$N$——计划期的产品产量（件）。

　　　$F_0$——计划期内制度工作时间（min）；

　　　$K$——时间利用系数。

确定系数 $K$ 时要考虑这样几个因素：设备修理、调整、更换模具的时间，工人休息的时间。一般 $K$ 取 $0.9 \sim 0.96$，两班工作时间 $K$ 取 $0.95$。

计划期的产品产量 $N$，除应根据生产大纲规定的出产量计算外，还应考虑生产中不可避免的废品和备品的数量。

#### 2. 进行工序同期化

所谓工序同期化，就是根据流水线节拍的要求，采取各种技术和组织措施来调整各工位的单件生产时间，使它们等于节拍或节拍的倍数。

#### 3. "瓶颈"

通常把一个流程中生产节拍最慢的环节叫作"瓶颈"。正如"瓶颈"的字面含义，一个瓶子瓶颈大小决定着液体从中流出的速度，生产运作流程中的瓶颈则制约着整个流程的产出速度。流程中存在的"瓶颈"不仅限制了一个流程的产出速度，而且影响了其他环节生产能力的发挥。更广义地讲，所谓"瓶颈"是指整个流程中制约产出的各种因素。例如，有些情况下，可能利用的人力不足、原材料不能及时到位、某环节设备发生故障、信息流阻滞等，都有可能成为"瓶颈"。

### 4. 生产线工艺平衡

生产线工艺平衡是指对生产的全部工序进行平均化，调整各作业负荷，以使各作业时间尽可能相近。制造业的生产线大多是在进行了细分之后的多工序流水化连续作业生产线，此时由于分工作业，简化了作业难度，提高了作业熟练度，从而提高了作业效率。但是经过了这样的作业细分之后，各工序的作业时间在理论上和实际上都不能完全相同，这就势必存在工序间节拍不一致而出现"瓶颈"的现象。除了造成的无谓的工时损失外，还造成大量的工序堆积，严重时还会造成生产的停止。为了解决以上问题，对各工序的作业时间必须计划好，同时对作业进行标准化，以使生产线能顺畅地运转，这是生产流程设计与作业标准化必须考虑的最重要的问题。

（1）生产线工艺平衡的意义。

1）提高员工及设备工装的工作效率。

2）减少单件产品的工时消耗，降低成本（等同于提高人均产量）。

3）在平衡的生产线基础上实现单元生产，提高生产应变能力，对应市场变化，实现柔性生产系统。

4）平衡生产线可以综合应用到程序分析、动作分析、规划分析、搬运分析和时间分析等方法中，提高全员综合素质。

（2）生产线平衡率的计算。生产线平衡率或平衡损失率是衡量工艺总平衡状态好坏的指标，通常以百分率表示，显然各工序的工序时间长短不同，决定生产线作业周期的工序时间只有一个，即最长工序时间 $CT$。因此，生产线的平衡计算公式为

$$生产线平衡率 = 各工序的时间总和 / 工位数 \times CT \times 100\% \quad (4-2)$$

生产线的平衡损失率计算公式为

$$平衡损失率 = 1 - 平衡率 \quad (4-3)$$

（3）生产线工艺平衡的改善原则和方法。改善平衡率的基本原则是通过调整工序的作业内容，使各工序的作业时间接近或减少差距。实施时可遵循以下方法：

1）应考虑对"瓶颈"工序进行作业改善。作业改善的方法可参照程序分析的改善方法及动作分析、工装自动化等方法与手段。

2）将"瓶颈"工序的作业内容分担给其他工序。

3）增加各作业员，只要平衡率提高了，人均产量就等于提高了，单位产品成本也即随之下降。

4）合并相关工序，重新排布生产工序，相对来讲在作业内容较多的情况下容易拉平衡。分解作业时间较短的工序，把该工序安排到其他工序。生产线平衡指南主要包括生产线平衡的相关定义、生产线平衡的意义、工艺平衡率的计算、生产线平衡的改善原则和方法。

### （三）组织流水线生产的条件

流水生产的主要优点是能够使产品的生产过程较好地符合连续性、平行性、比例性及均衡性的要求。其生产率高，能及时地提供市场大量需求的产品。由于是专业化生产，流水线上均采用专用的设备、工艺装备以及机械化的运输装置，因此，可以提高劳动生产率，缩短生产周期，减少在制品占用量和运输工作量，加速资金周转，降低生产

成本；还可以简化生产管理工作，促进企业加强生产技术准备工作和生产服务工作。

流水生产的主要缺点是不够灵活，不能及时地适应市场对产品产量和品种变化以及技术革新和技术进步的要求。对流水线进行调整和改组不仅需要较多的投资而且花费的时间较长。工人在流水线上工作比较单调、紧张，容易疲劳，不利于提高生产技术水平。

由于以上原因，组织流水生产必须具备以下条件：

（1）产品结构和工艺相对稳定，而且是长期大量需要的产品。

（2）工艺过程能够划分为简单的工序，又能根据工序同期化的要求把某些工序适当合并和分解，各工序的工作时间不宜相差过大。

（3）产品的产量足够大，单位产品的劳动量也较大，以保证流水线各工作地有足够的负荷。

（4）原材料、协作件必须是标准的、规格化的，并能按时供应。

（5）要有安装流水线的条件。

### 三、装配流水线

装配流水线指的是由物料输送系统、随行夹具和在线专用机具、检测设备等有机组合的连续生产线。装配流水线充分体现设备的灵活性，它将人和机器有效地组合，以满足多品种产品的装配要求。这种生产组织形式将机器的各个零、部件上线和装配作业划分为若干个工序，每个工位规定所需的工序内容，每个工人只需要熟悉某个或某几个工序即可上线操作，各工位配以必要的设备和工具，可大幅度提高劳动生产率，且易保证产品质量。

#### （一）装配流水线的形式

装配流水线根据传输方式分为强制式和柔性式；根据配置的选择可分为手工装配、半自动装配以及自动装配。不同类型的装配线有很大差异，主要体现在以下几个方面：

（1）装配线上物料搬运设备不同。如，有链式输送机搬运设备和悬挂式输送机搬运设备等。

（2）生产线平面布置的类型不同。有U形、直线形、分支形。

（3）节拍控制方式不同。有自动控制的，也有人为控制的。

（4）装配产品的品种不同。有单一产品装配线或多种产品装配线。

（5）装配线的长短不同。有几个工人的装配线，也有很多工人的装配线。

#### （二）装配线工艺规程

装配线工艺规程是指用文件的形式将装配内容、顺序操作方法和检验项目等规定下来作为指导装配工作和组织装配生产的依据的技术文件。制定装配线工艺规程的任务是根据产品图样、技术要求、验收标准和生产纲领、现有生产条件等原始资料来确定装配线组织形式的。装配线工艺规程的制定对保证装配质量、提高装配生产效率、减轻工人劳动强度以及降低生产成本等都有重要的作用。

##### 1. 制定装配线工艺的基本原则

合理安排装配顺序，尽量减少钳工装配工作量，缩短装配周期，提高装配效率，保证装配产品质量，这一系列要求是制定装配线工艺的基本原则。

**2. 制定装配线工艺的原始资料**

制定装配线工艺的原始资料是产品的技术文件、验收标准、产品的生产纲领、现有生产条件等。

**3. 装配线工艺规程的内容**

分析装配线产品总装图，划分装配单元，确定各零、部件的装配顺序及装配方法；确定装配线上各工序的装配技术要求、检验方法和检验工具；选择和设计在装配过程中所需的工具、夹具和专用设备；确定装配线装配时零、部件的运输方法及运输工具；确定装配线装配的时间定额。

**4. 制定装配线工艺规程的步骤**

分析装配线上的产品原始资料；确定装配线的装配方法组织形式；划分装配单元；确定装配顺序；划分装配工序；编制装配工艺文件；制定产品检测与试验规范。

### （三）装配线的布置

装配线的布置受产品、设备、人员、物流运输以及生产方式等多种因素的影响。合理的装配线应尽量减少迂回、停整和搬运，保持装配生产的灵活性，并有效利用人力和面积，这不仅能使物流更加畅通，而且能有效提高生产效率。

企业或工厂不论大小，最终目的是要以高质量的产品、低成本、最短的交货期以及最佳的投产时间去开拓市场，因此，企业需从经营的角度论证和确定装配线的设计原则。具体设计从大而全向专业化、柔性化方向发展，不断改善装配线的布置，从而适应新的生产经营要求。

装配线的布置要与现代化管理相结合，并考虑如何进行管理，先进的管理方式直接与装配线布置相关，如全面质量管理、均衡生产管理、生产现场计算机管理、流水生产方式、定置管理及物料管理等。将这些管理纳入装配线的设计能提高管理的有效性。

**1. 影响装配线布置的因素**

（1）产品。产品结构和装配过程设计是装配线设计中考虑的重点。对产品结构进行分析、研究，提出改进产品结构的意见，可以大大简化装配生产过程。

（2）设备。装配工艺设备的选择应根据产品技术要求和装配工艺方法来确定。正确选择工艺设备和工装，不仅能提高生产效率、降低制造成本，还可使装配线布置合理化。选择工艺设备时要考虑的问题包括产品生产纲领、产品质量要求、设备的先进性、设备的可靠性、设备的价格、设备的利用率、设备的安全性、设备维修的方便性。

（3）人员。人是生产要素之一，又是活的因素，且流动性大，需通过培训使之适应岗位工作的要求。装配线布置时要考虑使其具备良好安全的劳动条件，创造一个较好的劳动环境，有助于提高人员的劳动积极性。

（4）物流及运输。物料流动是通过运输来完成的。物料运输在工厂中必不可少，应选择经济合理的运输方式。物料移动的多少取决于其生产因素，装配线布置必须保证物流的运距最短，并始终不停地向产品装配的终点流去，建立控制系统以保证物料的流动。

（5）生产方式。生产方式是指生产纲领、工作制度（这里指工作班次和每班工作时间)、生产线形式(要考虑采用自动线还是流水线生产,是单机生产还是机群生产)、管理方式(指保证生产所规定的管理方法、制度和规定等)。生产方式是装配线设计时需要考虑的一个方面。

(6) 仓储及辅助设施。物料流始终向装配过程终点流去,但无论何时,只要物料中断,就会出现停产待料。因此,需要保留一定数量的储备,以保证物料流的流动,这在保持生产和平衡工序能力方面是经济合理的。为解决储备问题,需建立必需的存储仓库和存放地。此外,辅助设备可以为生产提供维修保养和服务,在生产中也起着重要作用。

(7) 厂房结构。厂房一旦建立,其可变动性比较小,因此在设计时就应认真考虑,根据生产特点确定厂房结构。在装配工艺上有特殊要求的,需对厂房进行专门设计。一般应采用通用厂房,多层厂房应根据装配工艺特点和占地情况来综合考虑。

(8) 装配线设计的灵活可变性。面对越来越激烈的市场竞争,产品结构和产量方面的变化越来越快且频繁,这将会影响装配线的布置。随着科学技术的进步,新工艺、新设备的采用,也要求我们对旧的装配线布置加以调整。为此,在做平面设计时要考虑工厂发展、变化的可行性,装配线布置应具备灵活性、适应性和通用性。

### 2. 装配线布置的设计原则

(1) 简单化原则。装配线布置要力求简洁,一目了然,使管理简便,避免复杂化。

(2) 流向合理、移动最短原则。装配线布置设计要按照装配工艺流程统一协调,保证物流设计的合理性,即整个产品装配过程是连续的,中间没有停顿、倒流和长距离运输。物流设计应使零、部件的移动距离尽量短,避免停滞、超越和堆积。合理的物流可以降低生产成本和提高生产率。

(3) 有效利用占地面积原则。在装配线布置中,要充分考虑有效利用占地面积。设备之间的间隔在保证一定维修空间的前提下应尽量减小。选择通道宽度时,需根据人员的流动量、物流量以及运送方式来考虑。

(4) 安全、便于工作原则。安全生产是一件大事,它是装配线布置的基本目标之一。保证员工的工作安全并使员工有良好的工作条件,不仅能改变工人的精神面貌,还能提高其生产率。

(5) 弹性原则。在装配线设计阶段,必须充分考虑变化因素,装配线的布置一定要有灵活性、前瞻性,具备一定扩建和改动的适应性,即在最少花费的条件下,能方便地对装配线布置进行重新调整,以适应各种变化。

## (四)汽车装配技术的发展趋势

近年来,随着汽车消费市场需求的个性化和多样化,汽车装配作业也从传统的单一品种、大批量生产向多品种、中小批量转化,装配生产的批量性特点趋于复杂,安装零件的品种、数量进一步增多,对零部件的接收、保管、供给和装配作业指导等都提出了新的要求。市场的变化,必将使装配生产方式产生新的变革。

### 1. 机器人在汽车装配中被广泛应用

随着机器人技术的日渐成熟,机器人已经逐步进入装配领域,并在国外各大汽车公司装配生产中被广泛采用,从而使汽车装配自动化水平大大提高。目前,国外大量生产的轿车装配自动化程度有的已达 50% ～ 65%。另外，机器人的使用减轻了工人的劳动强度，减少了故障与事故的发生并大大提高了劳动生产率。在汽车整车装配中机器人不仅用于风窗玻璃的密封剂涂敷、安装及车轮、仪表板、后悬架、车门和蓄电池等部件的安装，还用于发动机动力总成等大件的安装。

### 2. 电子计算机技术在生产管理系统中得到广泛应用

电子计算机技术在装配厂的另一重要功用是进行大量多品种混流生产的管理，这也是汽车装配技术发展的一个重要标志。采用计算机进行生产管理是靠设在中央控制室的主机和各分控制点终端机组成计算机控制生产管理系统，来指挥全部生产工艺和储、取信息，使得制订计划、准时供给、监控库存量、向协作厂订货、待装件输送等全部内容均有计算机控制，从而根据用户需求及时生产、及时供货，具有很高的精度和效率。

汽车生产采用计算机进行自动化控制和生产管理的目的，不只在于节省人力，提高产品质量，更重要的是它能满足和适用生产工艺和产品品种迅速变化的要求。计算机控制有效地保证了总装线上混流装配的正常进行。因此，目前新建的大型汽车装配厂都采用计算机控制系统进行生产管理。

### 3. 采用柔性装配线

汽车市场竞争的不断加剧，促使汽车制造厂依靠多品种来满足不同层次和个性化的用户需求，因此，汽车产品的生命周期逐渐缩短。如果每次更换产品，设备与工装必须全部更新，新产品就有可能因投入生产时间过长而失去市场。因此，企业要利用一次改造在相当长的时期内满足日益变化的多种车型混流生产的要求，同时又具有高的生产率，唯一的途径就是采用可以满足大量生产要求的柔性装配生产线。

柔性装配生产线就是指能够同时满足一个或多个系列汽车产品生产要求，可以灵活改变夹具及运行方式，以适应无法预知的产品更新变化。同类汽车产品装配需要的生产线具有以下特点：

（1）具有灵活多变的运行速度以适应不同生产节拍的生产要求。

（2）具有积放功能，使装配工时具有弹性。

（3）被运输产品能在任意位置停止，以满足不同产品、不同装配内容的不同操作要求。

（4）具有可编程序控制系统。

（5）随行夹具的装夹和支承形式能够灵活改变以适应多品种的装配要求。

在汽车装配生产中柔性装配输送线的主要形式有积放式悬挂输送机、自行葫芦输送机、滑橇式输送系统和 RAMRUN 输送系统，又称电动单轨输送系统。输送系统按形式可分为悬挂式电动单轨输送系统（OH 型）和地面式电动单轨输送系统（FL 型）。FL 型输送系统，在日本汽车装配生产线上被广泛应用。

### 4. 采用模块化装配

所谓模块化就是零部件和子系统的组合。为了提高装配的自动化水平，人们越来越意识到必须加强产品开发设计、生产工艺、生产管理和产品制造的密切合作。从产品设计开始就应尽可能考虑简化总装配工序，使尽可能多的分总成在总装线外先进行预装配，构成整体后再上总装线安装到车体上，也就是采用模块化装配。这样不仅可以大大减少总装线上的装配时间、降低成本、提高产品的可靠性,而且便于实现自动化装配。国外很早就开始采用模块化装配技术,德尔福是模块化供应的倡导者,德尔福公司首先提出了模块化供应的新概念,并率先向奔驰在美国生产的M级车供应前座舱模块。模块化装配结构一般包括以下内容:

(1)车门模块。在车门分装线上,以内板为中心将门锁、玻璃、玻璃升降器以及密封护板等用螺栓安装于其中部,再将车门外把手、车门铰链、密封条及玻璃滑轨安装在一起,形成车门模块,然后,将其装到车身上。

(2)仪表板模块。在模块骨架上安装仪表板、空调、离合器踏板、制动踏板及转向柱,分装好后检查仪表和开关的技术性能,然后装到车身内。

(3)底盘部件模块。将分装好的发动机和变速器总成、前悬架总成、后悬架总成、传动轴、排气管、油箱等底盘部件在线下合装好后,再装入车身。

(4)车头模块。车头模块是指安装于车身前段覆盖件上的前照灯、雾灯、喇叭、发动机罩盖锁和散热器面罩等。

## 单元测试

### 一、填空题

1. 流水线是人和机器的有效组合,能充分体现_____的灵活性,它将输送系统、随行_____和在线专用_____、_____设备有机组合,以满足多品种产品的_____要求。

2. 皮带式输送机具有_____大、结构简单、_____方便、_____标准化等优点。

3. 重型板链流水线广泛适用_____、摩托车、家电、大型电器、_____等行业。

4. 悬挂式流水线能随意_____、爬升,能适应各种地理_____条件,适用车间内部和车间之间成件物品的_____自动化输送。

5. 生产线是指产品_____过程所经过的路线,即从原料进入生产现场开始,经过加工、_____、_____、_____等一系列生产活动所构成的路线。

6. 流水生产是指劳动对象按一定的_____路线和统一的生产_____,连续不断地通过各个工位,顺序地进行加工并生产产品的一种生产过程_____形式。

### 二、判断题

1. 流水线在生产企业的单件生产中应用十分广泛。( )
2. 板链流水线分为重型板链流水线和轻型板链流水线。( )
3. 差速链流水线如果用组合式装配模式,工位数可按工艺要求设定。( )
4. 滚筒输送机的特点是承载的产品类型受限制。( )
5. 多对象流水线可分为可变流水线、成组流水线和混合流水线。( )
6. 柔性生产线是指自由节拍的移动流水线。( )
7. 节拍是指完成一个产品所需的平均时间。( )
8. 生产线工艺平衡是指对生产的全部工序进行平均化,调整各作业负荷,以使各作业时间尽可能相近。( )

9. 产品结构和装配过程设计是装配线设计中考虑的重点。　　　　　　（　）
10. 装配工艺设备的选择应根据现有条件来确定。　　　　　　　　　（　）
11. 装配线布置要力求简洁，一目了然，使管理简便，避免复杂化。　（　）
12. 物流设计，应使零、部件的移动距离尽量短，避免停滞、超越和堆积。（　）

### 三、选择题

1. 流水线按传输方式可分为强制式和（　　）两种。
   A. 自由式　　　　B. 柔性式　　　　C. 随机式

2. 链式输送机输送能力大，运送（　　）高，允许在较小空间内输送大量物料。
   A. 效率　　　　　B. 能力　　　　　C. 速度

3. 流水线一般由驱动装置、（　　）构件、张紧装置和改向装置等组成。
   A. 受力　　　　　B. 支撑　　　　　C. 承载

4. 流水生产具有明显的节奏性，即按照规定的（　　）进行生产。
   A. 工艺　　　　　B. 节拍　　　　　C. 方法

5. 生产流水线按生产对象的移动方式可分为固定流水线和（　　）流水线。
   A. 自由　　　　　B. 随机　　　　　C. 移动

6. 流水线的节拍是指连续完成（　　）的两个产品之间的间隔时间。
   A. 相同　　　　　B. 相近　　　　　C. 不同

7. 工序同期化就是根据流水线节拍的要求，采取各种技术和组织措施来（　　）各工位的单件生产时间，使它们等于节拍或节拍的倍数。
   A. 布置　　　　　B. 调整　　　　　C. 规定

8. 生产线平衡率是衡量工艺总平衡状态好坏的（　　），通常以百分率表示。
   A. 标准　　　　　B. 标志　　　　　C. 指标

9. 改善平衡率的基本原则是通过（　　）工序的作业内容，使各工序作业时间接近或减少差距。
   A. 设定　　　　　B. 安排　　　　　C. 调整

10. 装配线的布置受产品、设备、人员、物流以及（　　）方式等多种因素的影响。
    A. 生产　　　　　B. 作业　　　　　C. 操作

### 四、简答题

1. 什么叫装配？汽车装配中的连接包括哪几种？
2. 汽车装配主要包括哪些内容？
3. 汽车产品装配的生产组织形式有哪些？保证装配精度的装配方法有哪几种？
4. 汽车装配的特点有哪些？具体的技术要求是什么？
5. 汽车总装配生产线由哪些流水线组成？各线具有什么样的特点？

# 教学单元五
## 汽车装配生产管理知识

生产管理（Production Management），又称生产控制，是对企业生产系统的设置和运行的各项管理工作的总称。不同汽车生产厂都有自己独有的生产管理系统，但这些生产管理系统大多数是从丰田汽车的管理方式衍生和发展出来的，以杜绝浪费的思想为目标，在持续改善的基础上，采用准时化、自动化方式与方法，追求制造产品合理性的一种生产管理方式。

## 任务一　生产管理知识认知

1. 全面认知生产管理的各个知识点；
2. 能清楚理解生产管理在企业生产的实际意义；
3. 能熟练运用生产管理中的管理方法和技巧；
4. 较为形象地认知如何做好一个现场管理者；
5. 能够熟练使用班组、工位管理文件和表格。

发动机装配虚拟
仿真及质量管理

### 一、生产管理基础知识

#### （一）生产管理的基础——标准化作业

标准化作业，即为客户提供"无论任何人都可以最快、最节约地生产出来没有质量差异的产品"。

（1）标准作业是以人的动作为中心制定的、安全高效地生产高质量产品的方法。

（2）通过明确制造方法，保证任何人进行生产操作都能够保证同样的质量、数量、交货期、成本和安全。如果每个人都按照各自不同的随意方式进行生产，就无法保证质量、数量和生产安全。同样，没有标准作业，管理监督人员就无法尽责地发挥作用。

（3）标准作业是改善的工具。首先确定标准，然后实施，不断进行完善非常重要。标准是进行改善的原点，即"没有标准的地方就无法进行改善"。

### （二）生产管理的目标

生产管理的关键是管理过程，包括人事组织管理的优化，大力精简中间管理层，进行组织扁平化改革，减少非直接生产人员；推进生产均衡化、同步化，实现零库存与柔性生产；推行全生产过程（包括整个供应链）的质量保证体系，实现零不良；减少和降低任何环节上的浪费，实现零浪费；最终实现拉动式准时化生产管理方式。

PICQMDS"7零"终极目标如下：

（1）"零"转产工时浪费（Products）；
（2）"零"库存（Inventory）；
（3）"零"浪费（Cost）；
（4）"零"不良（Quality）；
（5）"零"故障（Maintenance）；
（6）"零"停滞（Delivery）；
（7）"零"灾害（Safety）。

### （三）生产管理的特点

生产管理的特点是消除一切浪费、追求精益求精和不断改善。去掉生产环节一切无用的东西，每个工人及其岗位的安排原则是必须增值，撤除一切不增值的岗位。精简是它的核心，精简产品开发设计、生产、管理中一切不产生附加价值的工作，旨在以最优品质、最低成本和最高效率对市场需求做出最迅速的响应。

生产管理在管理上有拉动式准时化生产、全面质量管理、团队工作法、并行工程的特点。

#### 1. 拉动式准时化生产

（1）以最终用户的需求为生产起点；
（2）强调物流平衡，追求零库存，要求上一道工序加工完的零件立即可以进入下一道工序；
（3）阻值生产运作是依靠看板进行；
（4）生产中的时点可由人工掌控，保证生产中的物流平衡（为保证对后道工序供应的准时化）；
（5）由于采用拉动式生产，生产中的计划与调度实质上是由各个生产单元自己完成，在形式上不采用集中计划；
（6）迥异于早期前制程推给后制程物料的拉动系统。

#### 2. 全面质量管理（TQC）

（1）强调质量是生产出来而非检验出来的，由过程质量管理来保证最终质量；

（2）生产过程中对质量的检验与控制在每一道工序都进行，重在培养每位员工的质量意识，保证及时发现质量问题；

（3）如果在生产过程中发现质量问题，根据情况，可以立即停止生产，直至解决问题，从而保证不出现对不合格品的无效加工；

（4）对于出现的质量问题，一般是组织相关的技术与生产人员作为一个小组，一起合作，尽快解决。

### 3．团队工作法（Teamwork）

（1）每位员工在工作中不仅仅执行上级的命令，更重要的是积极参与，起到决策与辅助决策的作用；

（2）组织团队的原则并不完全按行政组织来划分，而主要根据业务的关系来划分；

（3）团队成员强调一专多能，要求熟悉团队内其他工作人员的工作，保证工作协调顺利进行；

（4）团队人员工作业绩的评定受团队内部的评价的影响；

（5）团队工作的基本是信任，以一种长期的监督控制为主，而避免对每一步工作的核查，提高工作效率；

（6）团队的组织是变动的，针对不同的事物，建立不同的团队，同一个人可能属于不同的团队。

### 4．并行工程（Concurrent Engineering）

（1）在产品的设计开发期间，将概念设计、结构设计、工艺设计、最终需求等结合起来，保证以最快的速度按要求的质量完成；

（2）各项工作由与此相关的项目小组完成，进程中小组成员各自安排自身的工作，但可以定期或随时反馈信息对出现的问题协调解决；

（3）依据适当的信息系统工具，反馈与协调整个项目的进行，利用现代 CIM 技术，在产品的研制与开发期间，辅助项目进程的并行化。

## 二、现场管理

### （一）现场管理的目标

（1）质量：质量是企业未来的决战场，在激烈的市场竞争中，没有质量就没有明天；

（2）成本：合理的成本，既为企业赢得更多的利润，也是产品具有市场竞争力的有力保障之一；

（3）交期：满足客户的需求，适时提供其所需的产品是保住老客户的关键；

（4）效率：效率是部门绩效的量尺，也是企业生存和发展的基础，更是工作改善的标杆；

（5）安全：工作是为了生活好，安全是为了活到老，安全、舒适的工作环境是善待员工的基本保障，因而也是企业应有的管理目标；

（6）士气：坚强有力的团队、高昂的士气是企业活力的表现，是取之不尽、用之不竭的宝贵资源。

### （二）现场管理的要素

（1）人力（Manpower）：员工是企业最大的财富，也是最重要的资源，如何选人、用人、育人、留人是企业管理的核心课题；

（2）机器设备（Machine）：机器设备、工装夹具是生产现场的利刃，对其充分利用是管理者的职责之一；

（3）材料（Material）：材料是企业生产的重要资源，大多数企业中，材料成本是产品成本的主要成分，因此材料应作为管理的重要因素；

（4）方法（Method）：企业中的技术手段、工艺水平至关重要，同时企业文化、行事原则、标准规范、制度流程等与技术手段一起构成企业的技术诀窍（Know-How），环境可以统一归入"方法"这一资源，成为企业在同行竞争中取胜的法宝；

（5）环境（Environment）：良好的工作环境、整洁的作业场地、融洽的团队氛围，有助于提升员工的工作热情，从而提高达成目标的机会。好的管理者，善于营造良好的工作环境，同时外部竞争、生存环境也可以作为管理利用的诱因。

除上述4M1E要素外，通常如资金、资讯、市场等也是企业重要资源，不过对于大多数的现场管理者而言，更易获取并利用的资源即4M1E。

### （三）管理的五大功能

（1）计划：为了达到未来的目标，预先决定达成目标的程序、步骤、方法。其功能如下：

1）团队行动依据；
2）有目的、有做法，具有共识性，减少不必要的沟通协调；
3）事前可充分准备，工作顺畅；
4）容易进行工作控制；
5）何故、何事、何处、何人、何时、如何做（5W1H）很明确、很清楚；
6）使授权更易执行；
7）可作为团队绩效的评价基准。

（2）组织：集合互相关联的部门达成共同的目标，协调事与人，明确编制、职责。组织的建立是以能发挥人才合力来衡量组织的功能的。

组织的基本原则：命令系统统一原则、管理幅度适中原则、组织协调原则、组织授权原则、职务分配原则、组织扁平原则。

（3）训练：现代的文盲不是不识字的人，而是不会再学习的人；知识时代，科技与资讯瞬息万变，没有继续学习提高的人，迟早要被淘汰。

在激烈的市场竞争大潮中，如逆水行舟，不进则退；企业面临的挑战日益激烈，甚至近乎残酷，所以必须不断创新、洞悉变化，并拥有迅速适应的能力。

企业学习的量与成长的速度成正比例；但凡了解训练的重要性，懂得学习的组织，前景一定会美好。

优秀的部属，不但能分担更多的工作，还能促进上司的成长；所谓水涨船高，部属经过训练后提升了能力，可以担负更重要的责任，上司也就可以腾出时间来学习，或进行轮调，从而也获得成长的机会。

企业要留才，不光要有好的薪资福利，更要提供人才学习进步的机会；真正的人才，懂得生涯规划，也明白要进步的道理，因此对知识和技能的渴望也更强烈。

训练部属的时机：岗前训练、在职训练、发展训练。

（4）控制：控制是管理任务的重要环节。控制的主要目的是确定实际所完成的工作是否与最初的计划尽可能相符合，即控制就是使部属正确而有效地完成工作、达到目标。

控制的作用：控制是一种预防错误的管理系统，是预测计划与实际执行的差距，及时采取矫正措施，是及早发现执行与基准间的差异，是排除不合标准的人、事、物。

（5）调整：管理是有弹性的，管理者的高明往往在其处变不惊、随机应变、游刃有余的魅力下展露无遗。能够在工作中随时进行必要的调整，正是管理者的高明之处。

调整的作用：沟通、协调、谈判、裁决；引导、激励、锦上添花；及时采取矫正措施；适时予以规范化、标准化。

## （四）循环管理（PDCA 循环）

PDCA 循环又叫作"戴明循环"，简称"戴明环"。熟练掌握和灵活运用 PDCA 循环方法，对于提高质量管理体系运行的效果和效率十分重要。

### 1. PDCA 循环的模式

PDCA 方法可适用所有过程。其模式可简述如下：

P——策划：根据顾客的要求和组织的方针，为提供结果建立必要的目标和过程；

D——实施：实施过程；

C——检查：根据方针、目标和产品要求，对过程和产品进行监视和测量，并报告结果；

A——处置：采取措施，以持续改进过程。

（1）PDCA 方法适用所有过程。PDCA 循环理论存在于所有领域，既包括人们的专业工作，也包括日常生活，它被人们持续地、正式或非正式地、有意识或下意识地使用于自己所做的每件事和每项活动。

（2）PDCA 循环的主要步骤。

1）分析和评价现状，以识别改进的区域；

2）确定改进的目标；

3）寻找可能的解决办法，以实现这些目标；

4）评价这些解决办法并做出选择；

5）实施选定的解决办法；

6）测量、验证、分析和评价实施的结果，以确定这些目标已经实现；

7）正式采纳更改；

8)必要时,对结果进行评审,以确定进一步改进的机会。

其中,1)、2)、3)、4)即P(策划);5)即D(实施);6)即C(检查);7)、8)即A(处置)。

以上所述,即为解决问题所必须遵从的一个过程、四个阶段和八个步骤。

**2. PDCA循环的特点**

(1)PDCA循环的四个阶段。策划—实施—检查—处置(改进)是使用资源将输入转化为输出的活动或一组活动的一个过程,必须形成闭环管理,四个阶段缺一不可。

(2)大环套小环。大环套小环,一环扣一环,小环保大环,推动大循环,如图5-1所示。

在PDCA循环的四个阶段中,每个阶段都有自己小的PDCA循环。比如管理职责和资源管理是PDCA循环的P阶段,产品实现是D阶段,测量、分析是C阶段,改进是A阶段。而"改进"中的"纠正措施"则是该标准大的PDCA循环中A阶段的小PDCA循环。

PDCA循环中的A是关键环节。若没有此环节,已取得的成果无法巩固(防止问题再发生),人们的质量意识可能没有明显提高,也提不出上一个PDCA循环的遗留问题或新的质量问题。所以,应特别关注A阶段。

(3)循环前进,阶梯上升,如图5-2所示。

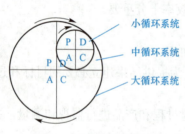

图5-1 大循环套小循环

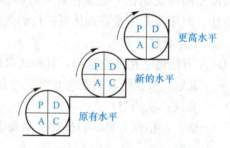

图5-2 循环前进上升模式

由图5-2可见,若按照PDCA循环前进,就能达到一个新的水平;在新的水平上再进行PDCA循环,便能达到一个更高的水平。

在质量管理体系中,PDCA循环是一个动态的循环,它可以在组织的每一个过程中展开,也可以在整个过程的系统中展开。它与产品实现过程及质量管理体系其他过程的策划、实施、控制和持续改进有密切的关系。

(4)科学管理方法的综合应用。PDCA循环应用以QC七种工具为主的统计处理方法以及工业工程(IE)中工作研究的方法,作为进行工作和发现、解决问题的工具。PDCA循环的四个阶段又可细分为八个步骤,每个步骤的具体内容和所用的方法见表5-1。

表 5-1　PDCA 循环步骤和方法

| 阶段 | 步骤 | 主要方法 |
| --- | --- | --- |
| P | 1. 分析现状，找出问题 | 排列图、直方图、控制图 |
| P | 2. 分析各种影响因素或原因 | 因果图 |
| P | 3. 找出主要影响因素 | 排列图、相关图 |
| P | 4. 针对主要原因，制订措施计划 | 回答"5W"图<br>为什么制定该措施（Why）<br>达到什么目标（What）<br>在何处执行（Where）<br>由谁负责完成（Who）<br>什么时间完成（When）<br>如何完成（How） |
| D | 5. 执行、实施计划 | |
| C | 6. 检查计划执行结果 | 排列图、直方图、控制图 |
| A | 7. 总结成功经验，制订相应标准 | 制订或修改工作规程、检查规程及其他有关规章制度 |
| A | 8. 把未解决或新出现问题转入下一个 PDCA 循环 | |

**3. PDCA 循环的灵活运用**

PDCA 方法，可先从 CA 入手，然后进入 PDCA 循环，即先"检查""处置"（改进）前一循环的实施效果后，再进入"策划"阶段。池泽辰夫举例说，在制订年度方针、目标及实施计划方案时，应回顾上一年度方针、目标的实现情况，即对上年度的 PDCA 循环效果进行充分验证后，再制订本年度的计划。

**注意**：阶梯式上升：PDCA 循环不是在同一水平上循环，每循环一次，就解决一部分问题，取得一部分成果，工作就前进一步，水平就提高一步。到了下一次循环，又有了新的目标和内容，更上一层楼。

**（五）现场管理者的工作职责**

（1）按计划及调度指令安排生产：分配生产任务；填写各种生产报表；视具体情况调整工作。

（2）工艺标准贯彻：工艺标准教育、落实；日常巡视；问题回应。

（3）效率管理：降低非作业时间；提高员工熟练度；改善工作方法。

（4）品质管理：工程不良日报表的了解；品质状况的巡视；品质异常状况的分析对象；员工作业指导。

（5）工作教导：新设备、工具的使用方法；新产品工艺的掌握；特殊技能的掌握；新进人员或异动人员教导；作业标准。

(6) 设备、工具使用管理：设备、工具使用教导、核查；设备日常保养；安全规范。

(7) 环境"5S"管理：卫生责任的安排；环境整理标准的建立；日常"5S"的点检。

(8) 部属考核管理：工作表现记录；工作表现考核；沟通面谈。

(9) 出勤管理：请假审核；出勤状况填表；人员缺席的调整；加班申请、安排。

(10) 公司规章制度贯彻执行：宣导；坚决执行；监督检查。

### 三、成本管理

#### （一）成本的概念

取得财务或劳务，并可以用所付价格加以衡量的代价，称为成本。

我们做某件事的成本便是指在这件事上花费的总和，它不仅包括所花的钱，还应包括为此花费的精力，在评估所取得财务或劳务时，成本就是资产；当其效益消失时，成本就变成损失或费用。

#### （二）现场存在的浪费

关于浪费：生产经营过程中存在的所有不合理现象，也就是生产过程中不产生附加值的现象都是浪费。

**1. 生产现场的"七大浪费"**

(1) 等待的浪费：主要表现在作业不平衡、安排作业不当、停工待料、品质不良几个方面；

(2) 搬运的浪费：主要表现在放置、堆积、移动、整理几个方面；

(3) 不良品的浪费：主要表现在原材料、设备、加工过程几个方面；

(4) 动作的浪费：主要表现在加工过程中多余的动作方面；

(5) 加工的浪费：主要表现在加工工序不合理造成的人工冗余方面；

(6) 库存的浪费：主要表现在造成不必要搬运、堆积、放置、防护处理、先进先出作业困难、利息损失、管理费用、物品价值减低、成为呆滞品、占用空间、仓库建设投资、设备能力及人员需求的误判几个方面；

(7) 制造过多（早）的浪费：主要表现在占用资金、占用库地、搬运、等待几个方面。

**2. 管理工作中的"七大浪费"**

(1) 等待的浪费：主要表现在等待上级的指示、等待外部的回复、等待下级的汇报、等待现场的联系几个方面；

(2) 协调不利的浪费：主要表现在工作进程的协调不利、上级指示的贯彻协调不利、信息传递的协调不利、ERP业务流程的协调不利几个方面；

(3) 闲置的浪费：主要表现在固定资产的闲置、职能的闲置和重叠、工作程序复杂化形成的闲置、人员的闲置、信息的闲置几个方面；

(4) 无序的浪费：主要表现在职责不清造成的无序、业务能力低下造成的无序、有章不循造成的无序、业务流程的无序几个方面；

(5) 失职的浪费：主要表现在工作无计划、工作无跟踪检查、做表面文章、责任心不强、素质低下、工作质量差几个方面；

（6）低效的浪费：主要表现在学习能力不足、危机意识淡化、工作方法不当、素质低下、故步自封的僵化思想几个方面；

（7）管理成本的浪费：主要表现在计划编制无依据、计划执行不严肃、计划核查不认真、计划处置完善不到位、费用投入与收入（收益）不匹配几个方面。

### （三）降低成本的方法

#### 1. 降低成本的基本原则

降低成本的做法，就是要将浪费变成节约，让各项无效的支出尽量减少。

其执行的基本原则：要持之以恒、滴水穿石、积少成多；必须有全面、周全、详细的计划；掌握现场各种充分的资料；注意发掘机会，不放过任何疏漏。

#### 2. 降低成本的步骤

全面动员、通力合作；观察工作、寻觅机会；决定先后、订立次序合理的核减次序表；分析计划逐步改进；按照计划付诸实行；监督实施考核结果。

#### 3. 工作改善的方法、技巧

舍去原有观念，凡事求新求变；不要找理由，而是找方法；不能满足现状；改善对策越多越好，要因分析至少须 50 点；错误立即纠正；改善就是降本；保持怀疑态度，连续追问 5 次为什么；一个人的创意可 10 个人共享；改善永无止境。

根据资源有限、脑力无限的精神，在企业中推行改善制度，发动员工的积极性，为改善企业的体质献计献策，花费少、见效快，是公司与员工双赢的好举措。

## 四、产品品质管理

### （一）品质管理的价值理念

品质是制造出来的，而不是检验出来的，控制质量应该从源头入手，查找原因，加以预防及杜绝，而检验只是一种手段，以便验证与评价产品的品质状况，并不能改变产品品质本身。

### （二）品质管理的方法

#### 1. 设备、工具点检工作

为保证生产线正常运行，在作业前、作业中、作业后，包括换型对生产线上使用的工装、量具、工具、夹具进行检查，以便早期发现质量隐患，及时采取预防措施，使过程处于稳定受控状态的一种预防性管理办法。

（1）制定生产线点检表：工艺员以生产线为一个过程，按照作业要领书和品质确认要领书、质量统计显现的薄弱环节以及对设备主要精度要求，按照"五定"（定点、定人、定周期、定标准、定记录）的原则合理分工（关键工序的点检必须由班组长或机修执行），合理制定点检周期，编制生产线点检表。

（2）点检的内容。

1）作业前：重点对生产线的工装、夹具、工具、量具、设备精度进行点检，保证开工条件满足工艺文件规定；

2）作业中：重点对设备的运行情况进行点检；
3）作业后：重点对计数型量具的使用次数进行点检。

（3）点检的方法。按照点检清单要求，操作者、班组长、机修通过看、听、测判断是否有异常响声、异味、振动、磨损、定位基准有无多余物、刀具是否该换等方法进行点检。

生产班组长根据点检实际情况提请、制作快速点检专用测具，提高点检的速度和准确性。

（4）点检中的异常处理。某些点检异常（在极限状态或暂不可使用但有其他替代办法）可以继续生产，操作者在异常部位挂黄色警示标牌，以督促班组长、分厂快速修复。

作业中、作业后点检发现的异常，如设备故障、量具失准，生产线班组长组织将可疑区间的产品进行复查，将不合格品隔离；车间工艺员、技术主任确定不合格品的类别并提请相应的审理组进行审理，按照审理结论对不合格品进行处置。

### 2. 首件检查

首件检查是指每道工序首件装配完成后，操作者按照品质确认要领书规定的项目及方法逐项进行检查，如发现不合格，则及时解决后方可批量装配。

（1）首件检查的重要性：首件检查是按照品质确认要领书规定的项目进行检查，预防成批不合格的一种有效措施，特别是在新品的研制阶段更为重要。

（2）首件检验记录注意事项：注意检测装配内容的正确性、完整性、功能性、几何尺寸性是否正确。

### 3. 4M 变更管理

4M 指的是操作者（Man）、设备（Machine）、材料（Material）、方法（Methods）。

（1）4M 变更范围。

1）操作者变更：操作者的变化（人数变化、人员变化）；
2）设备变更：工艺装备的变更、修复后使用；
3）材料变更：材料状态（形状、冶金、供应商）等变更，设计输出对材料的变更；
4）装配方法的变更：工艺方法、工艺参数和辅料的变更、测量方法及器具的变更。

（2）跟踪管理方式。

1）操作者变更。当操作者发生变更时，班组长根据操作者本身的情况采用不同的跟踪管理方式。

①学员或转岗人员要按照培训周报要求重点培训、跟踪，待操作者质量稳定后方可确认合格；

②对于熟练操作者，当班跟踪，待装配的首件检查合格后，再连续装配 $X$ 件质量稳定后方可确认合格。

2）设备变更。

①班组长应征得工艺人员同意办理工艺超越单；在首件检查合格、连续装配 $X$ 件质量稳定后方可确认合格。

②设备发生故障，修复后班组长在首件检查合格、连续装配 5 件质量稳定后方可

确认合格。

3）材料变更。

①装配过程中材料规格发生变更时，采购部门按照要求办理材料代用审批手续。

②装配过程中发现材料的硬度、形状发生变化时，按照《过程异常处理程序》执行"停""呼""待"；班组长在4M变更表中记录变化的内容及零件的批次号，及时向车间领导反馈。

4）方法变更。工艺员提前一天通知班组长，由班组长连续一周在班前会上进行讲解，连续一周跟踪首件检查合格后方可确认合格；并在发生变更的首批产品的施工卡上注明变更内容。

### 五、安全生产

安全意外事故虽然是任何人都不期望发生的，但只要一发生，就会给个人、家庭、企业、社会造成直接或间接的损失。严重时，往往会因"疏忽一时"而"痛苦一世"。在工业生产中，人是最重要的资源，保护人的安全，才能保障生产的顺利进行。所以工厂管理者应把安全作为全年的目标之一予以重视。

#### （一）生产中安全事故类型

**1. 事故**

（1）定义：生产经营活动中发生的造成人身伤亡或者直接经济损失的事件。

（2）分类：《企业职工伤亡事故分类》（GB 6441—1986）按照导致事故发生的原因，将工伤事故分为20类，分别为物体打击、车辆伤害、机械伤害、起重伤害、触电、淹溺、灼烫、火灾、高处坠落、坍塌、冒顶片帮、透水、放炮、瓦斯爆炸、火药爆炸、锅炉爆炸、容器爆炸、其他爆炸、中毒和窒息及其他伤害。

（3）等级：根据生产安全事故造成的人员伤亡或者直接经济损失，事故一般分为以下等级，具体见表5-2。

表5-2 事故等级划分

| 事故等级 | 死亡人数 | 重伤人数 | 直接经济损失 |
| --- | --- | --- | --- |
| 特别重大事故 | ≥30人 | ≥100人 | ≥1亿元 |
| 重大事故 | （≥10人，<30人） | （≥50人，<100人） | （≥5 000万元，<1亿元） |
| 较大事故 | （≥3人，<10人） | （≥10人，<50人） | （≥1 000万元，<5 000万元） |
| 一般事故 | <3人 | <10人 | <1 000万元 |

注：死亡人数、重伤人数和直接经济损失，符合三个条件之一

**2. 事故隐患**

（1）定义：生产经营单位违反安全生产法律、法规、规章、标准、规程和安全生产管理制度的规定，或者因其他因素在生产经营活动中存在可导致事故发生的物的危

险状态、人的不安全行为和管理上的缺陷。

三个因素：人、物、管理。即人的不安全行为、物的危险状态和管理上的缺陷。

**注意：** 发生事故一定由于存在事故隐患造成的；但并不是说，所有的事故隐患一定会导致事故的发生。

（2）消除事故隐患的措施：

1）安全技术对策着重解决物的不安全状态问题。

2）安全教育对策和安全管理对策则主要着眼于人的不安全行为问题。

3）安全管理措施则是要求必须怎么做，消除安全管理上的缺陷。

（3）分类。事故隐患分类原则：按危害大小和整改难易程度，分为一般事故隐患和重大事故隐患。

1）一般事故隐患是指危害和整改难度较小，发现后可立即整改排除的事故隐患。

2）重大事故隐患是指危害和整改难度较大，应当全面或者局部停产，并经过一定时间整改治理方能排除的隐患，或者因外部因素影响致使生产经营单位自身难以排除的隐患。

**3. 危险**

（1）定义：危险是指系统中存在导致发生不期望后果的可能性超过了人们的承受程度。

（2）内容：从危险的概念可以看出，危险是人们对事物的具体认知，必须指明具体对象，如危险环境、危险条件、危险状态、危险物质、危险场所、危险人员、危险因素等。

（3）分类：对于安全生产的日常管理，可分为人、机、环境、管理四类危险。

**4. 海因里希法则**

这个法则是1941年美国的海因里希从统计许多灾害开始得出的。当时，海因里希统计了55万件机械事故，从而得出一个重要结论，即事故法则（海因里希法则）：在机械事故中，伤亡、轻伤、不安全行为的比例为1∶29∶300，如图5-3所示。

图5-3 海因里希法则

这个法则说明，在机械生产过程中，每发生330起意外事件，有300件未产生人员伤害，29件造成人员轻伤，1件导致重伤或死亡。

事故法则统计说明，要防止重大事故的发生必须减少和消除无伤害事故，要重视事故的苗头和未遂事故，否则终会酿成大祸。

例如某机械师企图用手把皮带挂到正在旋转的皮带轮上，因未使用拨皮带的杆，且站在摇晃的梯板上，又穿了一件宽大的长袖工作服，结果被皮带轮绞入，导致死亡。事故调查结果表明，他使用这种上皮带的方法已有数年之久，手下工人均佩服他手段高明。查阅前4年病志资料，发现他有33次手臂擦伤后治疗处理记录。这一事例说明，事故的后果虽有偶然性，但是不安全因素或动作在事故发生之前已暴露过许多次，如果在事故发生之前，抓住时机，及时消除不安全因素，许多重大伤亡事故是完全可以避免的。

### 5. 危险源

（1）定义：从安全生产角度来看，危险源是指可能造成人员伤害、疾病、财产损失、作业环境破坏或其他损失的根源或状态。

从上述定义来讲，危险源可以是一次事故、一种环境、一种载体，也可以是可能产生不期望后果的人或物。

（2）分类：根据危险源在事故发生、发展中的作用，一般把危险源分为两大类。

第一类危险源是指生产过程中存在的，可能发生意外释放的能量，包括生产过程中各种能量源、能量载体或危险物质。它决定了事故后果的严重程度，它具有的能量越多，发生事故的后果越严重。

第二类危险源是指导致能量或危险物质约束或限制措施破坏或失效的各种因素。广义上包括物的故障、人的失误、环境不良以及管理缺陷等因素。第二类危险源决定了事故发生的可能性，它出现越频繁，发生事故的可能性越大。

在企业安全管理工作中，第一类危险源客观上已经存在并且在设计、建设时已经采取了必要的控制措施，因此，企业安全工作重点是第二类危险源的控制问题。

例如，我们生活中用的石油液化气罐就是危险源，因为在存储、运输和使用中，可能会发生泄漏，引起中毒、火灾或爆炸事故。再如，生产中没有安全操作标准和规程也是危险源，因为没有完善的安全操作标准和规程，可能会使员工出现不安全行为，造成安全事故。

### 6. 重大危险源

为了对危险源进行分级管理，防止重大事故发生，提出了重大危险源的概念。

（1）定义：重大危险源是指长期地或者临时地生产、搬运、使用或者存储危险物品，且危险物品的数量等于或者超过临界量的单元（包括场所和设施）。

（2）单元可以是油库、危险品仓库、油罐车、烟花爆竹生产厂等。

（3）注意：重大危险源的三个要素为物品的危险性、危险品的存储数量、临界量。

重大危险源不包括危险物资的运输，危险物资的运输属于道路交通运输。军事设施、采掘业及核设施等也不在此范围内。

## （二）意外事故的发生原因

### 1. 环境因素

脏乱的工作环境；不合理的工厂布置；不合理的搬运工具；设备保养不良，未实施定期安全检查；缺乏安全防护装置或措施；危险的工作场所；缺乏紧急应救的设施与措施。

### 2. 人为因素

不知、不能、不愿、粗心、疲劳、技能障碍、个人缺点。

## （三）意外事故的防止

### 1. 消除不安全的状况

消除由于机械设备不良造成的事故；实施定期安全检查，使机械设备有良好的保养，以保证机械设备在安全的状况下使用；建立安全的环境，保持厂房整洁。

### 2. 机器防护

（1）如果将机器防护物当作机器设备的永久附件，尽可能用铰链装置，但有需要更换或修理时，做好设计，应容易取下。

（2）操作时间内，防止接近危险区。

（3）防护物的装置，注意不要妨碍工作效率和机器的维护。

（4）对于特殊工作程序及机器，应另外设计防护物。

（5）防护材料须采用耐用、防火、防腐并易于修理的材料。

### 3. 个人防护

做好头、眼睛以及肢体的安全防护。

## 六、"5S"管理和目视化管理

### （一）"5S"管理的含义

"5S"管理包括整理（Seiri）、整顿（Seiton）、清扫（Seiso）、清洁（Seiketsu）和素养（Shitsuke）五个方面，取其每个词的头一个字母，简称"5S"。"5S"管理的对象是现场的"环境"，它对生产现场环境全局进行综合考虑，并制订切实可行的计划与措施，从而达到规范化管理。"5S"管理的核心和精髓是素养，如果没有职工队伍素养的相应提高，"5S"活动就难以开展和坚持下去。"5S"活动不仅能够改善生产环境，还能提高生产效率、产品品质、员工士气，是其他管理活动有效展开的基石之一。

### （二）"5S"管理的内容

#### 1. 整理（Seiri）

把需要与不需要的人、事、物分开，再将不需要的人、事、物加以处理，这是开始改善生产现场的第一步。其要点是对生产现场的现实摆放和停滞的各种物品进行分类，区分什么是现场需要的，什么是现场不需要的；第二步，对于现场不需要的物品，诸如用剩的材料、多余的半成品、切下的料头、切屑、垃圾、废品、多余的工具、报废的设备、工人的个人生活用品等，要坚决清理出生产现场，这项工作的重点在于坚决把现场不需要的东西清理掉。对于车间里各个工位或设备的前后、通道左右、厂房上下、工具箱内外，以及车间的各个死角，都要彻底搜寻和清理，达到现场无不用之物。坚决做好这一步，是树立良好作风的开始。

（1）"整理"的要点如下：

1）对每件物品都要看看是必要的吗？非这样放置不可吗？

2）要区分对待马上要用的、暂时不用的、长期不用的；

3）即便是必需品，也要适量，将必需品的数量降低到最低程度；

4）在哪儿都可有可无的物品，应坚决处理掉，决不手软；

5）非必需品是指在这个地方不需要的东西在别的地方或许有用，并不是"完全无用"的意思，应寻找它合适的位置；

6）当场地不够时，不要先考虑增加场所，要整理现有的场地，会发现场地还很宽畅。

(2)"整理"的目的如下:
1)改善和增加作业面积;
2)现场无杂物,行道通畅,提高工作效率;
3)减少磕碰的机会,保障安全,提高质量;
4)消除管理上的混放、混料等差错事故;
5)有利于减少库存量,节约资金。

2. 整顿(Seiton)

必需品依规定定位、定方法摆放整齐有序,明确标识。把需要的人、事、物加以定量、定位。通过前一步整理后,对生产现场需要留下的物品进行科学合理的布置和摆放,以便用最快的速度取得所需之物,在最有效的规章、制度和最简捷的流程下完成作业。概括起来就是"三易":易取、易放、易管理;"三定":定位、定量、定标准。

(1)"整顿"的要点如下:
1)物品摆放要有固定的地点和区域,以便于寻找,消除因混放而造成的差错。
2)物品摆放地点要科学合理。例如,根据物品使用的频率,经常使用的东西应放得近些(如放在作业区内),偶尔使用或不常使用的东西则应放得远些(如集中放在车间某处)。
3)物品摆放目视化,使定量装载物品做到过目知数,摆放不同物品的区域采用不同的色彩和标识加以区别。

(2)"整顿"的目的:不浪费时间寻找物品,提高工作效率和产品质量,保障生产安全。

3. 清扫(Seiso)

把工作场所打扫干净,设备异常时马上修理,使之恢复正常。生产现场在生产过程中会产生灰尘、油污、铁屑、垃圾等,从而使现场变脏。脏的现场会使设备精度降低,故障多发,影响产品质量,使安全事故防不胜防;脏的现场更会影响人们的工作情绪,使人不愿久留。因此,必须通过清扫活动来清除那些脏物,创建一个明快、舒畅的工作环境。

(1)"清扫"的要点如下:
1)自己使用的物品,如设备、工具等,要自己清扫,而不要依赖他人,不增加专门的清扫工。
2)对设备的清扫,着眼于对设备的维护保养。清扫设备要同设备的点检结合起来,清扫即点检;清扫设备要同时做设备的润滑工作,清扫也是保养。
3)清扫也是为了改善。当清扫地面发现有飞屑和油水泄漏时,要查明原因,并采取措施加以改进。

(2)"清扫"的目的:清除"脏污",保持现场干净、明亮。

4. 清洁(Seiketsu)

整理、整顿、清扫之后要认真维护,使现场保持完美和最佳状态。"清洁"是对前三项活动的坚持与深入,从而消除发生安全事故的根源。创造一个良好的工作环境，使职工能愉快地工作。

（1）"清洁"的要点如下：

1）车间环境不仅要整齐，而且要做到清洁卫生，保证工人身体健康，提高工人劳动热情；

2）不仅物品要清洁，而且工人本身也要做到清洁，如工作服要清洁，仪表要整洁，及时理发、刮须、修指甲、洗澡等；

3）工人不仅要做到形体上的清洁，而且要做到精神上的"清洁"，待人要讲礼貌、要尊重别人；

4）要使环境不受污染，消除浑浊的空气、粉尘、噪声和污染源，消灭职业病。

（2）"清洁"的目的：认真维护并坚持整理、整顿、清扫的效果，使其保持最佳状态。

### 5. 素养（Shitsuke）

"素养"即努力提高人员的修养，养成严格遵守规章制度的习惯和作风，这是"5S"管理的核心。没有人员素质的提高，各项活动就不能顺利开展，开展了也坚持不了。所以，抓"5S"管理，要始终着眼于提高人的素质。

（1）"素养"的要点如下：

1）学习、理解并努力遵守规章制度，使它成为每个人应具备的一种修养；

2）领导者的热情帮助与被领导者的努力自律是非常重要的；

3）需要人们有更高的合作奉献精神和职业道德；

4）互相信任，管理公开化、透明化；

5）勇于自我检讨反省，为他人着想，为他人服务。

（2）"素养"的目的：提升"人的品质"，培养对任何工作都讲究认真的人。

### （三）目视化管理

目视化管理是利用形象直观而又色彩适宜的各种视觉感知信息来组织现场生产活动，达到提高劳动生产率的一种管理手段。

目视化管理措施如下：

（1）红牌：是指"5S"的红牌作战（整理）所使用的红牌，将日常生产活动中不要的东西当作改善点，让每个人都能够清除。

实施对象：任何不满足"5定""5S"要求的；工作场所的不要物；需要改善的事、地、物，如超出期限者（包括过期的标语、通告）、物品变质者（含损坏物）、物品可疑者（不明之物）、物品混杂者（合格品与不合格品、规格或状态混杂）、不使用的东西（不用又舍不得丢的物品）、过多的东西（虽要使用但过多）；有油污、不清洁的设备；卫生死角。

（2）目视化管理板：是为了让每个人容易看出物品放置场所而做的表示板，使每个人看了就知道是什么东西，在什么地方，有多少数量，如图5-4所示。

（3）警示灯：在现场第一线的管理者随时都必须了解作业人员及机械目前是否在正常的运转中。警示灯就是让管理监督者随时看出工程中异常情形的工具。除了通知异常情形的警示灯外，还有显示作业进度的警示灯，以及运转中知道机械是否有故障的警示灯，请求供应零件的警示灯等，如图 5-5 所示。

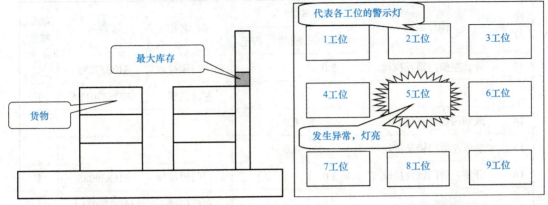

图 5-4　目视化管理板　　　　　　　图 5-5　各种警示灯

（4）标准作业表：将工程装配及作业步骤以图表表示（表 5-3），使人一目了然。单独使用标准作业表的情形较少，一般都是将人、机器、工作组合起来的"标准作业组合表"。

表 5-3　标准操作卡（操作顺序卡）

| 序号 | 操作名称 | 时间 /s | | | 零件名称 | 零件号 | 单车数量 |
|---|---|---|---|---|---|---|---|
| | | 操作 | 辅助 | 行走 | | | |
| 1 | 分装 FIS 单与随车卡 | 3.0 | | | | | |
| 2 | 行走 1 m 到左前门 | | | 0.9 | | | |
| 3 | 核对底盘号与 KNR 号 | 1.0 | | | | | |
| 4 | 悬挂 FIS 单与随车卡 | 2.0 | | | | | |
| 5 | 行走 1 m 到斜架 | | | 0.9 | | | |
| 6 | 拿取左前门锁支架及拉丝 | 1.0 | | | | | |
| 7 | 分装左前门锁支架及拉丝 | 4.4 | | | 锁支架 | 5KD837885A | 1 |
| | | | | | 拉丝 | 16D837017B | 1 |
| 8 | 放到门锁支架分装台上 | 0.9 | | | | | |
| 9 | 拿取左后门锁支架及拉丝 | 1.0 | | | | | |
| 10 | 分装左后门锁支架及拉丝 | 4.4 | | | 锁支架 | 5KD839885A | 1 |
| | | | | | 拉丝 | 16D837017B | 1 |
| 11 | 放到门锁支架分装台上 | 0.9 | | | | | |
| 12 | 拿取左前门锁及拉丝 | 1.0 | | | | | |

续表

| 序号 | 操作名称 | 时间/s 操作 | 时间/s 辅助 | 时间/s 行走 | 零件名称 | 零件号 | 单车数量 |
|---|---|---|---|---|---|---|---|
| 13 | 分装左前门锁及拉丝 | 3.0 | | | 前门门锁拉丝 | 310837085 | 1 |
| | | | | | 左前门锁 | 6RD837015A | 1 |
| 14 | 放到门锁分装台上 | | 0.9 | | | | |
| 15 | 拿取左后门锁及拉丝 | | 1.0 | | | | |
| 16 | 分装左后门锁及拉丝 | 3.0 | | | 后门门锁拉丝 | 316839085 | 1 |
| | | | | | 左后门锁 | 16D839015A | 1 |
| 17 | 放到门锁分装台上 | | 0.9 | | | | |
| 18 | 行走1 m至左前门 | | | 0.9 | | | |
| 19 | 打开前门40° | 2.7 | | | | | |

（5）错误示范板：有时用图表将不良情况以数值表现出来，现场的人仍然弄不清楚，这时就要把不良品直接展现出来，如图5-6所示。

（6）错误防止板：自行注意并取消错误的自主管理板，一般以纵轴表示时间，横轴表示单位。以一小时为单位，从后段工程接受不良品及错误的消息，作业本身再加上"○""△""×"等符号。○表示正常，△表示注意，×表示异常。

持续进行一个月，将本月的情况和上个月做比较以设立下个月的目标。

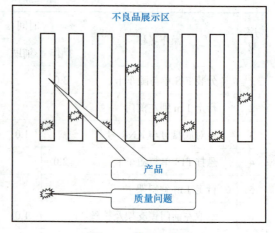

图5-6 错误示范板

## 七、班组看板管理

看板管理的主要价值如下：

（1）将信息即时公示出来，实现一对多的沟通。

（2）起到强化的作用，将管理的要求和意图公示，起到时时提醒、时时强化的作用，形成一种自我约束力。

（3）将班组成员的绩效情况公示出来，形成相互促进、相互竞赛的"比学赶帮超"氛围。

（4）将班组成员的操作心得、经验、案例等透明化，起到学习、交流的作用。

（5）形成良好的班组氛围。

### （一）班组看板样板学习

班组看板样板如图 5-7 所示，包括的内容主要有安全、质量、出勤、交付、成本、“5S”、质量统计表等。

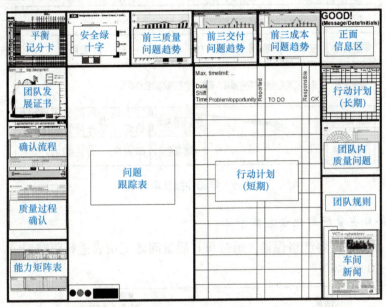

图 5-7　班组看板

### （二）班组看板文件学习

班组看板文件的学习要会观看信息发放确认表，具体内容如图 5-8 所示。

**信息发放确认表**

| | | | |
|---|---|---|---|
| Issuer (department, name)发行（部门，名字）品质管理部 张三 | | Date 日期 2015 年 3 月 12 日 | |
| Organisation 组织 总装车间 | Area/team/shift 区域/团队/班次 底盘二班 C21 班组 | | Page 页 |
| Information 信息：如车间发生重大安全事故、重大质量问题、零件变更等。 | | | |
| Sign-off that you have read and understood the information and will act and live according to it, by signing your name and the date of recieving the information. 签字确认已阅读并理解信息，且按要求实行。签名和得到信息的日期 | | | |
| Name 名字 | | Date 日期 | Signature 签名 |
| 班组成员名字 | | 收到信息时间 | 签字确认 |

图 5-8　信息发放确认表

## （三）零部件报废申请单学习

同时要会填写零部件报废申请单，具体内容如图5-9所示。

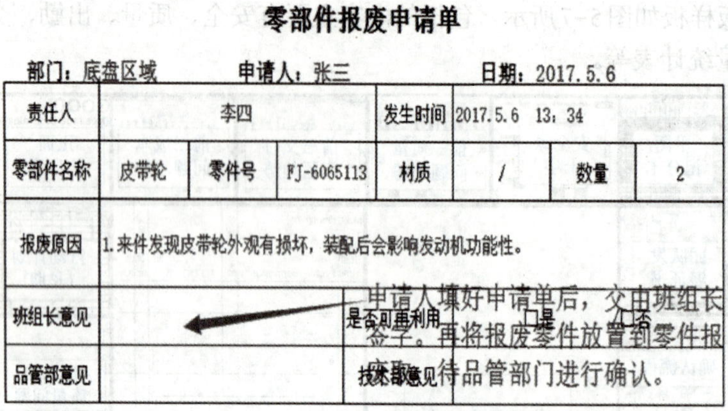

零部件报废申请单

| 部门：底盘区域 | | 申请人：张三 | | 日期：2017.5.6 | |
|---|---|---|---|---|---|
| 责任人 | 李四 | | 发生时间 | 2017.5.6 13:34 | |
| 零部件名称 | 皮带轮 | 零件号 FJ-6065113 | 材质 / | 数量 | 2 |
| 报废原因 | 1.来件发现皮带轮外观有损坏，装配后会影响发动机功能性。 | | | | |
| 班组长意见 | | | 是否可再利用 □是 □否 | | |
| 品管部意见 | | | 技术部意见待品管部门进行确认。 | | |

申请人填好申请单后，交由班组长签字，再将报废零件放置到零件报废区。

图 5-9 零部件报废申请单

## （四）每日质量问题记录表格学习

工厂产品质量需要严格保证，通过每日质量问题记录表进行跟踪记录，表单具体内容如图5-10所示。

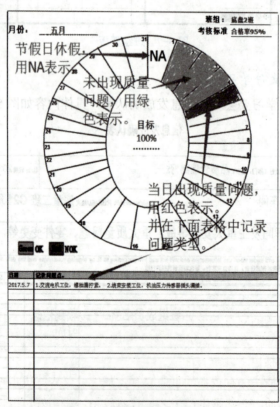

图 5-10 每日质量问题记录表

## 任务二　班组建设及班组演练

班组是车间的基层组织，是加强企业管理，搞好安全生产的基础。企业生产管理中的一系列安全措施、控制措施，都要依靠班组长组织员工具体实施。设备设施都要由班组员工去正确操作和维护。总之，整个企业要靠班组来维持正常运行。

1. 通过学习，能够完成班组组建任务；
2. 锻炼各班组成员知晓各自职责，并能模拟生产情况使班组正常运转。

车厂四大工艺及班组操作演练

### 一、班组的特点

结构小——班组为企业最基层单位，结构最小，不能再分。

管理全——质量、安全、生产、工艺、劳动纪律……麻雀虽小，五脏俱全。

工作细——班组工作非常具体，需要班组长耐心、细致。

任务实——上面千条线，下面一根针，企业所有管理内容最终都要落实到班组。

群众性——班组工作是一项群众性很强的活动，需要班组长团结组员，集中大家的智慧和力量才能更好完成。

### 二、班组结构建设

总装车间班组一般由 1 个班组长，6～10 个组员组成。每位成员在班组中都分担不同的角色，为班组的日常运转提供支持。

#### （一）班组长的作用

班组中的领导者就是班组长。班组长是班组生产管理的直接指挥和组织者，也是企业中最基层的负责人。在实际工作中，班组长要发挥三个重要作用：

（1）确保公司的决策有效执行。
（2）顺利实现上传下达。
（3）充当全方面的能手。

#### （二）班组长应具备的素质

素质是指事物的物的要素和精神要素的规定性。班组长素质是指班组长在先天的生理、心理基础上，通过后天学习、实践所获得的，从事工作所必需的主观条件的总和。

班组长的素质包括以下几个方面：

（1）思想政治素质——有较强的事业心和责任感，是当好班组长的首要条件。
（2）专业技术素质——熟悉生产工艺、技术较精，是当好班组长的重要依据。
（3）管理素质——会管理，有一定的组织能力，是当好班组长的中心点。

(4) 文化素质——有一定的文化程度，是当好班组长的文化基础。
(5) 心理、身体素质——能团结员工，年纪较轻，身体状态良好，是当好班组长的必要条件。

### （三）班组长的工作职责

(1) 负责本班的生产组织，人员出勤，工作安排。
(2) 开展生产过程品质控制，优化现场工艺，不断提升效率。
(3) 控制本班的物料运作规范管理，严格控制消耗，降低成本。
(4) 负责班组内现场管理工作。
(5) 对设备进行日常维护，杜绝安全事故的发生。
(6) 负责组织编制各类统计报表。
(7) 负责班组人员考核与培训，提升班组人员综合素质。
(8) 负责积极组织自主改善。

## 三、班组建设的具体工作

### （一）工作职责

建立健全班组岗位责任制，明确工作分工和班组日常管理分工，班组岗位职责明示上墙。

### （二）制度建设

(1) 建立班组日常管理制度，包括劳动纪律、奖惩条例、安全管理、绩效考核等。绩效考核要体现公平、公开、公正的原则，保证绩效管理以标准为依据，以事实为准绳，避免考核流于形式，以个人意志为主。
(2) 制定作业标准，以现场管理为主要内容，制定作业标准、控制指标及劳动定额。
(3) 建立班组消耗台账，与部门预算分解有机结合。

### （三）目标计划

(1) 根据公司每月计划安排，确定部门月度安全、生产计划目标，制定部门及班组工作完成进度图表并上墙。
(2) 指标内容要与班组考核有机结合，如储运部运行可设定调车、装卸、倒运、延时等；包装可设定包装量、破袋率、抽检合格率等。

### （四）记录管理

(1) 制定《班组记录分工明细表》，实现班组各项记录专人负责管理。
(2) 制定记录填写与管理要求和班组自查管理办法，确保记录符合规定要求。
(3) 制定班组各种记录存档。将部门各项记录汇编、整理成册，明确时间及分工，以便于部门管理。

### （五）区域管理

(1) 细化责任区域，责任到人，挂牌管理，建立管理分工一览表。
(2) 制定设备、标识、安全设施及消防设施清单，对其进行编号，实行部门及班组分级管理。

(3) 建立相关的维护、检修等记录台账，明确负责人。

### (六) 风险辨别与应急预案

(1) 制定安全隐患图表并上墙，各班组将发现的隐患和整改结果及时填报，以便提示他人做好防范，对结果要有追溯。

(2) 建立监督、检查机制，明确责任人。

(3) 制定本班组范围内的应急预案，有预案清单，纳入班组标准化文件管理。

### (七) 班务管理

(1) 建立人员出勤情况记录，记录齐全，与实际相符。

(2) 班组管理分工明确，各项民主管理、班务管理项目分工到人，人人熟知本人负责的管理事项，落实有效。

(3) 有班组考评、考核、奖惩、先进评选等规定，包括考核指标、考核内容、考核方法、公开的要求等。

(4) 制定并严格执行交接班制度，落实班组轮班例会制度。

### (八) 岗位技能

(1) 班组成员按公司岗位培训内容，培训情况与员工绩效有机结合。

(2) 清楚本班组全部作业项目并掌握其管理标准和标准化作业指导书内容。

(3) 熟悉本班每一作业项目的管理标准、标准化作业指导书及对应的记录内容。

(4) 实行岗位轮换制度，熟练掌握本班组各岗位的技能，全面了解本班组的作业要求，提示员工技能。

(5) 有培训计划，按计划实施，培训资料和记录齐全，现场随机调考已完成的计划内容，验证培训有效。

### (九) "5S" 管理

(1) 制定保持工作现场、办公室等5S效果的规定，将5S内容标准化、习惯化，做到计算机设备、宣传品、卡类、票据等物资摆放整洁、有序、合理，减少取得有用物品的时间，提高工作效率。

(2) 制定《劳务作业标准》，全面提升现场管理，减少（撒）落和污染。

(3) 制定原材料及成品库区规划，做到现场清洁、账卡物一致。

### (十) 质量管理

(1) 建立部门质量管控标准及评比办法。

(2) 建立质量三级管理，即班组自查、班组互查、专人抽查的机制。

(3) 建立班组质量管理流动红旗，此项工作作为班组文化墙内容。

(4) 制定质量评比奖罚机制。

### (十一) 工作检查

(1) 制定班组工作的检查规定，每月对本班各项管理规定、标准化作业文件的执行情况和班组管理分工的落实情况进行检查，有检查人和《问题发现和改进记录》。

(2) 明确检查人、检查内容、相关要求及职责，检查结果要及时通告，要有持续性。

**（十二）文化管理**

(1) 建立班组文化墙。

(2) 班组口号、标识征集活动：向班组全体成员征集班组口号、标识，可以通过公开投票、评选的方式最终确定。

(3) 建立红旗班组奖励机制。

1) 月终考评中每评比一项第一，即可得一面红旗。

2) 季终、年终获得红旗数量最多的班组即为优秀班组，对其进行奖励。

**（十三）团队活动**

(1) 班组开展互助互济及困难走访活动，有记录。

(2) 班组可以自主创新活动开展的形式，并将活动开展情况记录下来。积极总结活动开展模式，并参与各类评比活动。

(3) 创新活动：设定本班组的创新提案目标和计划。创新主题尽量与工作效率、工作质量提升相关。重视班组内部的创新提案，鼓励所有员工参与到创新活动中来。优化创新提案，提升班组提案的转化率，并积极实施他人的创新提案。踊跃参与公司的创新活动评选。

(4) 学习活动：鼓励员工不断学习。定期开展读书心得交流活动，并将读书心得整理出来，参与公司的活动评选。此外班组还可以举办学习互动会，鼓励员工共同讨论工作中遇见的问题，并分享经验。

**（十四）考核评比**

(1) 进一步细化班组量化考核方案。

(2) 班组考评结果作为员工月度绩效依据，提升班组成员的集体责任感和荣誉感。

(3) 利用 PDCA 管理循环开展工作，对于评比长期落后的班组，制定提升目标和计划，鼓励班组成员在各项工作中达到以计划、执行、检查、实施循环为基础，不断循环上升，不断改进的效果。

**说明：** 此方案是结合储运部的具体工作而做出的初步方案，内容还不够详尽，具体方式方法还需要进一步征询意见，最终确定。具体标准和考评方案正在原有基础上进行细化和制定。

## 四、班组建设演练

学生按 5~8 人组建班组。按照班组长素养和职责要求，由组员推选一位或者自荐，选出本组班组长，如图 5-11 所示。再根据班组建设的具体内容，在班组长的带领下完成班组的组建工作。

| 班组名称：（例如车门分装1班、底盘2班、内饰1班） |
|---|
| 班组长： |
| 班组成员： |

图 5-11　班组建设

 单元测试

一、填空题

1. _____是以人的动作为中心制定的安全高效地生产高质量产品的方法。
2. 人们常说的5W1H是指_____、_____、_____、_____、_____和_____。
3. 生产管理在管理上有_____、_____、_____、_____四大特点。
4. 现场管理的目标包括_____、_____、_____、_____、_____、_____。
5. 现场管理的要素包括_____；_____；_____；_____；_____。
6. 总装配工艺作业指导卡包括_____、_____、_____和_____等内容。
7. 4M变更管理中的4M指的是_____、_____、_____、_____。

二、判断题

1. 生产管理的特点是消除一切浪费、追求精益求精和不断改善。去掉生产环节一切无用的东西，每个工人及其岗位的安排原则是必须增值，撤除一切不增值的岗位。（    ）
2. 在无安全防护措施的情况下，操作人员有权拒绝施工。（    ）
3. 事故的等级一般可以分为三级。（    ）
4. 事故隐患的三个因素是人、物、管理。（    ）
5. 危险的分类是对于安全生产的日常管理可分为人、机、环境、管理四类危险。（    ）
6. 意外事故发生原因只有环境因素。（    ）
7. "5S"管理包括整理、整顿、清扫、清洁、素养五个方面。（    ）
8. 目视管理板是为了让每个人容易看出物品放置场所而做的表示板，使每个人看了就知道是什么东西，有多少数量等。（    ）
9. 意外事故的防止有消除不安全的状况、机器防护、个人防护三类。（    ）
10. 危险源的分类大致可分为两类：第一类决定事故后果的严重性；第二类决定事故发生的可能性。（    ）
11. 包装属于物流的组成成分。（    ）
12. 设计用的工人年时基数在任何区域都一样。（    ）
13. 按集中原则进行的装配称为固定式装配。（    ）

三、选择题

1. 重大事故的死亡人数，重伤人数和直接经济损失分别是（    ）。
　　A. ≥3人，<10人；≥10人，<50人；≥1 000万元，<5 000万元
　　B. ≥30人；≥100人；≥1亿元
　　C. ≥10人，<30人；≥50人，<100人；≥5 000万元，<1亿元
2. 生产中的安全事故类型是（    ）。

A．事故、事故隐患、危险
　　B．危险、危险源与重大危险源
　　C．事故、隐患、危险与危险源
　　D．事故、事故隐患、危险、危险源与重大危险源
3．重大危险源的要素是（　　）。
　　A．物品的危险性　　　　　　B．危险品的存储数量
　　C．临界量　　　　　　　　　D．以上都有
4．在作业现场休息时，（　　）抽烟、酗酒等行为。
　　A．可以　　　B．严禁　　　C．不提倡　　　D．以上都不对
5．循环管理（PDCA循环）方法可适用于所有过程。模式简述正确的是（　　）。
　　A．P——实施　　B．D——检查　　C．C——策划　　D．A——处置
6．对一车装配生产组织，可以分为（　　）装配和流水式装配两大类。
　　A．随机式　　　B．移动式　　　C．固定式　　　D．半固定式

## 四、简答题

1．企业为什么要进行产品质量评审？产品质量评审的步骤有哪些？
2．物流设计的方法有哪些？设计流程是什么？
3．事故等级是如何划分的？

# 教学单元六
## 汽车总装工艺设计

汽车是一种复杂的机械产品,按构造可分为发动机、底盘、车身和电气设备四大部分;而底盘又由传动系统、行驶系统、转向系统、制动系统、操纵系统等组成;按组成汽车的大总成分,有发动机、变速器、离合器、前桥、后桥、车架、车轮、悬架弹簧和驾驶室车厢等。在一个大型的综合性汽车制造厂里,这些总成往往在相对独立的各专业厂中生产,再运到总装配厂或总装配车间进行总装。据统计一辆中型载货汽车总装配的零部件、总成有 500 多种、2 000 多件,而轿车的零部件和总成的数量更多,所以汽车总装配是一项相当复杂的工作,汽车总装工艺设计也是异常的重要。

## 任务一 汽车总装配厂组成与布局

1. 能够明确汽车总装配的特点和技术要求;
2. 通过学习掌握汽车总装配厂的基本组成;
3. 能够掌握汽车总装工艺的总体布局。

总装配厂组成与布局漫游

### 一、汽车总装配的特点

由于汽车构造复杂,零部件及总成繁多,因而汽车总装配工作非常复杂,它除了具备装配所共有的地位和作用外,还有以下特点:

(1)连接方式多样。汽车总装配中的连接,一般情况下除了焊接方式外,还有其他连接方式。但最多的连接是可拆式固定连接和可拆式活动连接,即螺纹连接和键连接、销连接。

（2）装配工作以手工作业为主。汽车的品种、数量繁多，装配关系复杂，装配位置多样，采用自动化作业的方式很难实现，由此决定了它仍以手工作业为主。

（3）大批量生产。一般来说，一个汽车制造厂的汽车年产量应在几万辆以上，而通常认为建设一个轿车厂的经济规模为年产 15 万辆以上。所以汽车制造厂是技术密集型、资金密集型的大批量生产的企业，汽车总装配具有现代化企业大批量生产的特点，它是人与机、技术与管理的有机结合，是汽车制造厂展现先进技术和管理水平的"窗口"。

## 二、汽车总装配的技术要求

汽车总装配是汽车的最后一道工序。装配质量的高低直接影响整车质量。因此，在整车装配的过程中，必须达到下列技术要求：

（1）装配的完整性。汽车产品零件多，每个零件都有自己的作用，在装配时必须按照工艺文件的要求，将所有零部件、总成全部装上，不能有漏装、少装现象，特别要注意一些小零件的装配，如螺钉、平垫片、弹簧垫圈、开口销的装配数量和装配质量。

（2）装配的统一性。下达生产指令，要按生产计划对基本车型按工艺要求进行装配，不得误装、错装和漏装。装配时必须要满足：两车间装的同种车型统一、同一车间装的同种车型统一、同一工位装的车型统一，简称为"三统一"。

（3）装配的紧固性。汽车各部件的装配通过连接来实现，其中螺栓、螺母之间的连接最为普遍，汽车装配时所有螺栓、螺母的连接都具备一定的力矩要求。工艺文件上有规定：如果力矩过大，将导致螺纹变形；力矩不够，将使装配件产生松动。所有零部件装配时必须达到工艺文件规定的力矩要求。应交叉紧固的螺栓、螺母必须交叉紧固，否则会造成装配不到位的现象，带来安全隐患。

（4）装配的润滑性。汽车上很多零件都是运动件，机械零件的运动一定要润滑，按照工艺要求，所有润滑部位必须加注定量的润滑油和润滑脂。比如发动机，如果润滑油加注过少或漏加，发动机运转会很快造成齿轮磨损、拉缸现象，直到整机损坏；若加注过多，发动机运转时润滑油很容易窜到燃烧室，产生积炭。因此加油量必须按工艺要求加。

（5）装配的密封性。从运动机理和舒适性方面考虑，汽车上很多的部件都需要密封，包括对液体的密封和气体的密封，主要包括冷却系统的密封，各插头不得漏水；燃油系统的密封，各管路连接和燃油滤清器等件不得有漏油现象；各油封装配密封，装油封时，要将零件擦拭干净，涂好机油，轻轻装入，否则会漏油；空气管路装配密封，要求空气管路里连接处必须均匀涂上一层密封胶，锥管插头要涂在螺纹上，管路连接胶管要涂在管箍接触面上，管路不得变形或歪斜。

## 三、汽车总装配厂的组成

汽车总装配厂的组成由建设一个汽车制造厂时的规模、范围及制定的工艺路线和工厂分工、工厂建设地区的地理环境等外部条件来决定，没有固定的模式，但必须包括总装配线，分装线，部件组装线，整车检测线，调整、返修区，试车道路和零部件、总成的存放地等。

汽车总装配线由车门分装工段，前内饰装配工段，发动机总成分装工段，仪表分装工段，前桥、后桥分装工段，底盘装配工段，二次内饰工段，下线检测工段，返修班组组成。

以下为整车生产工艺流程的一个大概描述：

车身由涂装车间进入总装车间：拆卸车门（送入车门分装线）→拆卸车门后的车身输送到装配线→安装线束→安装油箱→安装地板内饰→安装仪表台→安装操纵台→内饰安装完毕→准备安装前风窗玻璃→窗玻璃涂密封胶→风窗玻璃安装到位→安装座椅→安装转向盘→车身内部安装完毕→进入底盘装配线合装→底盘到位（底盘总成由底盘分装线完成）→升底盘托架→底盘与车身定位→底盘与车身安装紧固→准备安装车轮→完成车轮安装→准备安装前后保险杠→完成安装前后保险杠→放下吊架→准备放下底盘托架→放下底盘托架→进入底盘调试→底盘检测调试→完成底盘检测调试→油液加注，完成总装→下线调整。

尽管自从20世纪初汽车实现大规模工业化生产以来，汽车总装的流程方式基本确定，即将完成涂装的车身转移到总装线输送设备上，车身在连续不断移动过程中，操作工将上千种零部件按照严格的工艺要求装配到汽车上，到流水线的末端，一辆汽车就装配完成，但汽车总装工艺与设备在持续不断地发展与更新。早期总装生产线上，除车身的输送由设备来完成外，其他所有的装配工作绝大部分依赖于手工作业，为了保证总装线上的物流配送，常采用庞大的二级仓储模式，即汽车总装厂均配置有一个十分庞大的备件总库和分散在总装线各工位处的若干个二级备件库。随着技术的不断进步，总装作业方式发生了许多本质性的变化，主要表现在总装作业自动化程度越来越高、多品种共线柔性化生产、总装备件的无库存准时配送、生产过程的信息化等多个方面。

### （一）总装生产线组成

目前轿车基本采用承载式车身，装配特点是以车身为装配基础件，所有总成、零部件都装载在车身上。因此，轿车装配将车身内、外饰和整车装配工作放在一条线上完成。轿车总装配线一般分成三个部分：内饰装配线、底盘装配线、整装线。

#### 1. 内饰装配线

内饰装配线主要是车门的拆装、车身上线及线束安装、工艺堵塞、顶棚装饰板、风窗玻璃、仪表板、侧围内饰板、地毯、后备厢内饰、尾灯、燃油管、制动油管、刮水器及其电动机等部件的装配装饰工作。

为了保证总装线实行流水生产，车身上线是由计算机进行控制的，每个车身上线前都贴有条形码，条形码内包含该车的车身号、流水号、车型、备件组织号以及与之配套的发动机型号等信息，从而保证了整条总装线的生产有条不紊地进行。

#### 2. 底盘装配线

底盘装配线主要进行前悬架、后悬架、油箱、发动机、变速器动力总成、减振器、传动轴、排气管、消声器、车轮等车底部件的装配。

根据不同车型结构，底盘部件装配可以采用模块化装配，即先将发动机与变速器总成、前悬架总成、发动机前托架、传动轴、排气管、油箱、后悬架等底盘部件分装好，然后安装并定位到合装小车上。合装小车在合装区与底盘装配线同步，通过小车上的液压举升装置，将分装好的底盘合件直接举升上线与车身合装。

### 3. 整装线

整装线是指车身与底盘合装后进行的装配，主要进行前保险杠装配，座椅装配，前面罩及前照灯装配，车门装配，发动机各种管路连接，燃油、制动液、冷却液及制冷剂等各种油液的加注工作及整车下线前的调整工作。

运行材料的加注主要是为了保证汽车下线前能正常行驶，为了保证加注质量，制动液、冷却液及制冷剂加注前需进行必要的检测和抽真空，具体方法如下：

（1）加注制动液。由于制动系统内可能存在泄漏或者可能含有水分等杂质，加注制动液时首先应进行制动系统的渗漏检查。首先采用液氮扫气，干燥、净化汽车制动系统，然后分两次抽真空。第一次抽真空达到一定的真空度后保持一定时间，如果真空度变化不大，表示没有渗漏；第二次抽真空进行制动液加注。如果发现泄漏，则应做上标记，并在返修区进行检查返修。制动液的加注由操作工自动检测加注完成。

（2）加注冷却液。在加注冷却液前，需进行油、水密封性检测。水循环系统的密封性检测，主要是检测散热器、水管、缸体水道及水泵的密封性。测试时，将水管塞头与散热器口相连、加压，并保持一段时间，无压力下降，则为正常，可以加注冷却液，在加注冷却液时需要进行抽真空，获得一定的真空度后，才可加注。

（3）加注制冷剂。在加注制冷剂之前，要进行两次抽真空检测，一次氮气加压扫气，如果无泄漏则进行加注。第一次抽真空，达到一定的真空度后保持一定时间，若无明显变化，则说明无大的泄漏。第二次抽真空，达到一定的真空度保持一定的时间，若无明显的变化，则说明无小的泄漏，可以进行加压检测。液氮加压扫气，一是为了检测制冷系统有无由内向外的渗漏，二是为了扫除制冷系统内的潮湿空气，以便加注纯净干燥的制冷剂。加注时，将加注头接到制冷系统的高、低压油管插头上，操作工只需启动自动检测加注循环程序，即可自动完成加注任务。

（4）加注燃油。燃油的加注和加油站燃油加注的方法一样，燃油箱的密封性检查一般在汽车零部件制造环节进行，即上线的燃油箱都已经过了密封性检查并合格。燃油加注的量各个厂家都有一定的标准，通常是 5 L 左右。

### （二）分装线组成及工艺特点

分装线又称为部装线，是指制造厂在进行装配时，为了节约生产节拍的时间，部分零部件总成可以在装配车间内或装配车间外单独组成部件装配线。分装线主要包括仪表板总成分装线、车门分装线、车轮总成分装线、发动机与变速器动力总成分装线、风窗玻璃分装线等。

1. 仪表板总成分装线

目前,仪表板总成分装线主要采用两种方式:一种是空中悬挂式;另一种是采用地面式。空中悬挂式一般采用带吊具的普通悬挂输送机或积放式悬挂输送机;地面式一般采用带随行夹具高出地面的双链牵引输送链。同时,为了操作方便,随行夹具可按需要翻转一定角度,并设有定位机构。在分装线上配有线束检测仪。

仪表板总成分装线上分装部件一般包括仪表板框架、仪表板线束、组合仪表、组合开关、CD机、转向柱、空调鼓风机、暖风换热器、蒸发器及壳体总成等。仪表板分装完成后,需要采用线束检测仪100%进行仪表板功能检测,检测仪表板功能是否正常。检测时,将仪表板总成的相关线束插头接上对应的仪表板线束检测仪接口,启动检测按钮,即可逐项检测转向、灯光、报警等功能,检测完毕合格后,通过扫描仪表板总成上所贴的条形码由计算机控制上线,从而保证不同车型安装相应型号的仪表板总成。

2. 车门分装线

车门分装线的形式与仪表板总成分装线的形式基本相同,也分为空中悬挂式和地面式两种,但采用空中悬挂式的居多。在车门分装线上主要进行玻璃升降器、门锁、玻璃、防水帘、内手柄、外手柄、内饰板、密封条等部件的装配。由于采用这种工艺不仅可以提高车门零件的装配效率,便于实现自动化装配,而且拆掉车门后,便于座椅、仪表板及车身内部其他零部件的装配,所以车门分装工艺应用越来越广泛。

3. 车轮总成分装线

车轮分装采用的主要设备是车轮装配机、充气机及车轮动平衡机,各设备之间的连接一般采用机动辊道。在车轮总成分装线上,首先将轮胎安装到轮辋上,充气到规定的压力,然后进行动平衡检查和调整,再送到总装配线上。

在各种分装线中,车轮总成分装线自动化程度最高,如某轿车厂的无内胎车轮自动装配线具有自动装配、快速自动充气、车轮动平衡、自动选择配重等自动功能。

4. 发动机与变速器动力总成分装线

发动机与变速器分装主要进行发动机和变速器的装配,同时还需装配发动机和变速器的部分附件和管路。根据不同的车型结构采用的方式不同,若不带副车架,一般直接采用环形地链牵引小车式,同时将前悬和后悬总成装上,小车上设有液压举升装置,可与底盘装配线同步运行,直接上线。

5. 风窗玻璃分装线

风窗玻璃分装线的工作主要包括涂胶部位的清洁、涂胶预处理、安装玻璃密封条等。分装完成后,用玻璃吸盘将玻璃放到玻璃放置台上,然后由自动涂胶机和高精度机械手自动完成玻璃位置找正,自动涂上一整圈胶,通过吸盘将玻璃吸起,安装到车身适当位置。

(三)整车检测线

整车出厂检测是汽车生产过程对整车质量进行综合检测的一个重要环节。整车装配完成后,在整车检测线上对其主要性能进行检测,并进行必要的调整,直到所有性能指标符合要求。目前轿车生产厂均采用计算机控制全自动检测线，检测线可对整车质量检测实现自动控制、自动采集数据和判定、自动打印输出检测结果。由于车辆不同，各厂检测线的组成也略有不同。整车检测线的一般程序和检测项目如图6-1所示。

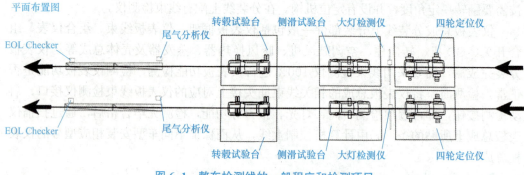

图6-1　整车检测线的一般程序和检测项目

一些生产厂在检测线上还进行外观检查以及配备整车电气综合检测设备。检测线上具体的检测内容如下：

### 1. 外观检查

外观检查在灯廊内进行，主要检查车身漆面质量，表面有无划伤、碰伤，车门及车窗密封条的装配间隙是否正常，紧固件的拧紧力矩是否满足要求以及有无漏装、错装等现象，不合格项在返修区进行返修。

### 2. 车轮定位参数检测

车轮定位参数检测四轮定位参数是否符合要求。一般的轿车主要检测车轮前束和车轮外倾角，其他参数由产品结构保证。不同的生产厂所采用的车轮定位检测设备不同，但原理基本相同。汽车驶上车轮定位仪，4个车轮定位卡盘自动靠在4个车轮上，测出4个车轮的外倾角和前束值，在显示屏上显示测定值。如果测定值不合格，通过观察显示屏的读数来进行调整。

### 3. 车轮侧滑量检测

侧滑试验动态检测车轮前进时车轮侧向滑移量是否符合要求，也就是检测前轮前束值与前轮外倾角的配合是否合适，并检查悬架的几何特性。具体的检测方法：汽车的前轮或后轮驶过试验台的两块滑板时，扫描车轮的驶入点和驶出点，显示屏显示出测定值和是否合格的标志。

### 4. 转向角检测

转向角检测主要测定汽车转向轮左、右的最大转角是否符合设计要求。检测时将转向盘分别由中间位置向左、右转到最大位置，显示屏上显示出的角度即转向轮内、外转角的最大值。

### 5. 制动性能检查

制动性能检查可分为行车制动性能检查和驻车制动性能检查两种。行车制动性能检查主要检测汽车制动器的制动力和制动时的稳定性等指标，驻车制动性能检查主要检测驻车制动系统的工作是否正常。检测时，前轮先驶上试验台，并施加一定的踏板力，测量每个车轮制动力及左、右车轮制动力之差，测得的值应符合规定值；然后，后轮驶上试验台，施加同样的踏板力，测量每个车轮制动力及左、右车轮制动力之差，应符合规定值。后轮在试验台上时，还要进行驻车制动力检查。

### 6．前照灯检查

前照灯检查主要检查前照灯发光强度及调整前照灯远光光束照射位置是否合格。检查过程由检测仪自动完成。

检查方法如下：将汽车停在距检测仪光屏 1 m 远的位置，打开远光灯，发动机转速为 1 500 r/min。此时，检测仪自动跟踪灯光位置，并在表盘上显示发光强度及光束照射位置的数值。通过调节前照灯的调整螺栓来调整光束照射位置。轿车的发光强度规定值不小于 15 000 cd。

### 7．怠速排放污染物检查

怠速排放污染物检查俗称尾气检测，主要检查尾气中 CO、HC 的含量是否超标，采用排气分析仪检查怠速排放。检测时发动机暖机、怠速运转正常，将分析仪探头插入汽车排气管，分析仪将 CO、HC 含量分析结果输入到数据处理机，分析结果由屏幕显示或打印。

### 8．防雨密封性检查

防雨密封性检查主要检测汽车的密封性，通常在淋雨试验室内进行。汽车由地面链传送通过淋雨试验室，高压水从设置的角度不停地冲刷汽车。淋雨试验时间约为 3 min，试验后车内不得有漏水、渗水现象。

### 9．整车电气综合检测

整车电气综合检测主要检查汽车上的电器装配是否到位，电器设备是否正常。使用的设备为整车电气综合检测台。该设备有一个主控制柜，控制程序和软件装在此控制柜的计算机，有一个带显示及数据采集功能的单片机，并具有结果打印输出功能。

进行检测时，将蓄电池负极拆下，单片机插头分别与蓄电池正极、主机及拆下的蓄电池负极相接，输入车型、车身号等参数后，开始进入检测程序。整套检测系统不只是对各仪表和灯光的功能进行检测，还对整车各电器系统的电压、电流进行测试，以检查可能存在的接触不良、短路等隐患，保证电器系统的装配质量。

### 10．路试检查

路试检查是抽测项目，在同一批次汽车中或某一个时间节点生产的汽车中抽出几辆整车，在专用的试车道路上进行路试，检查汽车的综合性能，确保整车的质量。

## （四）整车返修区

返修是任何汽车制造厂不可避免的一项重要工作，不仅是汽车总装与部件分装有返修，而且汽车的涂装与焊装都有返修。随车检验卡上记载零件没装配到位的车和整车检测线检验不合格的车，都要送往整车返修区。不过在此需特别指出的是，汽车制造工艺过程中任何一个制造环节的返修都是针对微小问题的维修，凡是较大的质量问题，其处理方法是直接报废。整车返修一般包括机械部件返修、电气部件返修、钣金件返修、补漆等。在返修区一般设有整车举升机、地沟、补漆室以及必要的检测设备。

对于汽车总装的返修主要是装配调整的问题，如位置误差、小件漏装、覆盖件间隙不均匀、紧固件拧紧力矩偏差、内外饰件表面破损等。当然，尽管都是一些小问题，但任何一家有影响的汽车公司都视其为零容忍，只有这样，才能有效地保证汽车产品质量。正因为如此，在汽车总装厂均专门设置有足够面积的返修区，如图 6-2 所示。汽车出厂前的下线检验发现任何质量问题，均将其开到返修区由专门的返修工对其进行维修，返修后的车辆需重新上线检测合格后方可出厂。

图 6-2　返修区的设置

### 四、汽车总装配工艺的总体布局

汽车总装配工艺的布局在遵循"以人为本"原则的基础上，结合各企业场地的具体实际进行合理规划，常见的总装工艺布局形式主要有 T 形、S 形及 U 形三种。上海通用汽车公司以及一汽马自达 6 的总装线采用的是 T 形布局形式，一汽马自达 6 总装车间如图 6-3 所示，车间布局设计的特点为总装车间与冲压、焊装、油漆车间组成全封闭式联合厂房，车间由装配区和配货中心两部分组成。总装车间整体设计采用 T 形布置方式，便于配货。当时的生产线状况没有现在先进，生产能力为 12 万辆 / 年；生产节拍是 1.6 分钟 / 辆；共有 94 个装配车位，36 个检测检查车位。

东风本田汽车公司的总装线采用的是 S 形布局，如图 6-4 所示；微型车及载货汽车总装线大多采用 U 形布局，如图 6-5 所示。

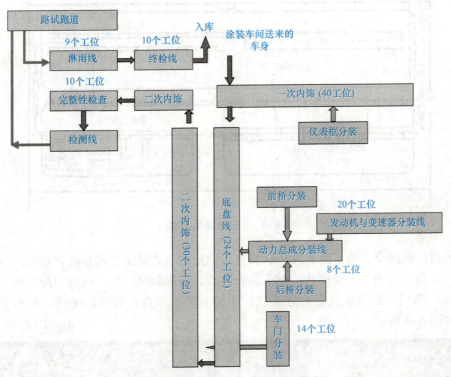

图 6-3 一汽马自达 6T 形布局总装线

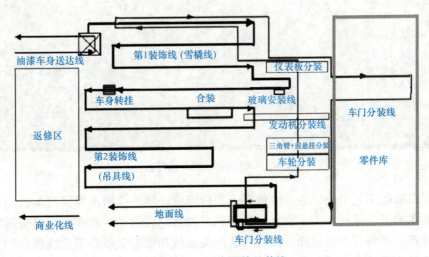

图 6-4 S 形布局的总装线

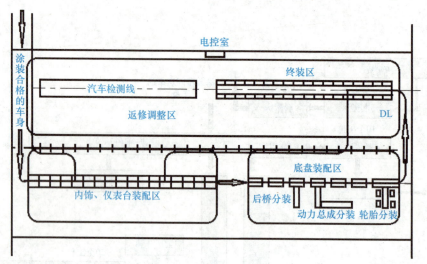

图 6-5  U 形布局的总装线

前面已经提及,为了便于汽车总装质量的控制与总装工艺的规范化管理,汽车总装工艺常将其分为若干个模块,如前段分装线、内饰装配一线、内饰装配二线、底盘分装线、车门分装线、仪表台分装线、车轮分装、车身合装线、尾线、整车检测线等,如图 6-6 所示。

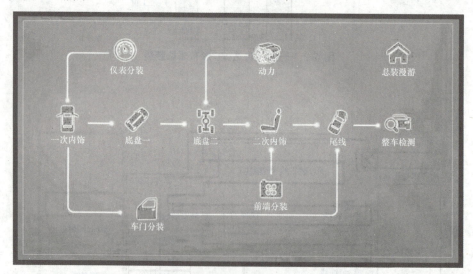

图 6-6  模块化分装及总装线

汽车总装配工艺十分复杂,由数百个工位组成,图 6-7 所示是某汽车公司汽车总装工艺的主要工艺流程。为了简化总装工艺、提高总装效率,汽车总装已普遍实现了模块化生产,即将多个总成部件按照其装配关系或功能的关联性组合成独立的装配模块,如将动力系统、车桥与悬架集成为一个底盘装配模块,如图 6-8 所示,将汽车全部仪表与空调机组组成一个模块,如图 6-9 所示,将车门及安装在车门上的全部附件组合成一个模块,如图 6-10 所示。

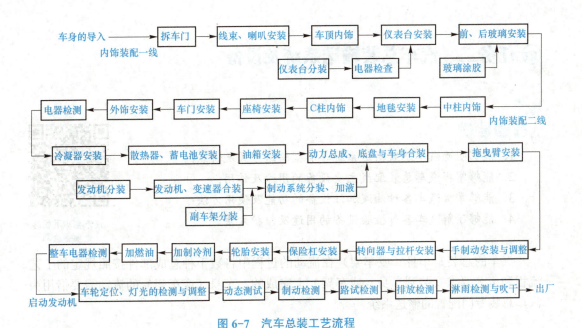

图 6-7 汽车总装工艺流程

图 6-8 动力总成及底盘装配模块 　　图 6-9 仪表与空调机组模块

图 6-10 车门与附件模块

## 任务二　汽车总装输送系统及设备

1. 能够明确汽车总装输送系统各类型输送方式及特点；
2. 能够掌握汽车总装配线主要设备的用途及作用；
3. 能够掌握汽车各种油液加注设备的功能及使用方法；
4. 能够了解汽车各种检验设备的用途及维护方法。

汽车整车下线灯光设备检测

汽车的总装是车身（或车架）在流动的过程中将数千种总成部件按照规定的工艺流程和工艺要求安装到车身（或车架）上完成的，车身（或车架）的流动需要借用为汽车总装专门配置的输送系统。

### 一、汽车总装输送系统分类

汽车总装输送系统主要由空中悬挂输送设备、地面输送设备和升降设备等组成。其中，空中悬挂输送设备主要有普通悬挂输送系统、空中积放链式输送系统、空中摩擦输送系统、电动单轨输送小车系统 EMS 等；地面输送设备主要有自导向输送小车 AGV 系统、滑板输送系统、板链输送系统、滑橇输送系统、地面摩擦输送系统等。

#### （一）普通悬挂输送系统

普通悬挂输送系统的输送机（图 6-11）是具有空间封闭线路连续的运输设备，它按固定线路以相同的、连续的动作运送货物。在工厂中可以用来在车间内部或车间与车间之间进行货物的搬运，同时可以在搬运过程中完成一定的工艺操作，如浸漆、烘干、保温、冷却和装配等，在汽车、电视机、自行车、仪器、家用电器、化工等行业广泛应用。它的运行速度为 0.5～15 m/min，具有结构简单、价格低、空间利用充分、易于工艺布置、地面宽敞、动力消耗小的优点。但用作内饰装配线时操作的稳定性较差。另外，工件上下需配置升降设备，不便于多品种空间存储，适合单一品种大量生产，属刚性输送线，无积放功能。

图 6-11　普通悬挂输送系统

#### （二）空中积放链式输送系统

空中积放链式输送系统是过去较常用的一种总装输送系统，现阶段在许多公司仍在采用，如图6-12所示。其特点是：技术成熟、设备投资较低，但由于该系统采用的是链传动，因此噪声大，润滑点多，维修保养不太方便。

### （三）空中摩擦输送系统

近年来随着汽车产量与销售数量的不断增加，空中摩擦输送系统（图6-13）在汽车生产线上的应用也逐渐被重视起来，其不仅具有运行稳定、维护方便等优势，而且能够节约大量资源。因此，空中摩擦输送系统目前已经在国内汽车生产线上得到了广泛应用。

图6-12　空中积放链式输送系统

图6-13　空中摩擦输送系统

### （四）滑橇输送系统

滑橇输送系统（图6-14）具有自动实现运输、存储、装配等功能，是一种机械化程度较高的综合性地面输送系统。其主要特点：容易实现快速线与慢速线间物料的转移，系统方便可靠；与所载物品一起可以通过不同的工艺区段，满足不同的工艺要求；没有水平转弯和垂直转弯，线路之间平移、直角转弯、垂直提升、水平旋转，输送机布置灵活，运行平稳、结构紧凑、接近性好、生产适用强；可以和其他输送设备相连组成更大的输送系统；通过PLC控制，可以实现输送过程自动化；适合多品种大批量生产。其缺点是占地面积大，价格高。

图6-14　滑橇输送系统

### （五）滑板输送系统

滑板输送系统按承载能力可分为轻型、重型和特重三个系列，分别用于小、中、重型车的输送；按板宽窄的不同可分为宽滑板输送系统（图6-15）和窄滑板输送系统（图6-16）。滑板输送系统属直线输送设备，占地面积少、运行安全、使用可靠，是汽车部装和总装常用的输送设备。

图 6-15　宽滑板输送系统

图 6-16　窄滑板输送系统

（六）板链输送系统

板链输送系统按板宽窄的不同可分为宽板链输送系统（图 6-17）和窄板链输送系统（图 6-18）。其中，窄板链输送系统又可分为双板链输送系统和单板链输送系统。板链输送系统同样属于直线输送设备，在各类汽车制造厂都得到了较广泛的应用。

图 6-17　宽板链输送系统

(a)　　　　　　　(b)

图 6-18　窄板链输送系统
(a) 窄板链双板链输送系统；(b) 窄板链单板链输送系统

（七）电动单轨输送小车系统（EMS）

电动单轨输送小车系统（Electric Monorail System，EMS）是物料搬运设备革新的最新产品，在对速度和智能要求成为主要指标的特别环境下日益流行。EMS 从其运行的轨道上取电，可满足物料在水平、垂直方向的自由输送。在各种使用场合均已证明 EMS 具有维修简单、生产效率高等特点，在同步和非同步的制造和装配线上得到了较广泛的应用，如图 6-19 所示。

图 6-19　电动单轨输送小车系统

## （八）自行葫芦输送机

自行葫芦输送机也称电动自行小车输送机（图6-20），是一种比较新的全自动输送系统。其特点：可采用集中控制、分散控制或集散控制方式，并能实现自动控制。载货小车可以根据工艺需要，按设定的程序在工位上进行自动停止、自动升降、自动行走等各种动作。在需要装配的工位，工人也可手动控制叫车、放车、上升、下降、前进、后退等工作。在配备道岔的输送线上，小车能将成品按工艺要求

图6-20 自行葫芦输送机

自动分类、积放、存储，实现多品种混流生产。运行速度为10～30 m/min，是集仓储、运输、装卸、工艺操作四大物流环节为一体的柔性生产系统，适合有频繁升降要求的工艺操作区域，并且有准确的停止和定位功能。其缺点是造价高，属间歇流水设备。发动机、变速器、车桥等大总成，从发动机厂或零部件库至装配工位，一般采用积放式悬挂输送机和自行葫芦输送机运输。

## （九）自导向输送小车（AGV）

自导向输送小车（Automated Guided Vehicle，AGV），是指具有磁条、轨道或者激光等自动导引设备，沿规划好的路径行驶，以电池为动力，并且装备安全保护及各种辅助机构的无人驾驶的自动化车辆，如图6-21所示。AGV输送系统通常由多台自导向输送小车、控制计算机、导航设备、充电设备及周边附属设备组成。自导向输送小车在计算机的监控及任务调度下，按照规定的路径行走，到达指定的作业位置后，完成一系列规定的任务，控制计算机可根据AGV自身电量决定是否到充电区进行自动充电。国内

图6-21 自导向输送小车

外许多汽车制造工厂部分总装工位已普遍采用AGV作为总装线的输送设备，AGV的突出特点：输送线因局部故障或某工位因操作错误而停顿时，可以利用设置的离线维修岔道消除其对装配线整体的影响，对于瓶颈工序，AGV可岔出主装配线，利用局部装配道岔，满足主线生产节拍的要求，其缺点是AGV输送系统的造价较高。

近几年新建的汽车总装厂，机械分装输送越来越多地采用自导向输送小车（AGV）输送系统，将汽车机械部分直接装配到自导向输送小车（AGV）的托盘上，自导向输送小车（AGV）完成机械部分的输送、举升，与吊挂的车身同步运行，合装完成后返回到机械分装线第一工位处。

### （十）地面摩擦输送系统

地面摩擦输送系统是空中摩擦输送技术在应用上的拓展，其主体由H形轨道、驱动装置、道岔装置、定位装置等组成，如图6-22所示。

### （十一）升降设备系统

为了便于装配，汽车在总装过程中有些工段需要采用空中悬挂式输送设备，有些工段则需要采用地面输送设备。无论是由空中转为地面还是由地面转为空中，为了节省空间，常采用升降设备实现空—地或地—空输送的转换，如图6-23所示。

图6-22 地面摩擦输送系统

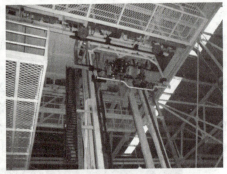
图6-23 升降设备系统

对于某具体的汽车总装厂，其输送设备的选用往往需根据所生产的车型、生产纲领、投资规模、总装工艺的设计综合确定。此外，由于总装工艺中的每一个装配工段有其自身的工艺特点，作业内容和作业方式存在很大的不同，因此，不同工段所采用的输送系统也会有所不同。由此可见，任何一个汽车总装厂均不可能采用单一的输送系统，往往是多种不同输送系统的合理组合。如涂装车间与总装车间之间的中转输送系统常采用滑橇输送系统，装饰一线常采用板式输送系统（宽板链输送系统或地面摩擦输送系统），车身合装线常采用积放链式输送系统或空中摩擦输送系统与自导向输送小车（AGV）相结合的输送系统，装饰二线常采用板链输送系统（单板链或双板链输送系统）或地面摩擦输送系统。

## 二、汽车总装配设备

汽车装配所用的设备主要包括六大类：输送设备、起重运输设备、油液加注设备、出厂检测设备、质量控制设备及装配零件和各总成所用的各种专用装配设备。而对于轿车装配所用的设备则主要包括五类：汽车装配线所用输送设备、发动机和前后桥等各大总成上线设备、各种油液加注设备、出厂检测设备及各种专用汽车装配线设备。前面对于汽车总装输送系统涉及的主要设备已经阐述，下面来看看其他设备。

### （一）起重运输设备

轿车装配车间所用的起重运输设备主要有电动单梁悬挂起重机（图6-24）、单轨电动葫芦（图6-25）、气动葫芦、立柱式旋臂吊等。厂房内起重运输设备一般采用电瓶叉车、手动托盘搬运车、电动托盘搬运车等。

图6-24　电动单梁悬挂起重机

图6-25　单轨电动葫芦

### （二）质量控制设备

比较常见的质量控制设备应属Andon系统控制设备，如图6-26所示。它是一个声光多媒体多重自动化控制系统，是一套专门为汽车生产、装配线设计的信息管理和控制系统，已经成为汽车完整生产线中不可缺少的一部分。系统能够收集生产线上有关设备、生产以及管理的信息。在对这些信息进行处理之后，Andon系统控制分布在整个车间的指示灯和声音报警系统。系统的核心

图6-26　Andon物流质量控制显示

部分是Andon现场控制柜。Andon系统PLC通过网络与总装车间中控制系统通信。Andon系统的另一个主要部件是信息显示屏。显示屏分布在主要通道的上方或者靠近主要的处理设备。每个显示面板都能够提供关于单个生产线的信息，包括生产状态、原料状态、质量状况以及设备状况。显示屏同时还可以显示实时数据，如目标输出、实际输出、停工时间以及生产效率。根据显示屏上提供的信息，操作员可以更加有效地开展工作。另外，不同的音乐报警可以使操作员和监督人员清楚了解到其辖区内发生了什么问题。队长或者组长也可以根据显示屏上显示的信息识别并且消除生产过程中的瓶颈问题。

### （三）专用汽车装配线设备

汽车装配线专用设备主要有车号打号机（图6-27），螺纹紧固设备如电动定值拧紧机（图6-28）、底盘下臂定值拧紧机（图6-29）；车轮装配专用设备，如自动涂胶机、液压桥装小车、座椅搬运机械手等。

图6-27　车号打号机　　　图6-28　电动定值拧紧机　　　图6-29　底盘下臂定值拧紧机

### （四）各种油液加注设备

汽车装配线油液加注设备包括电动计量加注机、冷却液真空加注机、制动液真空加注机、制冷剂真空加注机等，如图6-30～图6-35所示。

图6-30　四合一加注机　　　图6-31　二合一加注机　　　图6-32　EOL检测仪

图6-33　涂胶机器人　　　图6-34　燃油测漏仪　　　图6-35　燃油加注机

各种油液加注设备和加注方法参见表 6-1。

表 6-1　各种油液加注设备和加注方法

| 序号 | 油液名称 | 加注设备 | 加注方法 |
|---|---|---|---|
| 1 | 冷却液 | 冷却液真空加注机 | 抽真空后定量加注 |
| 2 | 制动液 | 制动液真空加注机 | |
| 3 | 空调制冷剂 | 制冷剂真空加注机 | |
| 4 | 动力转向液压油 | 动力转向真空加注机 | |
| 5 | 发动机机油 | 发动机机油定量加注机 | 定量加注 |
| 6 | 变速器齿轮油 | 变速器齿轮油定量加注机 | |
| 7 | 挡风玻璃洗涤液 | 洗涤液定量加注机 | |
| 8 | 后桥齿轮油 | 后桥齿轮油定量加注机 | |
| 9 | 燃油 | 电动计量加油机 | |

### （五）出厂检测设备

"工欲善其事，必先利其器"，出厂检测按照检测程序项目的需要，涉及设备主要包括尾气分析仪（图 6-36、图 6-37）、转毂/侧滑试验台（图 6-38），四轮定位仪、前照灯检测仪（图 4-39），WDS 检测仪（图 6-40）等。

图 6-36　尾气分析仪 1

图 6-37　尾气分析仪 2

图 6-38　转毂/侧滑试验台

图 6-39　四轮定位仪、前照灯检测仪

图 6-40　WDS 检测仪

出厂检测设备及检验内容参见表6-2。

表6-2 整车出厂检测设备及检验内容

| 序号 | 检测项目 | 检测设备 | 主要检测内容 |
| --- | --- | --- | --- |
| 1 | 前轮定位 | 前束试验台 | 检测前轮前束和前轮外倾角 |
| 2 | 转向角 | 转向试验台 | 检测汽车转向轮的左右最大转角 |
| 3 | 制动 | 制动试验台 | 检测各轮的制动力和同轴左右轮制动力差值 |
| 4 | 灯光 | 前照灯检测仪 | 检测前照灯的发光强度和光轴位置 |
| 5 | 侧滑 | 侧滑试验台 | 在动态下检查前轮前束与前轮外倾角是否正确匹配 |
| 6 | 车速表 | 车速表试验台 | 测车速表的精度、汽车动力装置的工作情况,如变速器有无跳挡、脱挡现象及传动装置有无异响等 |
| 7 | 排气分析 | 排气分析仪 | 检测发动机怠速时尾气中的CO和HC的浓度 |
| 8 | 淋雨 | 淋雨试验室 | 检测整车的密封性 |
| 9 | 电器综合检测 | 整车电器综合检测台 | 对整车电器系统进行综合检测 |

## 任务三　汽车总装配工艺

13 车辆总装工艺

1. 能够明确汽车总装配准时制拉动式生产方式特点;
2. 能够掌握汽车总装配工位、工段、工序等基础专业术语;
3. 能够掌握典型汽车总装配的工艺流程;
4. 能够深刻理解总装配工艺的设计理念精益生产、精益求精。

### 一、汽车总装配生产方式

汽车总装已普遍采用准时制拉动式生产方式JIT（Just-In-Time的缩写），即以看板管理为手段，采用"取料制"，即最后一道工序依据市场需求进行生产，对本工序在制品短缺的量，从前道工序取相同的在制品量，从而形成全过程的拉动控制系统。这种"拉动式"逆向控制方式，把由企业划分所形成的、相对孤立的工序生产同步化地衔接起来，从而有效地抑制了盲目过量生产，大幅度减少了在制品的数量，提高了生产效率和生产系统的柔性。为此需根据企业的经营方针和市场预测，制订年度计划、季度计划以及月度计划,然后据此制订出日生产计划。但这些计划都是滚动调整的动态计划,对生产只起到预测指导和参考作用。在生产实际中,通过产品订单拉动进行生产。真正作为生产指令的最终投产顺序指令只下达到最后一道工序,即总装配线(混流生产线)。其余工序由总装配线后序顺次上溯,通过看板或同步控制信息拉动进行。

### 1. 工位与工段

工位(Workstation)是总装生产线上的基本单元,工位地址提供物料运送的位置,安排生产人员并完成装配任务。总装线上的每一个工位都配置有装配用的专用工具和设备,供生产人员用于各总成部件的装配。待装配的车身作为装配基体,在流水线上以一定的速度移动,各工位的操作工在移动中完成本工位的装配工作。

为了便于管理和提高生产效率,常将大总成、大系统的装配、同类零部件的装配组合在一起进行集中装配,这就是总装线上的工段。如前面所述的内饰装配一线、内饰装配二线、底盘装配线、车门分装线、动力总成分装线、动力总成合装线、仪表台分装线、终装线、性能检测线都是总装线上的独立工段。

### 2. 工位节距

工位节距(FPS),是工位起点和终点之间的距离,也就是前一辆车和下一辆车的间隔距离。不同工段的工位节距往往不尽相同。

### 3. 装配流水线节拍

流水线节拍是指车身从一个工位的起始点移动到终点的时间。流水线节拍决定混流生产条件下各工位的工位工时。

### 4. 等效工位工时

工位工时是指完成工位作业内容所需要的时间。如果一条流水装配生产线上只生产一种车型,则应均衡每一工位的作业内容,使各工位的作业时间尽可能地等于流水线节拍。但对于多车型共线生产的柔性生产线,由于各车型在同一工位所装配的零部件不一定相同,装配工序也可能不一样,要使作业的时间都接近流水线节拍往往很难,甚至是不可能的。因此,在进行工艺设计时,应根据各车型的生产比例算出等效工位工时,使之尽可能接近流水线节拍。

### 5. 工作要素

工作要素(Work Element)又称工序,是装配过程中全部工作内容的一部分,是完成某项操作所进行的最小工作单元。

### 6. 工位质量控制

按照精益生产(Lean Manufacturing)的理念,从前道工序流到后道工序的零部件必须是100%的合格率,决不允许任何不合格品从前工序流到后工序。所谓100%的合格率,不仅是指已加工完成的零部件及产品的加工质量应全部合格,同时包括是否按照生产工艺的要求完成了对零部件及产品的全部作业。若操作工在本工位作业区域内没能完成装配作业,则该产品被视为不合格产品,不允许流到下一工位的作业区。若出现某一工位在其作业区内没能完成其作业内容,该作业岗位的工人就必须拉下标有Andon的开关或按钮,如图6-41所示,停止装配线的移动,继续进行未完成的装配作业，直到作业完成后再次拉下 Andon 开关，重新启动装配线的移动。

一旦某一工位的员工拉下 Andon 绳或按下 Andon 按钮，停止装配线的移动，其他岗位的员工也被迫停止装配而处于空闲状态。如此不但影响了整个装配线的工作效率，还影响了流水线的开动率。此外，若装配流水线频繁地停止、启动，还会对装配线的使用寿命带来不利影响。这就是为何必须均衡工位作业时间的原因。

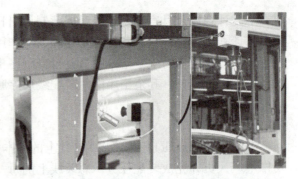

图 6-41　用于临时停止总装线移动的装置
（Andon 绳、Andon 按钮）

以 Andon 系统为典型代表的工位质量控制系统的最大优点就是能够为操作员解决生产中遇到的问题时提供一套新的、更加有效的途径。一旦发生问题，操作员可以在工作站拉一下绳索或者按一下按钮，触发相应的声音和点亮相应的指示灯，提示监督人员立即找出发生故障的地方以及故障的原因，大大减少了停工时间，同时又提高了生产效率。

## 二、汽车总装配工艺流程

汽车总装配工艺包括若干个装配工段、数百个工序，典型工段的作业内容和作业方法如下。

### （一）车身的导入

汽车的车身是汽车各总成部件的装配基础，车身在流水线上移动的过程中，将全部总成部件装配到车身上便完成了汽车的总装。由此可见，车身的导入是汽车总装工艺的起点。

车身进入总装线后，积放链的控制系统通过控制线路上的道岔使车身按照产品的品种自动分类存储到不同的存储线路，如图 6-42 所示。总装车间的生产控制人员根据库区内存储车身的具体情况安排总装车间的生产次序。积放链系统能够按照生产调度人员指定的生产次序自动从存储区内提取符合要求的车身并转运至内饰线。

车身转挂后进入总装线，总装线的起点处设置一升降机将涂装好的车身转挂到总装线上，并赋予车身一些必要的信息，例如车型、各总成部件的配置、内饰颜色等。

携带车身的吊具在接到转接工位允许进入的信号时进入转接工位，待完全到位后吊具定位并夹紧，随后升降机下降。待接近下位时将车身缓慢放置到在转接工位处等待的内饰线大平板上，并继续下降一定高度，确保吊具和车身脱开。升降机下降到位后自动发送内饰线允许启动大平板的信号，大平板将车身拖出吊具进入内饰装配线，如图 6-43 所示。

图 6-42 车身的自动分类存储

图 6-43 车身转挂升降机

### (二) 内饰装配一线

内饰装配一线主要是车门的拆装、车身上线及线束安装、顶棚装饰板、仪表板、侧围内饰板、地毯、风窗玻璃等部件的装配装饰工作。

#### 1. 拆车门

如图 6-44 所示，涂装合格的车身进入总装车间内饰一线后，第一项工作是将车门和车身的分离，即拆车门。在涂装作业过程中，将车门与车身装在一起整体涂装是为了保证车身的颜色一致，而到总装车间后将两者分开是为了便于各种部件在车身上的安装及避免在总装过程中造成对车身油漆的破坏。车门和车身通过空中运输通道送到各自的装配线，仪表和动力总成的分装也同时进行。

图 6-44 拆车门

#### 2. 车内线束及内饰件的安装

车门从车身上拆下后，就可以非常方便地进行车内线束和内饰件的安装，如图 6-45～图 6-62。为了提高效率、尽可能减小人为因素对汽车装配质量的影响，汽车总装过程需人工调整的内容越来越少，除门锁、铰链、车轮定位参数、车灯等极少数内容需要人工调整外，其他绝大多数装配项目的装配质量都由设备和工装来保证。通常情况下，装配操作工只需将待装配的总成部件放置到相应位置，然后就由专用卡口、专门的锁紧机构和定力矩扳手来完成，对于体积与质量大的总成部件，由专用吊具或机械手协助完成装配。为此，在列举汽车装配工艺过程时，不再介绍其简单的工艺操作方法。

图 6-45　装车内线束

图 6-46　安装前壁板隔热垫

图 6-47　安装安全带

图 6-48　安装天窗

图 6-49　仪表台分装

图 6-50　安装仪表台

图 6-51　安装中控台

图 6-52　安装地垫

图 6-53　安装内饰车顶

图 6-54　安装车门锁

图 6-55　安装内装饰板

图 6-56　安装转向盘及组合开关

图 6-57　安装车门框密封条

图 6-58　清洁风窗玻璃

图 6-59　风窗玻璃机器涂胶

图 6-60　安装风窗玻璃

图 6-61　安装制动总泵、制动管路及 ABS 泵

图 6-62　安装前横梁即水箱散热器

车辆内饰一线的装配完成后转到底盘装配工段，汽车车身的传送方式由大平板改为悬挂输送方式（图 6-63）。

图 6-63　由大平板输送改为悬挂输送

车身进入内饰一线的同时，从车身上拆下的车门及仪表台、动力总成、车桥与悬架总成在总装线的两侧紧邻其与车身合装处的分装线上同步分装。

### （三）车门分装

典型车辆车门分装线全貌如图 6-64 所示。车门分装的内容主要包括车门限位器、车门线束、门把手、车门锁、玻璃升降器、车窗玻璃、车门密封条、防水帘、后视镜、车门内防护板、喇叭、电检等，其具体装配工艺过程如图 6-65～图 6-70 所示。

图 6-64　典型车辆车门分装线全貌

图 6-65　将车门放入悬吊式的专用车门装配架

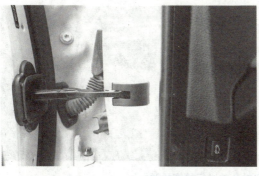
图 6-66　安装车门限位器

图 6-67　安装车门线束

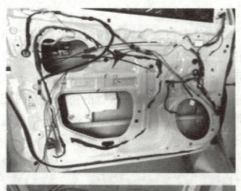

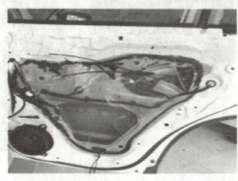
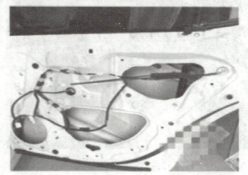
图 6-68　安装玻璃升降器、扬声器、防水帘及门锁组件

图 6-69　安装车门内防护板、用橡皮锤敲击消除装配缝隙

图 6-70　安装车门密封条并进行检查检验

（四）仪表台分装

仪表台是一个多总成集成的装配模块，包括仪表板、仪表、转向柱、空调机组与通风管道等。图 6-71 所示是典型轿车车辆仪表台分装线，仪表台分装的主要设备是可翻转的仪表台专用装配台架，如图 6-72 所示。仪表台的车上装配可以通过手动方式进行，如图 6-73 所示，仪表台总成安装过程中应重点注意空调下水管的捋顺，同时注意手动挡位和自动挡位车辆仪表台的配置区别，防止错装；一些高端车辆仪表台可通过自动化设备准确快捷安装，仪表台配置自动识别准确定位，如图 6-74 所示。

图 6-71　仪表台分装线

图 6-72　仪表台专用装配台架

图 6-73　手动仪表台安装装配

图 6-74　自动化仪表台装配

### （五）底盘分装

汽车底盘是车辆不可或缺的四大组成部分之一，关于汽车底盘有不同的定义，对于轿车而言，"底盘"缺少一个清晰的概念，它只是汽车总装生产的一个模块化装配单元。由于汽车结构上的差异，底盘装配模块的组成往往各不相同。图6-75～图6-77所示分别是3种不同车型的底盘装配模块，从中不难看出：图6-75中的底盘装配模块包括发动机与动力传动系统、前桥、前悬架等部分；图6-76中的底盘装配模块所包括的总成部件更多，除图6-75中的总成部件外，还有后桥和后悬架；图6-77中的底盘装配模块在图6-76的基础上进一步把前横梁、灯板梁、护风罩、发动机冷却风扇等总成部件组合在一起，构成一个更大的底盘装配模块。

图6-75 底盘装配模块1

图6-76 底盘装配模块2

图6-77 底盘装配模块3

汽车底盘的分装比较复杂，因其构成的不同其装配工艺过程会有所差异，不同构成的底盘装配模块，会存在工序数上的些许差异，但其主体的装配工艺基本相同，故在此以典型轿车车型为例介绍底盘的装配工艺。

现代汽车底盘装配工艺流程如图6-78所示。特别需要明确现代汽车的传动系统有

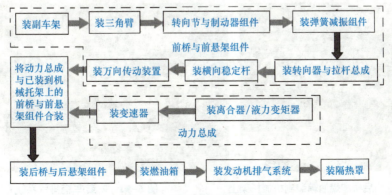

图6-78 底盘装配工艺流程

多种形式，包括 MT（手动机械式变速器）、AT（液力自动变速器）、CVT（带式无级自动变速器）、AMT（机械式自动变速器）等多种不同的结构形式。对于采用 CVT 和 AMT 变速器的汽车，由于 CVT 和 AMT 常作成整体式结构，因此其装配过程比 MT 和 AT 变速器的汽车少了一道装离合器（或液力变矩器）的工艺。对于绝大多数轿车而言，底盘装配模块中的前桥和后桥之间缺少确定彼此位置关系的专门装置，因此需将底盘组成部件统一装到一个专门的安装架上，此专门安装架在汽车制造业将其称为机械托架，如图 6-79 所示。机械托架上设置有许多个不同高度、不同形状、不同尺寸的定位点，用此确定各总成部件在汽车上的精确位置。此外为了实现柔性生产，其上设置有在产各车型的定位点。若需要导入新车型，需补充适合新车型的新的定位点。

图 6-79　机械托架

汽车底盘的具体装配过程如图 6-80～图 6-84 所示，先将副车架安装到机械托架上，然后将组装在一起的动力总成装到副车架上。在此需说明的是，有的装配厂先将转向节、制动器及弹簧与减振组件组装在一起，然后将其安装到机械托架上的副车架上。

图 6-80　安装离合器　　　图 6-81　安装变速器　　　图 6-82　将动力总成装到副车架上

图 6-83　依次将后桥和燃油箱装到机械托架上　　图 6-84　安装车辆排气系统

（六）车身合装

车身合装的主要内容是将前面各分装工艺过程所得到的底盘装配模块、车门装配模块、车轮装配模块装配到车身上，如图6-85～图6-93所示。

图6-85　底盘与车身合装作业

图6-86　安装后排座椅

图6-87　安装前排座椅

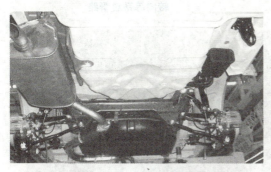

图6-88　安装底部管路

图6-89　吊装车轮作业

图6-90　拧紧轮胎螺栓

图6-91　安装方向盘

图 6-92　安装车门

图 6-93　检查车门缝隙

## （七）内饰二线

内饰二线的主要装配内容包括合装后车身底部管路连接、水箱风扇机组装配、汽车制动/冷却/空调/助力转向等系统管路的装配、前/后大灯装配、前/后保险杠装配、管路的密封检查、发动机油/变速箱油加注、制动液/空调液加注、发动机冷却液/助力转向液/玻璃清洗液加注等，如图 6-94～图 6-100 所示。

图 6-94　安装发动机舱内制动、助力转向等系统管路

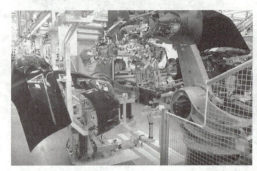
图 6-95　安装保险杠内衬

图 6-96　安装水箱风扇机组

图 6-97　安装保险杠

图 6-98　安装车灯

图 6-99　安装发动机密封条　　　　图 6-100　油液加注（润滑油、制冷剂、动力转向油）

（八）"激活"整车电控系统

所有的部件都安装完毕后，下线前需启动发动机，使整车能够进入正常运行状态。由于是全车设备第一次开始集体工作，需要用专门的设备"激活"整车电控系统，如图 6-101 所示。

装配好的车辆要经过一系列的出厂检验环节审核通过以后方能出厂，合格车辆如图 6-102 所示。

图 6-101　车载计算机的初始化　　　　图 6-102　检验合格的出厂车辆

# 单元测试

一、填空题

1. 汽车总装配工艺设计应遵循_____、_____、_____、_____的原则，达到良好的综合效果。

2. 生产节拍＝_____×_____×_____/生产纲领。

3. 进行汽车总装配工艺设计的依据是汽车的_____和_____。

4. 产品随输送装置在多工位生产线上按_____由一个工位向另一个工位_____，在每个工位按工艺规程完成一定的装配工序，最后完成整个产品的装配形式，称为_____装配。

5. 前段车身装饰线主要是车身上线以及进行对工艺堵塞、_____装饰板、_____

玻璃、_____、_____内饰板、_____内饰、线束、刮水器以及电动机等部件的安装及装饰工作。

6. 底盘装配线主要进行燃油管、制动油管、油箱、_____、_____总成、前架、_____、传动轴、排气管、消声器、车轮等车底部件的装配。

7. 后段车身装饰线主要进行前保险杠装配、_____装配、_____及前照灯装配、发动机各种管路连接、燃油、制动液、冷却液及制冷剂等各种油液的_____工作及整车下线前的_____工作。

## 二、判断题

1. 燃油管路不可以与电气线束捆扎在一起。（   ）
2. 在没有轮胎拧紧机的情况下，可以用风动扳手代替拧紧。（   ）
3. 在加注制动液前，首先要进行抽真空。（   ）
4. 在装配螺栓时，只要打紧就行，不论拿何种工具都行。（   ）
5. 在汽车装配中，燃油、冷却液属于辅助材料。（   ）
6. 汽车总装配厂一般包括整车装配、检测、返修、试车道路等部分。（   ）
7. 总装配线运行速度等于车位长度除以生产节拍。（   ）
8. 工位越多，装配速度就越快。（   ）
9. 轿车总装配线有前段车身装饰线、后段车身装饰线两部分。（   ）
10. 安装各种密封件时，应将零件擦拭干净，涂好机油，轻轻装入。（   ）
11. 燃油系统的各管路连接和燃油滤清器等件不得有漏漆、漏油现象。（   ）

## 三、简答题

1. 什么叫汽车装配工艺？汽车装配工艺设计的依据是什么？
2. 汽车装配工艺设计的原则有哪些？
3. 汽车装配工艺设计的内容有哪些？工艺卡的主要内容包括哪些？
4. 如何计算生产节拍、生产工位数、总装配线有效长度和总装配线运行速度？
5. 汽车总装配线的主要设备有哪些？底盘加注设备主要包括哪些？

# 教学单元七
## 汽车车门分装

## 任务一　汽车车门认知

### 学习目标

1. 了解车门的作用和结构；
2. 熟悉汽车车门按开启方式的分类类型；
3. 掌握汽车车门按门体结构的分类方式。

### 一、轿车前后车门认知

车门是汽车车身的重要部件之一，如图 7-1 所示。它是乘员和货物的上下通道，它的结构和布局直接影响汽车的美观、强度和舒适性。

轿车的车门一般由门体、车门附件和内饰盖板等部分组成。门体通常由车门内板、车门外板、车门窗框、车门加强横梁和车门加强板等组成。车门内板是各种附件的安装基体，上面装有内饰板、门铰

图 7-1　汽车车门

链、升降玻璃及其导轨、玻璃升降器、门锁、车门开度限位器等附件；有的轿车门内还布置有暖气通风管道和立体声收放音机的扬声器等，车门通过铰链安装在车身壳体上。汽车行驶时，车身壳体将反复扭转变形。为避免车门与门框摩擦产生噪声，通常在车门与门框之间留有较大的间隙，用橡胶密封条将间隙密封。汽车的前、后门窗玻璃通常采用既有利于视野而又美观的曲面玻璃，通过橡胶密封条嵌在窗框上或用专门的胶粘剂粘贴在窗框上。

车门数指的是汽车车身上包括后备厢门在内的总门数。普通的三厢轿车一般都有四门，许多跑车是两门的，个别豪华车也有多门设计的；一般的两厢轿车和 SUV 汽车以及 MPV 汽车都是五门的；还有一些运动型两厢车也设计成三门。

当汽车受到侧面撞击时，车门很容易受到冲击而变形，可能直接伤害到车内乘客。为了提高汽车的安全性能，不少汽车公司在汽车两侧门夹层中间安置一两根非常坚固的钢梁（侧门防撞杆），如图 7-2 所示。当侧门受到撞击时，坚固的防撞杆能大大减轻侧门的变形程度，能减少汽车撞击时可能对车内乘员的伤害。

图 7-2　侧门防撞杆

## 二、车门的类型

### 1. 按开启方式分类

（1）顺开式车门（图 7-3）。顺开式车门是指即使在汽车行驶时仍可借气流的压力关上的车门，顺开式车门相对比较安全，而且便于驾驶员在倒车时向后观察，故目前被轿车广泛采用。

（2）逆开式车门（图 7-4）。逆开式车门在汽车行驶时若关闭不严，就可能被迎面气流冲开，因而用得较少，一般只是为了使上下车方便，或在迎宾礼仪需要的情况下才采用。

图 7-3　顺开式车门

图 7-4　逆开式车门

（3）水平移动式车门（图 7-5）。微型车和 MPV 车中广泛使用这种车门，它的优点是车身侧壁与障碍物距离较小时仍能全部开启。

（4）掀背式车门（图 7-6）。掀背式车门广泛用作轿车及轻型客车的后门，也应用于高度比较低矮的汽车。

图7-5 水平移动式车门

图7-6 掀背式车门

（5）折叠式车门。折叠式车门开启时基本不占用横向的空间，被广泛应用于大、中型客车上。

（6）剪刀式车门（图7-7）。剪刀式车门主要应用于一些跑车，车门的开启形状好似剪刀。除兰博基尼V12发动机跑车外，Countach、Diablo和Murcielago等车型都是剪刀式车门的代表作。它的铰链在前挡泥板附近，剪刀式车门给人一种前卫和高档的感觉。

（7）鸥翼式车门（图7-8）。鸥翼式车门主要应用在跑车上，因车门的开启形状好似海鸥的翅膀而得名，便于乘客进出和行李的放置。鸥翼式车门外观个性动感，给人以振翅欲飞的感觉。这种运用在跑车车门上的个性化设计，经过多年发展已经成为一种古典与浪漫的标志。

图7-7 剪刀式车门

图7-8 鸥翼式车门

**2. 按门体结构分类**

（1）整体式车门。整体式车门应用最广泛。这种车门内骨架和外板通过包边合成一个整体，拆装简单，只需卸下车门内饰板就可以进行工作。但是车门内部结构复杂，相关的零部件较多，如升降器、车门中控电动机、门锁联动机构、线束等，这些附件的拆装比较麻烦。车门钣金修复时，由于空间狭小，不利于工具的进入，操作时非常不方便。

（2）分体式车门（图7-9）。分体式车门的面板与内骨架是分离的，维修时需要拆卸门内饰板和内骨架。这种车门对钣金维修非常有利，有足够的空间可以利用。但每次拆卸内框后都要对其安装位置进行反复调整，以保证与其相邻部件位置的正确，否则会影响车门开关的轻松程度和密封性能。最具代表性的分体式车门是红旗乘用车的车门。

（3）无框车门（图7-10）。无框车门是指没有车门玻璃框的车门，也就是在车窗玻璃完全升到顶的时候，玻璃的上沿没有框架。为了在敞篷状态下保持车辆的开放性与美观，无框车门常用在软顶、硬顶、纯敞篷车中，也有少量的房车与轿跑车中存在这样的设计。无框车门设计方式可以减少车的自重、风阻，增强动感，减少噪声，同时可尽量增加出入空间，减少对乘坐者的压抑感；但这种车门比有框车门的技术含量高，成本高。实用中的区别体现在车辆的侧面密封性上，同样做工的车门，有框车门的设计密封性优于无框车门。

图7-9　分体式车门　　　　　　　　图7-10　无框车门

## 任务二　车门分装工艺流程

车门分装，是独立于总装主生产线之外的独立单元。在车身从涂装车间进入总装车间后，第一道工序就是将车门壳体拆下，送入车门分装线。在车门分装线完成车门总成的装配工作。再将分装好的车门总成送入总装主线，完成和车身的合装工作。

1. 通过对车门零配件图解的学习，熟悉车门各个零配件的位置关系和装配关系；
2. 熟悉车门分装工段安全注意事项；
3. 能正确熟练使用工具、设备，知晓操作注意事项；
4. 熟悉车门分装装配工艺流程和操作注意事项。

### 一、车门零配件装配图解

#### 1. 前车门零配件装配图解

前车门零配件装配图解如图7-11所示。

车门分装装调　　车门分装虚拟仿真工艺流程

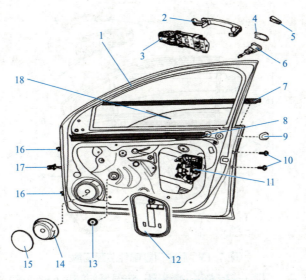

图 7-11 前车门零配件装配图解

1—前车门；2—车门拉手；3—弓形支撑架；4—垫片；5—外壳；6—锁芯；7—外部窗框密封条；8—内部车窗密封条；9—盖罩；10—螺栓；11—车门锁；12—盖板；13—盖罩；14—扬声器；15—盖罩；16—车门铰链；17—车门限位器；18—车窗玻璃

## 2. 前车门拉手和车门锁机构装配图解

前车门拉手和车门锁机构装配图解如图 7-12 所示。

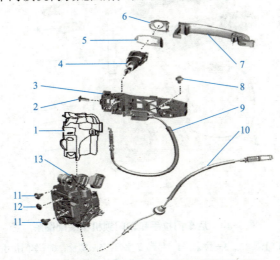

图 7-12 前车门拉手和车门锁机构装配图解

1—盖罩；2—螺栓；3—弓形支撑架；4—锁芯；5—垫片；6—外壳；7—车门把手；8—螺栓；9—拉索；10—拉索；11—螺栓；12—盖罩；13—车门锁

## 3. 后车门零配件装配图解

后车门零配件装配图解如图 7-13 所示。

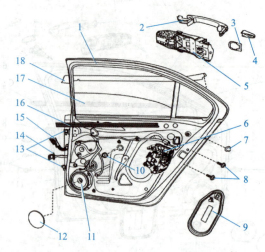

图 7-13 后车门零配件装配图解

1—后车门；2—车门把手；3—垫片；4—盖罩；5—弓形支撑架；6—车门锁；7—盖罩；
8—螺栓；9—盖板；10、12—罩盖；11—扬声器；13—门铰链；14—车门限位器；
15—插头；16—内部车窗密封条；17—窗玻璃；18—外部窗框密封条

### 4. 后车门拉手和车门锁机构装配图解

后车门拉手和车门锁机构装配图解如图 7-14 所示。

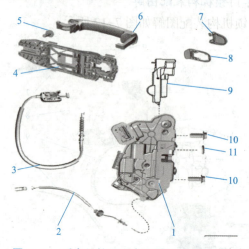

图 7-14 后车门拉手和车门锁机构装配图解

1—车门锁；2、3—拉索；4—弓形支撑架；5—螺栓；6—车门拉手；
7、9、11—盖罩；8—垫片；10—内十二角花键螺栓

## 二、车门分装工段安全注意事项

在车门分装工段，影响安全事故的因素有三大类：不正确穿戴劳保用品；不按照工艺标准进行作业；安全意识松懈。本工段较为易发的安全事故类型为作业者手臂、手腕的割伤。此类安全事故多发生于作业者与车门钣金边缘的接触，因此，我们必须

清楚了解本工段的安全事故易发点和避免安全事故的方法。

1. **车门分装工段劳保用品的穿戴**

车门分装工段劳保用品的穿戴标识如图 7-15 所示。

图 7-15　劳保用品穿戴标识

2. **车门分装工段安全事故易发点**

车门分装工段安全事故易发点如图 7-16 ~ 图 7-21 所示。

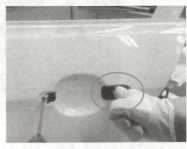
图 7-16　紧固门锁支架

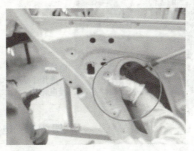
图 7-17　安装锁舌机构

图 7-18　安装车门线束

图 7-19　安装升窗器

图 7-20　安装车门密封条

图 7-21　安装限位器

以上几个装配位置是容易发生划伤、割伤事故的部位。所以在操作之前必须穿戴好劳保用品，提高自我保护的意识。在他人未按要求穿戴劳保用品时，我们也有义务进行劝导、纠正。

### 三、车门分装工具、设备使用注意事项、练习

#### 1. 车门分装工具使用注意事项

手持电枪使用方法：食指和大拇指握住电枪中部，中指扣动启动开关。这样操作能保证在长时间使用此类工具时，能更好地保护手，预防手部肌体劳损、腱鞘炎等病理发生（图7-22）。

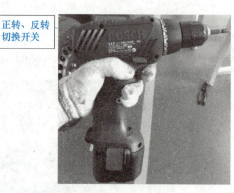

图7-22 电枪拿握姿势

注意事项：

在操作手持电枪过程中，切记不要用手去抓握电枪高速旋转部位。避免将手套绞入旋转头，造成大的人员伤害安全事故。

#### 2. 车门分装设备使用注意事项

车门转移夹具操作方法：将车门转移夹具下端托住车门底部，将两个吸盘吸住车窗玻璃。确保吸附到位后，操作夹具面板按钮，将车门转移至车身合装线上，进行车门合装（图7-23～图7-25）。

图7-23 操作面板　　图7-24 气压表　　图7-25 吸盘

注意事项：

（1）操作前，须先确认夹具的气压表压力是否正常，即查看气压表指针是否处于

表盘的压力值范围内（0.3～0.6 MPa）。

（2）吸附车门玻璃时，确认玻璃表面无异物附着。吸盘与玻璃贴合完整，无漏气现象。

（3）在转移车门的过程中，不能蛮力操作，避免将车门钣金和漆面碰伤。

### 3. 练习

1. 请描述车门分装工段须穿戴的劳保用品有哪些。
2. 请描述手持电枪正确拿握的姿势，并说明原因。
3. 在使用车门转移夹具时，操作者必须注意什么？

### 四、车门分装仿真软件练习

在有虚拟仿真软件配合教学的情况下，通过车门分装仿真软件的学习，能熟练操作仿真软件，熟悉车门分装的工艺流程和注意事项。车门分装虚拟仿真装调及检查过程如图 7-26～图 7-28 所示。

图 7-26 车门分装虚拟仿真界面

图 7-27 车门分装虚拟仿真装配工艺卡

请填写图 7-29 图标在仿真软件中所代表的意义。

图 7-28 车门分装虚拟仿真检查

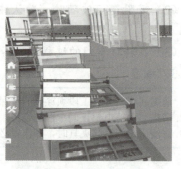

图 7-29 软件仿真界面

讨论题：操作仿真软件时，结合实际生产，如图 7-30 所示，在下列情况中，是否能跳过第 2 步操作，直接进行第 3 步操作？并说明这种行为带来的后果。

图 7-30 装配工艺过程卡片

## 任务三 车门分装装调实训

### 学习目标

1. 通过车门分装装调实训工艺指导，能明确操作顺序、操作内容、操作注意事项等装调信息；
2. 通过实操练习，掌握车门分装装调能力、装调注意事项。

### 一、车门分装装调实训指导

实训操作练习开始前，请穿戴好劳保用品，严格按照工艺标准进行操作。

注：因篇幅有限，左右侧车门同样项目操作方法时，右侧项目省略装配操作步骤（表 7-1）。

车门装配之分装锁舌机构

安装锁舌机构

安装外把手支架

| 安装外把手、锁芯 | 安装线束 | 安装升窗器 | 安装升窗电机 | 安装玻璃 |
| 安装后视镜 | 安装后视镜饰板 | 安装门板 | 锁紧门板组件 | 安装门板开关 |

表 7-1 车门分装装调实训表

| 序号 | 操作步骤 | 操作方法 | 操作图示 | 注意事项 | 零件名称 |
| --- | --- | --- | --- | --- | --- |
| 左侧车门 MA011 | 查看 FIS 单核对底盘号和 KNR 号 | 行走 1 m 到左前门挂 FIS 单 | | 1. 看 FIS 单上底盘号与随车卡上相同。<br>2. 看 FIS 单上与左前门上 KNR 号的一致 | |
| 2 | 连接左侧前、后门拉丝 T 形头至锁支架 | 将拉丝上的 T 形头卡进锁支架的固定槽内 | | 将拉丝 T 形头端短头插入槽内 | 锁支架、拉丝 |
| | 分装左侧前、后门拉丝与锁支架 | 将拉丝后端的固定槽卡进锁支架的半圆槽内 | | 拉丝一定要卡到卡槽内 | |
| 3 | 分装左侧前、后门拉丝与门锁 | 拿取拉丝和门锁,连接拉丝至门锁相应位置。完成前、后门门锁分装工作 | | 1. 注意拉丝上胶堵前门是黑色,后门是蓝色。<br>2. 拉丝上的卡一定要卡在卡槽里 | 前门门锁拉丝、左前门锁、后门锁拉丝、左后门锁 |

续表

| 序号 | 操作步骤 | 操作方法 | 操作图示 | 注意事项 | 零件名称 |
|---|---|---|---|---|---|
| 4 | 装配左侧前门锁支架及垫片 | 将垫片卡入钣金，站在门的内侧，将锁支架伸入钣金，将锁支架两端卡在两端的工艺孔内即可 | 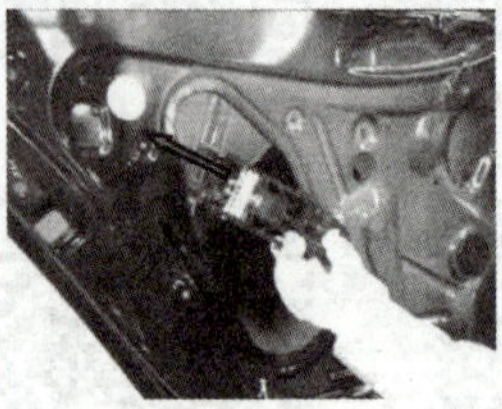 | 垫片与锁支架要卡到位，防止掉落 | 锁支架垫片、锁支架 |
| | 紧固锁支架 | 取1颗螺栓，左手拿电枪，右手食指伸入工艺孔，向左推锁支架，推的同时紧固锁支架 | 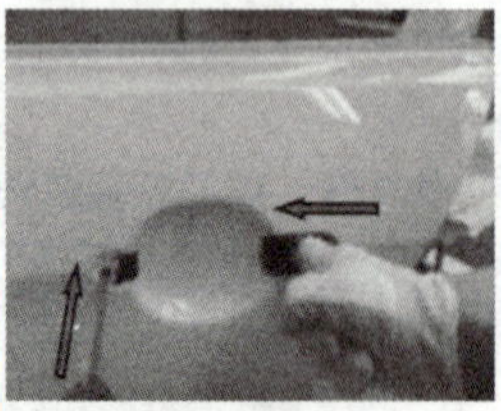 | 打钉的时候一定要推锁支架，防止支架卡不到位 | 螺栓 |
| 5 | 分装左侧前门锁支架拉丝与门锁连接 | 将锁支架拉丝与门锁连接，将拉丝卡槽固定在门锁上 |  | 装配时注意卡到卡槽里 | 前门门锁 |
| | 装配左侧前门门锁罩盖 | 拿取门锁罩盖，按照相应的位置装配到门锁上 | 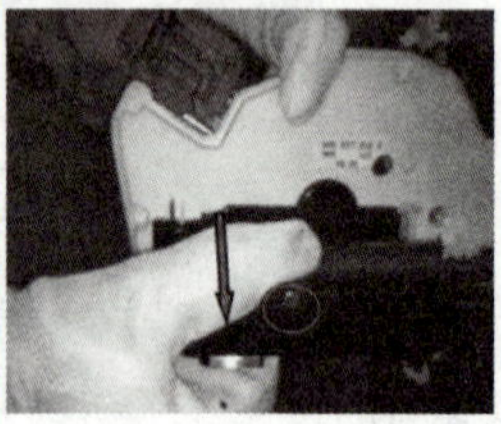 | 卡槽一半在里一半在外 | 门锁罩盖 |
| | 装配左侧前门锁 | 1. 右手拿取分装好的门锁，伸入钣金内，调整位置门锁上的螺纹孔与钣金工艺孔对齐。2. 左手拿取电枪，右手把住门锁，用2颗螺栓预紧门锁 |  | 1. 打钉时枪要垂直于钣金。2. 打钉时注意别划伤钣金 | 螺栓 |

续表

| 序号 | 操作步骤 | 操作方法 | 操作图示 | 注意事项 | 零件名称 |
|---|---|---|---|---|---|
| 6 | 装配左侧后门锁支架及垫片 | 将垫片卡入钣金，站在门的内侧，将锁支架伸入钣金，将锁支架两端卡在两端的工艺孔内即可 | 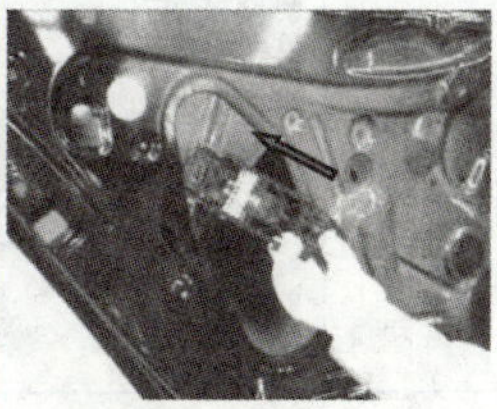 | 垫片与锁支架要卡到位，防止掉落 | 锁支架垫片、锁支架 |
| | 紧固锁支架 | 取1颗螺栓，左手拿电枪，右手食指伸入工艺孔，向左推锁支架，推的同时紧固锁支架 | 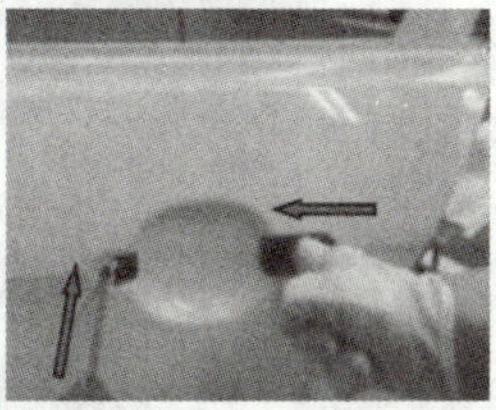 | 打钉的时候一定要推锁支架，防止支架卡不到位 | 螺栓 |
| 7 | 分装左侧后门锁支架拉丝与门锁连接 | 将锁支架拉丝与门锁连接，将拉丝卡槽固定在门锁上 | 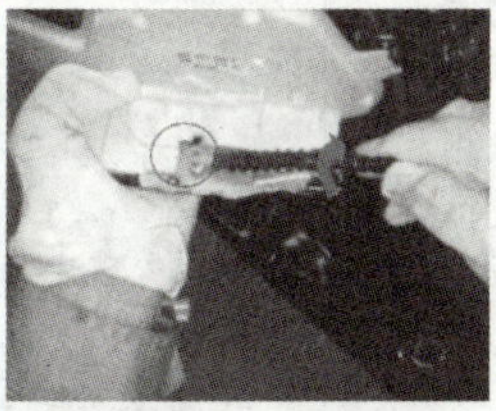 | 装配时注意卡到卡槽里 | 前门门锁 |
| | 装配左侧后门门锁罩盖 | 拿取门锁罩盖，按照相应的位置装配到门锁上 | 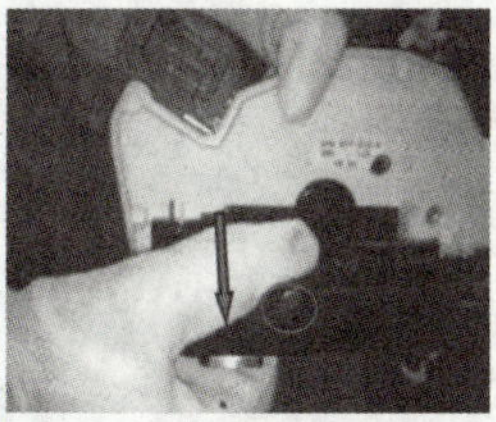 | 卡槽一半在里一半在外 | 门锁罩盖 |
| | 装配左侧后门锁 | 1.右手拿取分装好的门锁，伸入钣金，调整位置门锁上的螺纹孔与钣金工艺孔对齐。2.左手拿取电枪，右手把住门锁，用2颗螺栓预紧门锁 | 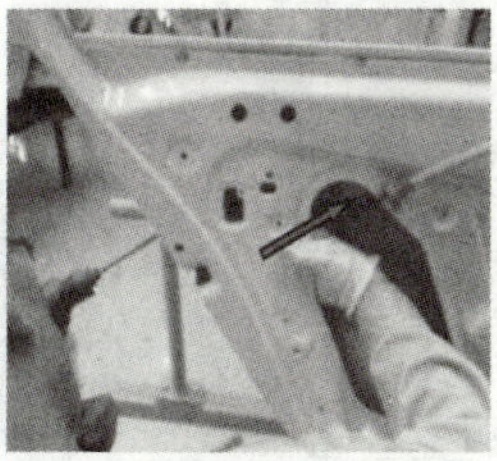 | 1.打钉时枪要垂直于钣金。2.打钉时注意别划伤钣金 | 螺栓 |
| 右侧车门MA021 | 查看FIS单核对底盘号和KNR号 | 行走1 m到右前门挂FIS单 | 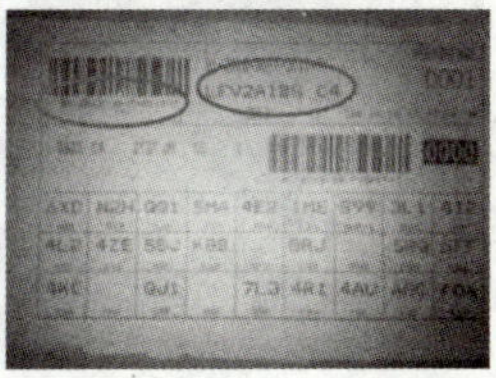 | 1.看FIS单上底盘号与随车卡上相同。2.看FIS单上与右前门上KNR号的一致 | |

续表

| 序号 | 操作步骤 | 操作方法 | 操作图示 | 注意事项 | 零件名称 |
|---|---|---|---|---|---|
| 2 | 分装右侧前、后门拉丝与锁支架 | 拿取拉丝和门锁，连接拉丝和锁支架。分别完成前后门门锁分装工作 | 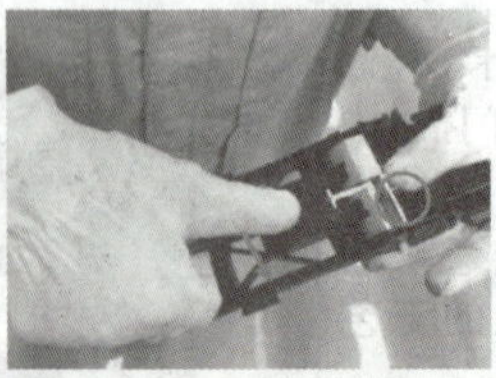 | 1.将拉丝T形头端短头插入槽孔。2.拉丝一定要卡到卡槽内 | 锁支架、拉丝 |
| 3 | 分装右侧前、后门拉丝与门锁 | 拿取拉丝和门锁，连接拉丝至门锁相应位置。完成前、后门门锁分装工作 | 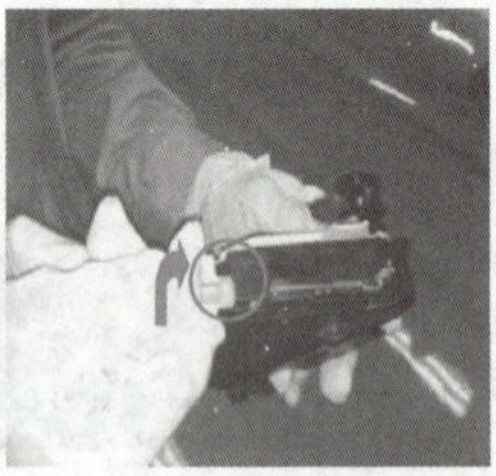 | 1.注意拉丝上胶堵前门是黑色，后门是蓝色。2.拉丝上的卡一定要卡在卡槽里 | 前门门锁拉丝、左前锁、后门锁拉丝、左后门锁 |
| 4 | 装配右侧前门锁支架及垫片 | 将垫片卡入钣金，站在门的内侧，将锁支架伸入钣金，将锁支架两端卡在两端的工艺孔内即可 |  | 垫片与锁支架要卡到位，防止掉落 | 锁支架垫片、锁支架 |
| 4 | 紧固锁支架 | 取1颗螺栓，左手拿电枪，右手食指伸入工艺孔，向左推锁支架，推的同时紧固锁支架 | 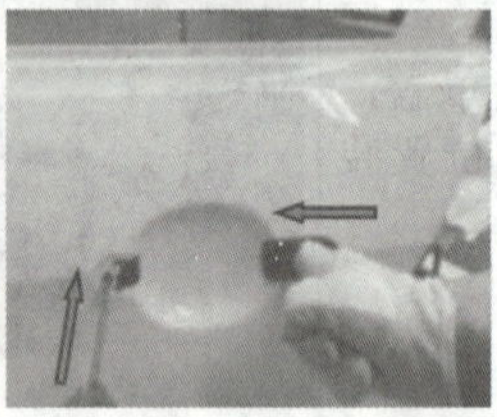 | 打钉的时候一定要推锁支架，防止支架卡不到位 | 螺栓 |
| 5 | 分装右侧前门锁支架拉丝与门锁连接 | 将锁支架拉丝与门锁连接，将拉丝卡槽固定在门锁上 | 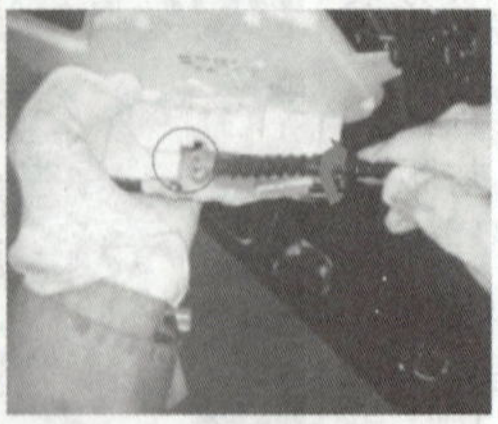 | 装配时注意卡到卡槽里 | 前门门锁 |
| 5 | 装配右侧前门门锁罩盖 | 拿取门锁罩盖，按照相应的位置装配到门锁上 | 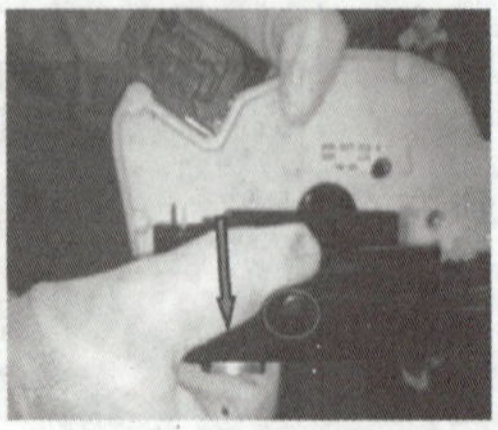 | 卡槽一半在里一半在外 | 门锁罩盖 |

续表

| 序号 | 操作步骤 | 操作方法 | 操作图示 | 注意事项 | 零件名称 |
|---|---|---|---|---|---|
| 5 | 装配右侧前门锁 | 1. 右手拿取分装好的门锁，伸入钣金内，调整位置门锁上的螺纹孔与钣金工艺孔对齐。2. 左手拿取电枪，右手把住门锁，用2颗螺栓预紧门锁 | 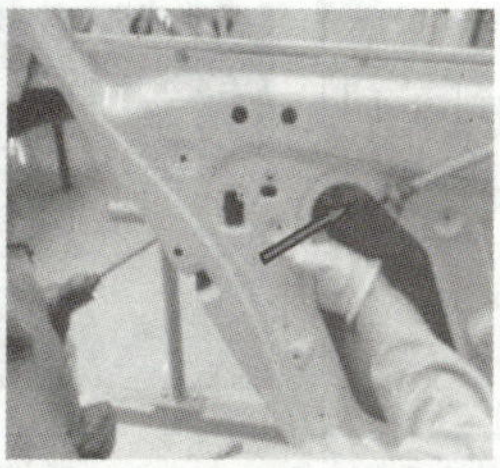 | 1. 打钉时枪要垂直于钣金。2. 打钉时注意别划伤钣金 | 螺栓 |
| 6 | 装配右侧后门锁支架及垫片 | 将垫片卡入钣金，站在门的内侧，将锁支架伸入钣金内，将锁支架两端卡在两端的工艺孔内即可 |  | 垫片与锁支架要卡到位，防止掉落 | 锁支架垫片、锁支架 |
| 6 | 紧固锁支架 | 取1颗螺栓，左手拿电枪，右手食指伸入工艺孔，向左推锁支架，推的同时紧固锁支架 | 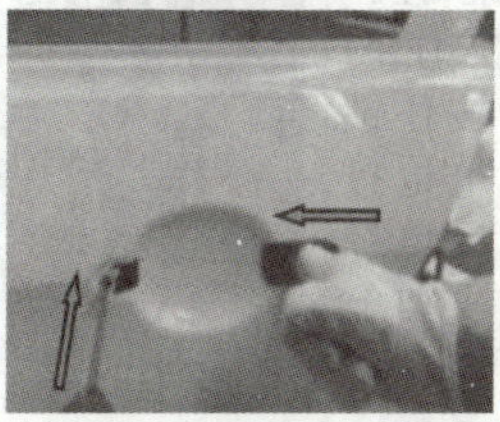 | 打钉的时候一定要推锁支架，防止支架卡不到位 | 螺栓 |
| | 分装右侧后门锁支架拉丝与门锁连接 | 将锁支架拉丝与门锁连接，将拉丝卡槽固定在门锁上 | 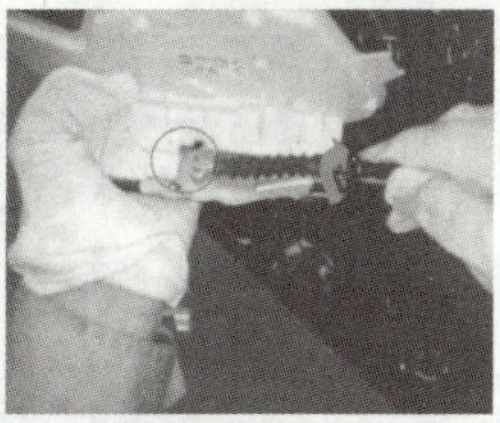 | 装配时注意卡到卡槽里 | 前门门锁 |
| 7 | 装配右侧后门门锁罩盖 | 拿取门锁罩盖，按照相应的位置装配到门锁上 | 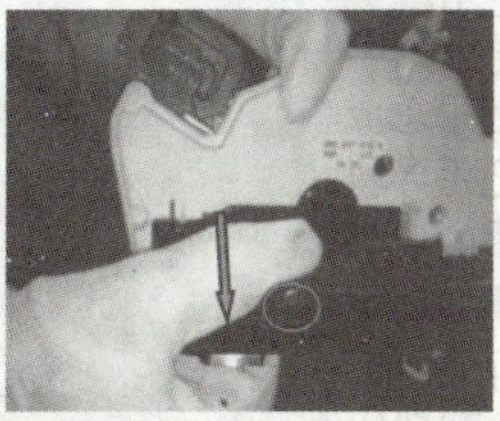 | 卡槽一半在里一半在外 | 门锁罩盖 |
| | 装配右侧后门锁 | 1. 右手拿取分装好的门锁，伸入钣金，调整位置使门锁上的螺纹孔与钣金工艺孔对齐。2. 左手拿取电枪，右手把住门锁，用2颗螺栓预紧门锁 | 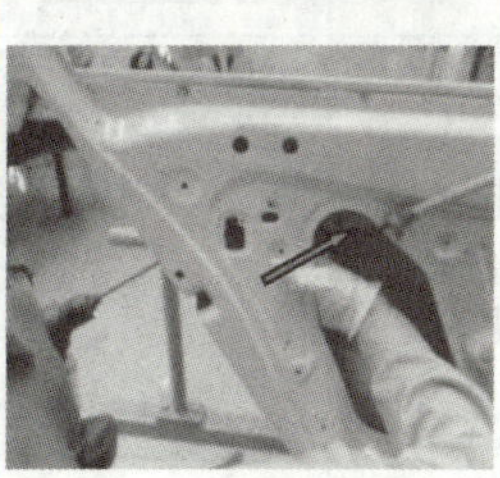 | 1. 打钉时枪要垂直于钣金。2. 打钉时注意别划伤钣金 | 螺栓 |

续表

| 序号 | 操作步骤 | 操作方法 | 操作图示 | 注意事项 | 零件名称 |
| --- | --- | --- | --- | --- | --- |
| 左侧车门MA031 | 查看FIS单 | 行走1 m到车门前查看FIS单上门把手PR号，拿取门把手 | 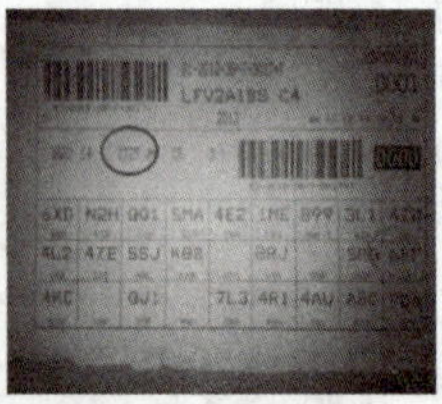 | 注意检查门把手的型号与FIS单零件号是否匹配 | 左前车门外把手 |
| 2 | 装配左侧前门外把手 | 先将外门把手总成的前端装进把手导轨槽，再将把手的后部对准钣金凹槽向斜下方用力推，听见"咔"的一响声即装配到位 |  | 防止把手前端胶皮外漏 | |
| 3 | 装配左侧前门锁芯 | 取1颗螺栓。左手向外拉住门把手，拇指按住锁芯，右手拿电枪打钉，先紧固黑色螺钉，再将锁支架上的螺钉拧紧 | 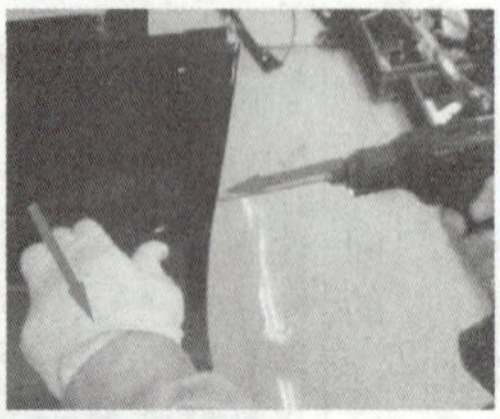 | 注意对准钉孔，防止锁芯钉紧固不到位 | 锁芯、白螺栓 |
| 4 | 装配左侧前门锁芯盖板、胶盖 | 1. 将锁芯盖板与锁芯外形对齐，用拇指向下按，听见"咔"的一响声即装配到位。2. 拿取胶盖，窄的一侧向右，盖住两个螺钉工艺孔 | 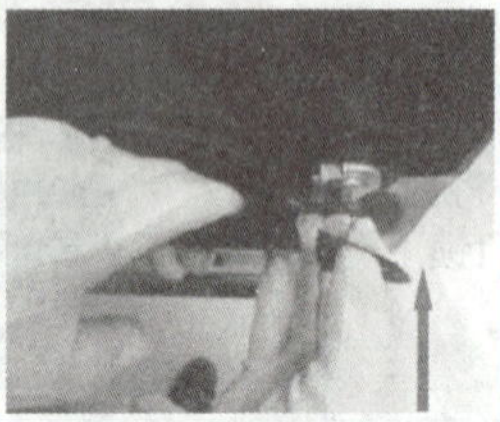 | 1. 防止划伤车门钣金及虚卡。2. 胶盖注意密封 | 锁芯盖板、胶盖 |
| 5 | 装配左侧后门外把手 | 先将外门把手总成的前端装进把手导轨槽，再将把手的后部对准钣金凹槽向斜下方用力推，听见"咔"的一响声即装配到位 | 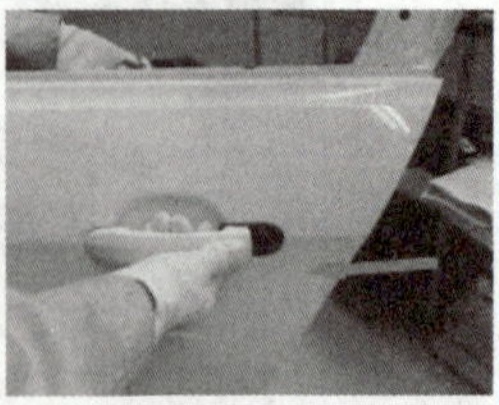 | 防止把手前端胶皮外漏 | 左后车门外把手 |
| 6 | 装配左侧后门把手盖板 | 左手拉起门把手，右手将盖板对准钣金孔按进去 | 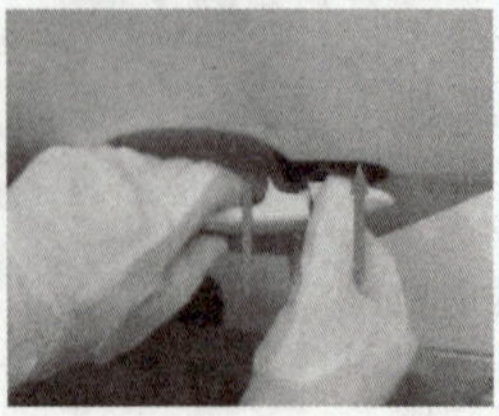 | 防止虚卡 | 把手盖板 |

续表

| 序号 | 操作步骤 | 操作方法 | 操作图示 | 注意事项 | 零件名称 |
|---|---|---|---|---|---|
| 7 | 锁死锁支架锁死机构 | 右手伸进钣金将锁支架锁死机构锁死 | 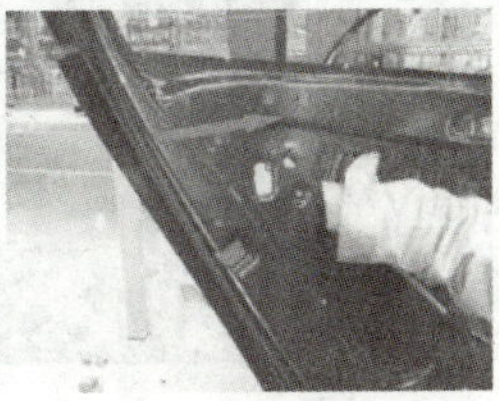 | 听见"咔"的一声装配到位 | |
| 8 | 安装左侧后门胶堵 | 拿取后门小胶堵，安装后门小胶堵 | 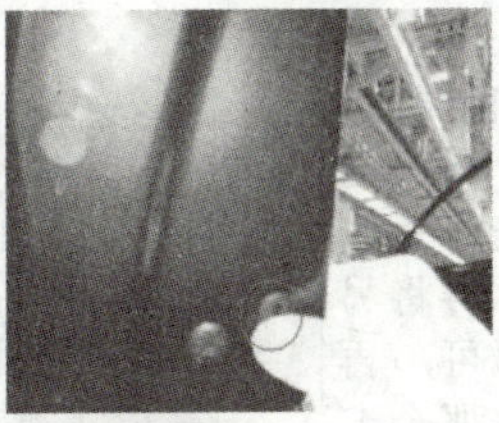 | 注意安装胶堵时槽孔垂直 | 锁芯胶盖 |
| 9 | EC扳手紧固门锁钉 | 拿取扫描枪，对准FIS单的条码扫，然后拿取EC扳手对前后门锁钉进行紧固 | 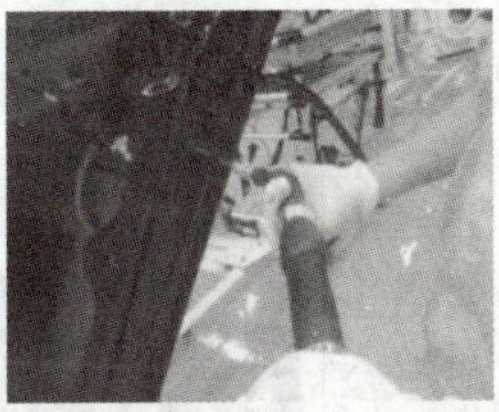 | 紧固时枪必须垂直于操作面，必须拿稳，防止划伤钣金 | |
| 左侧车门MA051 | 查看FIS单，拿取左前门线束 | 行走1 m到车门前查看FIS单上左前门线束PR号，拿取左前门线束 | 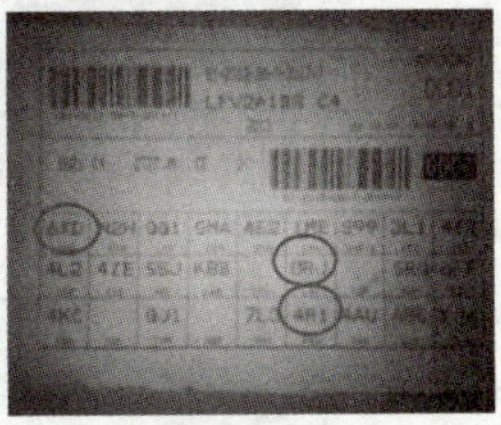 | 注意线束的型号是否正确 | 左前门线束 |
| 2 | 装配左前门线束 | 先将线束从钣金工艺孔穿入，再将线束头从前端拉出，波纹管凸头向上装配，先将一侧装配拉出，再将另一侧拉出即可，再卡钣金内的两个卡扣，随后装上圆胶堵，再按顺序卡好钣金上的卡扣 |  | 1. 波纹管凸头向上。<br>2. 按一定的顺序按卡扣。<br>3. 注意钣金内侧扬声器下方有两个卡扣 | |

续表

| 序号 | 操作步骤 | 操作方法 | 操作图示 | 注意事项 | 零件名称 |
|---|---|---|---|---|---|
| 3 | 拿取左后门线束 | 行走1 m到车门前查看FIS单上左后门线束PR号，拿取左后门线束 | 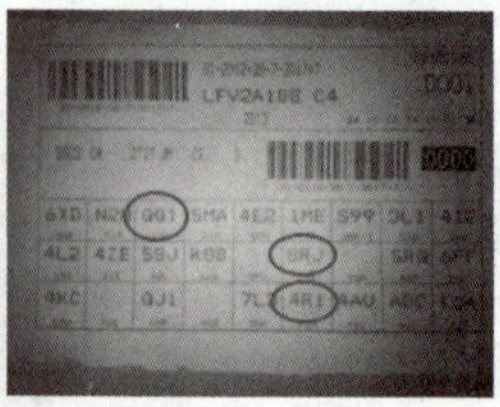 | 注意线束的型号是否正确 | 左后门线束 |
| 4 | 装配左后门线束 | 先将线束从钣金工艺孔穿入，再将线束头从前端拉出，波纹管凸头向上装配，先将一侧装配拉出，再将另一侧拉出即可，再卡钣金内的那个卡扣，随后装上圆胶堵，再按顺序卡好钣金上的卡扣 |  | 1. 波纹管凸头向上。2. 按一定的顺序按卡扣。3. 注意钣金内有一卡扣 | |
| 左侧车门MA071 | 查看FIS单，装配左前门玻璃升降器 | 将升降器在手中摆正，将左边滑道放进车壳，再放入左手中的滑道，同时左手拉另一侧，将升降器上的卡和螺柱卡入钣金工艺孔，用4颗螺栓紧固升窗器 |  | 注意升窗器里面的卡扣不要漏卡 | 左前门玻璃升降器、螺母 |
| 2 | 装配左后门玻璃升降器 | 将升降器左侧放入滑道，同时左手拉另一侧，将升降器上的卡和螺柱卡入钣金工艺孔。用2颗螺栓紧固升窗器 |  | 注意升窗器里面的卡扣不要漏卡 | 左后门玻璃升降器、螺母 |
| 3 | 查看FIS单，拿取左前门电动机 | 行走1 m到车门前查看FIS单上左前门电动机PR号，拿取左前门电动机 | 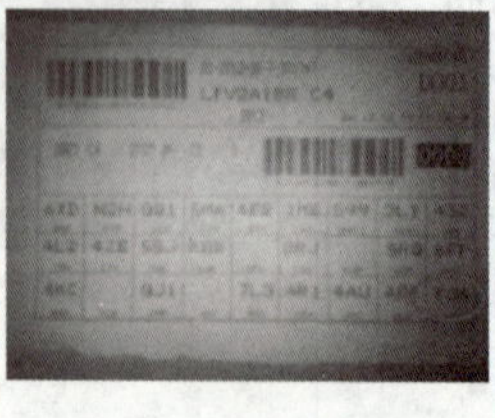 | 核对零件号与FIS单号是否一致 | 左前门电动机 |

续表

| 序号 | 操作步骤 | 操作方法 | 操作图示 | 注意事项 | 零件名称 |
|---|---|---|---|---|---|
| 4 | 装配左前门电动机 | 将电动机在手中摆正，先将线束电动机插头插在电动机上，再将插头锁死。将电动机齿轮中柱和卡槽对准钣金上的托架卡死。再用3颗螺栓紧固电动机 |  | 电动机插头上的红卡要锁死 | 螺栓 |
| 5 | 查看FIS单、拿取左后门电动机 | 行走1 m到车门前查看FIS单上左前门电动机PR号，拿取左后门电动机 | 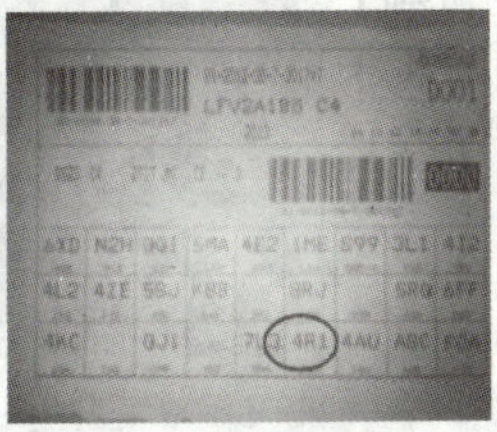 | 核对零件号与FIS单号是否一致 | 左后门电动机 |
| 6 | 装配左后门电动机 | 先将电动机在手中摆正，将线束电动机插头插在电机上，再将插头锁死。将电动机齿轮中柱和卡槽对准钣金上的托架卡死。再用3颗螺栓紧固电动机 |  | 电动机插头上的红卡要锁死 | 螺栓 |
| 左侧车门MA091 | 查看FIS单，装配左前门门框条 | 用刷子将肥皂水均匀地涂抹在门框条上，将门框条靠近B柱的下端从下往上轻卡住钣金，将定位销处装配到位，锁紧定位销，再顺着定位销处向右装配门框条，向下装配门框条，装配玻璃导向条时注意把导向条完全塞进钣金卡槽，装完后用压板滑动皮条，让皮条完全包住钣金 | 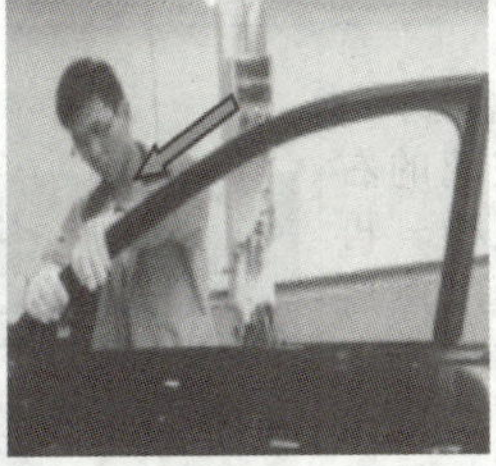 | 1. 注意门框条表面是否有划伤或裂口。2. 要保证皮条完全包住钣金。3. 注意把导向条完全塞进钣金卡槽 | 左前门门框条 |

续表

| 序号 | 操作步骤 | 操作方法 | 操作图示 | 注意事项 | 零件名称 |
|---|---|---|---|---|---|
| 2 | 查看FIS单,拿取左后门三角窗总成 | 查看FIS单,拿取左后门三角窗 |  | 注意检查三角窗型号是否正确 | 左后门三角窗总成 |
| 3 | 装配左后门三角窗 | 将三角窗放到C柱钣金槽内,将卡扣1轻轻按到孔里,再将卡扣2搭到钣金口 | 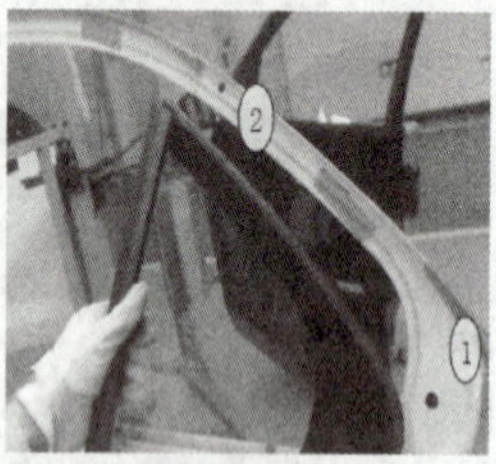 | 1.卡扣对准钣金口,卡扣在未安装门框条之前不要将其按进孔里卡死。2.检查三角窗是否有压痕,玻璃是否划伤 | |
| 左侧车门MA111 | 查看FIS单,装配左后门门框条(只装配一半胶条) | 将左后门框条与三角窗匹配,调整左后门门框条与三角窗间隙,靠近C柱门框条用力卡进钣金孔,左后门门框条中部导向槽从上往下装入三角窗槽 | 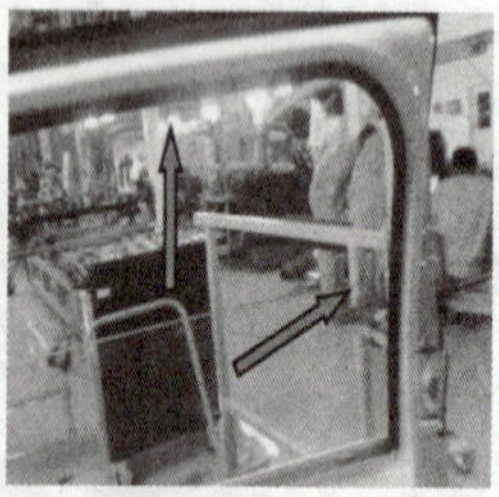 | 注意门框条中部胶条处与三角玻璃间隙不能有间隙,不能全塞进中框架,以免装玻璃时候擦伤门框条 | 左后门框条 |
| 2 | 查看FIS单,拿取左后门玻璃 | 查看FIS单,拿取左后门玻璃 | 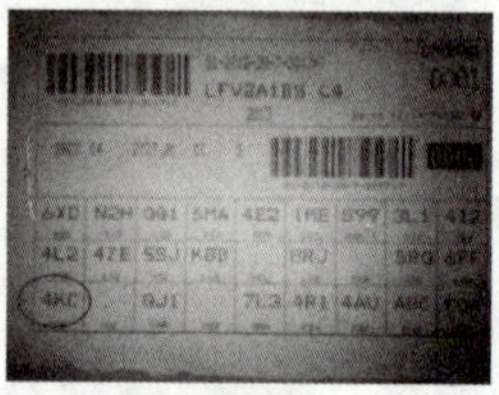 | 注意检查玻璃型号是否一致 | 左后门玻璃 |
| 3 | 装配左后门玻璃 | 门框条装到一半,先将玻璃的右侧卡入导轨槽,再将左端顺入,然后双手把住玻璃,上下滑动保证玻璃卡在导轨槽里,最后用力向下摁,听到咔一声则代表玻璃已卡到位 | 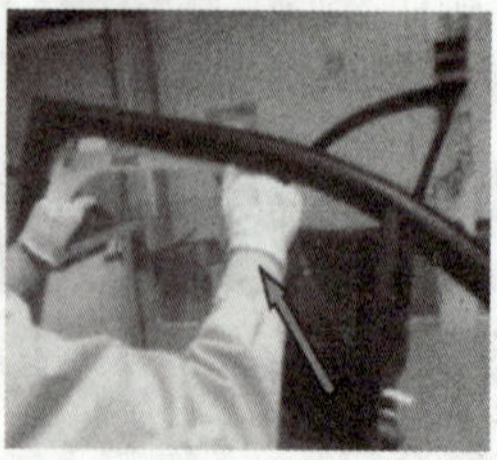 | 1.一定要先确保玻璃卡在托架中间。2.若发现玻璃未卡在导槽内,上下滑动玻璃,保证玻璃在导槽内 | |

续表

| 序号 | 操作步骤 | 操作方法 | 操作图示 | 注意事项 | 零件名称 |
|---|---|---|---|---|---|
| 4 | 装配剩余的门框条 | 先将B柱滑入玻璃，保证各个部位的间隙与平度，再按入B柱上角的锁死卡扣，然后用压板滑动皮条，让皮条包住钣金 | 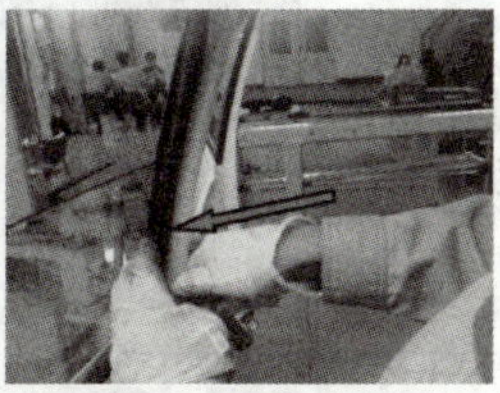 | 1.一定要保证各处的间隙、平度。2.要保证皮条完全包住钣金 | |
| 左侧车门MA131 | 查看FIS单，拿取左前门玻璃 | 查看FIS单，拿取左前门玻璃 |  | 注意检查玻璃型号是否一致 | 左前门玻璃 |
| 2 | 装配左前门玻璃 | 先将玻璃的左侧伸入钣金，再将左侧顺入导轨槽，双手把住玻璃上下滑动，然后用力向下压，听到"咔"的两声，则玻璃的两个卡已经卡在升降器托架上，然后上下反复提拉，确保装配到位 |  | 1.向下用力压时，一定要先确保玻璃卡在托架中间，防止划伤玻璃。2.若发现玻璃未卡在导槽内，就上下滑动玻璃，保证玻璃卡在导槽内 | |
| 3 | 查看FIS单，拿取左侧车门窗台密封条 | 查看FIS单，拿取左侧车门窗台密封条 |  | 注意检查密封条型号是否正确 | 左侧车门窗台密封条 |
| 4 | 装配左前门外饰条 | 拿取外饰条，以B柱为基准，先将B柱压入钣金，然后依次压向A柱，注意A、B柱的皮子要包住钣金，最后用锤子和垫块将外饰条敲入钣金 | 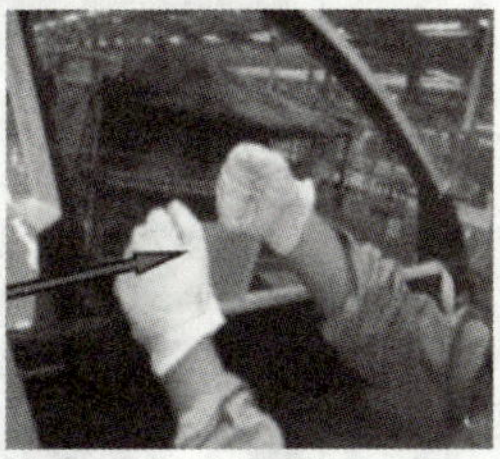 | 两端皮条一定要包住钣金。用锤子和垫块敲打钣金时，不要敲B柱 | |

续表

| 序号 | 操作步骤 | 操作方法 | 操作图示 | 注意事项 | 零件名称 |
| --- | --- | --- | --- | --- | --- |
| 5 | 装配左前、后车门胶堵 | 拿取2个胶堵，分别装配到左前、后车门对应的工艺孔上 |  | 胶堵一定要完全密封工艺孔，防止漏雨 | 密封胶堵 |
| 6 | 装配左后门外饰条 | 拿取左后门外饰条撕下保护膜，以B柱为基准，先将B柱压入钣金内，然后依次压向C柱，注意B、C柱的皮子要包住钣金 |  | 1.两端的皮条一定要包住钣金。2.用锤子和垫块敲打钣金时，不要敲B柱端上，防止外饰条变形和压痕 | |
| 左侧车门MA151 | 查看FIS单，拿取左前门后视镜 | 查看FIS单上后视镜PR号，拿取后视镜 | 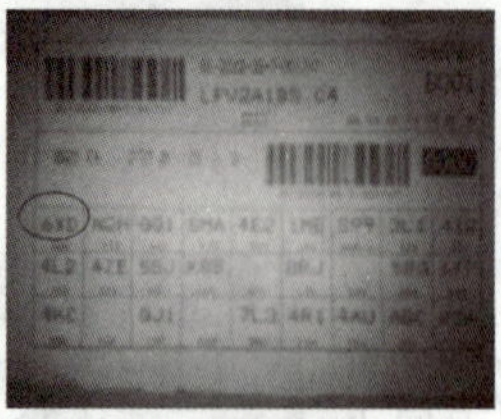 | 注意检查后视镜的型号是否正确 | 左前门后视镜 |
| 2 | 装配左前门后视镜 | 将线束从钣金孔中穿进，后视镜底座海绵塞入钣金，将后视镜下角装入门框条，调整后视镜与门框条间隙并调整角度，再用1颗膨胀螺母、1颗螺栓固定后视镜 | 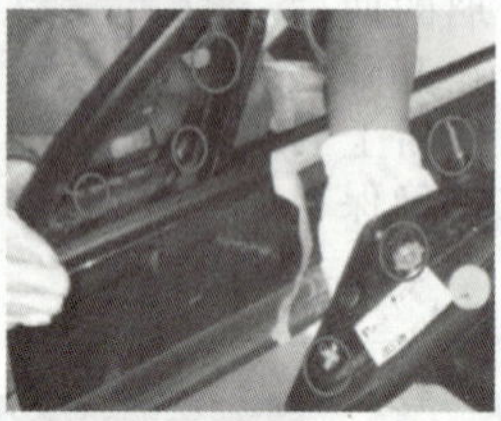 | 1.查看后视镜颜色和配置与FIS单代码一致。2.螺钉垂直，防止造成假力矩 | 膨胀螺母、螺栓 |
| 3 | 装配左前门三角盖板 | 先将左前门三角盖板卡扣卡在钣金内，然后拍打三角盖板，再用电动螺钉旋具电枪将其紧固。将后视镜线速插头插上 |  | 装配完成以后检查三角盖板与钣金的间隙（1.5 mm±0.5 mm） | 左前三角板、螺栓 |
| 左侧车门MA161 | 装配左前门内压条 | 将左前门内压条以B柱为基准将其卡接在左前门钣金上；使用辅助工具橡皮锤及胶块敲击左前门内压条 |  | 装配时从B柱开始卡接 | 左前门内压条 |

续表

| 序号 | 操作步骤 | 操作方法 | 操作图示 | 注意事项 | 零件名称 |
|---|---|---|---|---|---|
| 2 | 装配左前门内板 | 将左前门锁拉丝和套管穿过内板，将套管固定在内板中；安装左前门内板上部卡在钣金工艺孔中，再安装左前门内板下部卡在钣金工艺孔中，听到卡接的声音 |  | 1.套管完全固定在内板中，无间隙。2.内板完全卡接在钣金工艺孔中，与钣金工艺孔无间隙 | 左前门内板 |
| 3 | 左后门三角窗总成螺钉紧固 | 拿取电枪和2颗螺钉，左手扶住三角窗总成上提，右手按顺序紧固三角窗总成 |  | 左后门三角窗总成顶端与门框条无间隙 | 螺钉 |
| 4 | 装配左后门内压条 | 将左后门内压条以B柱为基准将其卡接在左后门钣金上；使用辅助工具橡皮锤及胶块敲击左后门内压条 |  | 装配时从B柱开始卡接 | 左后门内压条 |
| 5 | 装配左后门内板 | 将左后门锁拉丝和套管穿过内板，将套管固定在内板中；安装左后门内板上部卡在钣金工艺孔中，再安装左后门内板下部卡在钣金工艺孔中，听到卡接的声音 |  | 1.套管完全固定在内板中，无间隙。2.内板完全卡接在钣金工艺孔中，与钣金工艺孔无间隙 | 左后门内板 |
| 左侧车门MA191 | 装配左前门限位器总成 | 拿取左前门限位器总成，通过扬声器孔装入，装配完毕后沿着汽车内部方向使车门限位器支座就位。用2颗螺栓紧固限位器 |  | 安装时注意支杆标记，左车门"VL"在上部；右车门"VR"在上部 | 左前门限位器、螺栓 |

续表

| 序号 | 操作步骤 | 操作方法 | 操作图示 | 注意事项 | 零件名称 |
|---|---|---|---|---|---|
| 2 | 装配左前门扬声器 | 拿取左前门扬声器，将扬声器卡在钣金上，用拉铆枪将扬声器紧固在前门工艺孔上，再将扬声器插头与扬声器连接好。用4颗铆钉紧固扬声器 |  | 铆钉垂直于前门工艺孔，铆钉头部完全插入钣金孔再紧固铆钉 | 左前门扬声器、铆钉 |
| 3 | 装配左后门限位器总成 | 拿取左后门限位器总成，通过扬声器孔装入，装配完毕后沿着汽车内部方向使车门限位器支座就位。用2颗螺栓紧固限位器 |  | 安装时注意支杆标记，左车门"VL"在上部；右车门"VR"在上部 | 左后门限位器、螺栓 |
| 4 | 装配左后门扬声器（选装） | 拿取左后门扬声器，将扬声器卡在钣金上，用拉铆枪将扬声器紧固在后门工艺孔上，再将扬声器插头与扬声器连接好。用4颗铆钉紧固扬声器 |  | 铆钉垂直于前门工艺孔，铆钉头部完全插入钣金孔再紧固铆钉，紧固铆钉时按对角线打钉 | 左后门扬声器、铆钉 |
| 左侧车门 MA211 | 装配左前门护板总成 | 拿取左前门护板总成、门锁拉丝与内手扣，同时将玻璃升降开关插头从门护板总成工艺孔中穿过；按图顺序安装左前门护板总成 | 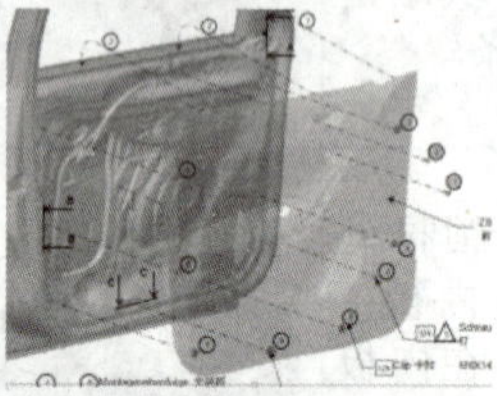 | 1.装配完成后，扣一下手扣，检查拉丝是否挂上。2.按照顺序安装左前门护板总成卡扣 | 左前门护板总成 |
| 2 | 安装左前门内开启把手 | 拿取左前门内开启把手，将拉丝挂在内开启把手上，安装至内饰板内。用1颗螺栓紧固把手 |  | 紧固螺钉时注意不要将内饰板划伤 | 左前门内把手、螺钉 |
| 3 | 装配左前控制开关 | 拿取左前控制开关，按照顺序连接线束插头，使控制开关的后方先卡接在左前门护板总成工艺孔中，再使前方卡接在左前门护板总成工艺孔中 | 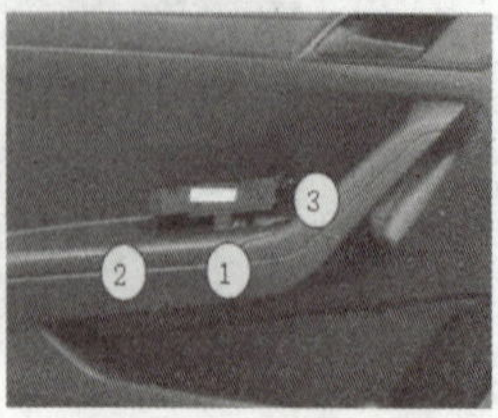 | 1.线束插头安装后用手拉动线束插头无脱落。2.左前控制开关与门护板总成工艺孔周边无间隙 | 左前控制开关 |

续表

| 序号 | 操作步骤 | 操作方法 | 操作图示 | 注意事项 | 零件名称 |
|---|---|---|---|---|---|
| 左侧车门MA221 | 装配左后门护板总成 | 拿取左后门护板总成，连接门锁拉丝与内手扣；同时将玻璃升降开关插头从右前门护板总成工艺孔中穿过；按图顺序安装左后门护板总成 | 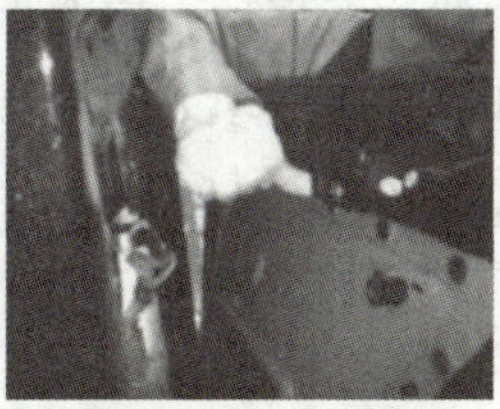 | 1.装配完成后，扣一下手扣，检查拉丝是否挂上。2.按照顺序安装左后门护板总成卡扣 | 左后门护板总成 |
| 2 | 安装左后门内开启把手 | 拿取左后门内开启把手，将拉丝挂在内开启把手上，安装至内饰板内。用1颗螺栓紧固把手 |  | 紧固螺钉时注意不要将内饰板划伤 | 左后门内把手、螺钉 |
| 3 | 装配左后控制开关 | 拿取左后控制开关，按照顺序连接线束插头，使控制开关的后方先卡接在左后门护板总成工艺孔中，再使前方卡接在左后门护板总成工艺孔中 |  | 1.线束插头安装后用手拉动线束插头无脱落。2.左后控制开关与门护板总成工艺孔周边无间隙 | 左后控制开关 |
| 左侧车门MA251 | 左前门盖板安装 | 将盖板放在车门护板工艺孔中，沿水平方向向后方推动盖板，使盖板卡在车门护板工艺孔中 |  | 车门盖板与车门工艺孔周边无间隙 | 左车门盖板 |
| 2 | 左前门上扶手盖板安装 | 将车门上扶手盖板3个卡接处与车门护板上的3个卡片垂直对正连接，垂直于车门护板方向推动车门上扶手盖板，使其卡在车门护板上 | 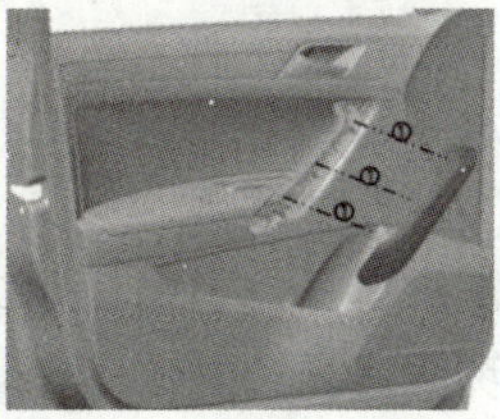 | 车门上扶手盖板与车门周边无间隙 | 左车门上扶手盖板 |

## 二、车门分装装调实训练习

学生按班组划分，班组长给每位成员分配一个工位，各位成员互相监督操作。

要求：
(1) 正确穿戴劳保用品。
(2) 严格执行工位工艺操作标准。
(3) 正确回答操作流程中的注意事项、安全事项。
车门分装装调工艺流程和注意事项填入表 7-2。

新能源汽车车门装配实训

表 7-2  车门分装装调工艺流程和注意事项

| 姓名 | | | 工位 | |
|---|---|---|---|---|
| 是否正确穿戴劳保用品？ | | | | |
| 工艺流程 | 结果 | | 注意事项 | 结果 |
| | | | | |
| | | | | |
| | | | | |
| | | | | |
| | | | | |
| | | | | |

单元测试

一、选择题

1. 左前门锁拉丝的作用是（    ）。
    A. 内把手开启车门用
    B. 外把手开启车门用
    C. 与门提相连，起到锁止和开启作用
2. 门锁罩盖的作用是（    ）。
    A. 防止门锁中的润滑油露出
    B. 防止门锁拉丝从门锁卡槽滑落
    C. 防止水和灰尘进入门锁里，影响门锁工作
3. 门锁罩盖一定不能出现的问题是（    ）。
    A. 罩盖上贴有零件编码  B. 罩盖塑料色泽不均匀  C. 罩盖上面有裂纹
4. 锁支架在紧固时如果不卡到位的危害有（    ）。
    A. 只要紧固到位是没有什么危害的
    B. 在使用过程中垫片和门锁支架会脱落，导致车门无法锁止，从而引起安全事故
    C. 只要紧固好了，在实际使用过程中垫片是不会脱落的

5. 下列有关门锁支架垫片说法正确的是（    ）。
   A．垫片为金属材质，主要是防止门锁支架松动的作用
   B．垫片为橡胶材质，主要是防止门锁支架松动的作用
   C．垫片为橡胶材质，主要是防止门锁支架划伤钣金件的作用
6. 下列有关拉丝在门锁上有缠绕情况的说法正确的是（    ）。
   A．基本没有质量问题，因为拉丝是软的，可以随时调整
   B．没有质量问题，因为安装时不会造成缠绕情况
   C．在安装完毕后，门锁可能无法打开；影响下一道与拉丝相连的工序无法安装
7. 左后门锁支架的功用是（    ）。
   A．用来安装车门锁芯
   B．主要是外把手开门使用
   C．只是为了固定门锁拉丝
8. 查看门锁螺纹孔与钣金孔对齐的方法是（    ）。
   A．只要错略估计一下即可
   B．视线与钣金及门锁孔垂直时，才能有效查看到门锁螺孔与钣金孔对齐
   C．只需能够露出门锁孔，在安装螺钉时门锁孔和钣金孔自然会对齐
9. 要求预紧门锁螺钉的原因是（    ）。
   A．其实也可以一次性扭紧，只是本次工序时间太紧，所以只能预紧
   B．因为门锁上面还需连接不同的拉丝，为了在安装其他拉丝时调整所用，因此不宜一次性扭紧门锁
   C．只要预紧了门锁螺钉，在下次扭紧时直接安装即可，无须再次调整门锁的位置
10. 下列有关拉丝的说法不正确的是（    ）。
    A．拉丝实际上就是一根铁丝，在外面有一层塑料保护层
    B．在连接拉丝时，如果T形头两端不对称，则应视为不合格件需更换
    C．在连接拉丝时发现拉丝外面保护塑料有损伤，则应视为不合格件需更换
11. 门锁罩盖的材质是（    ）。
    A．塑料            B．金属            C．橡胶
12. 锁芯安装方向正确的是（    ）。
    A．从门的外面往里安装   B．从门的里面往外安装   C．以上两项都正确
13. 安装门把手需注意的事项有（    ）。
    A．安装时不要将车门板漆面划伤
    B．安装时要检查门把手是否卡紧到位
    C．以上都是
14. 车门内加装防撞钢梁的目的是（    ）。
    A．应对车身的正面碰撞   B．应对车身的后面碰撞   C．应对车身的侧面碰撞
15. 安装线束时应注意的安全事项是（    ）。
    A．车门钣金边缘毛刺划伤手

B．化学用品的使用

C．电气设备的使用

16．安装门内压条时，应用（　　）工具进行辅助。

　　A．铁锤　　　　　　　B．橡皮锤　　　　　　C．电动螺钉旋具头

17．判定门内板安装合格的方法是（　　）。

　　A．只要不掉就合格

　　B．只需听见卡接声就行

　　C．听见卡接声，并且门板与钣金贴合无间隙

18．车门限位器的主要作用是（　　）。

　　A．限制车门最大开度，防止车门外板与车体相撞

　　B．保持车门的开启状态，防止车门自动关闭

　　C．以上都是正确的

19．紧固限位器时应注意（　　）。

　　A．紧固螺钉时，电动螺钉旋具要保持垂直，避免打滑伤到车漆

　　B．注意限位器的正反，避免装反

　　C．以上两个说法都正确

20．一体式冲压成型的车门的特点有（　　）。

　　A．强度高　　　　　　B．成本低　　　　　　C．工艺简单

## 二、综合训练题

1．请在图 7-31、图 7-32 中对应填写前车门零配件的名称。

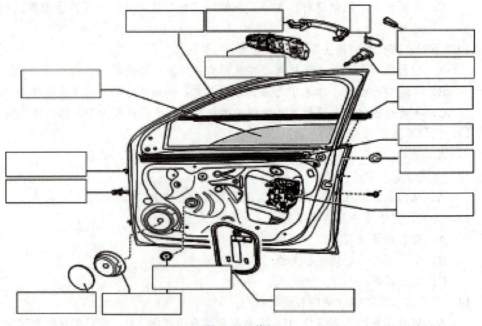

图 7-31　前门

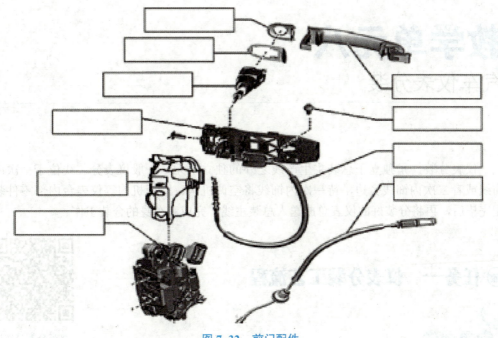

图 7-32 前门配件

2. 汽车车门按开启方式是如何分类的？
3. 汽车车门按门体结构分类方式是怎样的？
4. 车门分装工段需要注意哪些安全事项？
5. 车门分装工段需要使用的工具、设备有哪些？
6. 车门分装工段使用的手持电枪操作的正确方法是怎样的？
7. 简述车门分装主要装配工艺流程及注意事项。

# 教学单元八
## 汽车仪表分装

仪表分装，是独立于总装主生产线之外的独立单元。一般仪表分装线位于一次内饰线或者二次内饰线旁边，待一次内饰线将空调机构、踏板机构等仪表台内部零件装配完毕后，再将分装好的仪表总成送入总装主线，完成和车身的合装工作。

### 🏁 任务一　仪表分装工艺流程

仪表分装 MA01

1. 通过对仪表零配件图解的学习，熟悉仪表各个零配件的位置关系和装配关系；
2. 熟悉仪表分装工段安全注意事项；
3. 能正确熟练使用工具、设备，知晓操作注意事项；
4. 熟悉仪表分装装配工艺流程和操作注意事项。

### 一、仪表台零配件装配图解

#### 1. 仪表台零配件装配图解
仪表台零配件装配图解如图 8-1 所示。

#### 2. 组合开关装配图解
组合开关装配图解如图 8-2 所示。

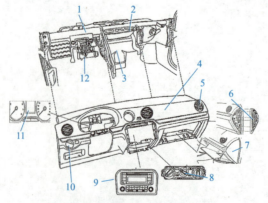

**图 8-1　仪表台零配件装配图解**

1—仪表骨架；2—风道；3—空调控制装置；4—仪表蒙皮；5—出风口；6—仪表侧饰板；
7—手套箱；8—空调控制面板；9—收音机；10—灯光开关；11—转速表；12—转向机

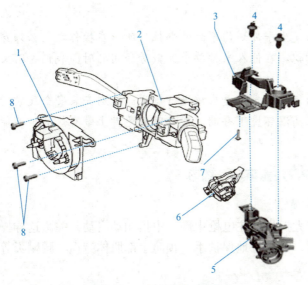

仪表分装 MA02

图 8-2 组合开关装配图解

1—复位环；2—转向柱组合开关；3—转向柱开关基架；
4—防松螺栓；5—转向锁壳体；6—点火开关；7、8—螺栓

## 二、仪表分装工段安全注意事项

在仪表分装工段，由于仪表骨架边缘较为锋利，容易残留金属毛刺，所以发生的安全事故多为手掌、手臂的划伤、碰伤。另外，安全气囊装配也有很高的安全要求。因此，我们必须清楚了解本工段的安全事故易发点和避免安全事故的方法。

### 1. 仪表分装工段劳保用品的穿戴

仪表分装工段劳保用品的穿戴标识，如图7-15所示。

### 2. 仪表分装工段安全事故易发点

仪表分装工段安全事故易发点如图8-3~图8-6所示。

图 8-3 拿取仪表骨架

图 8-4 安装仪表线束

图 8-5 安装转向柱

图 8-6 安装安全气囊

**注意事项：**

1. 以上几个装配位置是较易发生手部划伤事故的部位。所以在操作之前必须穿戴好劳保用品，提高自我保护的意识。在他人未按要求穿戴劳保用品时，我们也有义务进行劝导。

2. 不按工艺标准要求操作的行为，我们更应该进行制止。特别安装安全气囊的工位应特别注意，安全气囊不能在高温环境下存储，操作时避免身上带有静电，不能蛮力操作，敲打安全气囊。

### 三、仪表分装工具、设备使用注意事项、练习

#### 1. 仪表分装工具使用注意事项

手持电枪使用方法：食指和大拇指握住电枪中部，中指扣动启动开关。这样操作能保证在长时间使用此类工具时，能更好地保护手。预防手部肌体劳损、腱鞘炎等病理发生（图 8-7）。

弯头电枪使用方法：左手握住电枪头部，右手握住电枪后部，身体站直，两腿站姿成弓步，右手扣动启动按钮，启动电枪。注意启动电枪时，右手端反力矩造成电枪跳动，发生安全事故（图 8-8）。

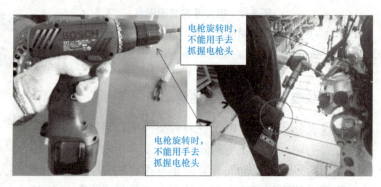

图 8-7 手持电枪拿握姿势　　图 8-8 弯头电枪拿握姿势

#### 2. 仪表分装设备使用注意事项

（1）使用仪表分装翻转夹具前，请确认翻转夹具各个机构运行良好，无松动卡滞现象（图 8-9）。

（2）分装过程中，须翻转夹具时，注意检查夹具周围，避免翻转过程中撞坏仪表蒙皮表面。

（3）在使用转运设备将仪表总成和车身合装过程中，注意观察，避免将车身钣金和漆面碰伤，将门框胶条撞坏（图 8-10）。

图 8-9 仪表分装翻转夹具　　图 8-10 仪表总成合装夹具

3. 练习

勾选出图 8-11 中哪些劳保用品是仪表分装工段须穿戴的。

图 8-11 练习图

## 四、仪表分装仿真软件练习

学习目标如下:

熟练掌握仪表分装仿真软件操作方法,通过仿真软件的学习熟悉仪表分装的工艺流程和注意事项。

(1) 在仪表分装仿真软件操作中的仪表板骨架质量检查主要是检查哪些质量问题?可分组讨论,然后在以下空白处写出讨论结果。

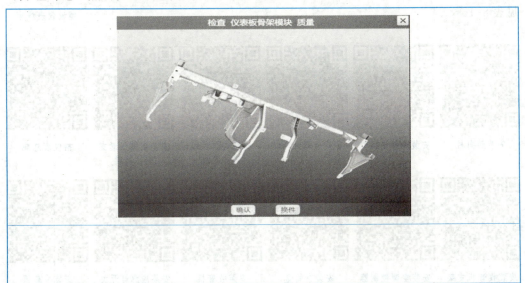

（2）根据仪表分装 MA05 工位的工艺卡上圈选标注的操作，在仿真软件中找到操作中所用的工具、套筒规格和注意事项填写在下面空白处。

| 序号 | 操作内容 | | 零件号 | 零件名称 | 数量 |
|---|---|---|---|---|---|
| | 装配工艺过程卡片 | | 产品系列 轿车 | 工段 仪表分装 | |
| | | | 产品名称 新捷达 | 工位 MA05 | 共 1 页 第 1 页 |
| 1 | 对上一工位装配质量进行复检 | 未检查 | | | |
| 2 | 安装转向柱到骨架 | 安装中 | 6RD423520G | 转向柱 | 1 |
| | | | N91073401 | 六角头法兰面螺栓 | 2 |
| 3 | 固定转向柱 | 未装 | N10713502 | 六角头法兰面长条螺栓 | 1 |
| 4 | 安装点火锁 | 未装 | 31G800375G | 点火锁 | 1 |
| 5 | 固定搭铁线束 | 未装 | N10473203 | 内花形组合螺栓 | 1 |
| 6 | 防撞梁 | 未装 | 6RD723913 | 防撞梁 | 1 |
| | | | N02300311 | 螺母 | 1 |

## 任务二　仪表分装装调实训

### 一、仪表分装实训练习

实训操作练习开始前，请穿戴好劳保用品，严格按照工艺标准进行操作。

学习目标：通过实训练习，熟练掌握仪表分装的装调能力。熟悉各操作步骤的安全注意事项和质量控制方法。仪表分装装调操作见表 8-1。

铺设仪表线束

安装转向柱　安装脚部出风口　安装上部出风口　安装转向柱线束、搭铁　安装副驾气囊支架、气囊　抬仪表总成

安装收音机支架　安装空调控制器　安装杂物盒　安装收音机　安装应急灯开关　安装手套箱

192

表 8-1  仪表分装装调操作

| 序号 | 操作步骤 | 操作方法 | 操作图示 | 注意事项 | 零件名称 |
|---|---|---|---|---|---|
| MA011 | 查看 FIS 单，核对底盘号和 KNR 号 | 行走 1 m 到分装台粘贴 FIS 单 | 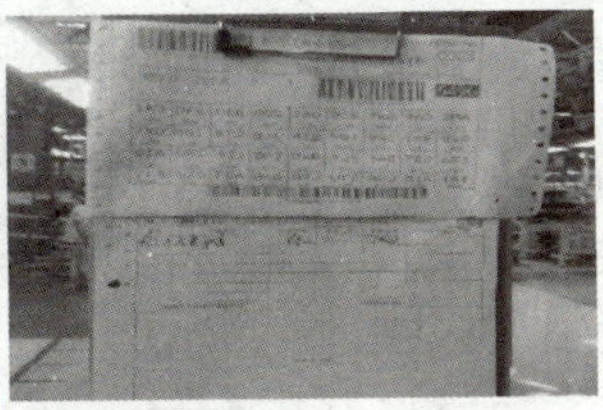 | FIS 单和随车卡底盘号一定要一一对应 | |
| 2 | 安装仪表骨架 | 把骨架装配到吊具，将骨架锁死在分装台上 | 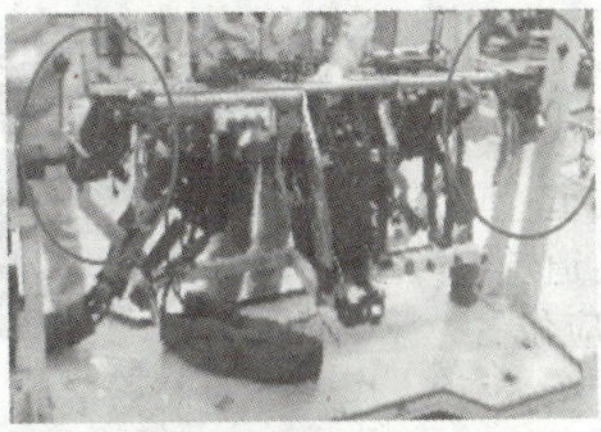 | 拿取仪表骨架时，注意骨架边缘的毛刺，不要将手划伤 | 仪表骨架 |
| 3 | 安装线束 | 把线束安装到仪表骨架上 |  | 1. 核对线束标签是否正确。<br>2. 线束布线要正确，不能绕绞在一团 | 仪表总线束 |
| 4 | 安装 BCM | 把 BCM 板安装到线束上，连接插头 |  | 安装位置要正确，不要绕线，插头要锁死，避免虚插、漏插 | BCM 板 |
| 5 | 安装隔声垫 | 把隔声垫安装到线束上 |  | 安装位置要正确 | 隔声垫 |
| MA021 | 查看 FIS 单 | 查看所示的 PR 号位置确定所安装空调 | 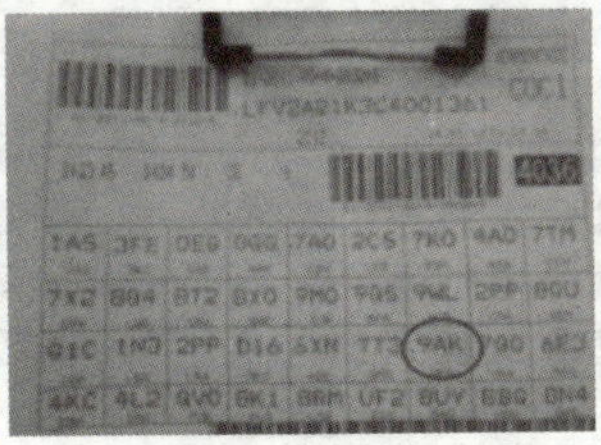 | 查看 PR 号必须正确而且牢记，避免出现错漏装 | |

续表

| 序号 | 操作步骤 | 操作方法 | 操作图示 | 注意事项 | 零件名称 |
|---|---|---|---|---|---|
| 2 | 安装空调 | 把空调放到辅具上。再用5颗圆头螺钉将空调紧固在骨架上。连接空调上的插头 |  | 检查空调零件号和来件是否有缺陷，安装时注意不要把空调磕伤 | 空调总成、内花形圆柱体组合螺栓 |
| MA03 1 | 安装中风道 | 把传感器安装到中风道上。安装中风道至空调装置相应位置 | 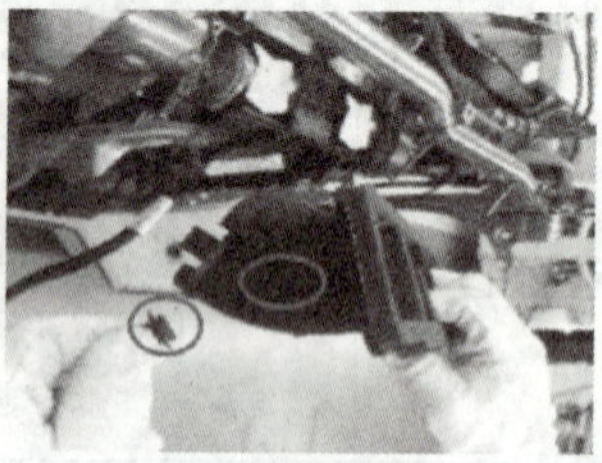 | 严格按照PR号对应装配，避免错漏装 | 传感器、中风道 |
| 2 | 安装风道连接件总成 | 把风道连接件安装在空调出风口上，用2个铆钉将零件固定在骨架上 | 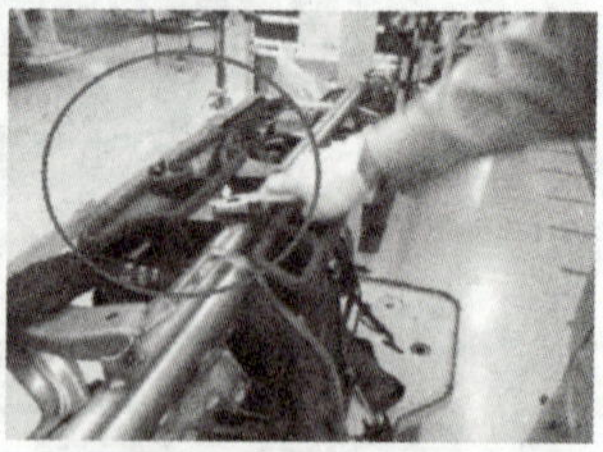 | 检查零件状态，装配时操作力不要过大，避免损坏空调。定位卡必须卡入相应位置 | 风道连接件、铆钉 |
| 3 | 固定线束 | 将总线束上的固定卡固定在仪表骨架上 |  | 确保卡子卡进到位 | |
| MA04 1 | 空调隔声垫装配 | 把2张隔声垫粘贴到空调上 |  | 粘贴位置要正确 | 隔声垫 |
| 2 | 安装空调套管 | 安装空调套管时需要把两个白色防尘帽先取下，然后安装空调套管，再把防尘帽重新安装到空调上 |  | 要注意安装方向，装配完成后必须将空调防尘帽重新安装好 | 空调套管 |

续表

| 序号 | 操作步骤 | 操作方法 | 操作图示 | 注意事项 | 零件名称 |
|---|---|---|---|---|---|
| MA05 1 | 安装转向柱 | 双手拿取转向柱，将转向柱下方卡槽卡在骨架相应位置，用手预紧转向柱3颗螺栓，再用电枪紧固。连接转向柱插头 |  | 转向柱比较重，避免拿取不稳造成砸伤。转向柱的装配过程中严禁打开锁死手柄 | 转向柱、六角头法兰面螺栓 |
| 2 | 安装点火锁 | 连接点火锁插头，将点火锁装在组合开关上 |  | 点火锁插头不要漏插 | 点火锁 |
| 3 | 防撞梁装配 | 将防撞梁安装到骨架上，用手将1颗防撞梁螺母带上。再用电枪紧固螺母 |  | 注意防撞梁方向不要装反 | 倒挡拨叉固定母、防撞梁 |
| MA06 1 | 安装仪表板 | 从料架取仪表板，将泡沫仪表板放在分装台上 |  | 拿取过程注意不要将仪表板外观撞坏 | 仪表板 |
| 2 | 安装气囊支架 | 将气囊左右两侧支架安装在蒙皮的定位卡上 | 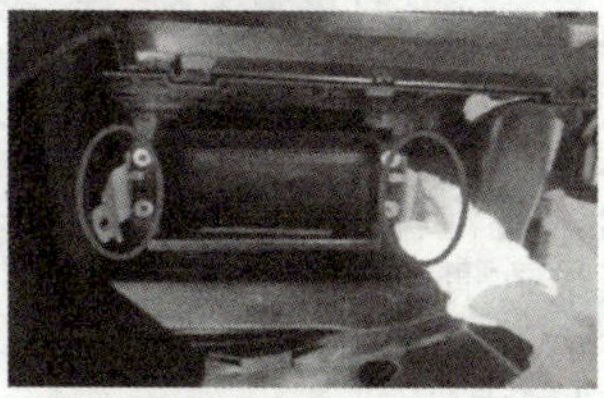 | 气囊支架要完全安装在蒙皮的固定卡上，否则后续安装安全气囊无法安装到正确位置 | 仪表支架 |
| 3 | 安装安全气囊 | 放上安全气囊，与泡沫仪表板器具上孔位相对应。取4个安全气囊螺钉，用EC按照图片标定顺序紧固 | 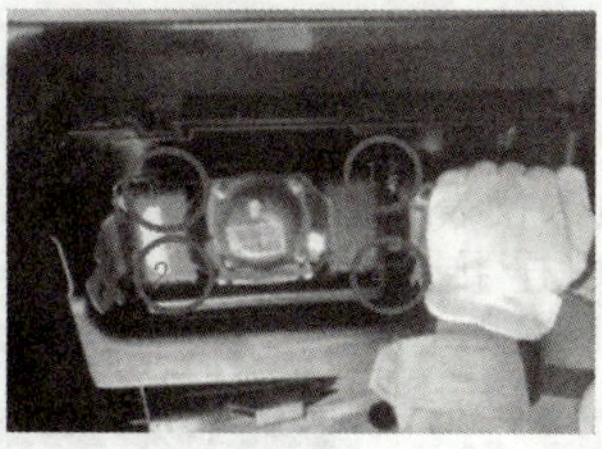 | 安全气囊必须正确放置，否则会造成紧固安全气囊困难 | 内花形圆柱头螺栓 |

续表

| 序号 | 操作步骤 | 操作方法 | 操作图示 | 注意事项 | 零件名称 |
|---|---|---|---|---|---|
| MA071 | 安装及紧固吹脚风道 | 将右侧风道与空调相应位置相连接，然后安装左侧风道，再用电枪按照圆圈所标定数字顺序进行紧固 | 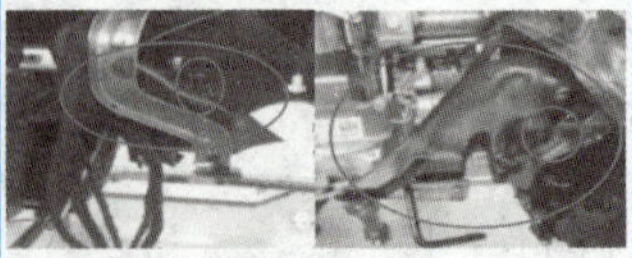 | 风道附近线束较多注意不要压线，电枪要垂直，避免螺钉滑丝，浪费返修工时 | 左侧风道、右侧风道 |
| 2 | 线束继电器紧固 | 把线束继电器紧固到骨架上，按照顺序进行紧固 |  | 3个螺栓位置必须在同一侧，电枪要垂直，避免螺钉乱扣，浪费返修工时 | 内花形扁圆头螺栓 |
| 3 | 紧固搭铁线 | 预紧搭铁线，用电枪把搭铁线紧固在转向柱上 | 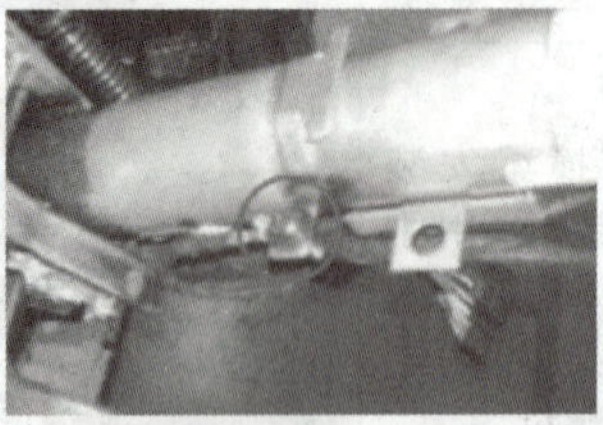 | 电枪要垂直，避免螺钉滑丝，浪费返修工时，搭铁线位置必须按照位置紧固 | 搭铁螺栓 |
| MA081 | 安装隔声垫 | 把两个隔声垫放到仪表上 | 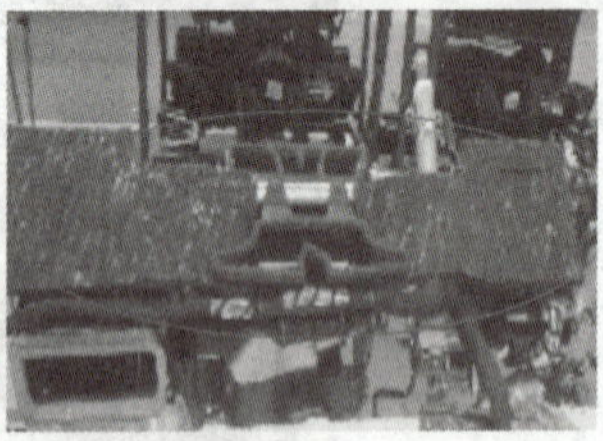 | 注意不要安装反，容易出现噪声，浪费返修工时 | 隔声垫 |
| 2 | 安装泡沫仪表板 | 将泡沫仪表板左侧搭在骨架上，右侧稍微抬起，将空调控制器从泡沫仪表板穿出。将泡沫仪表板装在骨架上，左右定位卡与骨架孔对应 |  | 注意泡沫仪表板下侧与骨架的匹配 | |
| 3 | 安装双闪开关 | 将双闪开关线束从泡沫仪表板穿出并连接插头，然后安装 | 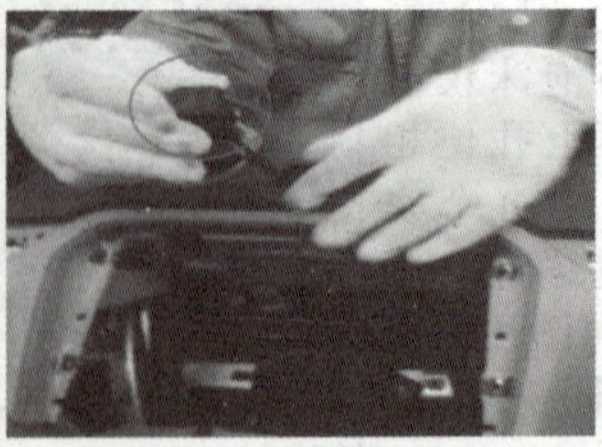 | 安装时注意不要划伤，插头不要虚插、漏插 | 双闪开关 |

续表

| 序号 | 操作步骤 | 操作方法 | 操作图示 | 注意事项 | 零件名称 |
|---|---|---|---|---|---|
| 4 | 安装阳光传感器 | 1.安装阳光传感器至仪表板上。2.将装饰盖安装到泡沫仪表板上 | 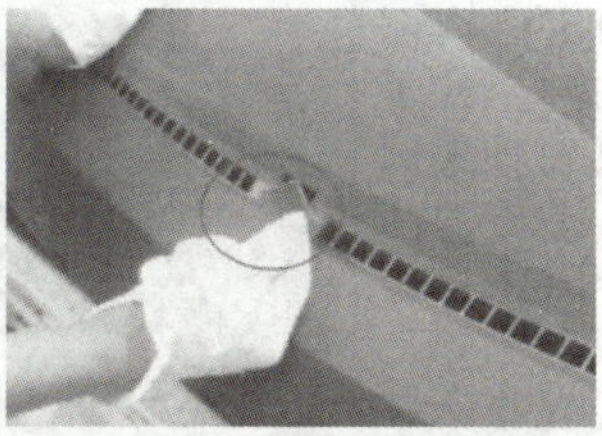 | 安装时注意装饰盖的方向,应与泡沫仪表板匹配 | 阳光传感器、装饰盖 |
| MA091 | 按顺序紧固蒙皮 | 用9颗螺钉,按顺序将仪表板紧固 |  | 不要漏钉及划伤蒙皮 | 螺钉 |
| 2 | 安装紧固中框架 | 将收音机线束穿过中框架,将中框架放入卡中,按图中序号顺序紧固 |  | 不要压线 | 中框架、螺钉 |
| 3 | 安装空调控制器 | 将空调控制器插头连接,放入卡中,用2颗螺钉进行紧固 |  | 不要漏插插头及漏钉 | 空调控制器、螺钉 |
| MA101 | 紧固气囊至泡沫仪表板 | 将安全气囊的4个固定卡,卡进仪表蒙皮上 |  | 确保气囊卡子卡紧到位 | 安全气囊 |
| 2 | 紧固气囊支架至骨架 | 用2颗螺钉紧固气囊,再连接气囊插头 |  | 注意不要将螺钉打滑 | 螺钉 |

续表

| 序号 | 操作步骤 | 操作方法 | 操作图示 | 注意事项 | 零件名称 |
|---|---|---|---|---|---|
| 3 | 安装手套箱内板 | 将固定座内侧左右的两个柱子对正仪表骨架的孔位，上方的凸起部分对正仪表板总成的卡槽，双手轻轻推入，并用2颗螺钉紧固内板 |  | 固定座安装完成后确认两个柱子未断裂 | 手套箱内板、螺钉 |
| 4 | 安装手套箱总成 | 将手套箱左右两侧凹槽分别对应仪表板总成左右卡槽，卡入仪表板卡槽后轻轻关闭手套箱总成，检查手套箱一定要卡在卡槽中 | 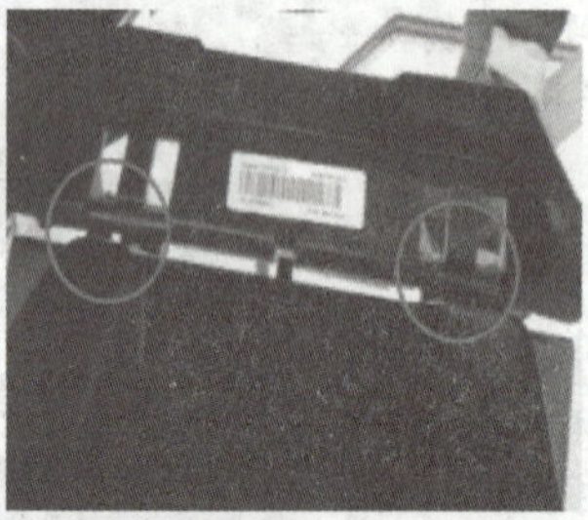 | 检查手套箱总成表面来件无划伤、无异响；手套箱总成装配完成关闭后表面与仪表板要在同一平面 | 手套箱 |
| MA11 1 | 安装组合仪表 | 连接组合仪表的插头，将组合仪表放入仪表板，用2颗螺钉紧固组合仪表 |  | 1.插头不要虚插。2.紧固时注意不要压到线束 | 组合仪表、螺钉 |
| 2 | 安装同步器滑块 | 将同步器滑块按图示方向插入，要能感觉到被卡住为止 | 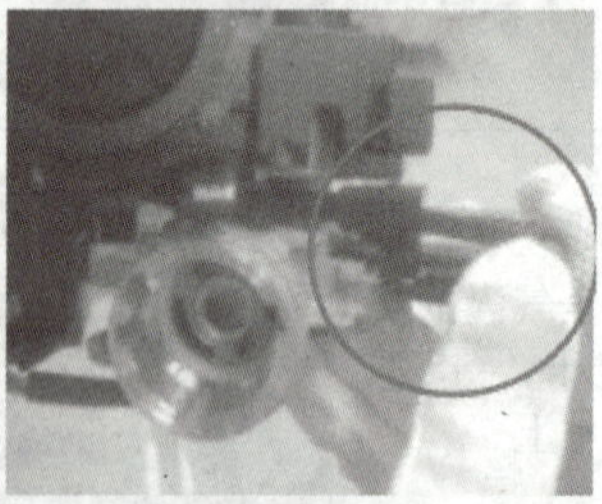 | 注意不要漏装 | 同步器滑块 |
| 3 | 安装转向柱开关并连接插头 | 将转向柱开关插入转向柱上方，并按1～5顺序依次连接开关插头，插头连接时听见"咔"声为连接到位 | 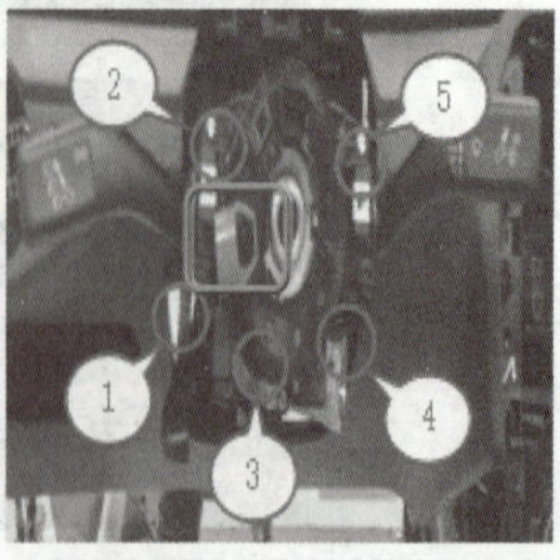 | 插头连接好后，用手推拉推检查确认 | 转向柱开关 |

续表

| 序号 | 操作步骤 | 操作方法 | 操作图示 | 注意事项 | 零件名称 |
|---|---|---|---|---|---|
| MA12 1 | 安装、紧固下护罩 | 将下护罩装在组合开关上，用2颗螺钉紧固下护罩 | 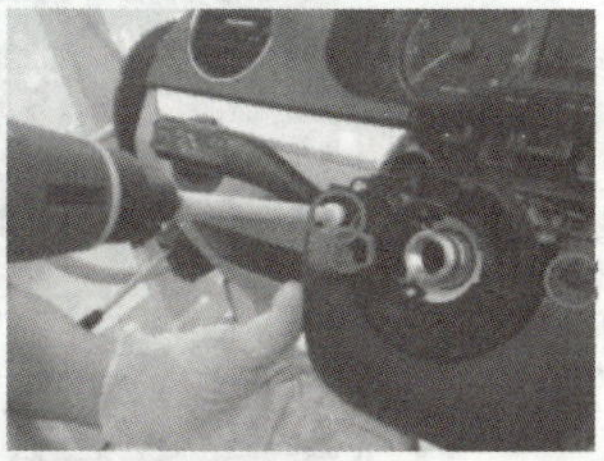 | 检查件是否划伤，钉是否达到力矩 | 下护罩、螺钉 |
| 2 | 安装上护罩 | 右手将上护罩打入卡槽，将断面图插入仪表下方 | 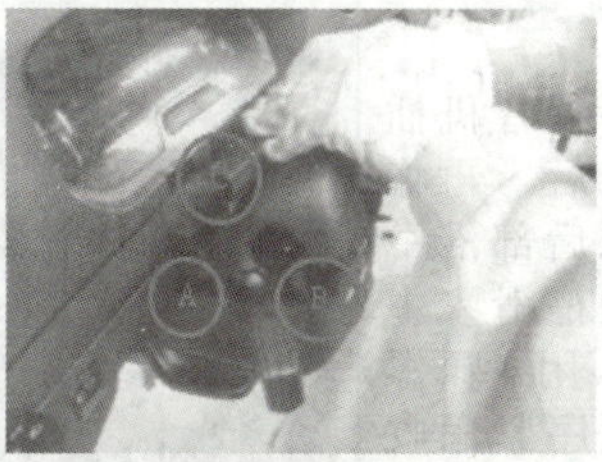 | 检查件是否划伤，卡片是否装到位 | 上护罩 |
| 3 | 安装灯光开关 | 将灯光开关插头连接后，将灯光开关从蒙皮内侧放入卡槽，听见"咔"声 | 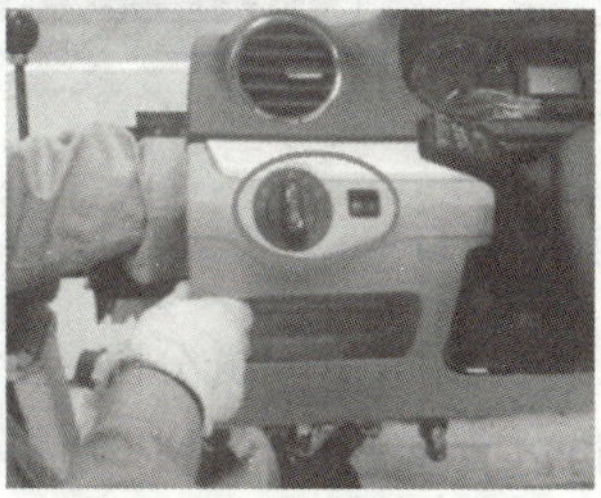 | 将两个开关完全按入槽，听见"咔"的声音，否则是未按到位 | 灯光开关 |
| MA13 1 | 安装左、中、右装饰条 | 按从左到右的顺序依次用手敲入卡槽 | 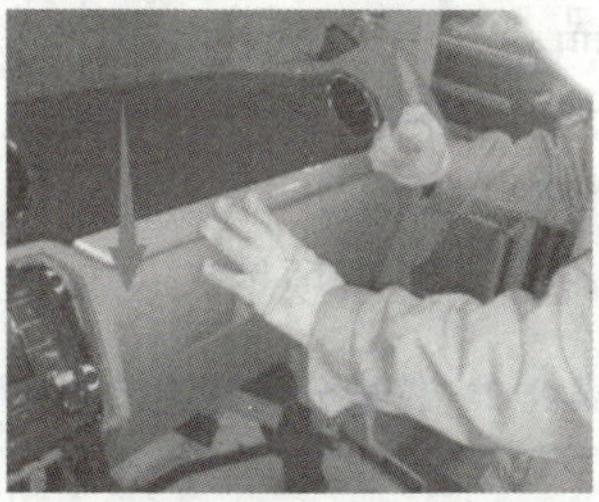 | 饰条是否划伤，安装是否到位 | 左、中、右装饰条 |
| 2 | 拧紧保险盒螺钉 | 将保险盒放入安装位置，预紧2颗螺钉。再用电枪紧固螺钉 | 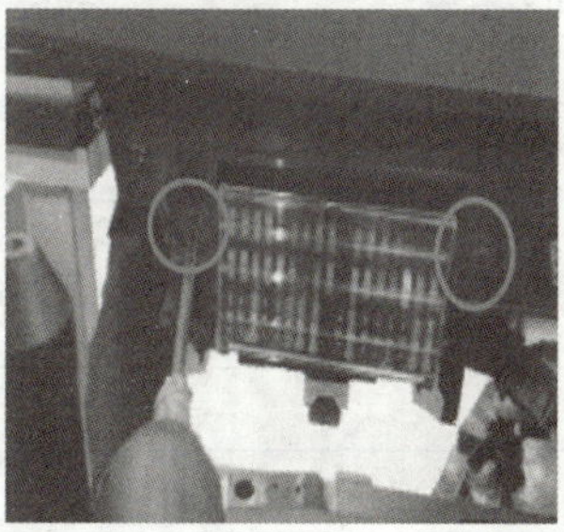 | 带钉时不要将钉拧偏 | 螺钉 |

续表

| 序号 | 操作步骤 | 操作方法 | 操作图示 | 注意事项 | 零件名称 |
|---|---|---|---|---|---|
| 3 | 安装大灯开关 | 将大灯开关插头连接后，将其放入仪表板卡槽，用手按，听见"咔"的一声 | 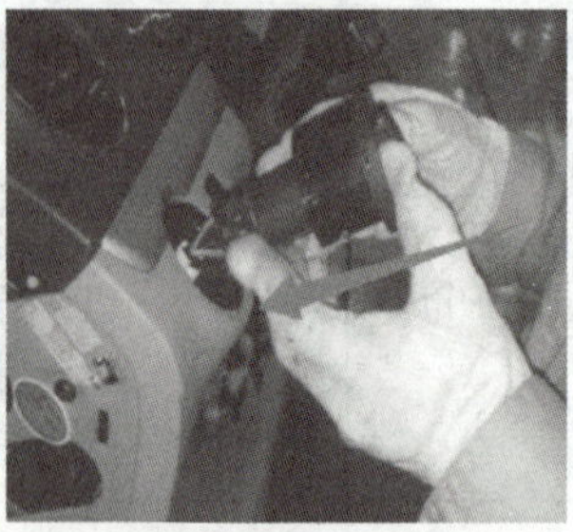 | 将开关完全按入槽中，听见"咔"的声音，否则是未按到位 | 大灯开关 |
| 4 | 安装紧固收音机 | 先将收音机插头连接后，再将收音机后部沿中框架的槽滑入中框架，用4颗螺钉按顺序紧固收音机 | 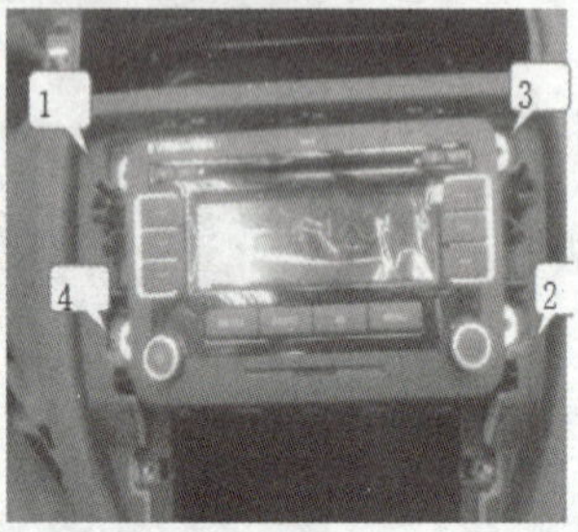 | 不要划伤收音机 | 收音机、螺钉 |

## 二、仪表分装装调实训练习

学生按班组划分，班组长给每位成员分配一个工位，各位成员互相监督操作（有些工位是在实际的生产车间才能实现的，所以分配岗位时注意规避）。

要求：

（1）正确穿戴劳保用品。

（2）严格执行工位工艺操作标准。

（3）遵守生产现场管理秩序。

仪表分装装调工艺流程和注意事项填入表 8-2。

表 8-2　仪表分装装调工艺流程和注意事项

| 姓名 | | | 工位 | |
|---|---|---|---|---|
| 是否正确穿戴劳保用品？ | | | | |
| 工艺流程 | 结果 | | 注意事项 | 结果 |
| | | | | |
| | | | | |
| | | | | |
| | | | | |
| | | | | |

## 一、选择题

1. 吊装仪表骨架时，本工位须配备的两种劳保用品是（　　）。
   A. 手套，安全头盔　　　B. 防割手套，安全头盔　　C. 护目镜，安全头盔

2. 安装线束前应注意的事项有（　　）。
   A. 检查线束型号是否正确
   B. 检查线束是否完好
   C. 两种说法都正确

3. 用于线束加热的烘箱温度应为（　　）。
   A. 30 ℃～40 ℃　　　　B. 50 ℃～60 ℃　　　　C. 40 ℃～50 ℃

4. 安装空调总成需注意的事项为（　　）。
   A. 安装前检查空调内是否有异物
   B. 检查空调外部是否有缺陷
   C. 以上两种都是正确的

5. 生产管理中，零件的塑料包装袋属于（　　）废弃物。
   A. 可回收垃圾　　　　B. 不可回收垃圾　　　　C. 危化物

6. 转向柱属于安全件，如果紧固螺栓松动会带来的后果有（　　）。
   A. 不会有影响　　　B. 转向不准，甚至转向失灵　C. 只有一点异响

7. 安装仪表板的注意事项有（　　）。
   A. 避免仪表支架划伤仪表表面
   B. 轻拿轻放，避免撞坏边角
   C. 以上都是

8. 连接开关插头正确操作的方法是（　　）。
   A. 直接插紧就行
   B. 插好不掉就行
   C. 插紧后，推拉推来回检查确认

9. 安装装饰板需注意的事项有（　　）。
   A. 检查装饰板有无划伤，与仪表板间隙是否均匀
   B. 直接装好就行
   C. 以上都正确

10. 紧固螺钉时，如果不小心螺钉掉进仪表台内部，会产生的影响有（　　）。
    A. 不会有影响　　　B. 仪表台内部有异响　　　C. 仪表台松动

11. 生产管理中，报告异常问题应（　　）。
    A. 打电话　　　　　B. 大声喊叫　　　　　C. 使用安灯呼叫系统

12. 生产管理中，以下不允许穿戴的物品有（　　）。
    A. 劳保鞋　　　　　B. 手表　　　　　　　C. 手套

13. 能显示扭力力矩的是（　　）。

　　A．梅花扳手　　　　B．套筒扳手　　　　C．扭矩扳手

14. 安装收音机时的注意事项有（　　）。

　　A．安装前检查收音机外观是否完好

　　B．紧固时须保证收音机与仪表台的间隙均匀

　　C．以上都是注意事项

15. 如果螺母在拧紧过程中出现打滑的现象，应（　　）。

　　A．不用理会，继续作业

　　B．换颗小一号的螺母重新拧紧

　　C．立即停止作业，上报班组长解决

## 二、综合训练题

1. 根据图 8-12 中汽车仪表台零配件装配图解，请在空格处填写零配件名称。

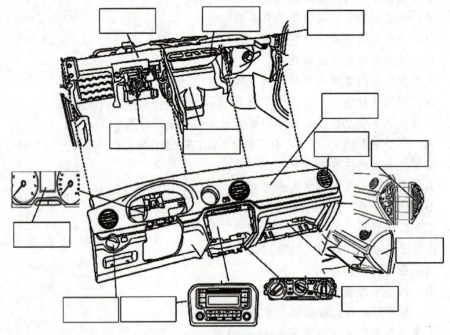

图 8-12　汽车仪表台零配件装配图解

2. 汽车仪表分装工段需要注意哪些安全事项？
3. 汽车仪表分装工段需要使用的工具、设备有哪些？
4. 简述汽车仪表分装主要装配工艺流程。

# 教学单元九
## 汽车内饰装调

汽车内饰装调可分为一次内饰和二次内饰两大部分。一次内饰是车身从涂装车间进入总装车间的第一工段,一次内饰完成后就会和底盘总成进行合装。合装完成后进入二次内饰工段,进行二次内饰的装调工作。

内饰装配 MA01

### 任务一  汽车内饰装调工艺流程

1. 通过对汽车内饰零配件图解的学习,熟悉汽车内饰各个零配件的位置关系和装配关系;
2. 熟悉内饰装调工段安全注意事项;
3. 能正确熟练使用工具、设备,知晓操作注意事项;
4. 熟悉内饰装调工艺流程和操作注意事项。

#### 一、汽车内饰部分零配件装配图解

**1. 前排安全带零配件装配图解**

前排安全带零配件装配图解如图 9-1 所示。

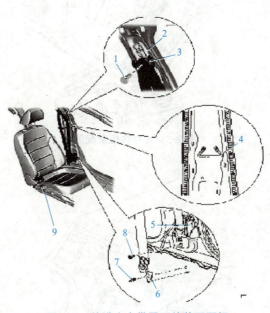

图 9-1  前排安全带零配件装配图解

1—螺栓;2—安全带高度调节装置;3—安全带导向扣;4—安全带导向件;5—安全带自动收卷器;6—安全带端部固定件;7、8—螺栓;9—安全带锁

## 2. 后排安全带装配图解

后排安全带装配图解如图 9-2 所示。

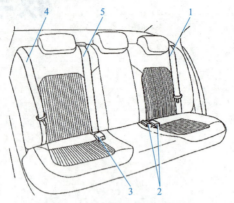

内饰装配 MA02

图 9-2　后排安全带装配图解

1—左侧外部安全带；2—双安全带锁；3—单个安全带锁；4—右侧外部安全带；5—中间安全带

## 3. 内饰板装配图解

内饰板装配图解如图 9-3～图 9-8 所示。

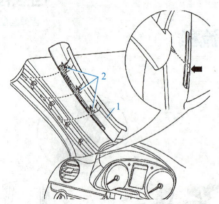
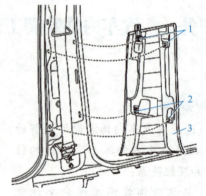

图 9-3　A 柱饰板装配图解　　　　图 9-4　B 柱饰板装配图解

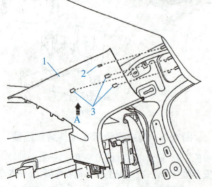
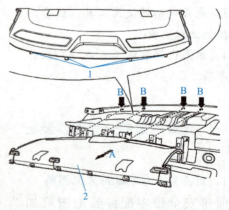

图 9-5　C 柱饰板装配图解　　　　图 9-6　后窗饰板装配图解

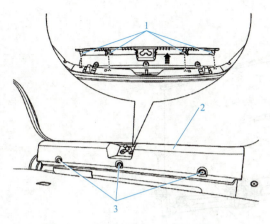

图 9-7 后备厢门槛饰板装配图解

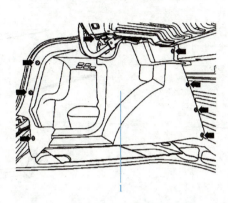

图 9-8 后备厢侧围饰板装配图解

### 4. 车门总成与车身合装装配图解

车门总成与车身合装装配图解如图 9-9 所示。

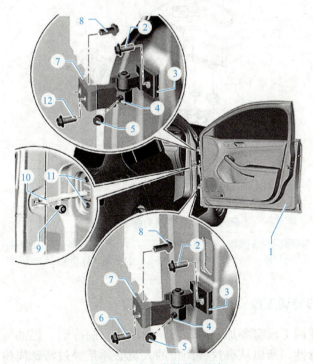

图 9-9 车门合装装配图解

1—车门总成；2、4、6、8、9、11、12—螺栓；3、7—车门铰链；5—盖罩；10—车门限位器

**5. 雨刮器装配图解**

雨刮器装配图解如图 9-10 所示。

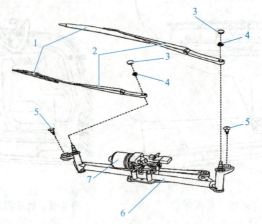

图 9-10　雨刮器装配图解

1—雨刮刮水片；2—刮水臂；3—盖罩；4—螺母；5—螺栓；6—雨刮连杆；7—雨刮电动机

**6. 真空助力器装配图解**

真空助力器装配图解如图 9-11 所示。

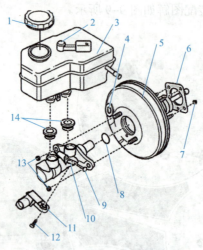

图 9-11　真空助力器装配图解

1—密封盖；2—制动液液位传感器；3—制动液储液罐；4—密封塞；5—真空助力器；6—密封垫；7、13—螺母；8—密封圈；9—销钉；10—制动主缸；11—制动灯开关；12—螺栓；14—密封塞

## 二、汽车内饰装调工段安全注意事项、练习

在汽车内饰装调工段需要加注冷却液、制动液、制冷剂、燃油等液体。这些液体都具有腐蚀性或毒性，所以从事这些岗位的人员必须是经过特殊岗位培训并合格的人员才能从事。这些化学制剂的日常管理也是非常重要的，当遇到这些化学制剂发生的安全事故时，如何正确地处理，正是我们需要学习的。

1. 内饰装调工段劳保用品的穿戴要求

内饰装调工段劳保用品的穿戴标识如图 7-15 所示。

特殊岗位劳保用品要求：加注岗位，还必须要求戴上防护眼镜。涂胶作业岗位还要求戴上防毒面具（图 9-12）。

图 9-12　特殊岗位劳保用品要求

2. 内饰装调工段安全事故易发点

内饰装调工段安全事故易发点如图 9-13～图 9-20 所示。

图 9-13　挡风玻璃涂漆作业　　　　图 9-14　安装挡风玻璃

图 9-15　加注制动液　　　　图 9-16　加注制冷剂

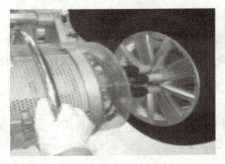 

图 9-17　安装车轮　　　　图 9-18　安装座椅

图 9-19 安装安全气囊

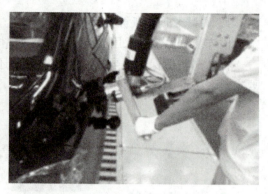

图 9-20 燃油加注

制动液有毒性且具有腐蚀性，若不小心接触到皮肤，应及时用大量流动的清水清洗。液态制冷剂具有很强的制冷效果，若皮肤直接接触会造成严重的冻伤。汽油具有很高的易燃特性，所以在加注汽油时，一定要确保周围环境不要有着火源出现。

### 三、汽车内饰装调工具、设备使用注意事项

#### 1. 手持式挡风玻璃吸盘使用注意事项

手持式挡风玻璃吸盘使用方法：将玻璃吸盘放置在玻璃面上。将吸盘两端的吸附锁压下锁死，即完成吸附。安装完成后，将吸附锁向上松开，即可取下玻璃吸盘（图 9-21、图 9-22）。

图 9-21 吸附玻璃

图 9-22 玻璃吸盘工具

**注意事项：**

在操作中，安装手持式玻璃吸盘前，确保玻璃表面和吸盘表面无异物附着，吸附时，确保吸附锁锁死到位。转移玻璃时，先用手推拉两下吸盘。确认已经吸附到位，然后转移玻璃至安装工位。

#### 2. 加注设备使用注意事项

加注设备主要包括制动液加注设备、制冷剂加注设备、冷却液加注设备、玻璃水加注设备、燃油加注设备（图 9-23～图 9-27）。

图 9-23 制动液加注

图 9-24 制冷剂加注

图 9-25 冷却液加注

图 9-26 玻璃清洗液加注

图 9-27 燃油加注

**注意事项：**

（1）制动液加注：枪头一定要放正端平，夹紧时刹车液罐前方的豁口一定要露出来，否则加注后无法拔下加注头。加注量为（650±200）mL，含水量在0.15%～0.2%时设备报警，联系维修处理，含水量超过0.2%时禁止加注。

（2）制冷剂加注：枪头一定要放正端平，加注头要插到位，否则加注时漏气，导致加注失败。红色加注头插在高压管上，蓝色加注头插在低压管上。加注量为（500±15）g。

（3）冷却液加注：枪头一定要放正，否则抽真空将失败，导致加注失败。加注量为（7 000±2 000）mL。冰点值：-35 ℃～-40 ℃，冰点不合格禁止加注。

（4）玻璃清洗液加注：枪头一定要放正，不要使加注头脱落。加注量为（1 000±100）mL。玻璃清洗液浓度根据季节调整：3月15日至9月15日为50%～60%，9月16日至3月14日为57%～62%，浓度不合格禁止加注。

（5）燃油加注：枪头位置偏移过大时先手动调试枪头位置，操作枪头过程中注意不要将车身划伤。

3．练习

（1）请描述汽车风挡玻璃涂胶岗位和加注岗位须穿戴的劳保用品分别是什么。

（2）请描述玻璃吸盘工具使用时的注意事项有哪些。

## 四、内饰装调仿真软件练习

### 1. 练习目标

通过内饰装调仿真软件的学习，能熟练操作仿真软件，熟悉内饰装调的工艺流程和注意事项。

### 2. 练习内容

（1）通过内饰装调仿真软件的练习，将内饰二 MA07 工位中 2、3、4 操作步骤中使用的工具、套筒型号、力矩信息及注意事项填写在空白处。

| 装配工艺过程卡片 | | 产品系列 | 轿车 | 工段 | 内饰二 | 共 1 页 |
|---|---|---|---|---|---|---|
| | | 产品名称 | 新捷达 | 工位 | MA07 | |
| 序号 | 操作内容 | 零件号 | | 零件名称 | | |
| 1 | 对上一工位装配质量进行复检 已检查 | | | | | |
| 2 | 安装雨刷臂总成（左） 安装中 | 31G955405 | | 雨刷臂总成（左） | | |
| | | N10609204 | | 六角法兰面螺母 | | |
| 3 | 安装雨刷臂总成（右） 安装中 | 31G955406 | | 雨刷臂总成（右） | | |
| | | N10609204 | | 六角法兰面螺母 | | |
| 4 | 安装锁紧盖 安装中 | 5KD955205 | | 锁紧盖 | | |

（2）结合现场生产情况，讨论在做尾灯质量检查工作时，应主要关注的质量点有哪些。请在下面空白处做出描述。

## 任务二　汽车内饰装调实训

1. 通过汽车内饰装调实训工艺指导，能熟悉操作顺序、操作内容、操作注意事项等装调信息；
2. 通过实操练习，掌握汽车内饰装调能力、装调注意事项。

| 安装安全气囊 | 安装大灯 | 安装大灯支架 | 安装发动机悬置 | 安装方向盘 | 安装后保险杠 | 安装后座靠垫 |
| 安装空调管 | 安装前保险杠 | 安装头枕 | 安装头枕销子 | 安装尾灯 | 安装尾门灯 | 安装尾门门槛饰板 |

## 一、汽车内饰装调实训指导

实训操作练习开始前，请穿戴好劳保用品，严格按照工艺标准进行操作（表9-1）。

表9-1　汽车内筑装调操作

| 序号 | 操作步骤 | 操作方法 | 操作图示 | 注意事项 | 零件名称 |
|---|---|---|---|---|---|
| 内饰一段MA01左侧 1 | 查看FIS信息 | 查看装配单G8和C9位置 | | 4X1：安装B柱气囊传感器。4X0：不安装B柱气囊传感器 | |
| 2 | 安装左侧B柱传感器 | 将内花形圆柱头螺栓套在传感器孔内，用1颗螺栓预紧传感器2～3圈。再用电枪将螺栓紧固 | | 紧固螺栓前，确保传感器完全安装到位 | 左侧B柱传感器、螺栓 |
| 3 | 安装B柱堵塞 | 将堵塞安装在左B柱外侧钣金孔1内，再将另一个堵塞安装在右侧B柱钣金孔2内 | | 目视确认堵塞全部嵌入钣金孔 | 堵塞 |
| 4 | 安装密封盖总成、护孔圈座 | 将密封盖总成安装在钣金孔1中，将护孔圈座安装在钣金孔2中，再将座椅衬套安装在钣金孔3、4中 | | 目视确认密封盖、护孔圈座全部嵌入钣金孔 | 密封盖总成、护孔圈座、衬套 |
| 5 | 安装左侧通风框架 | 取左侧通风框架检查零件状态后用两手将通风框架的4个卡按照1—2的顺序卡进钣金内 | | 检查通风框架有无破损，圆脚向下且下胶片无翘起，防止进尘土 | 通风框架 |

续表

| 序号 | 操作步骤 | 操作方法 | 操作图示 | 注意事项 | 零件名称 |
|---|---|---|---|---|---|
| 6 | 安装左侧后备厢膨胀螺母 | 按1—8的顺序安装左侧后备厢膨胀螺母 |  | 螺母与钣金完全贴合，无压边 | 膨胀螺母 |
| MA03 1 | 安装真空助力泵总成 | 双手握住真空助力泵总成，使真空助力泵总成上4颗螺柱对准前舱4个钣金孔，安装到前舱钣金上 |  | 安装时保证助力泵制动液壶朝上 | 真空助力泵总成 |
| 2 | 安装进气支管 | 先将进气支管的左侧卡入钣金，再将右侧卡扣卡到钣金上 |  | 1.用手轻摇进气支管，确认无晃动，否则会脱落。2.导向凸起必须插在凹口上 | 进气支管 |
| 3 | 安装减振块 | 用手将2个减振块按1—2的顺序摁进车身钣金孔内 | 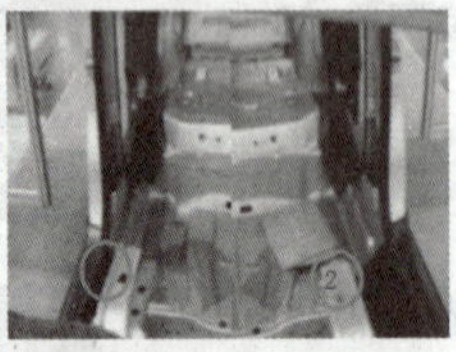 | 确认减振块边缘与钣金无间隙，否则影响仪表间隙匹配 | 缓冲块 |
| 4 | 扫描，查看PR号 | 扫描装配单左下角条码，查看装配单E2位置 | | G0C：手动挡踏板机构6RD 721 058。DG1A：自动挡踏板机构6RD 723 058 D | |
| 5 | 安装挺杆开关 | 先涂抹聚酯尿素膏到顶杆头上。通过安装孔将挺杆开关装入沿箭头方向旋转45°至挡块位置，从而将其固定 | 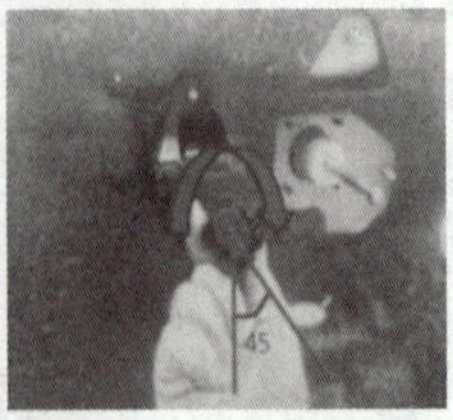 | 1.逆时针轻旋，确认挺杆开关不松动。2.为了能保证将速度调节装置开关足够牢固地安装到踏板机构中，这种开关只能装配1次 | 挺杆开关 |
| 6 | 安装踏板机构 | 将踏板机构放入真空助力泵焊柱里。用6颗螺母预紧踏板机构，并用电枪紧固螺栓 |  | 踏板机构钉孔要与真空助力泵焊柱对应好再放入，防止真空助力泵掉落 | 踏板机构、螺母 |

续表

| 序号 | 操作步骤 | 操作方法 | 操作图示 | 注意事项 | 零件名称 |
| --- | --- | --- | --- | --- | --- |
| 7 | 刹车踏板与顶杆接合 | 用力下压刹车踏板，使真空助力泵顶杆头卡入踏板内侧卡扣 | 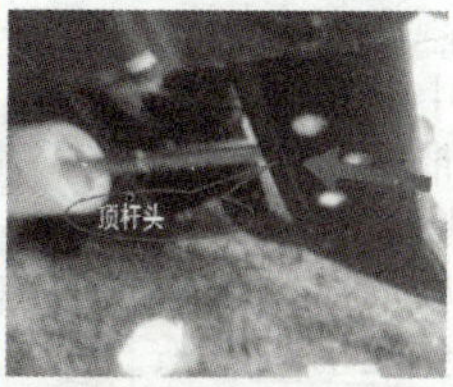 | 用手向上轻抬刹车踏板，确认顶杆头卡入卡扣内 | |
| MA04 1 | 前挡风框涂漆作业 | 从左侧前挡风玻璃钣金上沿中间处逆时针涂抹左侧钣金。从右至左涂抹前挡风玻璃钣金下沿。从右侧前挡风玻璃钣金上沿中间处顺时针涂抹右侧钣金 |  | 1. 底漆宽度：14 mm±2 mm，铭牌处全部涂抹，涂抹完底漆后钣金框无断带现象。<br>2. 底漆全部盖住钣金凹槽 | 底漆 |
| 2 | 粘贴后挡风玻璃右下角车辆识别标牌并自检 | 将车辆识别标牌粘贴在后挡风玻璃右下角钣金处 |  | 1. 铭牌距棱线一5～15 mm。<br>2. 铭牌与棱线二平行。<br>3. 确认肉眼观测铭牌无歪斜 | 车辆识别标牌 |
| 3 | 粘贴后盖车辆识别标牌并自检 | 将车辆识别标牌粘贴在后盖钣金处 |  | 1. 铭牌粘贴在钣金焊点右侧，距离焊点5～10 mm。<br>2. 确认肉眼观测铭牌无歪斜 | 车辆识别标牌 |
| MA05 1 | 查看PR号 | 查看装配单E1位置 | | 4E2：选装中控后备厢锁。<br>4E3：不装配中控后备厢锁 | |
| 2 | 安装后备厢锁 | 将调整钥匙插入锁芯，调整锁芯与钣金间隙，用2颗螺栓预紧锁，再用电枪按1—2的顺序将后盖锁紧固 | 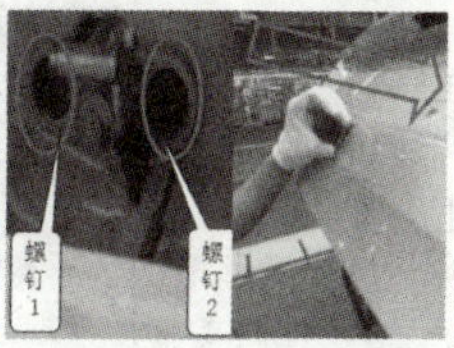 | 保证锁芯与钣金间隙均匀且锁芯胶套有凡士林，否则会漏雨 | 后备厢锁、螺栓 |
| 3 | 连接连接杆 | 将连接杆摁进黑卡子上的凹槽，再将黑卡子锁死 | 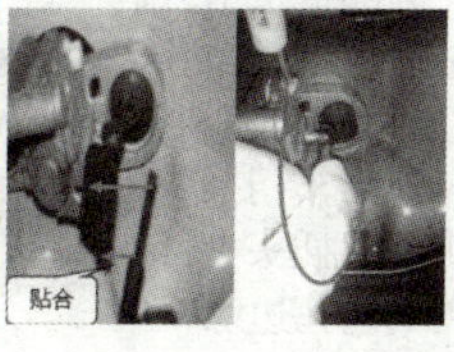 | 1. 操纵杆螺纹应恰好固定到卡口中或伸出一个螺纹。<br>2. 黑色卡子锁死不到位会导致后盖打不开 | |

续表

| 序号 | 操作步骤 | 操作方法 | 操作图示 | 注意事项 | 零件名称 |
|---|---|---|---|---|---|
| 4 | 安装中控后备厢锁总成 | 取中控后备厢锁总成,将中控后备厢锁总成自带螺钉分别按1—2的顺序卡入钣金卡,然后同时向前滑动到钣金孔前端。按1—2的顺序依次紧固两个螺栓 | 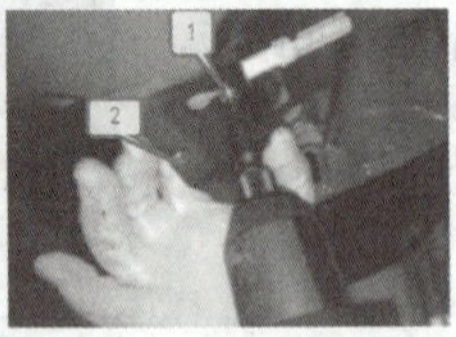 | 检查中控后备厢锁总成白色卡槽是否损坏 | 中控后备厢锁总成 |
| 5 | 连接连接杆一端到中控后备厢锁 | 将连接杆一端垂直卡入中控后备厢锁的卡槽,然后沿着白色卡槽向前滑动到底 | 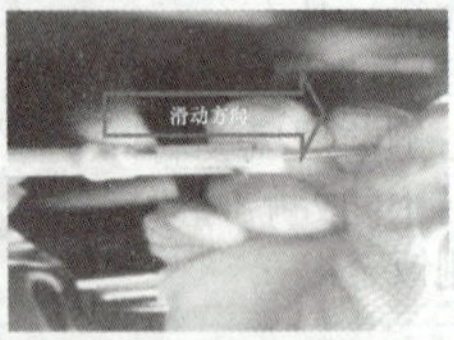 | 确保连接杆卡紧到位 | |
| 6 | 连接连接杆一端到传动杆行李箱锁 | 将连接杆一端垂直卡入传动杆后备厢锁的卡槽A |  | 操纵杆应插入锁芯卡口,否则无法开启后盖 | |
| MA061 | 安装左侧A柱线束 | 按1—4的顺序将卡扣摁进左A柱对应的钣金孔 |  | 安装前检查线束上的插头有无损坏 | 天线线束 |
| 2 | 穿天线线束 | 整理线束,用双手将天线线束从水管后边穿过,将线束卡扣5卡入顶棚工艺孔 | 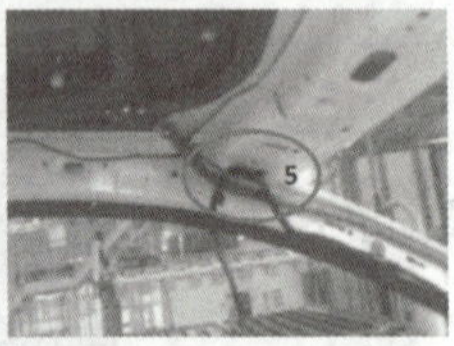 | 确保卡扣卡紧到位 | 车身线束 |
| 3 | 安装顶棚前沿线束 | 按照1—4顺序安装顶棚前沿线束卡扣,连接天窗插头5 | 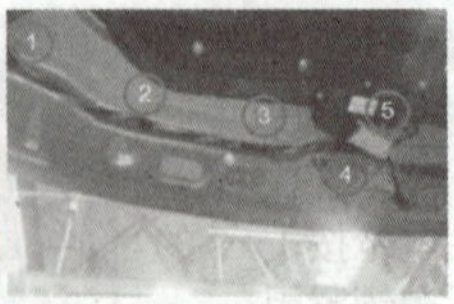 | 线束卡扣全部卡入钣金孔,连接天窗插头时听到"咔"的一声,回拉无松动 | |
| 4 | 安装A柱车门插头 | 将插头下部卡爪卡入钣金,左手用手指拉住紫色车门插头保险,右手用力向前推车门插头上部,使车门插头上部卡爪卡在工艺孔边缘 |  | 1.门柱插头不能与门槛线束绕线。2.门插头卡爪完全卡住工艺孔边缘 | |

续表

| 序号 | 操作步骤 | 操作方法 | 操作图示 | 注意事项 | 零件名称 |
|---|---|---|---|---|---|
| 5 | 铺设左侧门槛线束 | 将门槛线束卡扣按1—4顺序卡入车身工艺孔 | 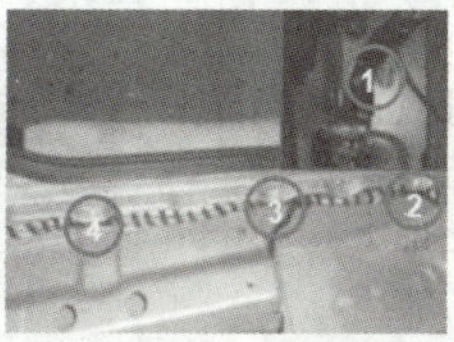 | 确保卡扣卡紧到位 | |
| 6 | 安装左侧座椅线束 | 将座椅线束卡扣1—3、座椅线束插座卡扣按"黑-黄"顺序依次卡入车身工艺孔 | 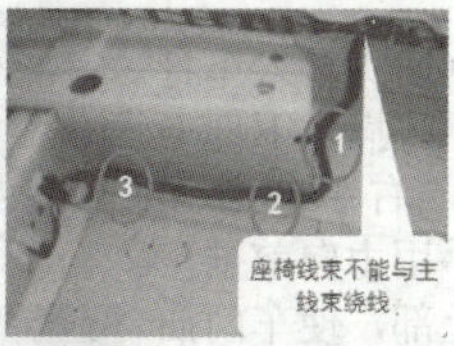 | 座椅线束不能与主线束绕线 | |
| 7 | 安装左侧B柱气囊插头 | 用手将气囊插头（黄色）插到B柱传感器上，并把锁止摁下 |  | 1.A8D高配车多一根B柱气囊插头。2.用手轻回拉插头无摇动 | |
| 8 | 安装B柱车门插头 | 左手拿插头塞入车身工艺孔，将插头下部卡爪卡入钣金，左手扶着插头，左手用力向前推车门插头上部，使车门插头上部卡爪卡在工艺孔边缘，把B柱剩余2个卡扣1—2卡入钣金 | 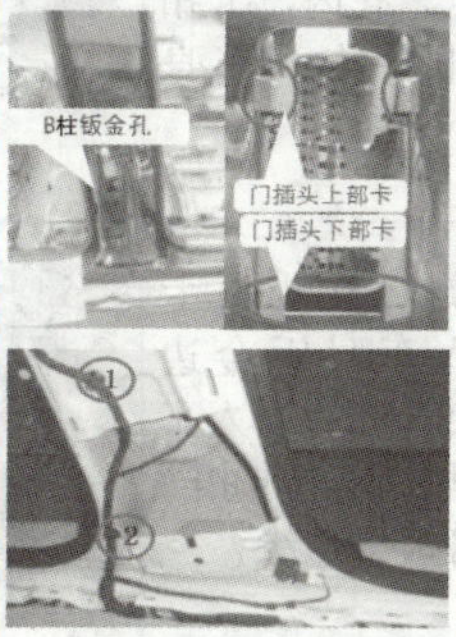 | 1.门柱插头不能与门槛线束绕线。2.门插头卡爪完全卡住工艺孔边缘。3.用手向内轻推门插头无松动 | |
| MA071 | 安装A柱车门插头 | 将插头下部卡爪卡入钣金，右手用手指拉住紫色车门插头保险，左手用力向前推车门插头上部，使车门插头上部卡爪卡在工艺孔边缘 | 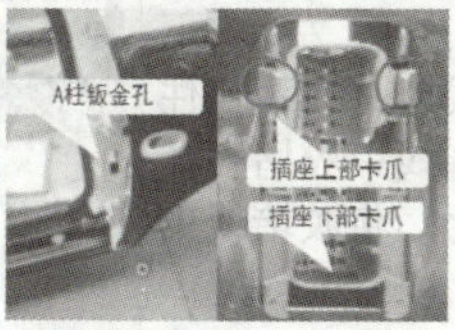 | 1.门柱插头不能与门槛线束绕线。2.门插头卡爪完全卡住工艺孔边缘 | |
| 2 | 铺设右侧门槛线束 | 将门槛线束卡扣按1—4顺序卡入车身工艺孔内 |  | 确保卡扣卡紧到位 | |
| 3 | 安装右侧座椅线束 | 将座椅线束卡扣1—3、座椅线束插座卡扣按"黑-黄-蓝"顺序依次卡入车身工艺孔 | 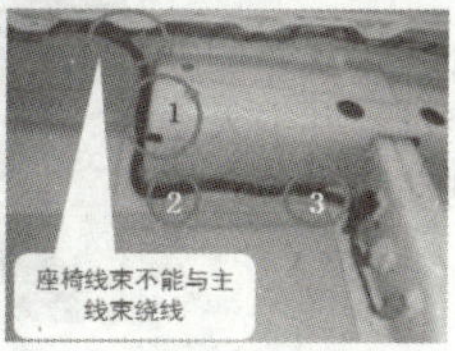 | 座椅线束不能与A-B柱主线束绕线 | |

续表

| 序号 | 操作步骤 | 操作方法 | 操作图示 | 注意事项 | 零件名称 |
|---|---|---|---|---|---|
| 4 | 安装右侧B柱气囊插头 | 用手将黄色气囊插头插到B柱传感器上,并把锁止摁下 |  | 1.A8D高配车多一根B柱气囊传感器插头。 2.用手轻拉插头无摇动 | |
| 5 | 安装B柱车门插头 | 左手拿插头塞入车身工艺孔,将插头下部卡入钣金,右手扶着插头,左手用力向前推车门插头上部,使车门插头上部卡爪卡在工艺孔边缘,把B柱剩余2个卡扣1、2卡入钣金 | 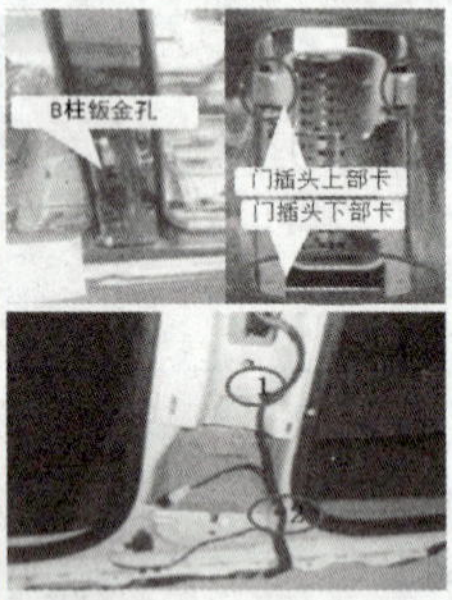 | 1.门柱插头不能与门槛线束绕线。 2.门插头卡爪完全卡住工艺孔边缘。 3.用手向内轻推门插头无松动 | |
| 6 | 安装右侧B柱门槛线束 | 将门槛线束卡扣1卡入车身工艺孔内,卡扣2、3按顺序卡到车身焊柱上 | 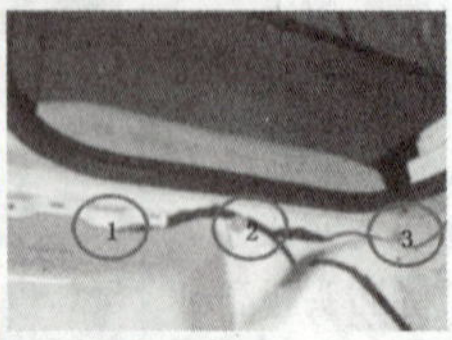 | 确保卡扣卡紧到位 | |
| 7 | 安装右侧C柱线束 | 将右侧C柱线束卡扣1卡入车身钣金边缘,线束卡扣2卡入车身工艺孔,线束卡扣3卡入车身钣金边缘 | 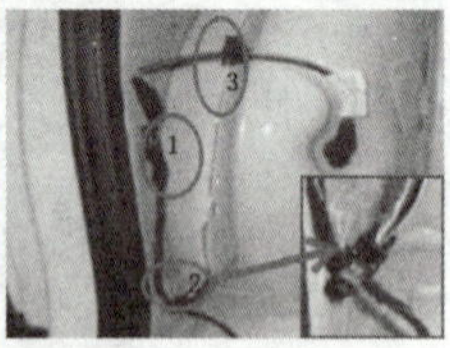 | 确保卡扣卡紧到位 | |
| 8 | 安装右后轮罩线束 | 将后轮罩胶堵线束穿过车身工艺孔,左手向下拉胶堵线束,右手扶住胶堵,将线束胶堵安在工艺孔上,将胶堵线束打活结。粘贴吸声材料 | 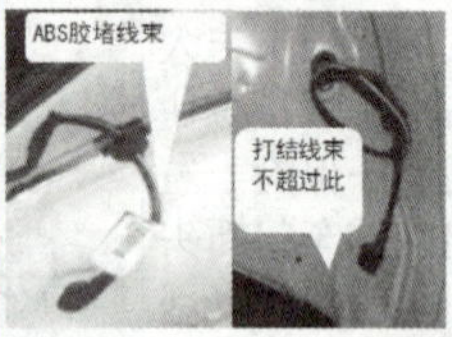 | 1.ABS胶堵与工艺孔无间隙。 2.确认ABS胶堵安装方向与车身工艺孔方向一致 | 吸声材料 |
| 9 | 安装油箱插头 | 安装油箱插头线束卡扣1、2,将油箱插头压在线束下面 |  | 将油箱插头压住,防止底盘结合时将插头压碎 | |
| MA22 1 | 将制动油管卡入制动管夹 | 将油管723从左侧纵梁下部穿过,并卡入支架上的制动管夹最左侧的卡槽 | 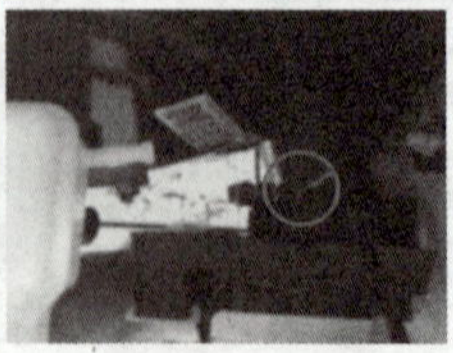 | 确保卡紧到位,无松动 | |

续表

| 序号 | 操作步骤 | 操作方法 | 操作图示 | 注意事项 | 零件名称 |
|---|---|---|---|---|---|
| 2 | 安装制动油管 723 到 ABS/ESP 泵孔 | 垂直对准 ABS/ESP 泵螺纹孔，用手预紧制动管 723 的螺母到 ABS/ESP 装置上 |  | 垂直带入，直到手带不动为止，不能直接使用定值力矩拧紧，会造成螺纹损坏 | 制动管路 |
| 3 | 安装制动油管 724 到 ABS/ESP 泵孔内 | 垂直对准 ABS/ESP 泵螺纹孔，用手预紧制动管 724 的螺母到 ABS/ESP 装置上 | 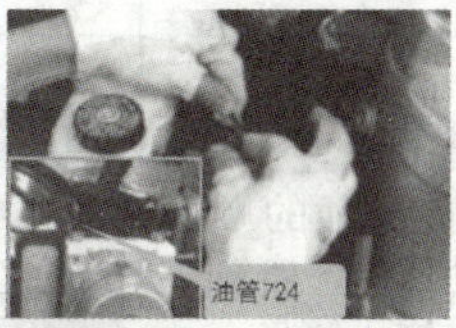 | 垂直带入，直到手带不动为止，不能直接使用定值力矩拧紧，会造成螺纹损坏 | 制动管路 |
| 4 | 将制动油管 724 后部卡入车身前舱的三个卡子内 | 将油管按照工艺形状并按 1—3 的顺序卡入制动管夹的卡槽 |  | 第一个卡子卡进上侧卡槽，第二个卡子卡进下方卡槽，第三个卡子卡进右侧卡槽 | |
| 5 | 紧固制动油管 723、724 | 使用棘轮定值扳手紧固制动油管 723、724 | 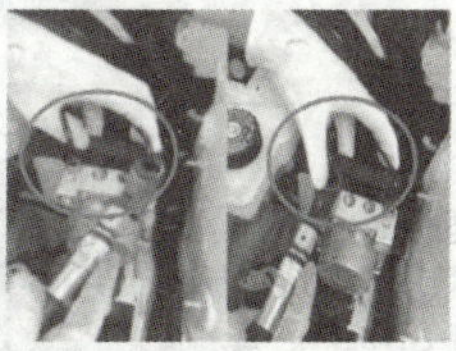 | 听到"咔"声后不要继续拧紧，否则会导致后续紧固制动油管螺纹损坏 | 制动管路总成 |
| 6 | 安装制动油管 740/739 到 ABS/ESP 泵孔内 | 左手把住制动油管 740/739 一端，使制动油管 740/739 的螺母垂直对准 ABS/ESP 的螺纹孔后再带紧 | 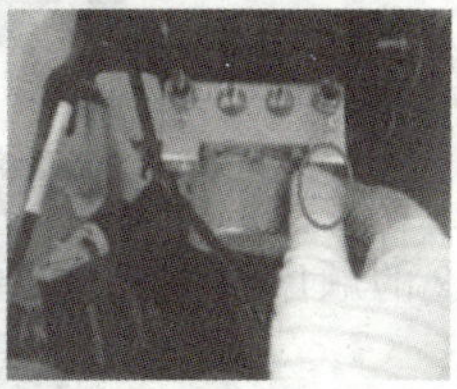 | 1. 1AC：制动油管 740；1AT：制动油管 739。2.垂直带入，直到手带不动为止 | 制动管路总成 |
| 7 | 安装制动管 740/739 到真空助力器 | 右手把住制动油管 740/739 另一端，使制动油管 740/739 的螺母垂直对准真空助力器上的螺纹孔，用左手带紧制动油管 740/739 的螺母到真空助力器上 | 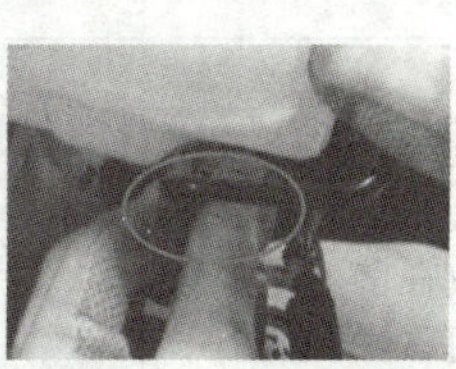 | 1. 1AC：制动油管 740；1AT：制动油管 739。2.垂直带入，直到手带不动为止 | |
| 8 | 安装护套 | 先将护套下部插入车身工艺孔，再将上部卡扣卡入车身钣金槽 | 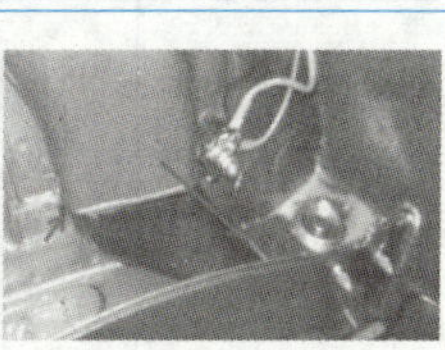 | 护套下部全部插入车身工艺孔 | 护套 |

续表

| 序号 | 操作步骤 | 操作方法 | 操作图示 | 注意事项 | 零件名称 |
|---|---|---|---|---|---|
| MA23 1 | 安装制动管路总成 739/740 | 手动按 1—2 的顺序带紧制动管路总成 | 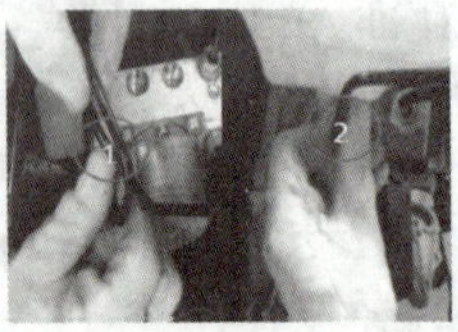 | 1.1AC：制动油管 739；1AT：制动油管 740。2.垂直带入，直到手带不动为止 | 制动管路总成 |
| 2 | 紧固油管 | 用定值力矩（开口力矩头）按 1—4 的顺序紧固制动油管，听到一声"咔"停止拧紧 |  | 听到"咔"声音后不要继续拧紧，否则会导致制动油管螺纹损坏 | |
| 3 | 连接 ABS 线束插头 | 将线束 1 插头平行插入 ABS 线束插座内，掰下线束插头锁死，再按 2—4 的顺序将其他线束插上 | 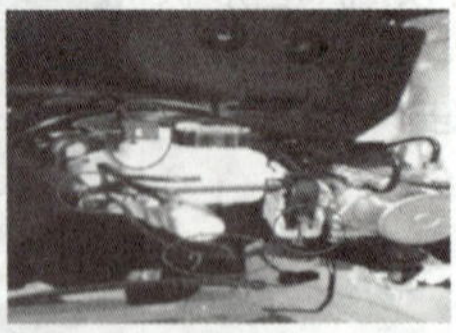 | 1.插线束时听到"咔"声为卡到位。2.ABS 线束从主线束内侧穿过，避免后续与冷却水管干涉 | |
| 4 | 放置电脑板插头 | 将电脑板插头从雨刷电动机下方拿出，放置于 ABS/ESP 泵与钣金之间 | 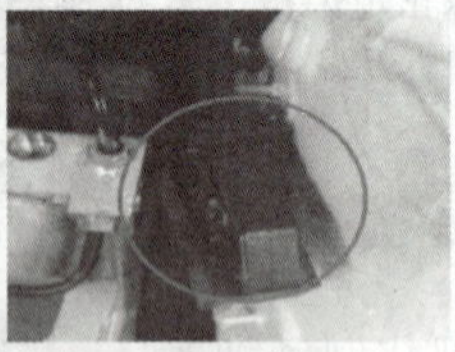 | 插头未取出会导致后续与电脑板无法连接 | |
| 5 | 安装固定夹 | 按 1—2 的顺序卡入钣金内 | 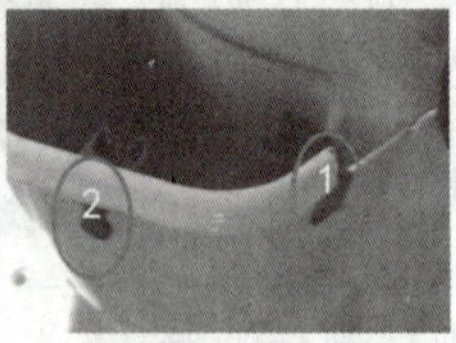 | 听到"咔"声为安装合格 | 固定夹 |
| 6 | 放下机舱前盖 | 左手支撑前盖，右手将支撑杆取下，然后把支撑杆放在前舱左纵梁上，将前盖轻轻放下 |  | 放降速度注意不要太快。避免撞伤车漆 | |
| MA24 1 | 查看装配单 | 行走至车身前端查看装配单，查看左上顶端装配单颜色代码和 A12、F3 位置 | 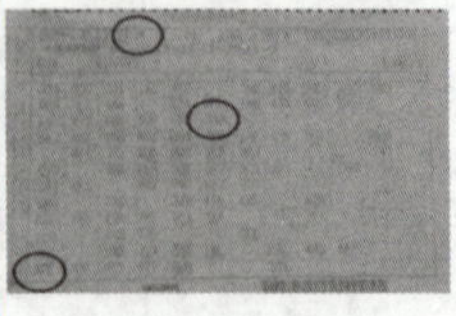 | 颜色代码 JX：米色内饰；JM：灰色内饰；WR：黑色内饰 | |

续表

| 序号 | 操作步骤 | 操作方法 | 操作图示 | 注意事项 | 零件名称 |
|---|---|---|---|---|---|
| 2 | 安装成型顶棚总成 | 双手调整成型顶棚总成左右方向移动，将卡扣对准钣金孔，用手掌将卡扣摁进钣金孔1、2 |  | 成型顶棚总成输送过程中不要被车身钣金刮碰，避免划伤和折痕 | 成型顶棚总成 |
| 3 | 安装拉手总成 | 将拉手总成两端同时插入钣金孔内，将销子按1—2的顺序卡入。完成左右后拉手安装 | 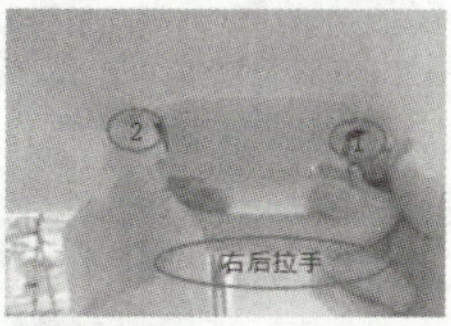 | 拉手总成与成型顶棚总成无间隙、不漏毛边 | 拉手总成 |
| 4 | 支撑前盖 | 双手将前盖轻轻拿起，然后左手撑着前盖，右手拿取支撑杆，将支撑杆卡入钣金孔，将前盖支撑好 |  | | |
| MA25 1 | 查看装配单 | 行走至车身前端查看装配单上左上顶端内饰颜色代码和A12位置 | | 颜色代码JX：米色内饰；AF/JM/TZ：灰色内饰 | |
| 2 | 固定成型顶棚总成中部 | 双手拖住成型顶棚总成天窗框的后沿，向后推动将成型顶棚总成天窗后端挂住，然后双手向前推天窗框的前边，将天窗前端挂住 |  | 动作幅度不应过大，避免顶棚出现褶皱 | |
| 3 | 紧固成型顶棚总成前端 | 拿取电枪和2颗螺钉按1—2—1三枪紧固的顺序，将螺钉穿过成型顶棚总成前端塑料件上的工艺孔，紧固到嵌装螺母里 | 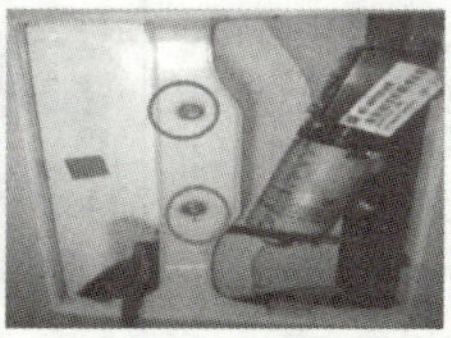 | 紧固时先确认前端塑料件未压室内灯线束，压线会导致线束插头无法连接到室内灯 | 螺钉 |
| 4 | 装配室内灯装置 | 先连接室内灯装置线束，再将阅读灯4个卡扣按1—4的顺序摁进顶棚框内 | 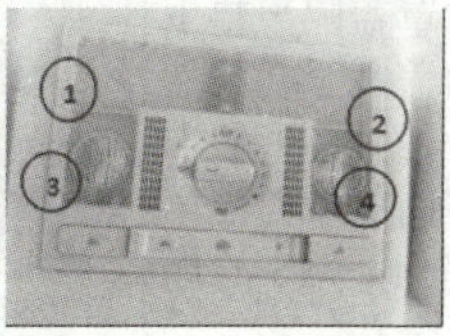 | 1.室内灯装置与顶棚无间隙。2.确认室内灯开关处于关闭状态，防止接通电源后，烧坏室内灯 | |

续表

| 序号 | 操作步骤 | 操作方法 | 操作图示 | 注意事项 | 零件名称 |
|---|---|---|---|---|---|
| 5 | 安装高度调节器总成—安全带并将螺栓预紧 | 将高度调节器总成—安全带卡槽对准B柱钣金工艺孔将其安放在上面用枪头将1颗螺栓预紧至高度调节器总成—安全预紧 | 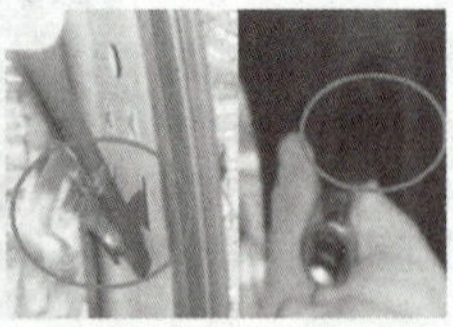 | | |
| 6 | 安装套管及导向套管 | 先将导向套管无棱痕的一端塞入套管,再将有棱痕的一端塞入车身钣金工艺孔内并确认棱痕露出 | 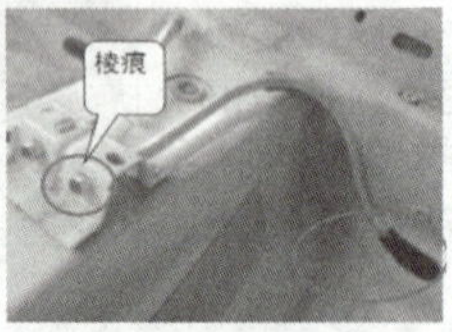 | 1. 确认套管与钣金孔贴紧,套管边缘无压痕。2. 导向套管带棱痕一端插入钣金孔时必须插到棱痕处 | |
| 7 | 吹脚风道安装 | 用手沿箭头方向用力,将吹脚风道工艺孔与仪表下方出风口连接 | 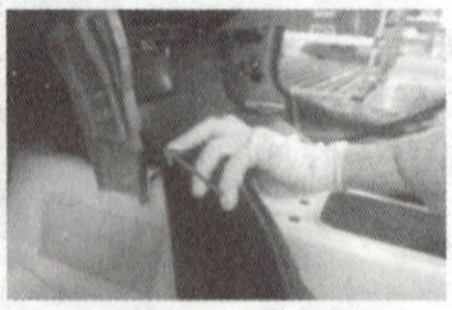 | 安装风道前注意检查风道内部是否有异物 | |
| MA261 | 安装支架总成 | 分装支架,安装弹簧片。将支架总成的2个钣金孔插入相对应的车身焊柱上。用电枪将2颗螺母按照1—2紧固的顺序将支架总成紧固到车身 | 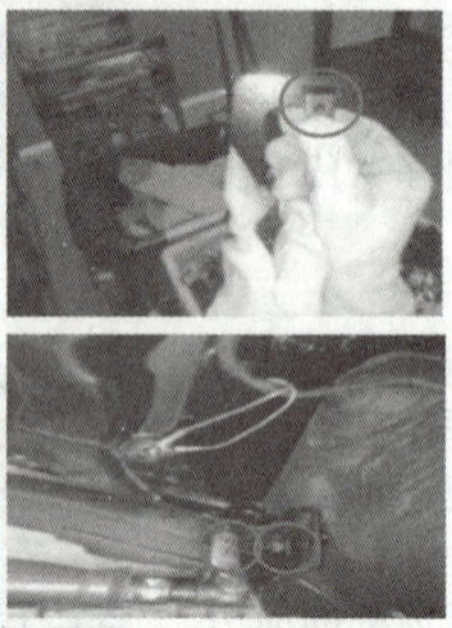 | 安装支架时注意朝向,凸出的一面向内装配 | 弹簧片、支架、螺母 |
| 2 | 安装紧固水室 | 将水室放到流水槽前方,调整水室上工艺孔使其与钣金螺孔对正,再用电枪把1颗螺钉按1的顺序预紧,然后依次按2—8的顺序将所有的螺钉紧固,最后将1紧固 | 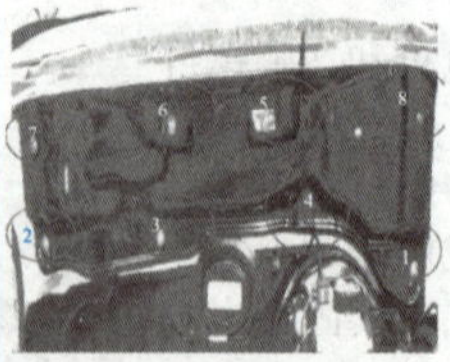 | 防止水室挡板划伤真空助力泵和刹车油管 | 水室、螺栓 |
| 3 | 安装前舱罩盖隔声腔垫 | 将前舱罩盖隔声垫下部卡入前盖钣金孔,然后按1—13的顺序卡入,再将前舱罩盖隔声垫下部按14—15的顺序插入钣金孔 |  | 1. 听到"咔"声为卡到位。2. 前舱罩盖隔声垫下部完全插入钣金孔 | 发动机罩盖隔声垫 |

续表

| 序号 | 操作步骤 | 操作方法 | 操作图示 | 注意事项 | 零件名称 |
|---|---|---|---|---|---|
| 4 | 安装支架 | 将支架放置在右纵梁钣金上，与螺纹孔对应。按1—2—1三枪紧固的顺序紧固支架 | 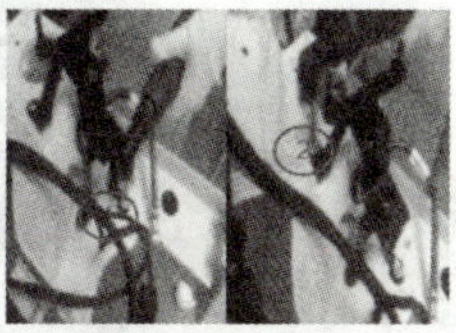 | 紧固螺栓时，电枪保持垂直，避免螺纹被打坏 | 支架、螺栓 |
| 5 | 安装流水槽隔声垫 | 将流水槽隔声垫卡入水室 |  | 确保隔声垫安装到位 | 流水槽隔声垫 |
| 6 | 安装电线扎带 | 将电线扎带卡入水室钣金焊柱上 | 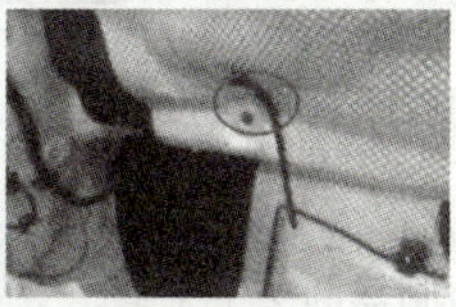 | 电线扎带完全卡入水室钣金焊柱上，否则易脱落。较长线束一端朝下 | 电线扎带 |
| 7 | 安装线夹 | 将线夹卡入水室钣金焊柱上 |  | 保证线夹开口向上且完全卡入水室钣金焊柱上，否则易脱落 | 线夹 |
| MA271 | 查看FIS单 | 查看FIS单C8位置 | | PR号：+7X1 装配倒车雷达控制器。PR号：+7X0 不装倒车雷达控制器 | |
| 2 | 安装安全带 | 站在后备厢处将安全带定卡子从衣帽架钣金下方卡在钣金孔内，同时把安全带织带从前方钣金孔穿出，用手将安全带螺栓预紧 |  | 安全带外壳无脱落 | 安全带、螺栓 |
| 3 | 安装织带导向器—自动卷收器 | 先将安全带织带穿过导向支架，将导向支架右侧卡在钣金内左侧孔对准钣金孔，用手将织带导向器—自动卷收器螺栓预紧 | 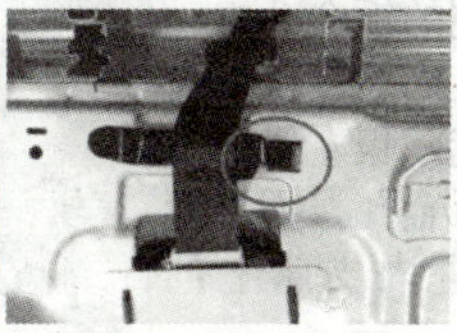 | 注意检查卷收器外观是否完好 | 织带导向器—自动卷收器、螺栓 |

续表

| 序号 | 操作步骤 | 操作方法 | 操作图示 | 注意事项 | 零件名称 |
|---|---|---|---|---|---|
| 4 | 紧固后备厢搭铁线 | 用EC扳手紧固后备厢左侧搭铁线 | 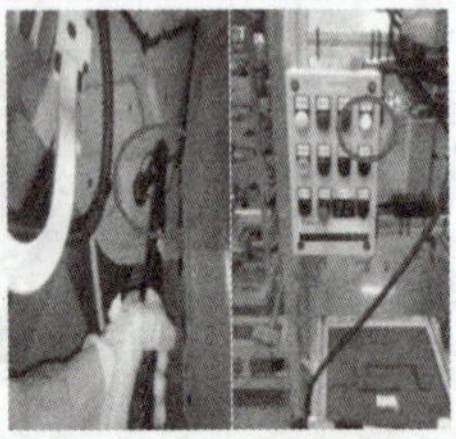 | 紧固时，电枪保持垂直。避免打坏螺纹 | |
| 5 | 紧固织带导向器—自动卷收器 | 用EC扳手紧固导向支架 |  | 紧固时，电枪保持垂直。避免打坏螺纹 | |
| 6 | 分装控制器 | 将海绵胶条粘贴在控制器2个工艺孔。将2个铆钉按1—2的顺序安装到控制器的2个工艺孔中 |  | 海绵胶条不能挡住工艺孔，否则无法安装到车身上 | 海绵胶条、铆钉 |
| 7 | 安装控制器 | 将倒车雷达上的铆钉按照1—2的顺序插入车身钣金工艺孔，目视确认铆钉已插到底。将橘黄色的线束插头对准倒车雷达接口插入，听到"咔"的声音表示装配合格 |  | PR号：+7X1装配倒车雷达控制器 | 控制器 |
| MA28 左侧 1 | 查看装配单 | 行走至车身前端查看装配单上顶部的颜色代码位置 | 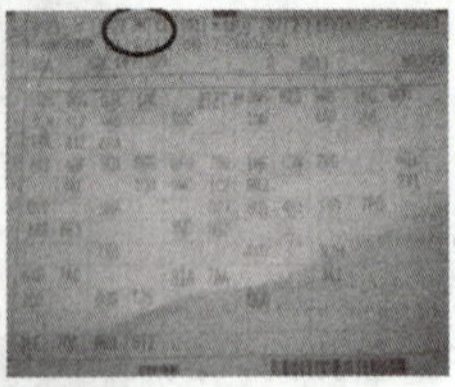 | 1.JX：米色内饰。2.AF/JM/TZ：灰色内饰。3.WR：黑色内饰 | |
| 2 | 安装遮阳板总成（支座） | 先将内支座安装到装饰盖内，内支座挂钩开口与装饰盖锁置卡一侧对应，将内支座安装到车身前侧的钣金孔内，最后把装饰盖推进内支座，将遮阳板左侧的卡扣按进钣金孔，再把遮阳板挂进内支座上的挂钩 | 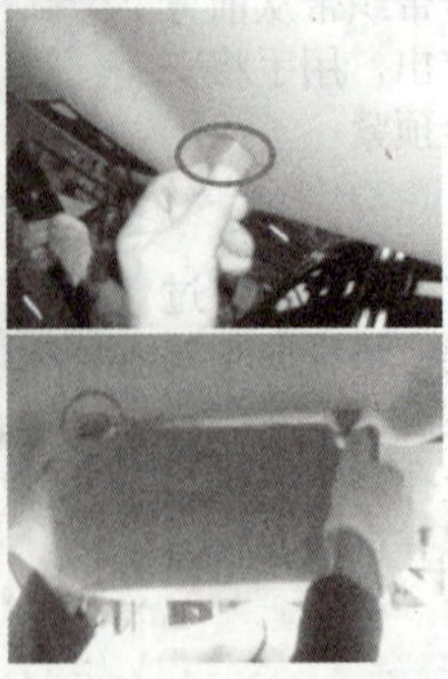 | 1.确认卡扣完全卡紧钣金孔内，无松动，顶棚不露毛边。2.PC3：米色；2F4：灰色；3H8：黑色 | 内支座—遮阳板、装饰盖总成 |

续表

| 序号 | 操作步骤 | 操作方法 | 操作图示 | 注意事项 | 零件名称 |
|---|---|---|---|---|---|
| 3 | 捋门洞条 | 用压板捋左前门洞条 | 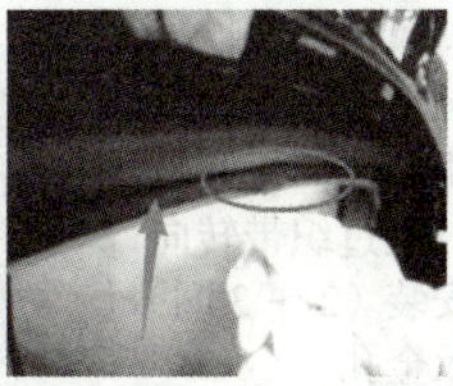 | | |
| 4 | 安装左A柱上护板 | 将A柱尖端插进仪表工艺孔，按1—3的顺序用手将A柱卡子拍进A柱上的钣金孔，并将A柱整体向上提，调整A柱上端与顶棚无间隙，捋顺上护板处门洞条，压板调整A柱护板与钣金间隙 | 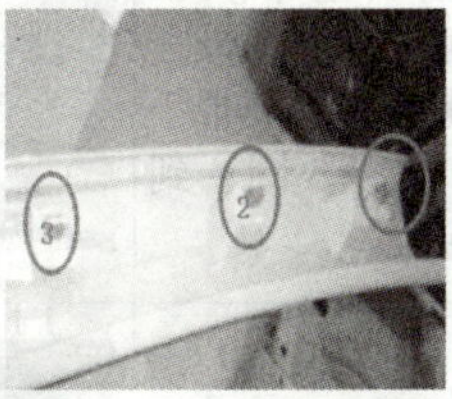 | 1.A柱与顶棚无间隙、无褶皱。2.检查A柱护板高于钣金法兰面，保证两侧A柱护板与仪表平度在4.5 mm±0.5 mm | A柱护板 |
| MA30左侧 1 | 查看装配单，确认PR号 | FIS单位置：E3＋E6＋D9（B柱安全带） | 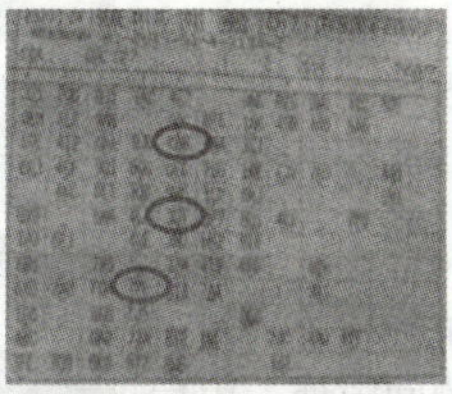 | PR号：+K8B+3QT+7PE（有预紧器非出租车型）；PR号：+K8B+3QB+7PE（无预紧器出租车型） | |
| 2 | 查看装配单，确认PR号 | FIS位置：E3＋E8＋D9（C柱安全带） | 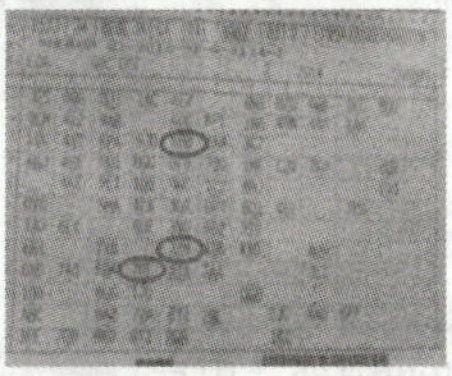 | PR号：+K8B+3ZM+7PE（有黑色海绵套、非出租车型）；PR号：+K8B+3ZV+7PE（出租车型） | |
| 3 | 安装左B柱安全带 | 将安全带对准钣金定位销位置插入，用手预紧螺栓（2～3圈），连接传感器插头 |  | 安装前检查安全带有无破损、变形 | 安全带、螺栓 |
| 4 | 连接插头 | 连接传感器插头 | 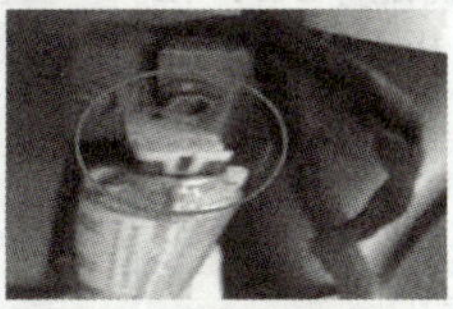 | 连接插头后，用手来回推拉推检查确认是否连接到位 | |
| 5 | 安装安全预紧到高度调节器 | 拿取1个内多齿扁圆头配合螺栓穿过安全带织带孔到高度调节器，用手预紧螺栓（2～3圈） |  | 预紧螺栓注意螺栓的位置不要安装错误 | |

续表

| 序号 | 操作步骤 | 操作方法 | 操作图示 | 注意事项 | 零件名称 |
|---|---|---|---|---|---|
| 6 | 安装织带转向架 | 拿取时将织带导向支架开口朝上，然后按1—2的顺序将织带转向架螺钉通过织带转向架手动安装（2～3圈）到车身钣金孔 | 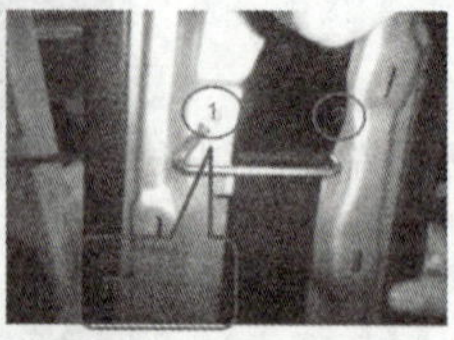 | 注意转向架的方向不要装错了 | 织带转向架、螺栓 |
| 7 | 安装左后安全带 | 将C柱安全带从钣金下方插入并卡在钣金上，用螺栓将安全带手动安装（2～3圈）到车身钣金上 | 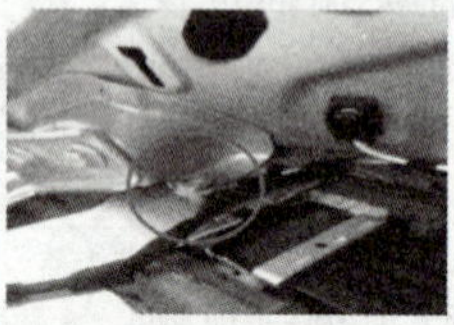 | 安装前检查安全带有无破损、变形 | 左C柱安全带、螺栓 |
| 8 | 紧固织带转向架 | 使用EC按1—2的顺序将织带转向架紧固到车身B柱内侧钣金上 | 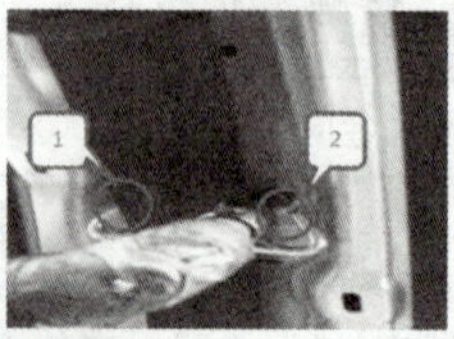 | 紧固时，电枪保持垂直。避免损坏螺纹 | |
| MA32 左侧 1 | 捋左后门洞条 | 拿取压板插入门洞条与顶棚的间隙处，由后向前捋顺 | 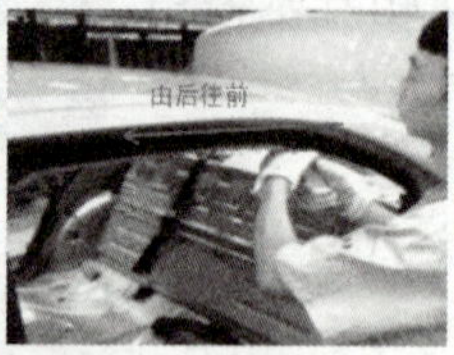 | 压板表面应光滑、无尖角或者开口，否则造成门洞条划伤、破损，应确保顶棚与门洞条无缝隙 | |
| 2 | 捋右后门洞条 | 拿取压板插入门洞条与顶棚的间隙处，由后向前捋顺 | 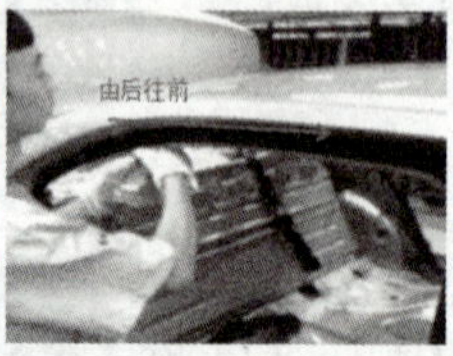 | 压板表面应光滑、无尖角或者开口，否则造成门洞条划伤、破损，应确保顶棚与门洞条无缝隙 | |
| 3 | 查看PR号 | 查看装配单A11（B柱外盖板）FIS单PR号位置：A11、C9 | 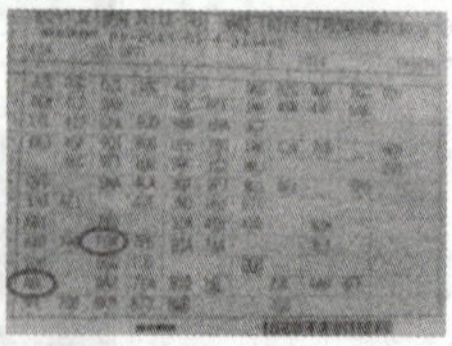 | PR号：+A8B/A8C B柱外盖板表面材质为磨砂；PR号：+A8D B柱外盖板表面光亮，有白色保护膜 | |
| 4 | 安装左侧B柱外侧膨胀螺母 | 左手拿取2个螺母按1—3的顺序安装在左B柱外侧钣金孔内 | 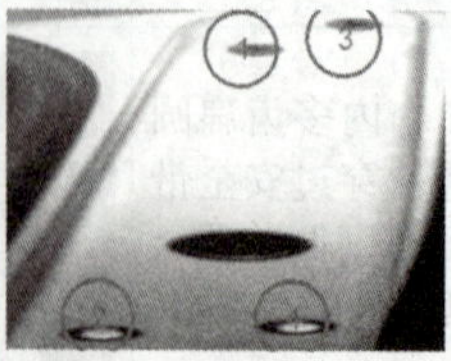 | 目视确认嵌装螺母与钣金孔无缝隙 | 护孔圈、膨胀螺母 |

续表

| 序号 | 操作步骤 | 操作方法 | 操作图示 | 注意事项 | 零件名称 |
|---|---|---|---|---|---|
| 5 | 安装左侧B柱外侧胶堵 | 右手拿取2个胶堵按2—4的顺序安装在左B柱外侧钣金孔内 | 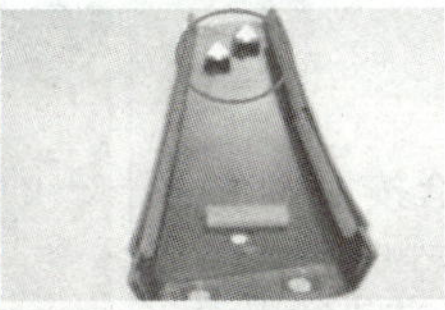 | 目视确认胶堵与钣金孔无缝隙 | 左侧B柱外盖板 |
| 6 | 安装左侧B柱外盖板 | 将左B柱外盖板内侧2个卡子对准卡入B柱钣金上（1.3）胶堵孔，将其安装在左侧B柱外侧钣金上 |  | 安装饰板前确认饰板外观有无划伤 | |
| 7 | 紧固左侧高度调节器总成到车身 | 用EC扳手紧固左侧高度调节器总成螺栓 | 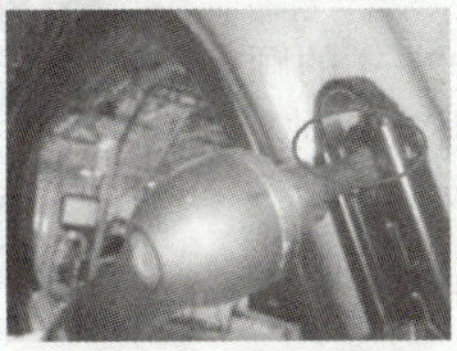 | 紧固时，电枪保持垂直。避免损坏螺纹 | |
| 8 | 紧固左B柱安全预紧到高度调节器上 | 用EC扳手紧固B柱安全预紧到高调总成上的螺栓 | 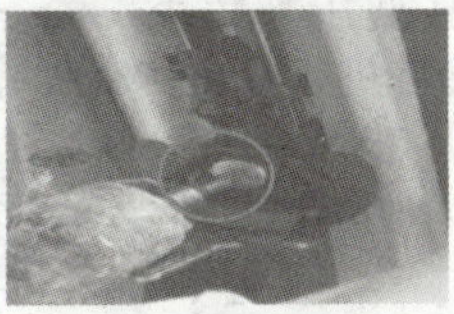 | 紧固时，电枪保持垂直。避免损坏螺纹 | |
| 9 | 紧固左侧安全预紧到车身左B柱钣金上 | 用EC扳手紧固B柱安全预紧到车身左B钣金上的螺栓 | 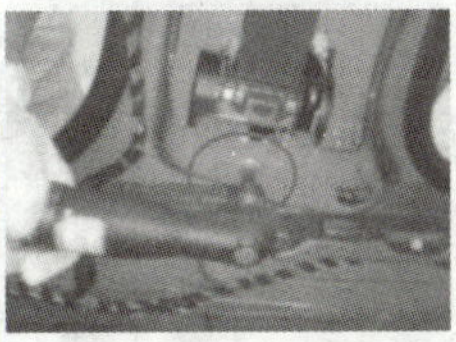 | 紧固时，电枪保持垂直。避免损坏螺纹 | |
| 10 | 紧固左侧C柱安全带螺栓 | 用EC扳手紧固左侧C柱安全带螺栓 |  | 紧固时，电枪保持垂直。避免损坏螺纹 | |
| MA34 1 | 安装发动机悬置 | 安装发动机悬置，用4颗螺栓预紧悬置2～3圈。用电枪按1—4的顺序依次将螺栓进行紧固 |  | 螺栓只能使用一次。拆卸或拧紧损坏须更换新螺栓 | 发动机悬置、螺栓 |
| 2 | 紧固右侧B柱外盖板 | 取2颗螺钉，用电枪按1—2—1的顺序用三枪紧固法紧固右侧B柱外盖板 | 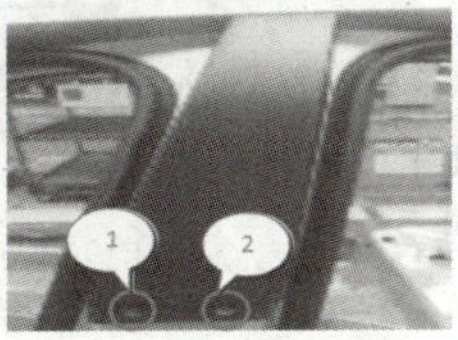 | 保证B柱外盖板上端与车身顶部外沿钣金匹配间隙（标准间隙：1 mm±0.5 mm） | 螺钉 |

续表

| 序号 | 操作步骤 | 操作方法 | 操作图示 | 注意事项 | 零件名称 |
|---|---|---|---|---|---|
| 3 | 安装变速器支撑总成 | 用电枪按1—2的顺序紧固2颗螺栓，紧固螺栓3后并进行点漆，按1—3的顺序点漆确认 | 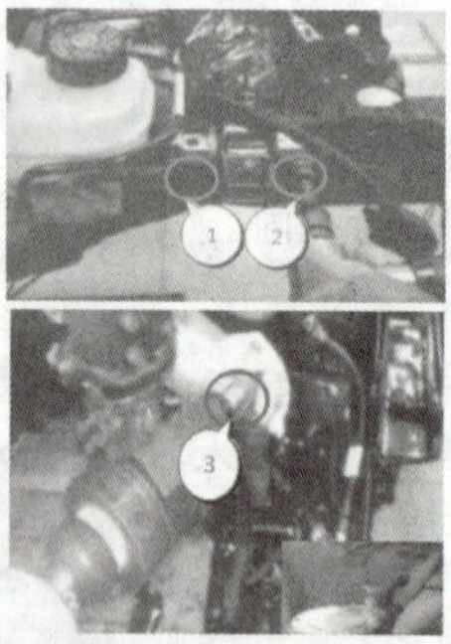 | 当拧紧机出现故障时，应采用应急预案下限力矩值为：75 N·m。上限力矩值为：160 N·m | 变速器支撑总成、螺栓 |
| 4 | 紧固左侧B柱外盖板 | 按1—2—1的顺序用三枪紧固法紧固左侧B柱外盖板 | 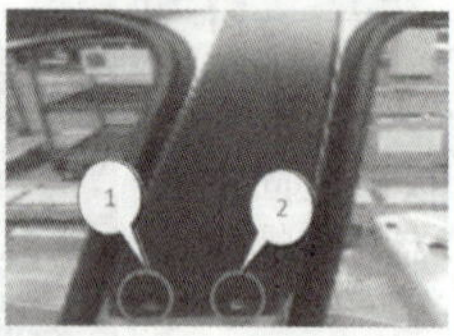 | 保证B柱外盖板上端与车身顶部外沿钣金匹配间隙（标准间隙：1 mm±0.5 mm） | 螺钉 |
| MA35 1 | 分装高低压管O形垫圈 | 摘下高低压管防尘帽，从冷冻机油器皿中拿取O形垫圈，将O形垫圈分别分装到高低压管管头 | 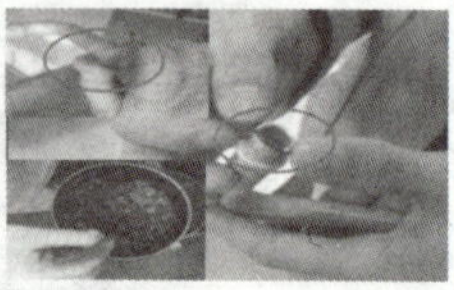 | 分装前确认密封圈无断裂、破损现象。密封圈必须从冷冻机油器皿中取出，否则不允许装车 | O形密封圈 |
| 2 | 安装高低压管 | 先将高压管安放在右前纵梁上，再将低压管安放在右前纵梁上 |  | 避免管路支架干涉 | 制冷管总成 |
| 3 | 安装高低压管管夹锁 | 将低压管管头套入高压管锁套中并取下仪表空调口的防尘胶贴 | 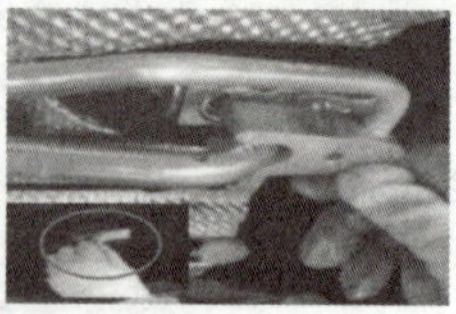 | 操作时不要太用力扳动制冷管，以免造成制冷管变形 | 制冷管管夹 |
| 4 | 紧固管夹锁 | 用1颗螺钉将高低压管管头安装到前舱仪表对应的空调口上并用电枪紧固 | 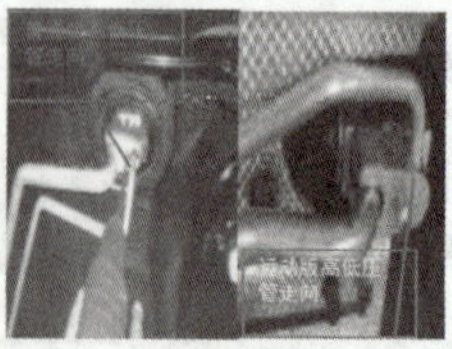 | 管夹锁与仪表空调端口无间隙。运动版高压管在上面，普通版高压管在下面 | 螺栓 |
| 5 | 安装紧固双管夹 | 将双管夹固定到高低压管支架上并用电枪将螺钉紧固 | 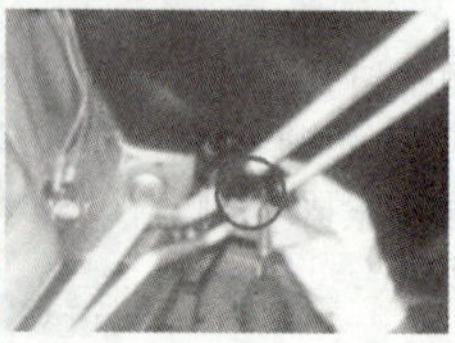 | 确保卡紧到位 | 双管夹、螺钉 |

续表

| 序号 | 操作步骤 | 操作方法 | 操作图示 | 注意事项 | 零件名称 |
|---|---|---|---|---|---|
| 6 | 安装冷却水管支架 | 将支架圆头面卡入右侧纵梁下方对应的正方形钣金孔，然后用漆笔杆将其内部锁死机构卡死 |  | 确保卡紧到位 | 冷却水管支架 |
| 7 | 连接高压管线束插头 | 将车身线束插头与高压管插头连接 | 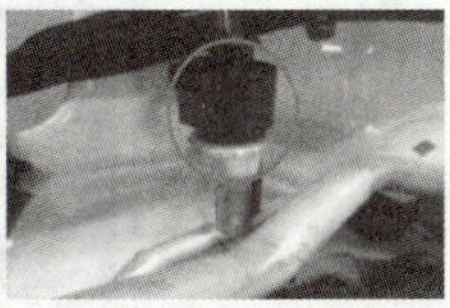 | 连接插头听到"咔"声，说明插头连接正确 | |
| MA36 左侧 1 | 查看装配单 | 目视装配单 PR 号及内饰颜色代码，FIS 单位置：A11+C9 |  | 颜色代码：JM、TZ、AF：灰色；JX：米色；WR：黑色 | |
| 2 | 安装左侧 B 柱下护板 | 将 B 柱下护板 4 个卡子与 B 柱上对应的 4 个钣金孔对齐，然后将 B 柱下护板上部的 2 个卡子按顺序（1—2）卡进钣金孔 | 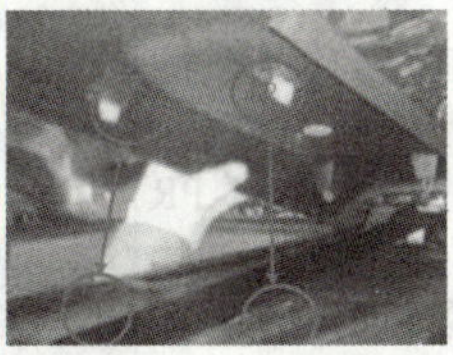 | 安装前检查饰板外观是否完好 | 左侧 B 柱下护板 |
| 3 | 安装左侧 B 柱下护板 | 将 B 柱下护板下部的 2 个卡子按顺序（3—4）卡进钣金孔内，并将下护板向下轻压 |  | 安装前检查饰板外观是否完好 | |
| 4 | 安装左侧 B 柱上护板 | 掰动高调的调节按钮，把高调调节到最高的位置，把 B 柱上护板调节器调到最高处 | 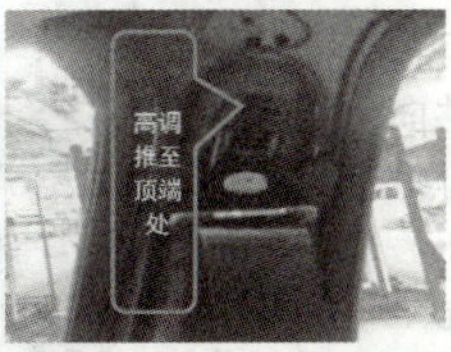 | 安装前检查饰板外观是否完好 | 左侧 B 柱上护板 |
| 5 | 安装左侧 B 柱上护板 | 将安全带末端和锁环穿过 B 柱上护板调节器孔 | 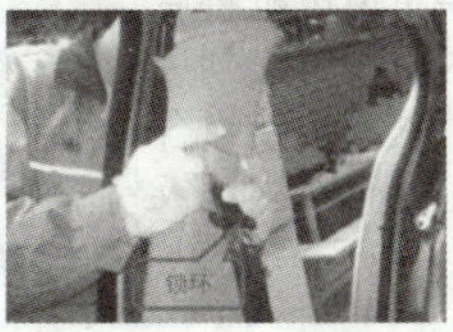 | 安全带末端和锁环必须穿过护板调节器孔，避免安全带末端和锁环被卡在 B 柱护板内 | |

续表

| 序号 | 操作步骤 | 操作方法 | 操作图示 | 注意事项 | 零件名称 |
|---|---|---|---|---|---|
| 6 | 安装左侧B柱上护板 | 将护板插入顶棚与钣金中间，护板调节器凹槽对准高调调节孔 |  | 安装前检查饰板外观是否完好 | |
| 7 | 安装左侧B柱上护板 | 先将B柱上护板带铁片卡子一侧卡进钣金孔，再将另外一侧卡进B柱下护板凹槽 |  | 安装前检查饰板外观是否完好 | |
| 8 | 捋顺B柱上、下护板处门洞条 | 用压板插入门洞条与B柱上、下护板之间的缝隙，然后分别由下而上（上护板）、由上而下（下护板）地捋顺车门门洞条 | 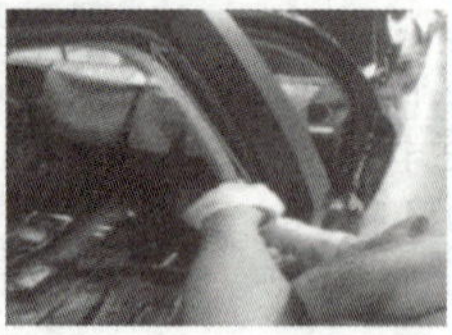 | 定期检查压板，确保压板无毛刺、开口，否则造成门洞条划伤、破损 | |
| MA38左后1 | 查看FIS单，确认PR号 | 查看PR号确认装配零件：普通版：+8SD 运动版后尾灯PR号：+8SG 运动版：PR号所在位置：H7 | 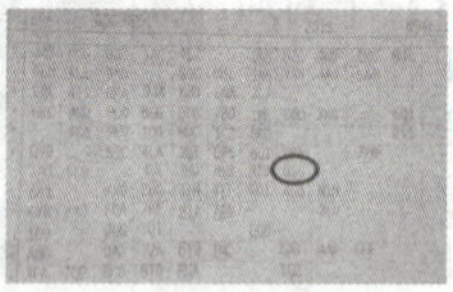 | 运动版车灯为黑色轮廓，普通版车灯为红色轮廓 | |
| 2 | 连接左后组合灯线束插头 | 用手将后盖向下掰一定的角度并托住后盖，连接组合灯线束插头 | 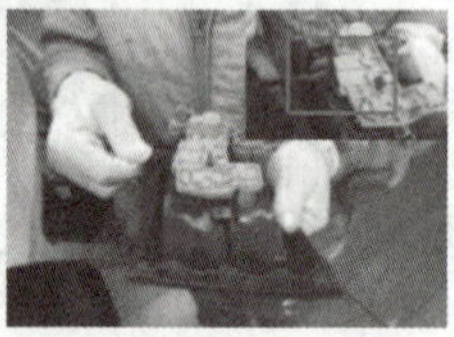 | 插头连接好后，用手推拉推检查确认是否连接到位 | 左后组合灯 |
| 3 | 安装紧固左后组合灯 | 用右手托住左后组合灯右端并向上微抬，左手将组合灯左端向钣金边缘上压，使组合灯左端卡子完全卡在后盖钣金边缘上；左手托住尾灯，右手拿取电枪将后组合灯内侧螺钉松到一定位置并紧固，使组合灯卡销正好卡在内侧钣金平面上 |  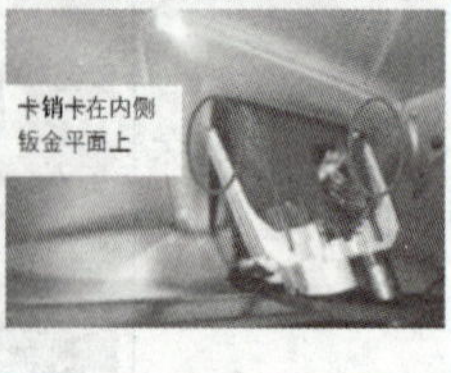 | 安装前检查尾灯外观是否完好。有无破损、划伤 | |

续表

| 序号 | 操作步骤 | 操作方法 | 操作图示 | 注意事项 | 零件名称 |
|---|---|---|---|---|---|
| 4 | 检查后组合灯与钣金间隙 | 目视检查后组合灯与钣金间隙在公差范围内 |  | 公差范围（标准：1.0 mm±0.5 mm）且表面无缺陷 | |
| 5 | 安装左外后组合灯 | 将左外后组合灯上的定位销对准车身尾部相应的工艺孔进行装配，用手将固定卡旋转到组合灯焊柱上使其固定，连接外后组合灯线束插头 |  | 确保插头连接到位 | 左外后组合灯、固定件 |
| MA401 | 查看装配单 | 目视装配单内饰颜色代码 |  | 颜色代码：JM、TZ、AF：灰色；JX：米色；WR：黑色 | |
| 2 | 紧固左侧B柱上护板螺钉 | 用电枪紧固左侧B柱上护板螺钉 | 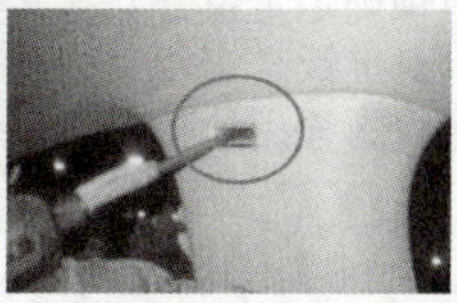 | 注意不要划伤内饰板 | 螺钉 |
| 3 | 安装左侧B柱上护板盖板 | 用手将卡扣大的一边朝上摁进B柱上护板 | 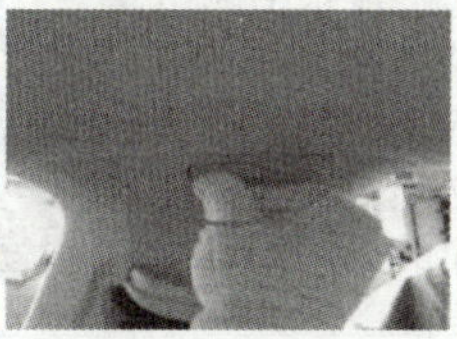 | 安装完后检查无间隙 | 盖板 |
| 4 | 将左侧B、C柱安全带下螺栓预紧到相应的螺纹孔里 | 拿取螺栓，对准钣金定位销插入并用枪头将其预紧 | 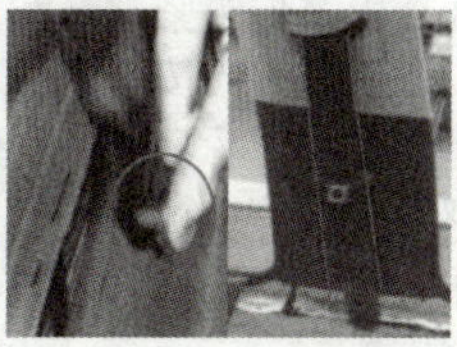 | 螺栓必须带正，螺栓手带2～3圈，手带螺栓时注意安全带必须捋顺 | 螺栓 |
| 5 | 将双锁螺栓预紧到相应的螺纹孔里 | 拿取双锁确定定位开口方向，对准钣金定位点卡入，将螺栓用枪头预紧 |  | | |

续表

| 序号 | 操作步骤 | 操作方法 | 操作图示 | 注意事项 | 零件名称 |
|---|---|---|---|---|---|
| 6 | 紧固右侧B柱上护板螺钉 | 用电枪紧固右侧B柱上护板螺钉 | 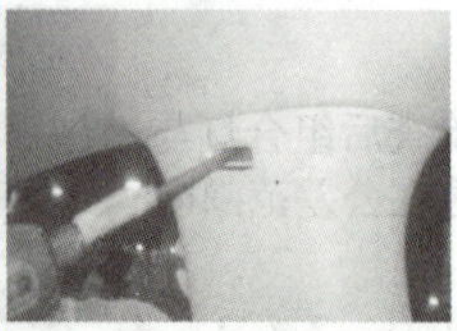 | 注意不要划伤内饰板 | 螺钉 |
| 7 | 安装B柱盖板 | 用手将卡扣大的一边朝上摁进B柱上护板 | 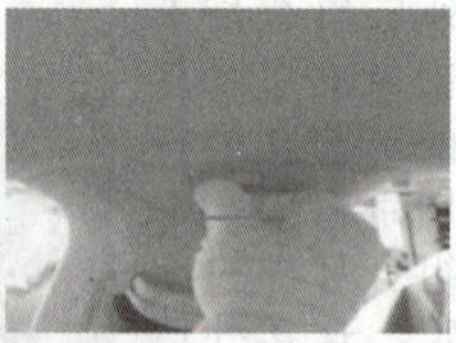 | 安装完后检查无间隙 | 盖板 |
| 8 | 将右侧B、C柱安全带下螺栓预紧到相应的螺纹孔里 | 拿取螺栓,对准钣金定位销插入并用枪头预紧 | 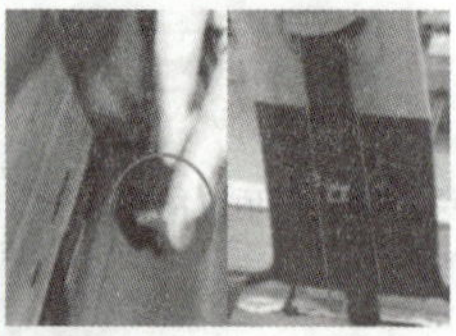 | 螺栓必须带正,螺栓手带2~3圈,手带螺栓时注意安全带必须捋顺 | 螺栓 |
| 9 | 将单锁螺栓预紧到相应的螺纹孔里 | 拿取单锁确定定位开口方向,对准钣金定位点卡入,将螺栓用枪头预紧 |  | 螺栓必须带正,螺栓手带2~3圈,手带螺栓时注意安全带必须捋顺 | |
| MA41 1 | 安装流水槽隔声垫 | 拿取1个流水槽隔声垫,安装从左至右卡入水室挡板上,隔声垫上方圆孔必须对准水室挡板相对应的焊柱 |  | 确保流水槽隔声垫安装到位 | 流水槽隔声垫 |
| 2 | 安装流水槽隔声垫锁紧垫圈 | 拿取3个内多齿锁紧垫圈,以顺时针方向按1—3的顺序旋转卡入水室挡板对应的3个焊柱上 | 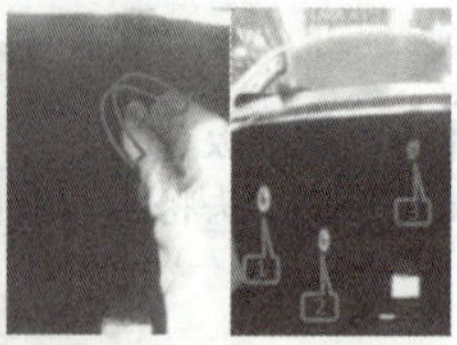 | 内多齿锁紧垫圈与流水槽隔声垫必须贴死 | 内多齿锁紧垫圈 |
| 3 | 安装氧传感器支架 | 将线束支架卡入车身钣金上的定位焊柱上,用1颗螺母预紧,再用电枪紧固螺母 | 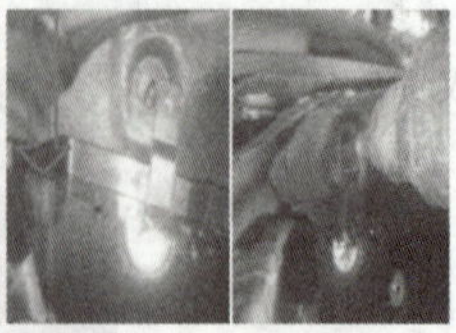 | 注意氧传感器支架的安装方向 | 氧传感器支架、螺母 |

230

续表

| 序号 | 操作步骤 | 操作方法 | 操作图示 | 注意事项 | 零件名称 |
|---|---|---|---|---|---|
| 4 | 安装控制器支架 | 将控制器支架下方的限位卡卡在水室挡板对应的限位上，并左右晃动确保限位相卡互卡紧，再将支架上卡扣对准水室定位孔，卡进定位孔内；运动版控制器支架下方限位卡只卡在水室对应左侧限位上，再将支架上卡扣对准水室定位孔，卡进定位孔内 |  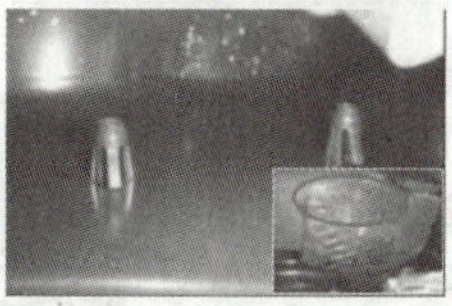 | 注意支架的型号不要装错 | 控制器支架 |
| 5 | 安装单管夹到高压管 | 安装2个单管夹子至高低压管。拿取电枪，用1颗螺母将单管夹紧固到高压管对应的焊柱上 |  | 单管夹必须卡在黑色橡胶保护套的中间 | 单管夹、螺母 |
| 6 | 紧固单管夹到低压管 | 拿取电枪，用1颗螺母将单管夹紧固到低压管对应的焊柱上 | 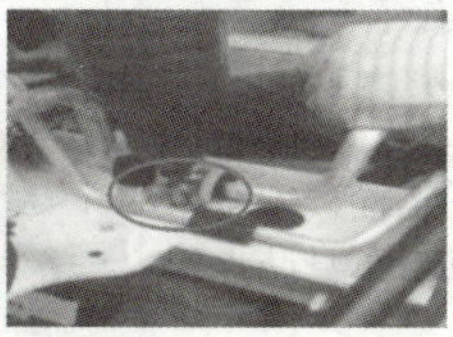 | 确保高低压管与其他部件无干涉现象 | 单管夹、螺母 |
| 7 | 调整高低压管间隙 | 确认所标识处高低压管不干涉，两管之间无管身接触 |  | 确保高低压管与其他部件无干涉现象 | |
| 8 | 调整高低压管间隙 | 确认所标识处与钣金有间隙，无贴死 |  | 确保高低压管与其他部件无干涉现象 | |
| 9 | 调整高低压管间隙 | 确认所标识处高低压管管身与发动机悬置无接触点 |  | 确保高低压管与其他部件无干涉现象 | |

续表

| 序号 | 操作步骤 | 操作方法 | 操作图示 | 注意事项 | 零件名称 |
|---|---|---|---|---|---|
| MA42 前挡风玻璃涂胶 1 | 拿取前挡风玻璃 | 用左手扶住挡风玻璃下沿中间,右手把住正上方,将挡风玻璃从料架上取下 |  | 装配前确认挡风玻璃上有CCC标识,挡风玻璃内侧无活化剂涂抹痕迹 | 前挡风玻璃总成 |
| 2 | 安放前挡风玻璃,自动涂胶 | 将前挡风玻璃旋转180°后放到输入站托盘上并检查挡风玻璃底涂胶轨迹完整,无划伤、碎边、黑胶,退出光栅区按下复位键 | 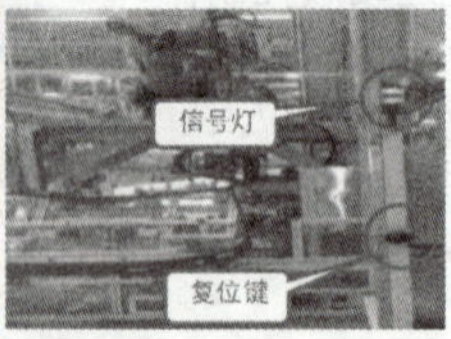 | 当输入站信号灯为红色闪烁时不得进入,输入站托盘完全升起,信号灯为绿色闪烁的时候方可进入 | |
| 3 | 紧固右侧B柱安全带下螺栓 | 用EC紧固右侧B柱安全带下螺栓,确定安全带末端定位销卡入车身B柱下方钣金焊柱上 | 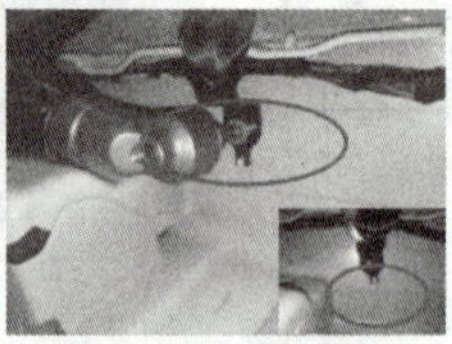 | 紧固时,电枪保持垂直。避免打坏螺纹 | 螺栓 |
| 4 | 紧固右后安全带下螺栓 | 用EC扳手紧固右后安全带下螺栓,安全带锁环凹点与车身凸点对应结合 | 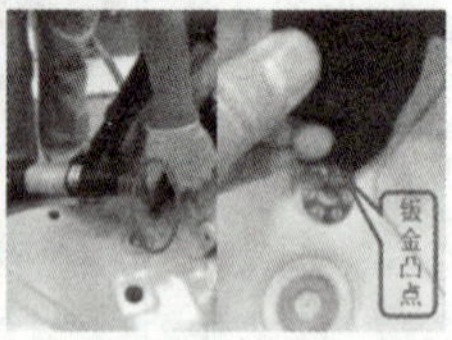 | 紧固时,电枪保持垂直。避免打坏螺纹 | 螺栓 |
| 5 | 紧固单锁 | 用EC扳手紧固单锁注意定位销与焊点的结合 |  | 紧固时,电枪保持垂直。避免打坏螺纹 | 螺栓 |
| MA43 前挡风玻璃 1 | 查看FIS单 | 目视FIS单上的PR号确认前挡风玻璃装配类型FIS单位置:B4 |  | +4GF:前挡风玻璃隔热玻璃;+4GD:前挡风玻璃普通玻璃 | |
| 2 | 取右侧前挡风玻璃 | 将吸盘水平竖直吸到距前挡风玻璃左侧边缘20 cm处与右侧操作者同时踩下脚踏开关,从设备上取下挡风玻璃 |  | 涂胶超过10 min的挡风玻璃不能装车 | 前挡风玻璃 |

续表

| 序号 | 操作步骤 | 操作方法 | 操作图示 | 注意事项 | 零件名称 |
|---|---|---|---|---|---|
| 3 | 检查 | 查看挡风玻璃上的胶路无断胶、无气泡、无明显的胶路歪斜 | 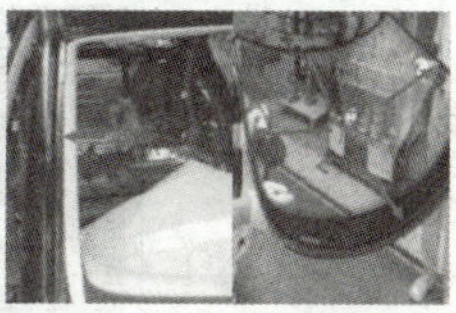 | 标准挡风玻璃胶路高：10 mm±1 mm，宽：6.5 mm±0.5 mm | |
| 4 | 安装右侧前挡风玻璃 | 将前挡风玻璃粘到车身钣金上，由上到下安装挡风玻璃 |  | | |
| 5 | 安装右侧前挡风玻璃垫块 | 左手安装挡风玻璃上沿 Z 形垫块，同时将支撑垫块放车身顶盖，向上顶吸盘让挡风玻璃将上沿垫块夹紧，右手轻拍挡风玻璃上边沿，再用左手把住吸盘，右手取顶盖处的支撑垫块，轻拍挡风玻璃下部并安装下沿的支撑垫块 |  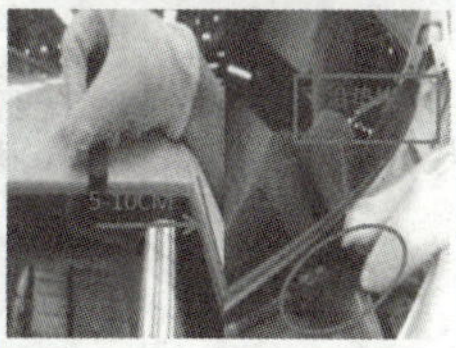 | 上垫块到侧边沿的距离范围：5～10 cm，安装上下垫块时一定要拍打挡风玻璃使其粘牢，前挡风玻璃垫块 120 min 后才能取下 | |
| 6 | 量尺调整 | 用量尺测量挡风玻璃与钣金间隙上下两个点。第一个点：以挡风玻璃上边缘黑色底图边缘线为基准往下大约 5～10 cm 处；第二个点：以翼子板与 A 柱钣金接口为基准往上 5～10 cm 处，根据挡风玻璃右侧操作者测量结果，左侧操作者左右窜动吸盘调节两侧间隙 |  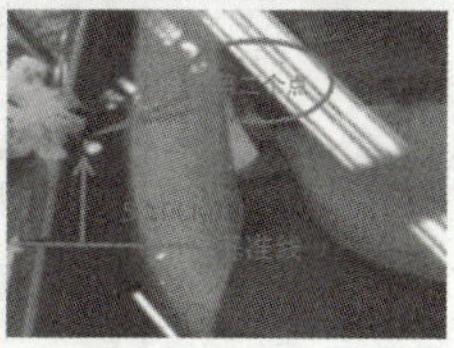 | 左右侧操作者测量挡风玻璃间隙时必须同时测量。两侧间隙 2.5 mm±1 mm | |
| 7 | 粘胶带 | 粘贴断点胶带，胶带距离：与围钣金间距 30～40 cm |  | 确保粘贴牢固 | 胶带 |

续表

| 序号 | 操作步骤 | 操作方法 | 操作图示 | 注意事项 | 零件名称 |
|---|---|---|---|---|---|
| MA441 | 调整制冷剂管间隙 | 用手轻掰制冷剂管间隙 | 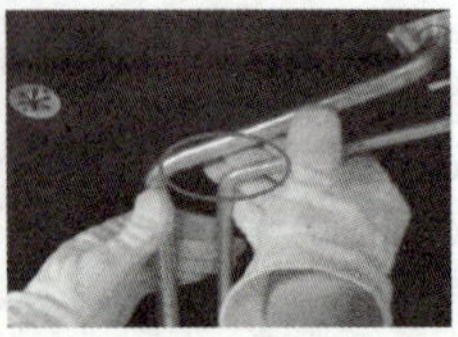 | 制冷剂管之间无干涉，制冷剂管与钣金无干涉 | |
| 2 | 调整前挡风玻璃与钣金间隙 | 按箭头方向左右调整挡风玻璃与钣金间隙 |  | 保证前挡风玻璃与钣金间隙：$(2.5\pm1)$ mm | |
| 3 | 下压前挡风玻璃确保与顶盖平度 | 按箭头方向下压挡风玻璃 | 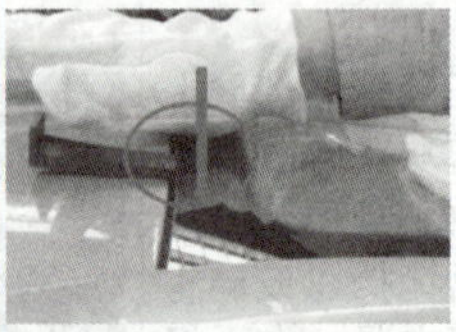 | 保证前挡风玻璃与顶盖平度：$(-2\pm0.5)$ mm | |
| 4 | 调整B柱上护板与顶棚间隙 | 按箭头方向向上提护板 |  | 确保上护板与顶棚无间隙 | |
| 5 | 调整后挡风玻璃与钣金间隙 | 按箭头方向左右调整挡风玻璃与钣金间隙 |  | 确保后挡风玻璃与钣金间隙：$(2.5\pm1)$ mm | |
| 6 | 粘贴灰胶带下压挡风玻璃，保证后挡风玻璃与顶盖平度 | 粘贴灰胶带下压Z形 | 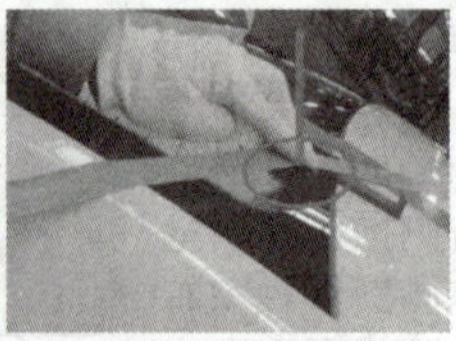 | 确保后挡风玻璃与顶盖平度：$(-2.7\pm0.8)$ mm | 胶带 |
| 7 | 粘贴灰胶带，保证后挡风玻璃垫块与钣金无间隙 | 下压后挡风玻璃下沿粘贴胶带 |  | 保证后挡风玻璃下沿垫块与钣金无间隙 | 胶带 |

## 二、汽车内饰装调实训练习

学生按班组划分，班组长给每位成员分配两个工位，各位成员互相监督，完成操作（有些工位是在实际的生产车间才能实现的，所以分配岗位时注意规避）。

要求：
（1）正确穿戴劳保用品。
（2）严格执行工位工艺操作标准。
（3）正确回答操作流程中的注意事项、安全事项。

内饰装调工艺流程和注意事项填入表9-2。

内饰一分装线仿真实训加强

表 9-2　内饰装调工艺流程和注意事项

| 姓名 | | 工位 | |
|---|---|---|---|
| 是否正确穿戴劳保用品？ | | | |
| 工艺流程 | 结果 | 注意事项 | 结果 |
| | | | |
| | | | |
| | | | |
| | | | |
| | | | |
| | | | |
| | | | |
| | | | |
| | | | |
| | | | |

单元测试

### 一、选择题

1. 汽车焊接修复，冷焊是指焊件不预热或者预热温度低于（　　）。
　　A．200 ℃～300 ℃　　　　B．400 ℃～500 ℃　　　　C．600 ℃～700 ℃

2. 影响三元催化器的原因很多，其中影响最大的是（　　）。
　　A．混合气体浓度和排气温度
　　B．点火提前角
　　C．配气相位
3. 无触点点火系统主要由蓄电池、分电器、电子点火器和（　　）组成。
　　A．分电器轴　　　　B．段电器触点　　　　C．点火线圈
4. 一个电路中的额定电流为8 A，保险丝规格宜选用（　　）。
　　A．7 A　　　　　　B．10 A　　　　　　C．15 A
5. 在机械零件中，最危险的失效形式是瞬间出现裂纹和（　　）。
　　A．异响　　　　　　B．漏水　　　　　　C．瞬间断裂
6. 某装配扭力合格范围为40～50 N，不合格的是（　　）。
　　A．40 N　　　　　　B．48 N　　　　　　C．61 N
7. 下列不是汽车照明系统的是（　　）。
　　A．雾灯　　　　　　B．车厢照明　　　　C．转弯信号灯
8. 风挡雨刮器属于（　　）。
　　A．舒适系统　　　　B．主动安全系统　　　C．被动安全系统
9. 以下是检测发动机转速的是（　　）。
　　A．节气门传感器　　B．曲轴位置传感器　　C．凸轮轴传感器
10. 下列部件不属于进气监测装置的是（　　）。
　　A．进气歧管绝对压力传感器
　　B．空气流量传感器
　　C．节气门位置传感器
11. 车间管理"5S"管理中，整理是指（　　）。
　　A．一物归一物，物归其位
　　B．清除闲置东西
　　C．检查
12. 车间管理的目视化管理的原则是（　　）。
　　A．可视化　　　　　B．标准化　　　　　C．系统化
13. 空气压缩设备的危险点是（　　）。
　　A．火灾　　　　　　B．有毒气体泄漏　　　C．容器爆炸
14. 不同标称的继电器（　　）换用。
　　A．可以　　　　　　B．不可以　　　　　C．可短时
15. 汽车刹车灯泡一般为（　　）。
　　A．15 W　　　　　　B．21 W　　　　　　C．35 W
16. 生产作业必须按照（　　）来进行装配。
　　A．技术图纸　　　　B．工艺文件　　　　C．安全规则
17. 自动变速器位于P挡时，不能转动的是（　　）。
　　A．变矩器　　　　　B．输入轴　　　　　C．输出轴

## 二、综合训练题

1. 请在图 9-28 空白处填写雨刮器、真空助力器各零部件的名称。

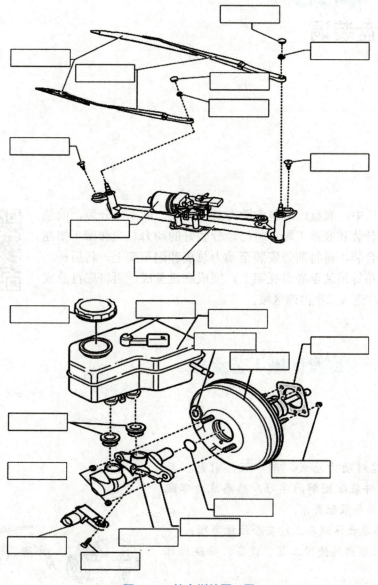

图 9-28　综合训练题 1 图

2. 请描述玻璃涂胶岗位和加注岗位须穿戴的劳保用品。
3. 请描述制动液对人体有何危害。如果在加注制动液时,不小心将制动液沾在皮肤上,应如何正确处理?
4. 请描述玻璃吸盘工具使用时的注意事项。

# 教学单元十
## 汽车底盘装调

在整车厂中,底盘区域包含动力总成分装、副车架分装、前悬分装、后桥分装和底盘工段。将已经分装好的动力总成和副车架在底盘托盘上合装,再将前悬安装至动力总成和副车架上。将后桥、排气管、油箱等吊装至底盘托架上。完成底盘总成,再将底盘总成与车身合装,送入二次内饰区域。

底盘区域工艺流程
MA01

## 任务一 底盘区域工艺流程

1. 通过对动力总成、副车架、前悬、后桥、底盘附件装配图解的学习,熟悉底盘零配件的位置关系和装配关系;
2. 熟悉底盘区域各工段安全注意事项;
3. 能正确熟练使用工具、设备,知晓操作注意事项;
4. 熟悉底盘区域装配工艺流程和操作注意事项。

一、底盘区域零配件装配图解、练习

1. 发动机附件装配图解

发动机附件装配图解如图10-1、图10-2所示。

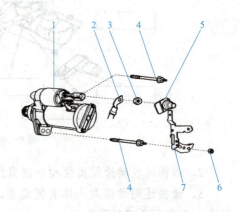

图 10-1 启动机装配图解
1—启动机;2—连接启动机的蓄电池正极线;
3—正极线螺母;4—启动机紧固螺栓;5—护罩;
6—支架螺母;7—支架

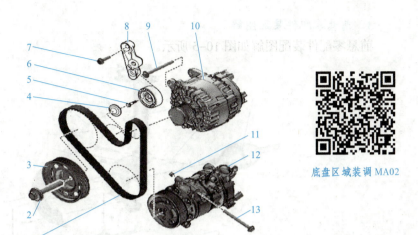

图10-2 交流电机、空调压缩机装配图解

1—皮带；2—皮带轮螺栓；3—皮带轮；4—张紧器盖罩；5—张紧器螺栓；6—张紧器；7—支座螺栓；8—张紧器支座；9—交流电动机螺栓；10—交流电动机；11—定位销；12—空调压缩机；13—压缩机螺栓

### 2. 副车架零配件装配图解

副车架零配件装配图解如图10-3、图10-4所示。

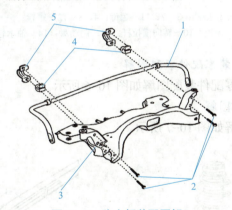

图10-3 稳定杆装配图解

1—稳定杆；2—螺栓；3—副车架；4—橡胶衬套；5—卡箍

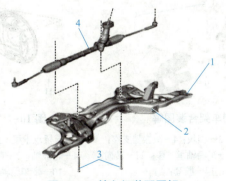

图10-4 转向机装配图解

1—摆臂；2—副车架；3—螺栓；4—转向机

### 3. 前悬零配件装配图解

前悬零配件装配图解如图 10-5 所示。

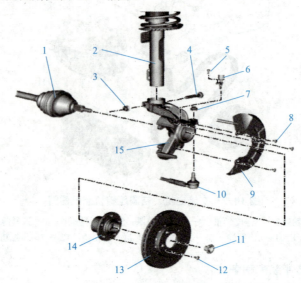

图 10-5　转向机装配图解

1—传动轴；2—减振器；3、7、11—螺母；4、8、12—螺栓；5—内六角螺栓；
6—ABS 传感器；9—盖板；10—转向横拉杆；13—制动盘；14—轴承轮毂；15—轴承支座

### 4. 前悬、副车架合装零配件装配图解

前悬、副车架合装零配件装配图解如图 10-6 所示。

### 5. 后桥零配件装配图解

后桥零配件装配图解如图 10-7 所示。

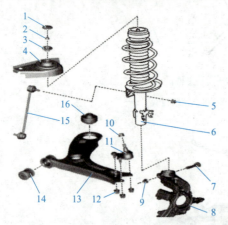

图 10-6　前悬、副车架合装图解

1—盖板；2、5、9、10、12—螺母；3—挡块；4—减振器支座；
6—减振器；7—内梅花螺栓；8—车辆轴承支座；11—转向
节主销；13—摆臂；14—胶套；
15—连接杆；16—橡胶支座

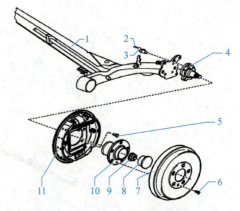

图 10-7　后桥零配件装配图解

1—后桥承重梁；2、5、6—螺栓；3—ABS 传感器；
4—轮毂轴；7—制动鼓；8—防尘罩；9—螺母；
10—带车轮轴承的轮毂；11—制动器总成

### 6. 后桥减振器零配件装配图解

后桥减振器零配件装配图解如图 10-8 所示。

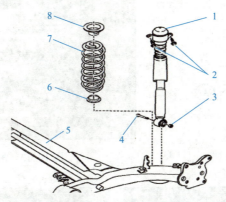

图 10-8　后桥减振器零配件装配图解

1—减振器；2、4—螺栓；3—螺母；5—后桥承重梁；6—下弹簧垫圈；7—螺旋弹簧；8—上弹簧垫圈

## 二、底盘区域安全注意事项

底盘区域所装配的零部件基本都属于体积大、质量大的金属件，较易发生的安全事故多为砸伤、压伤、撞伤。操作中稍微不注意就可能发生重大安全事故。在这里我们将对以上几个有重大安全隐患的地方进行安全学习。

### 1. 底盘区域工段劳保用品的穿戴

底盘区域工段劳保用品的穿戴标识如图 10-9 所示。

图 10-9　底盘区域工段劳保用品的穿戴标识

### 2. 底盘区域工段安全事故易发点

底盘区域工段安全事故易发点如图 10-10～图 10-17 所示。

图 10-10　吊装发动机　　　　图 10-11　吊装变速器

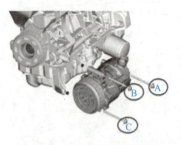

图 10-12　安装压缩机

图 10-13　吊装副车架

图 10-14　吊装前悬

图 10-15　吊装发动机总成

图 10-16　底盘附件作业 1

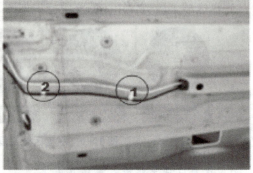

图 10-17　底盘附件作业 2

（1）吊装作业：在进行吊装发动机、变速器、副车架等总成作业时，未经吊具操作培训的人员，严禁进行吊装作业。操作时一定要确保吊具的挂钩或者夹具锁紧到位。起吊过程中，多观察起吊路线是否有撞击的风险。不能在零件还吊在半空中时，人员离开。如果操作人员必须短时间离开，则须将零件放低至与地面距离刚好接触时，方可离开。

（2）车身底部作业：在车身底部装配油管、隔热板、紧固底盘总成时，由于高度限制，在车身底部作业时，很容易撞到头。所以在车身底部的所有操作必须戴上安全头盔。

## 三、底盘区域工具、设备使用注意事项、练习

### 1. 底盘区域工具使用注意事项

固定式弯头电枪使用方法:该类拧紧工具,紧固的力矩一般较大,会有很大的反力作用。所以用反力臂装置,确保安全。左手握住电枪尾部,右手握住电枪前端。在确认套筒和螺栓完全贴合后,启动开关,完成紧固任务(图10-18)。

弯头电枪使用方法:左手握住电枪头部,右手握住电枪后部,身体站直,两腿站姿成弓步,右手扣动启动按钮,启动电枪。注意启动电枪时,防止右手端反力矩造成电枪跳动,发生安全事故(图10-19)。

### 2. 底盘区域吊具设备使用注意事项

(1)吊装作业人员必须通过吊具(图10-20)设备操作考核后才能进行操作,没有通过考核的人员不能进行操作。

(2)每天上岗前,仔细检查吊具的吊钩、铁链是否完好,开关升降功能是否正常。

(3)在升降时,先慢慢将吊具的链子稍微绷紧,确认链扣之间没有干涉情况下,方可将吊具继续升高。

(4)在转移发动机时,确保转移路线无障碍物阻挡。放置发动机时,速度要慢,确保夹具的各个支点完全支撑住发动机后才能移开吊具。

图10-18 固定式电枪设备拿握姿势

图10-19 弯头电枪拿握姿势

图10-20 吊具

### 3. 练习

勾选出下列哪些劳保用品是底盘区域工段须穿戴的。

#### 四、底盘区域仿真软件练习

通过底盘区域仿真软件的学习，熟练掌握底盘区域仿真软件操作方法，能清楚认知底盘装调的工艺流程。

按照下列提示，找出"安装储液罐"这步操作中所使用的工具、套筒型号、力矩大小。填写在下列空白处。

| 装配工艺过程卡片 | | 产品系列 | 轿车 | 工段 | 底盘一 | | |
|---|---|---|---|---|---|---|---|
| | | 产品名称 | 新捷达 | 工位 | MA18 | 共 1 页 | 第 1 页 |
| 序号 | 操作内容 | | 零件号 | | 零件名称 | | 数量 |
| 1 | 对上一工位装配质量进行复检 已检查 | | | | | | |
| 2 | 安装储液罐 安装中 | | 34D955449 | | 储液罐 | | 1 |
| | | | N90887703 | | 六角螺母 | | 2 |
| 3 | 校紧螺母 未紧 | | N10609201 | | 螺母 | | 1 |

## 任务二　底盘区域装调实训

### 一、底盘区域装调实训指导

（1）底盘区域装调实训练习（实训操作开始前，请穿戴好劳保用品，遵守现场管理，严格按照工艺标准进行操作）。

（2）通过实训练习，掌握底盘装调的能力。熟悉各个工位的操作安全事项和质量控制方法（表10-1）。

安装发动机线束　　安装压缩机

安装交流电机　　安装张紧轮、皮带　　安装水管

表 10-1　底盘区域装调实训表

| 序号 | 操作步骤 | 操作方法 | 操作图示 | 注意事项 | 零件名称 |
|---|---|---|---|---|---|
| MA01 发动机分装 1 | 核对 PR 号，确认车型 | 查看配置单上发动机型号，选取相应发动机 | | 检查发动机是否与车型相符 | |
| 2 | 移动吊具到发动机上方 | 操作吊具，将发动机吊装至分装夹具上 | | 注意吊钩卡扣是否固定好，小心吊钩碰坏发动机上的零件 | 发动机 |

续表

| 序号 | 操作步骤 | 操作方法 | 操作图示 | 注意事项 | 零件名称 |
|---|---|---|---|---|---|
| 3 | 看 FIS 单确认车型 | 查看配置单上变速器型号，选取相应变速器 | 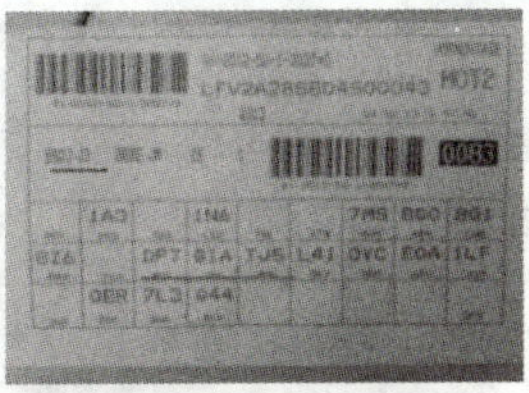 | 检查变速器是否与车型相符 | |
| 4 | 合装变速箱 | 起吊变速器，将变速箱移至托盘。将变速箱与发动机连对中，水平向前用力推以及左右调整将其结合，并用 8 颗螺栓紧固 |  | 1.注意吊钩卡扣是否固定好。2.合装前检查变速箱内是否有异物 | 变速器、螺栓 |
| MA02 1 | 看 FIS 单确认车型 | 查看配置单上交流电动机型号，选取相应交流电动机 | 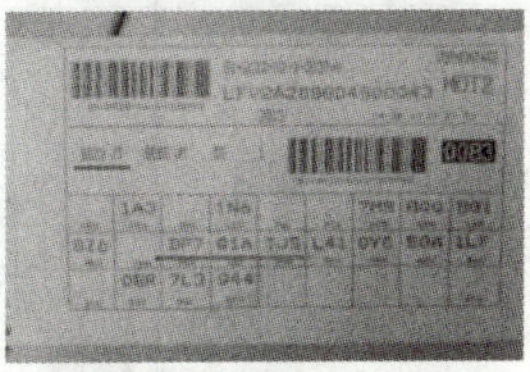 | 检查交流电动机是否与车型相符 | |
| 2 | 安装交流电动机 | 将电机安装至发动机，用 2 颗螺栓预紧电动机。再用电枪将螺栓紧固 |  | 安装前检查电动机型号是否正确 | 交流电动机、螺栓 |
| MA03 1 | 看 FIS 单确认车型 | 查看配置单上空调压缩机型号，选取相应压缩机 |  | 检查压缩机是否与车型相符 | |
| 2 | 安装定位轴套及压缩机 | 拿取 2 个定位轴套，将其分别装在发动机工艺孔内。转身将 3 颗螺栓安装在压缩机上，拿取压缩机，左手托住压缩机，右手拿取电枪按照顺序预紧螺栓 |  | 检查零件表面是否损坏，尤其是插头端子 | 压缩机轴套、螺栓 |
| 3 | 紧固压缩机 | 用电枪按 A—B—C 顺序紧固压缩机。连接压缩机插头 | 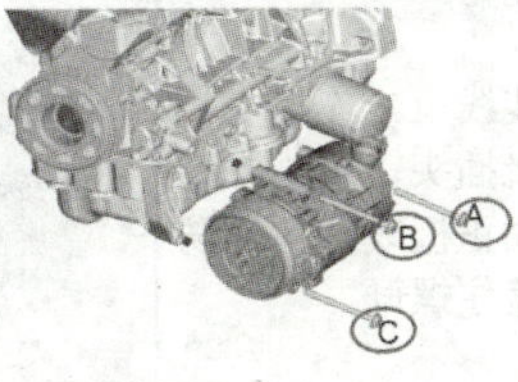 | 安装前检查是否有轴套 | |

续表

| 序号 | 操作步骤 | 操作方法 | 操作图示 | 注意事项 | 零件名称 |
|---|---|---|---|---|---|
| MA04 1 | 安装通气管 | 拔掉防尘帽，用手指垂直向下按压通气管接头处 | | 通气管安装到位时会有"咔"的一声 | 通气管 |
| 2 | 预紧及紧固支架—左上 | 将3颗螺栓、1颗双头螺栓预紧到支架—左上，并预紧到变速箱工艺孔内，然后以A、B、C、D的顺序进行预紧及紧固 | | 注意螺栓的安装位置不要错了 | 气管支架、螺栓 |
| MA05 1 | 预紧皮带张紧器 | 用2颗螺栓预紧张紧器至发动机上 | | 张紧器只是预紧，不紧固 | 张紧器、螺栓 |
| 2 | 安装多楔皮带 | 使用皮带安装工具，根据发动机走向将多楔带装在发动机上 | | 注意皮带不要出槽 | 皮带 |
| 3 | 紧固皮带轮及安装堵盖 | 用EC紧固皮带轮螺栓，堵盖安装到皮带张紧器上，再用手轻微旋转堵盖，检查是否安装到位 | | 注意不要漏紧螺栓 | 堵盖 |
| MA06 1 | 安装防护罩 | 取1个防护罩安装至启动机 | | 确保卡紧到位 | 防护罩 |
| 2 | 安装电动机线束 | 安装线束，连接交流电动机插头，用1颗螺母紧固正极线，再用防尘盖盖住螺母 | | 确保插头连接到位，用手推拉推检查确认 | 螺母、电机线束 |

续表

| 序号 | 操作步骤 | 操作方法 | 操作图示 | 注意事项 | 零件名称 |
|---|---|---|---|---|---|
| 3 | 安装启动机 | 将启动机安装至发动机相应位置，用1颗双头螺栓、1颗法兰螺栓预紧，再用电枪紧固 |  | 检查启动机插头及接线柱是否损坏 | 启动机、双头螺栓、法兰螺栓 |
| MA071 | 安装进气喷射管和真空管 | 取1根进气喷射管，安装至发动机。再取1根真空管，安装至发动机 | 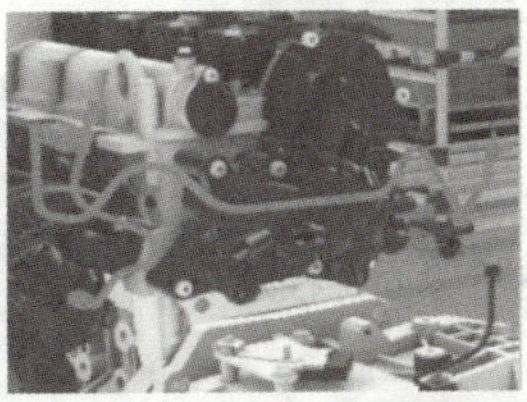 | 听见"咔"的声响后，用手来回推拉，确认管口连接到位 | 进气喷射管、真空管 |
| MA081 | 安装冷凝器 | 用4颗螺栓预紧冷凝器至变速器上，再用电枪紧固螺栓 |  | 螺栓须先预紧再紧固 | 冷凝器、螺栓 |
| MA091 | 安装冷却水管 | 将2个管箍安装至水管两头，在管口涂抹润滑脂，连接水管至发动机。用管箍松开工具松开管箍 |  | 管箍紧固在水管白线规定范围内 | 冷却水管、管箍 |
| MA101 | 安装冷却水管1 | 将2个管箍安装至水管两头，在管口涂抹润滑脂，连接水管至发动机。用管箍松开工具松开管箍 | 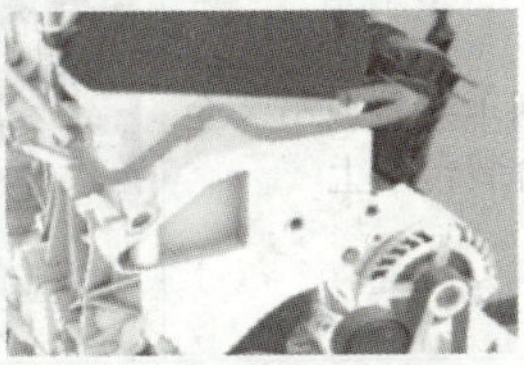 | 管箍紧固在水管白线规定范围内 | 冷却水管、管箍 |
| 2 | 安装冷却水管2 | 将2个管箍安装至水管两头，在管口涂抹润滑脂，连接水管至发动机。用管箍松开工具松开管箍 |  | 管箍紧固在水管白线规定范围内 | 冷却水管、管箍 |
| 3 | 安装冷却水管3 | 将2个管箍安装至水管两头，在管口涂抹润滑脂，连接水管至发动机。用管箍松开工具松开管箍 |  | 管箍紧固在水管白线规定范围内 | 冷却水管、管箍 |

续表

| 序号 | 操作步骤 | 操作方法 | 操作图示 | 注意事项 | 零件名称 |
|---|---|---|---|---|---|
| 4 完成发动机分装 | 安装冷却水管4 | 将2个管箍安装至水管两头,在管口涂抹润滑脂,连接水管至发动机。用管箍松开工具松开管箍 | 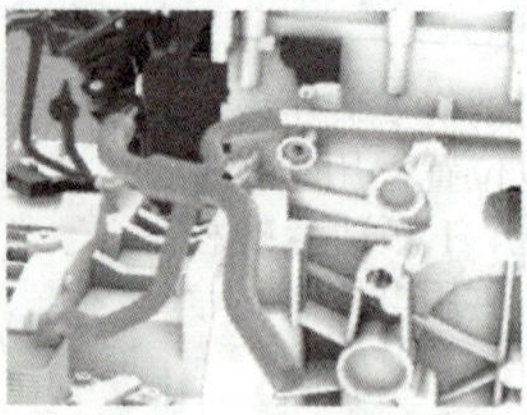 | 管箍紧固在水管白线规定范围内 | 冷却水管、管箍 |
| MA11 1 副车架分装 | 安装副车架和左右摆臂 | 将左右摆臂安装至副车架,分别用2颗螺栓和1颗螺母预紧摆臂,再用电枪紧固螺栓螺母 | 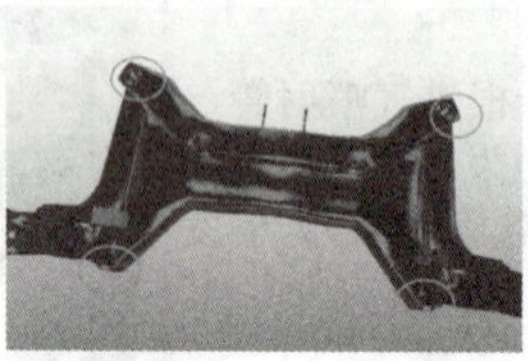 | 注意螺栓位置不要用错位置 | 副车架、左右摆臂、螺栓、螺母 |
| 2 | 安装稳定杆 | 将稳定杆安装至副车架,再用两个固定扣、4颗螺栓预紧。之后用电枪紧固螺栓 | 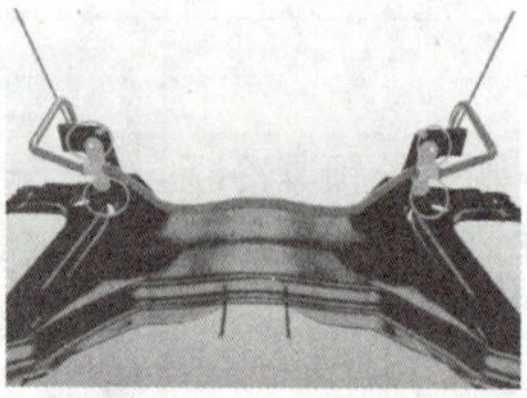 | 螺栓须先预紧再紧固,避免打坏螺栓 | 稳定杆、螺栓、固定扣 |
| 3 完成副车架分装 | 安装转向机 | 将转向机安装至副车架,用2颗螺栓预紧,再用电枪紧固螺栓 | 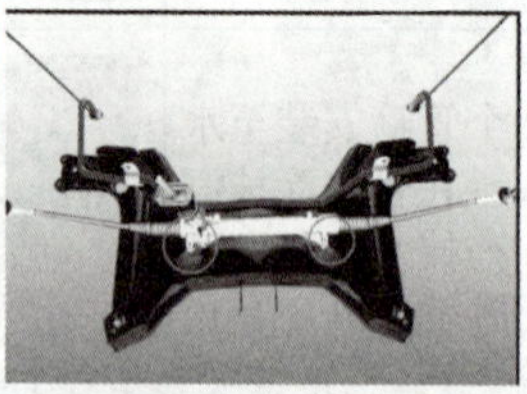 | 安装前检查转向机有无漏油现象 | 转向机、螺栓 |
| MA12 1 | 吊装副车架至合装台架 | 将副车架总成吊装至底盘合装台架上 |  | 确保副车架定位准确 | |
| 2 | 吊装发动机总成至底盘合装台架 | 将发动机总成吊装至底盘合装台架上 |  | 吊装过程注意不要撞坏发动机 | |
| MA13 1 | 安装密封垫 | 将密封垫安装至发动机排气口 | 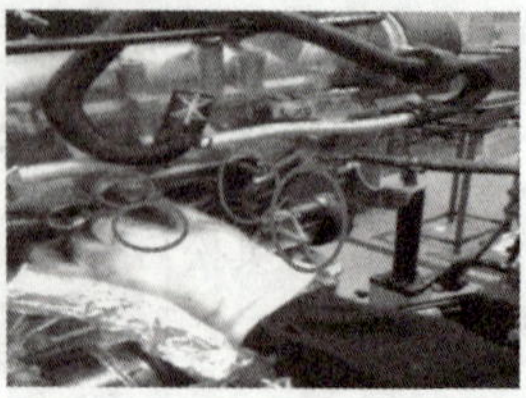 | 不要漏装密封垫 | 密封垫 |

续表

| 序号 | 操作步骤 | 操作方法 | 操作图示 | 注意事项 | 零件名称 |
|---|---|---|---|---|---|
| 2 | 安装前段排气管 | 用4颗螺母预紧排气管至发动机上,再用电枪紧固螺母 |  | 安装前,检查密封垫是否安装 | 排气管、螺栓 |
| 3 | 安装排气管支架 | 分别用1颗螺栓、1颗螺母预紧左右支架至发动机,再用电枪紧固支架 |  | 注意支架的方向不要安装反 | 左右支架、螺栓、螺母 |
| 4 | 安装前后氧传感器 | 将传感器预紧至排气管上,再用拧紧工具紧固 |  | 注意前、后氧传感器的位置不要用错了 | 前、后氧传感器 |
| MA14 1 前悬分装 | 安装制动盘 | 用一颗螺栓预紧制动盘至减振器总成,再用电枪紧固制动盘 | 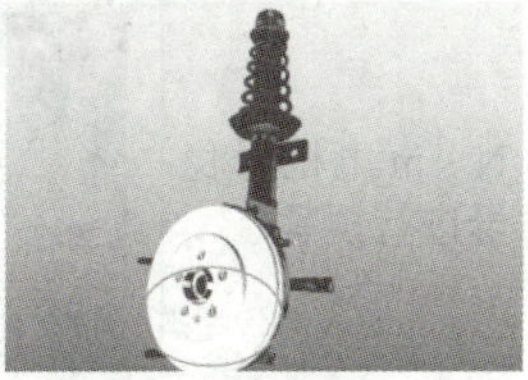 | 安装前检查制动盘表面有无碰伤、锈蚀 | 减振器总成、制动盘、螺栓 |
| 2 完成前悬分装 | 安装刹车钳 | 用2颗螺栓预紧刹车钳至制动盘上,再用电枪紧固刹车钳。用2个堵盖密封柱螺栓头 |  | 安装刹车钳时注意不要将制动盘碰伤 | 制动钳、螺栓、堵盖 |
| 3 | 安装左侧驱动轴 | 涂抹黄油至驱动轴头部,将驱动轴对准花键槽,用手将驱动轴推进花键槽内 | 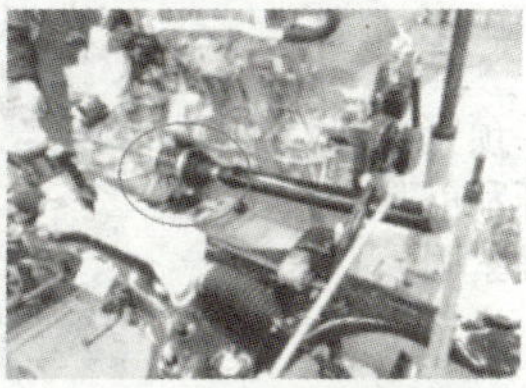 | 安装完成,用手推拉驱动轴检查确认 | 左驱动轴 |
| 4 | 安装右侧驱动轴 | 涂抹黄油至驱动轴头部,将驱动轴对准花键槽,用手将驱动轴推进花键槽内 |  | 安装完成,用手推拉驱动轴检查确认 | 右驱动轴 |

续表

| 序号 | 操作步骤 | 操作方法 | 操作图示 | 注意事项 | 零件名称 |
|---|---|---|---|---|---|
| MA151 | 查看FIS单 | 查看前悬与车身的型号是否一致 |  | 不要将代码识别错误，拿错前悬 | |
| 2 | 安装左前悬挂 | 用吊具将前悬挂吊至合装台架，将半轴花键套入前悬挂刹车盘的花键孔，再用3颗螺母预紧，并紧固螺母 |  | 注意半轴花键一定要与刹车盘花键孔紧密结合，防止其脱落，制动垫片要求3圈以上 | 左前悬挂、螺母 |
| 3 | 安装带中轴大螺栓、球头螺母、稳定杆螺母 | 将中心大螺栓、球头螺母、稳定杆螺母带在发动机上（带3～5圈） |  | 确保螺母装带正确且没有带歪 | 螺栓、球头螺母、稳定杆螺母 |
| 4 | 用电枪预紧稳定杆螺母 | 用8N·m电枪对稳定杆螺母进行预紧 | 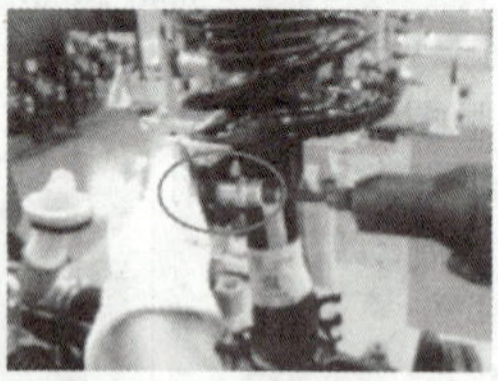 | 用电枪预紧前要确定稳定杆螺母没有带歪 | 稳定杆、螺母 |
| 5 | 紧固中轴大螺栓、球头螺母、稳定杆螺母 | 用电枪紧固之前预紧所有螺栓、螺母 |  | 不要漏紧 | |
| MA171 | 紧固左稳定杆螺母 | 用手预紧螺母，连接稳定杆和前悬。用电枪将螺母紧固 |  | 必须拧紧到位，不要漏紧 | 螺母 |
| 2 | 安装左制动管 | 将制动软管连接至制动钳，并用电枪紧固。将中段凸台装配在转盘支架上，拿取橡皮锤将管夹砸紧 | 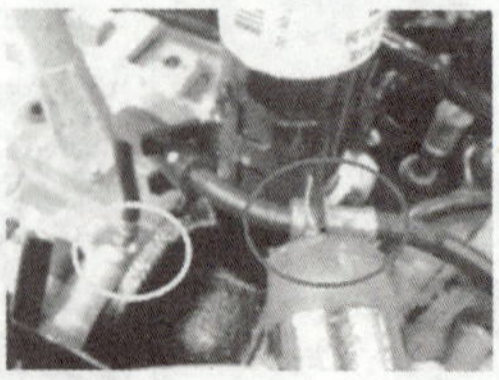 | 不允许弯折、拉扯制动软管的中段凸台。枪头必须与螺母紧密结合 | 制动管、固定卡 |

续表

| 序号 | 操作步骤 | 操作方法 | 操作图示 | 注意事项 | 零件名称 |
|---|---|---|---|---|---|
| MA19 1 | 安装后桥总成 | 用吊具吊起后桥横梁，移动后轴吊具到托盘上方，降低吊具把后轴落在托盘支点上 |  | 后轴要保证落入托盘支点 | 后桥 |
| 2 | 安装手刹拉线 | 把后轴手刹拉线别在托盘定位卡槽内并拔起夹紧机构 | 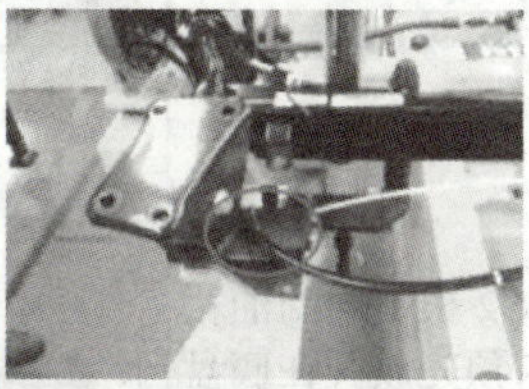 | 保证拉线不出现弯折 | 手刹拉线 |
| 3 | 安装左后减振器 | 查看FIS单，核对PR号，拿取左减振器，安装至后桥，用1颗螺栓、1颗螺母预紧。再用电枪紧固 |  | 注意螺栓和螺母的位置，不要装反 | 左后减振器、螺栓、螺母 |
| 4 | 安装左侧减振弹簧 | 拿取弹簧垫片和减振弹簧，先将垫片放到后桥上，然后拔起弹簧支点，将弹簧装入（弹簧下部开口处向右） |  | 弹簧的方向一定不要装反（开口端处对应后桥弹簧底座左后工艺孔边缘） | 左减振弹簧 |
| 5 | 安装右后减振器 | 查看FIS单，核对PR号，拿取左减振器，安装至后桥，用1颗螺栓、1颗螺母预紧。再用电枪紧固 |  | 注意螺栓和螺母的位置，不要装反 | 右后减振器、螺栓、螺母 |
| 6 | 安装右侧减振弹簧 | 拿取弹簧垫片和减振弹簧，先将垫片放到后桥上，然后拔起弹簧支点，将弹簧装入（弹簧下部开口处向右） |  | 弹簧的方向一定不要装反（开口端处对应后桥弹簧底座左后工艺孔边缘） | 右减振弹簧 |
| 7 | 安装后消声器 | 拿取后消声器，摆放到托盘上，先将消声器尾部摆放到支点上，再调整消声器中部位置 | 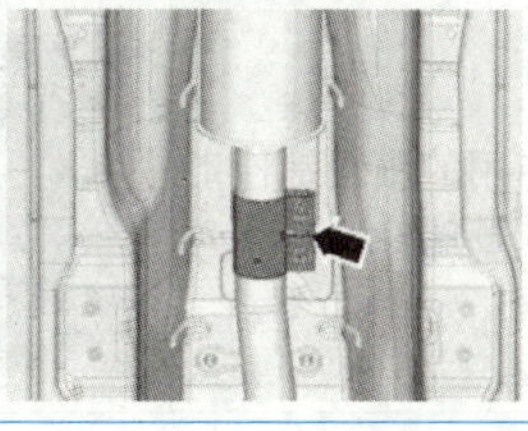 | 后消声器各个支点一定要落到托盘支点里 | |

续表

| 序号 | 操作步骤 | 操作方法 | 操作图示 | 注意事项 | 零件名称 |
|---|---|---|---|---|---|
| MA201 | 安装及紧固管夹套 | 拿取管夹套，将管夹套安装到前后消声器连接处，将管夹套自带的螺母预紧，再用电枪紧固 | 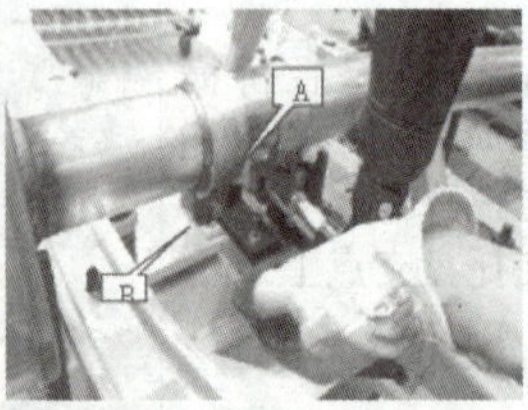 | 方向一定是垂直向下的 | 管夹套总成 |
| 2 | 安装油箱吊带 | 拿取2根不同的油箱吊带，预先放置在底盘合装台架上 | 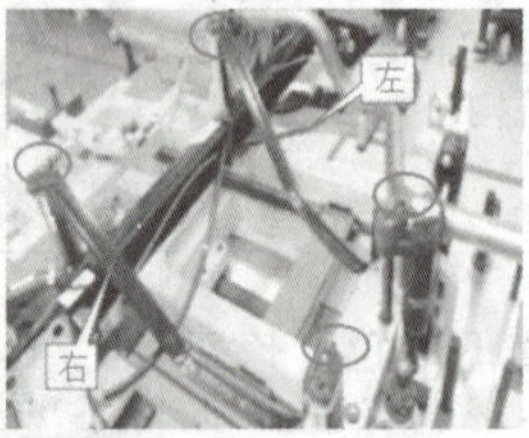 | 油箱吊带位置不能放反，两头螺孔必须放在托盘指定支点里并且油箱螺栓要从中间穿过。如果放歪，后续无法紧固 | 油箱吊带 |
| 3 | 放置燃油箱 | 移动吊具，将燃油箱落在托盘上，并把燃油箱放在支点指定位置。要求的孔必须把螺栓包住 |  | 安装前，检查油箱外观有无破损 | 油箱 |
| 4 | 隔热板—通道安装 | 拿取隔热板—通道，安装到托盘指定位置，每个小孔必须安装到对应的支点上，中部必须放在变速杆支点的中间 | 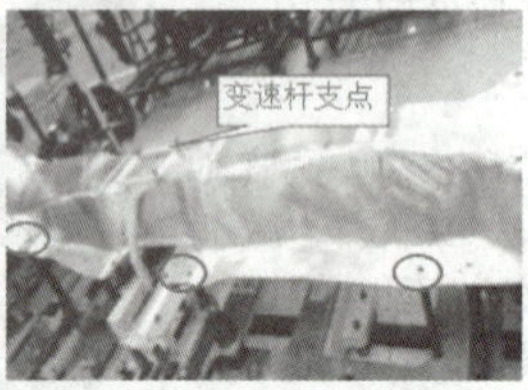 | 隔热板一定要完全放到托盘支点内（托盘支点是左右对称） | 中通道隔热板 |
| MA211 | 连接换挡座和摇臂 | 配合换挡拉丝，用右手拿着换挡座、左手把着摇臂弹簧卡子，先对准一个，等上一个连接在一起后，再对准另一个，直到两个都和摇臂连接在一起 |  | 连接过程要注意按1—2顺序 | 换挡座 |
| 2 | 预紧换挡杆螺栓 | 用专用的预紧螺栓工具将3颗螺栓预紧 |  | 螺栓先预紧，再紧固 | 螺栓 |

续表

| 序号 | 操作步骤 | 操作方法 | 操作图示 | 注意事项 | 零件名称 |
|---|---|---|---|---|---|
| 3 | 换挡座摆放 | 左手抓住拉丝、右手抓住换挡座变速杆，把它放于隔热板上两个定位处。装配定位销 |  | 拿取零件禁止有拖地现象，轻拿轻放 | 换挡机构、定位销 |
| 4 | 紧固换挡杆螺栓 | 用EC扳手依次紧固1、2、3三颗螺栓 | 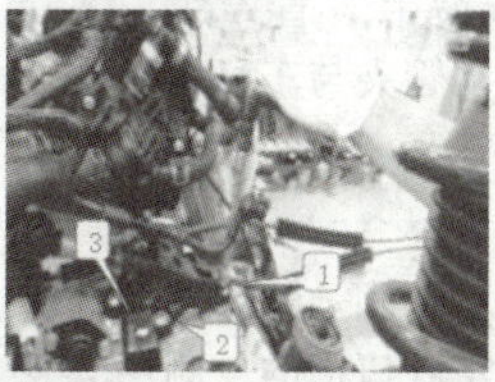 | 紧固时EC电枪绿灯亮为拧紧合格 | |
| 5 | 松开弹簧 | 按A—B顺序依次逆时针向员工方向旋转松开两个摇臂弹簧 | 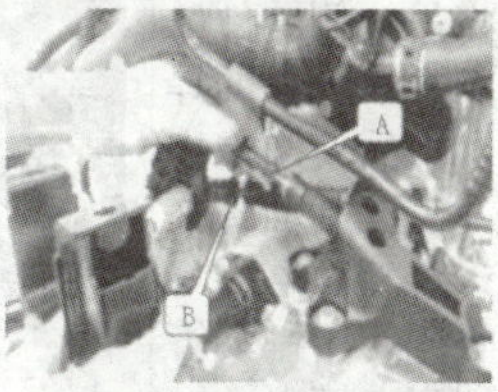 | 弹簧松开后，检查是否完全卡住 | |
| 6 | 松开锁挡杆拨片 | 把锁挡杆拨片按箭头方向松开90°方向，拔下定位销 |  | 锁挡杆拨片是否旋转为垂直方向 | |
| MA011 车身底盘附件装配 | 安装隔声垫 | 将燃油管回油管总成（按照行车方向）白管在外侧，黑管在内侧的原则依次固定在隔声垫的1、3两处，并将隔声垫安装在车身底部的导向孔内，隔声垫有平面的一侧与车身底部钣金相贴合 | 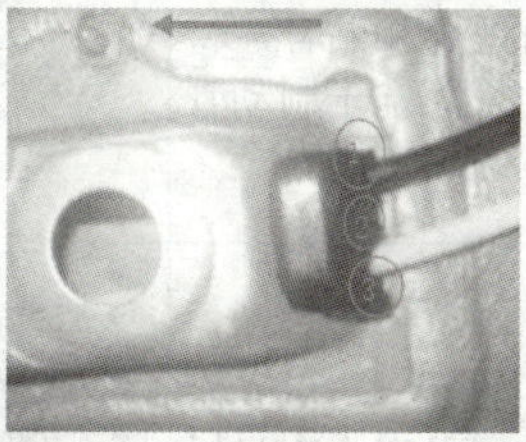 | 不要将白管或者黑管放到2处 | 隔声垫 |
| 2 | 使用燃油管辅具固定燃油回油管总成 | 将燃油回油管总成上的2个白色固定卡的工艺孔与车身底部焊柱对齐，将燃油辅具垫在白色固定卡上，最后使用橡胶小锤敲击燃油辅具，直至固定卡扣与车身底部钣金处于贴合状态 | 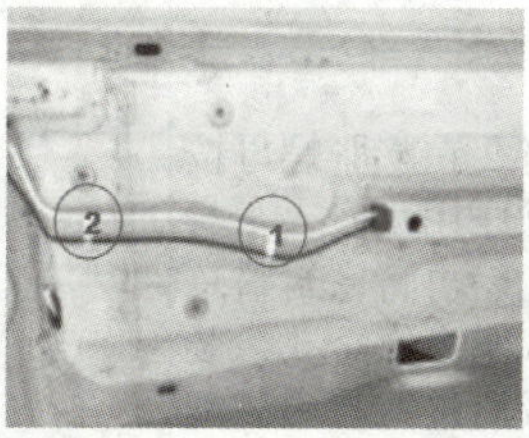 | 1. 拿取燃油回油管总成时检查防尘帽有无缺失，如有缺失不可装车。2. 杜绝野蛮操作，在装配过程中如遇到燃油回油管固定卡损坏要做到及时更换 | 燃油回油管总成 |

续表

| 序号 | 操作步骤 | 操作方法 | 操作图示 | 注意事项 | 零件名称 |
|---|---|---|---|---|---|
| 3 | 安装支架—制动管夹 | 将支架—制动管夹有两个固定开口卡槽的一侧朝下，将另一侧零件工艺孔与车身钣金上的焊柱对齐，最后使用橡皮小锤敲击，直至支架—制动管夹与车身钣金相贴合 |  | 确保卡夹卡进到位，不要漏装 | 支架—制动管夹 |
| 4 | 安装支架—制动管夹、固定左前刹车油管 | 将支架—制动管夹有两个固定开口槽的一侧朝外，将另一侧零件工艺孔与车身钣金上的焊柱对齐，最后使用橡皮锤敲击，直至制动管夹与车身钣金相贴合，将刹车油管固定于制动管夹下方固定卡槽内 | 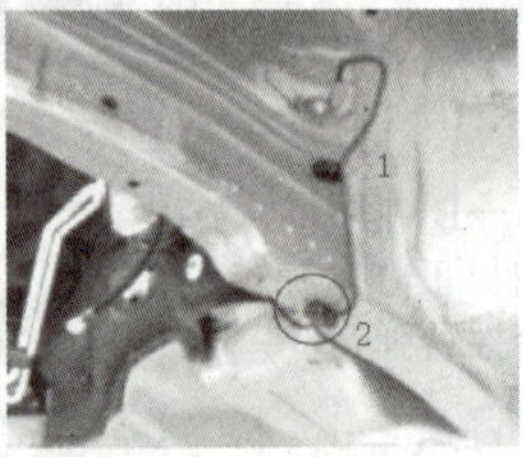 | 1.注意检查油管零件号，不要拿错零件。2.固定前刹车油管注意检查防尘帽是否脱落 | 支架—制动管夹 |
| 5 | 安装支架—制动管夹、固定右前刹车油管 | 将支架—制动管夹有两个固定开口槽的一侧朝外，将另一侧零件工艺孔与车身钣金上的焊柱对齐，最后使用橡皮锤敲击，直至制动管夹与车身钣金相贴合，将刹车油管固定于制动管夹下方的固定槽内 | 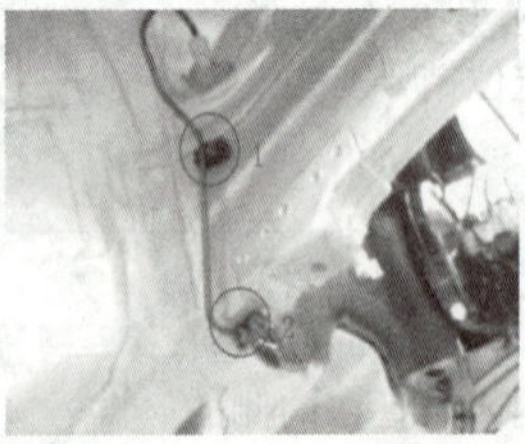 | 1.注意检查油管零件号，不要拿错零件。2.固定前刹车油管注意检查防尘帽是否脱落 | 支架—制动管夹 |
| MA021 | 安装右前轮嵌装螺母 | 按照图示1—9依次将嵌装螺母安人车身钣金工艺孔内，装配完成后进行自检装配内容 | 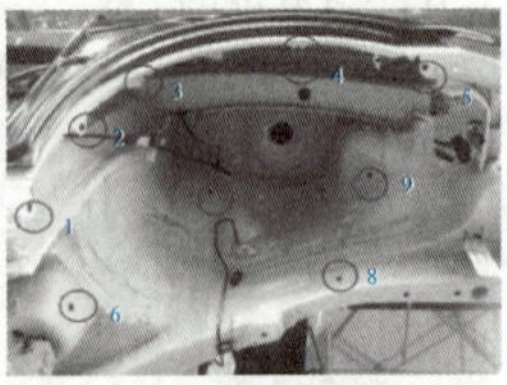 | 不可使用橡皮小锤以及其他工具敲击翼子板，避免使翼子板变形 | 嵌装螺母 |
| 2 | 安装右后轮膨胀螺母、密封盖总成 | 先将2颗膨胀螺母按图示顺序用手安人车身钣金孔，再将密封盖总成安人车身钣金孔，装配完成后进行自检装配内容 | 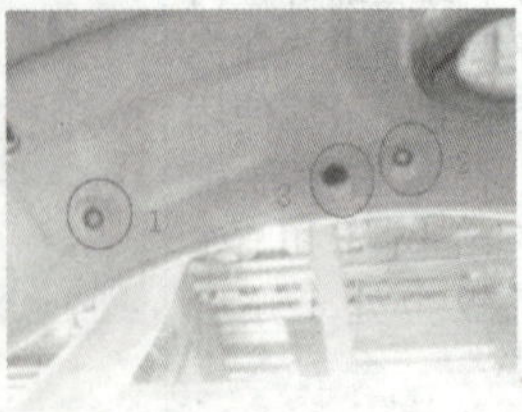 | 注意检查密封盖总成是否与车身钣金孔完全贴合 | 膨胀螺母、密封盖 |

续表

| 序号 | 操作步骤 | 操作方法 | 操作图示 | 注意事项 | 零件名称 |
|---|---|---|---|---|---|
| 3 | 安装右后轮嵌装螺母 | 按照图示1—6依次将嵌装螺母安入车身钣金工艺孔，装配完成后进行自检装配内容 | 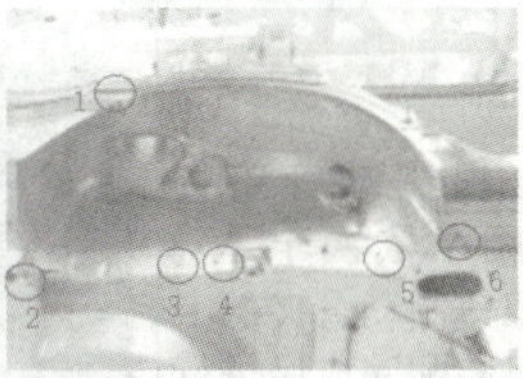 | 确保卡紧到位，不要漏装 | 嵌装螺母 |
| MA031 | 安装固定制动管路 | 依次制动管路上的调整间隔垫片使其开口方向朝下，装配完成后进行自检装配内容 | 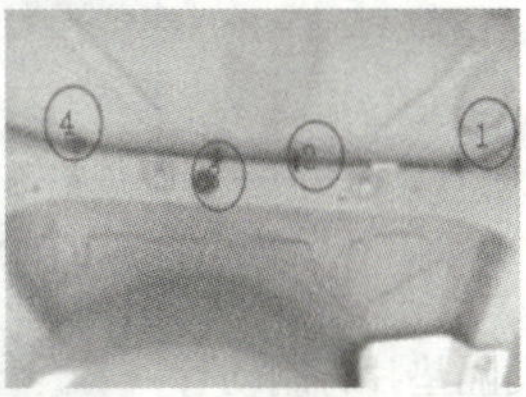 | 1.间隔垫片开口要向下。<br>2.检查制动管路防尘帽存在情况，在制动管路未连接之前不可摘除防尘帽 | 制动管路 |
| 2 | 安装隔热板—后消声器 | 将隔热板—后消声器向上举起，宽的一端朝车身前方，先对准左侧的固定孔，再对准其他4个固定孔，使用专用工具垂直对准固定孔与焊柱，用尼龙锤将固定孔敲入焊柱 | 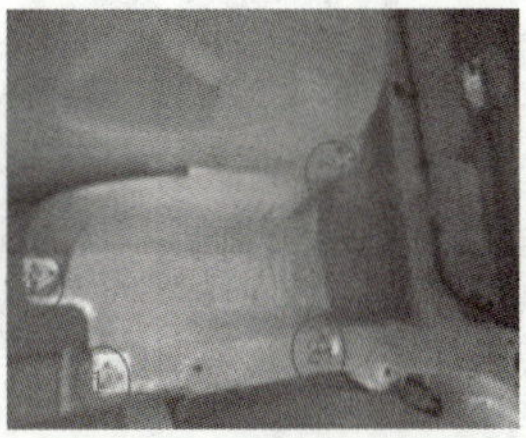 | 1.宽的一端朝向车身前方，一定要先对准左侧的固定孔。<br>2.敲击一定要对准，且不要用力过大，避免将车身钣金敲变形 | 隔热板—后消声器 |
| 3 | 固定制动管路 | 将长的制动管路从ABS泵上的制动管路下方穿过放在ABS泵上，然后将制动管路前端部位卡在ABS泵上管夹的中间卡槽内，再以同样的方法将较短的一根制动管路卡在管夹的左侧卡槽内 | 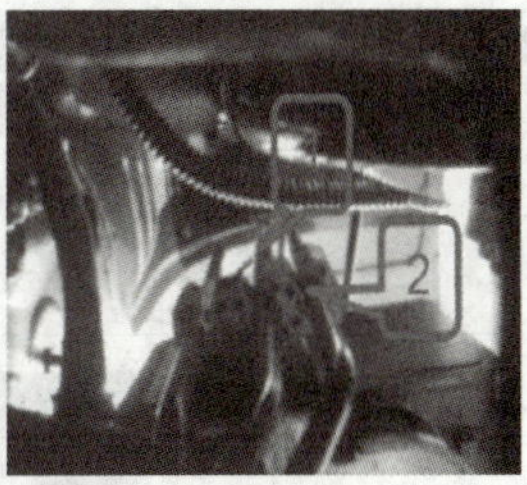 | 检查制动管路防尘帽存在情况，在制动管路未连接之前不可摘除防尘帽 | 制动管路 |
| 4 | 固定进油管 | 先将进油管固定支架调整至开口朝下，再将进油管推进开口 | 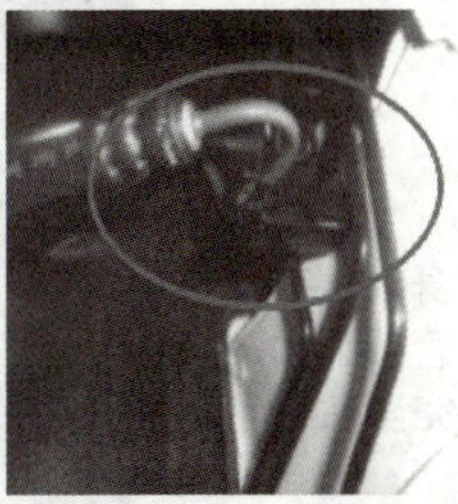 | 1.G0C变速箱需要固定进油管，G1A变速箱无进油管。<br>2.禁止野蛮操作，防止进油管变形。<br>3.进油管不得与刹车油管干涉 | |

续表

| 序号 | 操作步骤 | 操作方法 | 操作图示 | 注意事项 | 零件名称 |
|---|---|---|---|---|---|
| 5 | 固定制动管路 | 将2根制动管路按1—7顺序依次卡入7个支架—制动管夹的卡槽内，装配完成后进行自检装配内容 |  | 2根制动管路卡在卡槽内的位置不要卡反，卡入卡槽后要调整一下制动管路之间和制动管路与钣金之间的间隙，避免出现干涉 | |
| 6 | 安装间隔垫片、固定制动管路 | 用间隔垫片将制动管路固定在车身钣金上 | 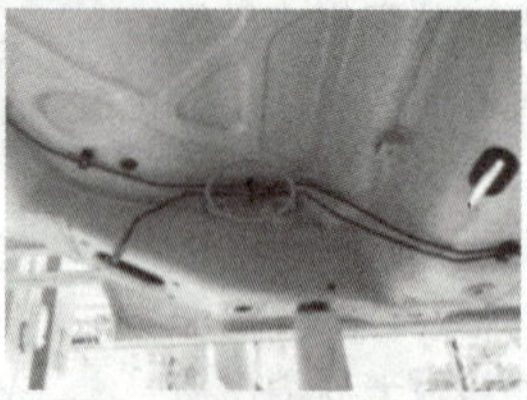 | 安装间隔垫片调整制动管路之间和制动管路与钣金之间的间隙，避免出现干涉 | 间隔垫片 |
| 7 | 紧固制动管路 | 用1颗螺栓预紧制动管，再用电枪紧固螺栓 | 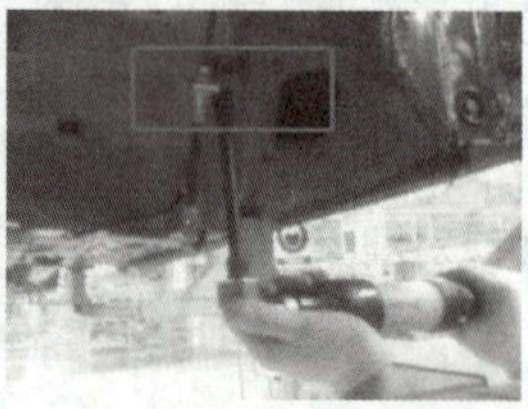 | 电枪把手一定要垂直于六角头法兰面螺母 | 螺栓 |
| MA041 | 安装刹车油管支架 | 用1颗螺栓预紧油管支架，再用电枪紧固螺栓 | 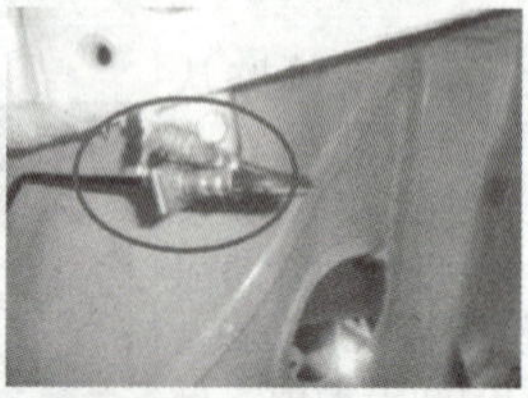 | 螺栓须先预紧再紧固。避免打坏螺栓 | 制动油管支架、螺栓 |
| 2 | 安装密封盖总成 | 找到车身底部工艺孔，安装密封盖总成 | 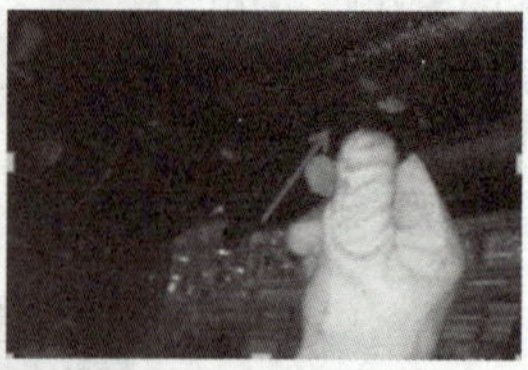 | 不可用力过大，导致密封盖总成进入车身无法取出 | 密封盖 |
| 3 | 安装套管 | 找到车身钣金工艺孔用力将套管按下去，直至与钣金完全贴合 |  | 确保安装到位，无翘边现象 | 套管 |

续表

| 序号 | 操作步骤 | 操作方法 | 操作图示 | 注意事项 | 零件名称 |
|---|---|---|---|---|---|
| 4 | 安装支架—手制动索 | 手握支架—手制动索一端，另一端安装入套管工艺孔 |  | 注意支架—手制动索的安装方向 | 手刹拉索支架 |
| 5 | 安装左侧手制动索总成 | 1.将手制动索总成固定在后桥的固定卡处。2.将手刹拉丝穿入手制动索导管。3.将手制动索总成白色区域固定在支架—手制动索上 | 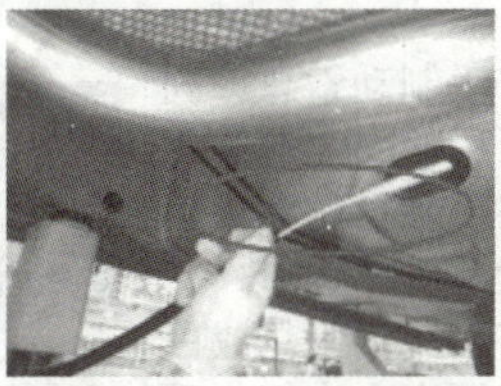 | 不可用力过大，致使后桥上的固定卡损坏 | 手刹拉索 |
| 6 | 紧固制动油管 | 摘除防尘帽后先将制动管路螺母与后桥制动管路开口对齐后再用手进行预紧3～5圈。再用开口扳手紧固 | 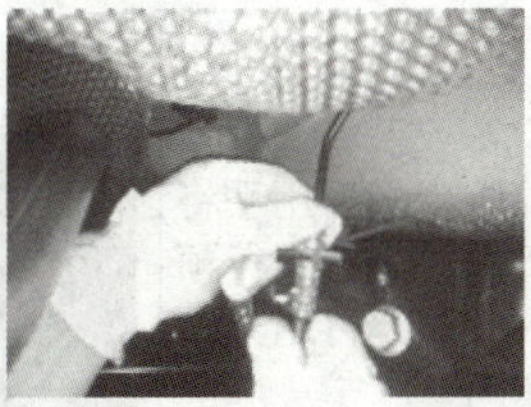 | 制动管路在螺纹连接前必须有防护盖，防护盖只能在即将对管路进行螺纹连接时取下 | |
| MA051 | 安装密封盖总成 | 找到车身底部工艺孔，安装密封盖总成 | 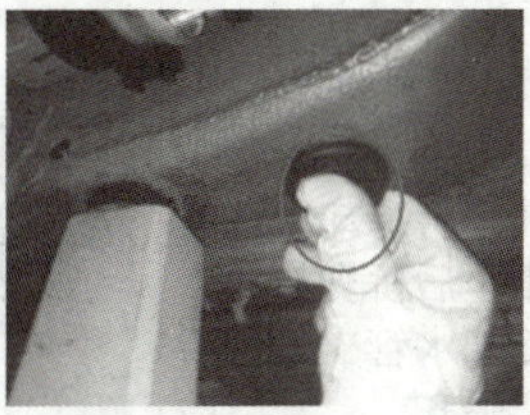 | 不可用力过大，导致密封盖总成进入到车身无法取出 | 密封盖 |
| 2 | 安装套管 | 找到车身钣金工艺孔用力将套管按下去，直至与钣金完全贴合 | 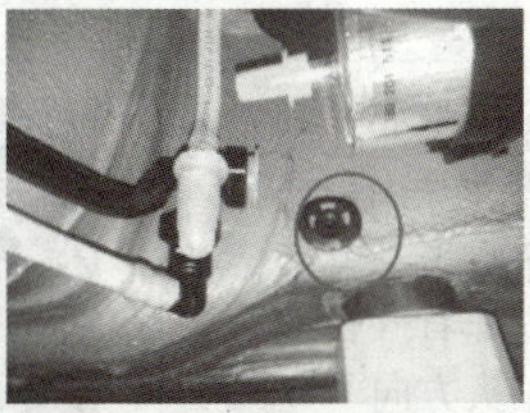 | 确保卡紧到位，无翘边现象 | 套管 |
| 3 | 安装支架—手制动索 | 手握支架—手制动索一端，另一端安装入套管工艺孔 | 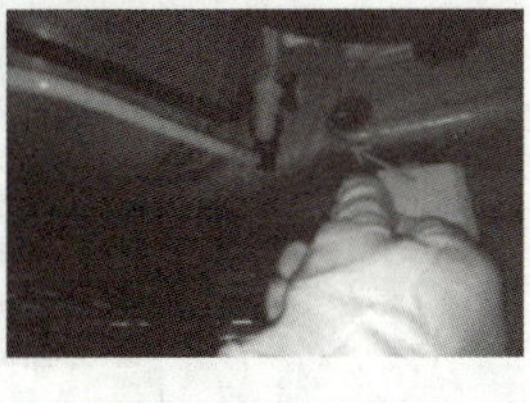 | 注意支架—手制动索的安装方向 | 支架—手制动索 |

续表

| 序号 | 操作步骤 | 操作方法 | 操作图示 | 注意事项 | 零件名称 |
|---|---|---|---|---|---|
| 4 | 连接燃油管 | 摘除燃油回油管总成上的防尘帽，燃油管的黑管与油箱滤清器连接，白管与油箱自带的油管连接，连接后注意检查并调整油管与钣金以及油箱干涉 | 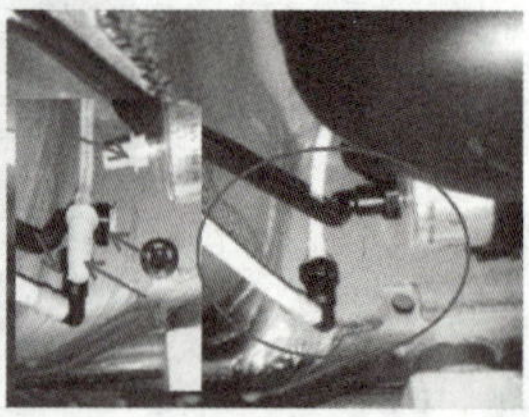 | 1.燃油管路/接头连接须同色安装。<br>2.所有燃油流经的零件在安装前和安装期间必须防污保护 | |
| 5 | 安装右侧手制动索总成 | 1.将手制动索总成固定在后桥的固定卡处。<br>2.将手刹拉丝穿入手制动索总成导管中。<br>3.将手制动索总成白色区域固定在支架—手制动索上 | 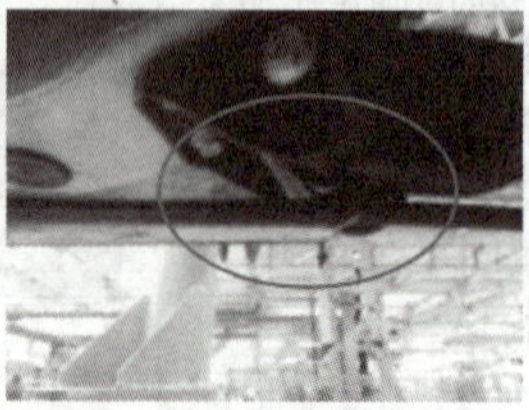 | 注意安装位置不要错了 | 右侧手制动索 |
| 6 | 紧固刹车油管 | 摘除防尘帽后用手将制动管路对齐后进行预紧3～5圈。再用开口扳手紧固 | 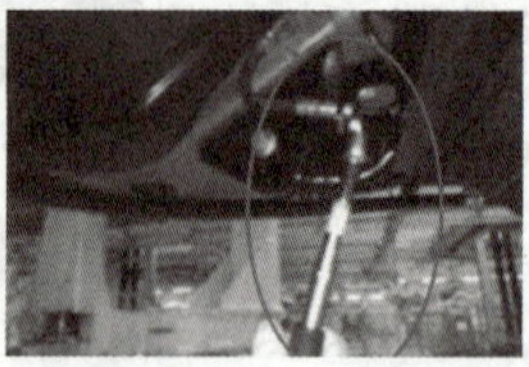 | 1.制动管路在螺纹连接前必须有防护盖。<br>2.前后部制动软管在安装时不得存在扭绞 | |
| 7 | 安装冷却水管支架 | 用辅具将冷却水管支架敲击至后桥支架中，直至冷却水管支架与后桥支架平齐 | 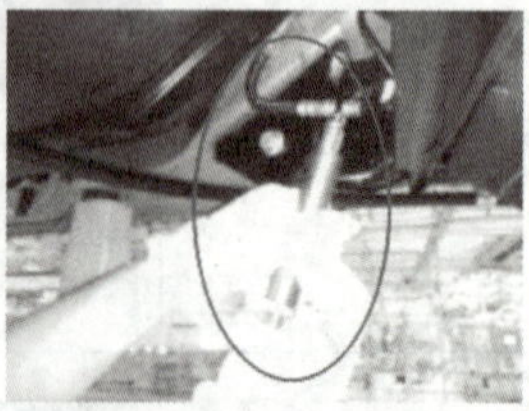 | 冷却水管支架方向不要装反 | 冷却水管支架 |
| MA06<br>1<br>左侧 | 安装支架 | 将支架工艺孔与车身焊柱对齐，用力拧，直至与车身钣金贴齐，并保证支架有开口的一侧朝向车头方向 | 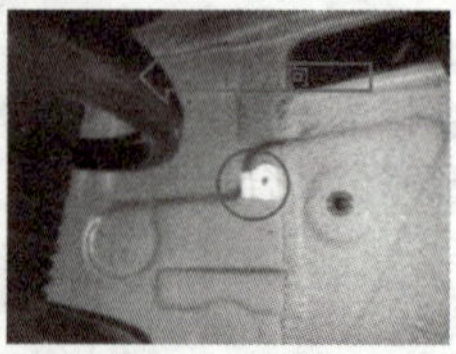 | 确保安装到位，无松动 | 支架 |
| 2 | 固定ABS线束 | 将ABS线束卡在支架的卡槽内 | 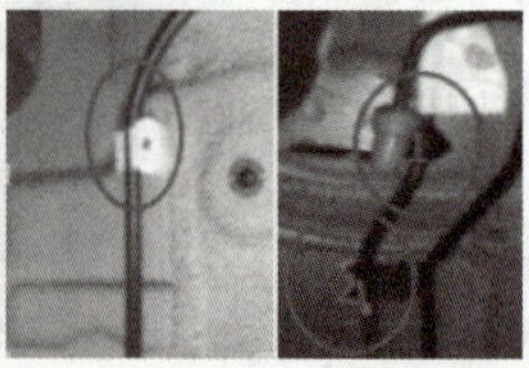 | ABS传感器线束标记位于支架—制动管夹之间 | |

续表

| 序号 | 操作步骤 | 操作方法 | 操作图示 | 注意事项 | 零件名称 |
|---|---|---|---|---|---|
| 3 | 连接 ABS 插头 | 将 ABS 插头连接至刹车盘后方的插座上，装配完成后反向拉伸进行检查，防止插头虚插 | 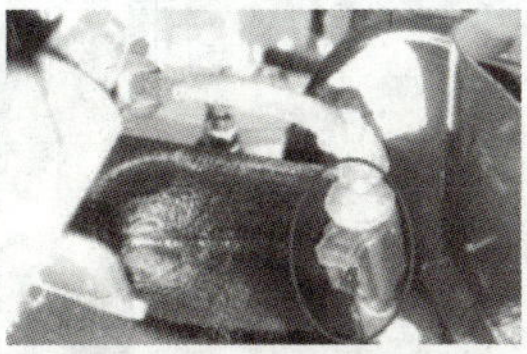 | 确保连接到位，用手来回推拉检查确认 | |
| 4 | 安装支撑弹簧、制动管路螺母 | 将支撑弹簧安装在制动管路螺母上，将制动软管穿过钣金工艺孔，预紧油管，再用开口扳手紧固 | 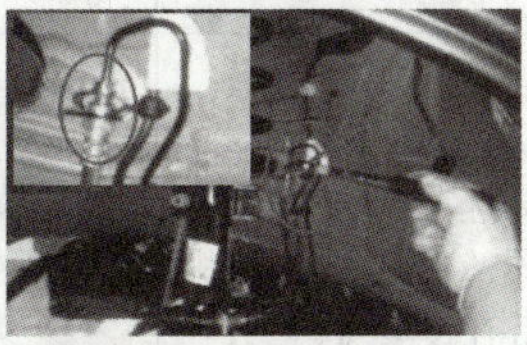 | 制动管路防护盖只能在即将对管路进行螺纹连接时取下 | 支撑弹簧 |
| MA01 1 | 拧紧副车架支架六角头法兰面螺栓 | 拿取左侧 EC 扳手紧固托盘上左右副车架支架支点。拿取右侧 EC 扳手将螺钉放到 EC 扳手的套筒上，小心将套筒对准左侧副车架支架螺栓孔，启动 EC 扳手进行拧紧；方法如上，再将右侧副车架支架螺栓进行紧固 |  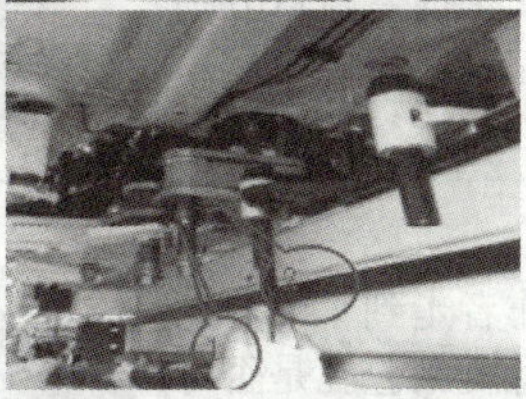 | 注意拧紧时要将螺栓与螺栓孔垂直对正，以免打坏螺栓 | 螺栓 |
| 2 | 拧紧中消六角头法兰面螺栓 | 用左侧 EC 扳手对托盘中消螺栓支点进行紧固 |  | 注意拧紧时要将螺栓与螺栓孔垂直对正，以免打坏螺栓 | 螺栓 |
| 3 | 预紧轴座左侧螺钉（4 个） | 取 4 个轴座螺栓，用手预紧螺栓至右侧车底 | 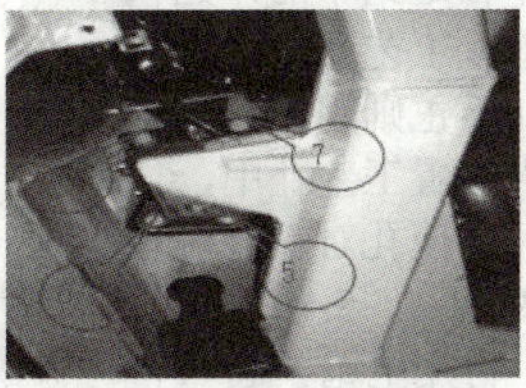 | 预紧前查看轴座与车身螺孔是否对正，有无焊渣 | 螺栓 |
| 4 | 安装车身工艺孔胶堵（8 个） | 在左侧料斗拿取 8 个密封盖，到左侧车底 4 个工艺孔处，依次将工艺孔装配上。行走 2 m 到右侧车底 4 个工艺孔处，将 4 个密封盖依次将工艺孔装配上 |  | 检查胶堵是否完全装配到位，注意不要用力过大将胶堵推进孔内或没把胶堵展平有褶皱 | 密封盖 |

续表

| 序号 | 操作步骤 | 操作方法 | 操作图示 | 注意事项 | 零件名称 |
|---|---|---|---|---|---|
| 5 | 预紧轴座右侧螺钉（4个） | 取4个轴座螺栓，用手预紧螺栓至右侧车底 | 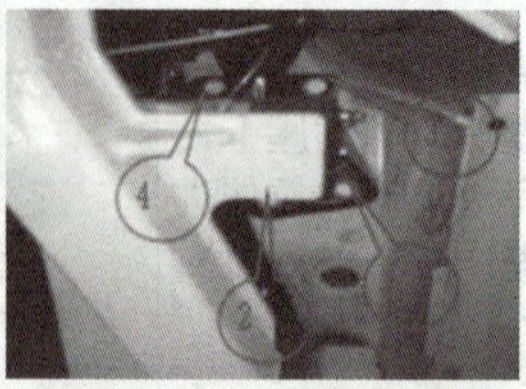 | 预紧前查看轴座与车身螺孔是否对正，有无焊渣 | 螺栓 |
| MA021 | 预紧左右前悬挂螺母 | 让悬挂支点穿过限动杯型环，并把大螺母顺时针带在支点上 | 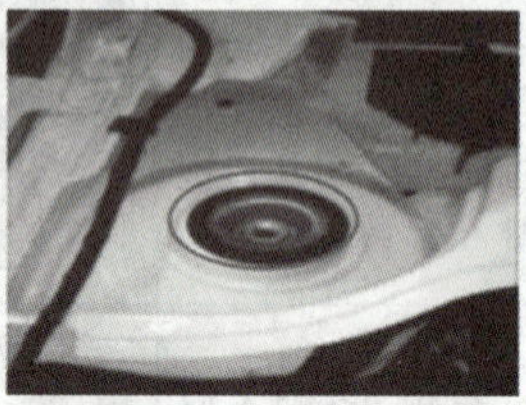 | 带螺母时必须3圈以上 | 夹紧螺母 |
| 2 | 紧固左右前悬挂螺母 | 用前悬挂EC扳手紧固前悬挂大螺母。用2个前悬盖罩分别盖在左右前悬螺母上 |  | 螺母须先预紧再紧固 | 前悬挂盖罩 |
| 3 | 安装发动机悬置螺栓 | 操作者走到车前，先观察悬置工艺孔是否对正，如不正则用螺钉旋具插入悬置工艺孔，左右摇摆使孔对正，右手将螺钉1、2、3号分别预紧。再用电枪紧固 | 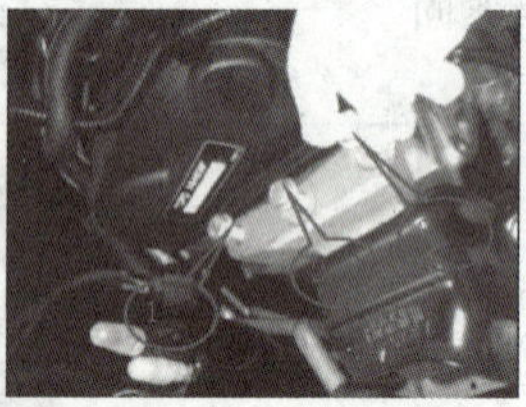 | 带钉前查看悬置与车身螺纹孔是否对正，有无焊渣。因为螺纹孔偏差，螺钉必须要带上3圈以上，不要带歪 | 螺栓、双头螺栓 |
| 4 | 安装变速箱悬置螺栓 | 操作者走到车前，先观察悬置工艺孔是否对正，如不正则用螺钉旋具插入悬置工艺孔中，左右摇摆使孔对正，右手将螺钉4、5号分别带入。再用电枪紧固 | 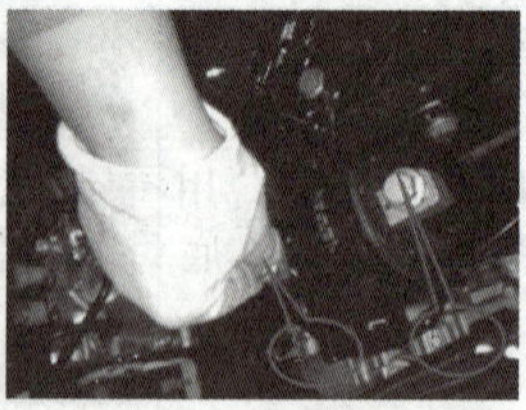 | 查看悬置与车身螺纹孔是否对正，有无焊渣 | 密配螺栓 |
| MA031 | 油箱口紧固 | 拿取电枪，依次紧固1、2号螺栓放回EC扳手，查看显示屏是否合格，确认点漆，放行车辆 |  | 电枪要拿稳，小心碰到车身侧围，点漆时要保证零件与螺栓为一条直线 | 螺栓 |

续表

| 序号 | 操作步骤 | 操作方法 | 操作图示 | 注意事项 | 零件名称 |
|---|---|---|---|---|---|
| 2 | 紧固油箱、吊带螺栓 | 用5颗螺栓预紧油箱，再用电枪紧固油箱吊带的5颗螺栓 |   | 紧固前确保套筒和螺栓贴合完整了才能紧固。避免打坏螺栓 | 螺栓 |
| 3 | 装配碳罐油管 | 操作者行走1 m到车前仓，将碳罐油管装配到发动机上 | 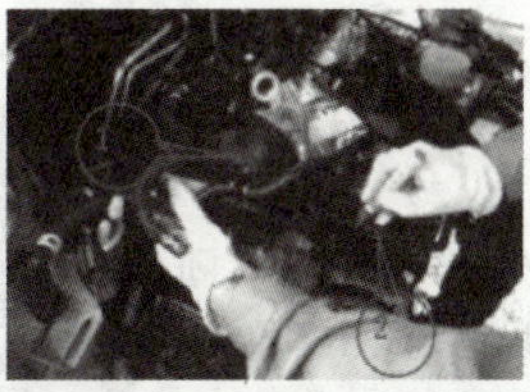 | 注意装配完成后检查碳罐油管下部是否弹开 | 碳罐油管 |
| MA01 | 安装带支架的喇叭总成 | 将带支架的喇叭总成卡在车身纵梁下方卡槽处，用电枪紧固壳体连接螺栓 | 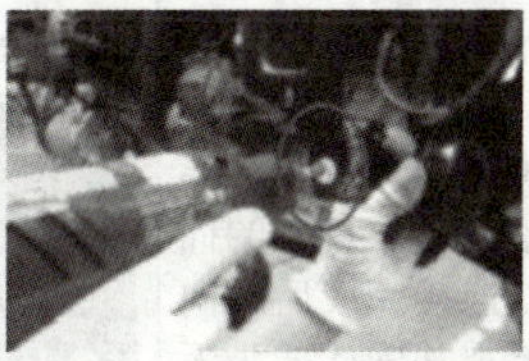 | 螺栓先预紧再紧固 | 喇叭、螺栓 |
| 2 | 紧固控制器 | 将冷风控制器卡在螺柱上后使用电枪将六角法兰面螺母对准焊柱1并进行紧固 |  | 螺母须先预紧再紧固 | 控制器、螺母 |
| 3 | 连接控制器、喇叭插头 | 将控制器插头打开后与控制器接口对齐，用力往上推，并用力推将插头锁死，然后连接喇叭插头 |  | 喇叭插头线束走向不能与喇叭螺钉干涉，搭铁线也不能与喇叭干涉 | |

续表

| 序号 | 操作步骤 | 操作方法 | 操作图示 | 注意事项 | 零件名称 |
|---|---|---|---|---|---|
| 4 | 安装前保险杠两侧导向支架 | 将前保险杠两侧导向支架固定在翼子板上,让焊柱穿过前保险杠两侧导向支架上的工艺孔放翼子板凸缘上 | 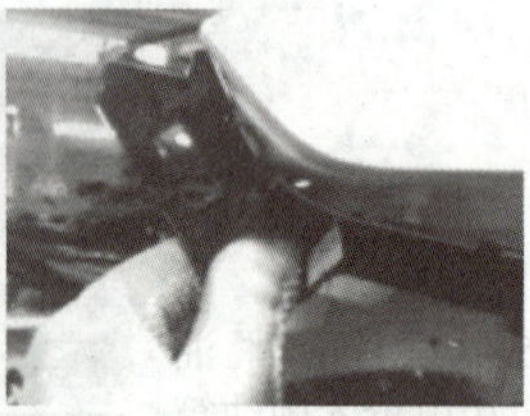 | 将保险杠导向支架与翼子板对齐,将翼子板 Z 轴的筋装在导向支架上 | 保险杠导向支架、螺母 |
| 5 | 紧固六角螺母 | 用电枪将螺母按 1—2—1 的顺序把支架紧固,先将螺母带上几扣,将其推到挡块位置,再拧紧螺母 | 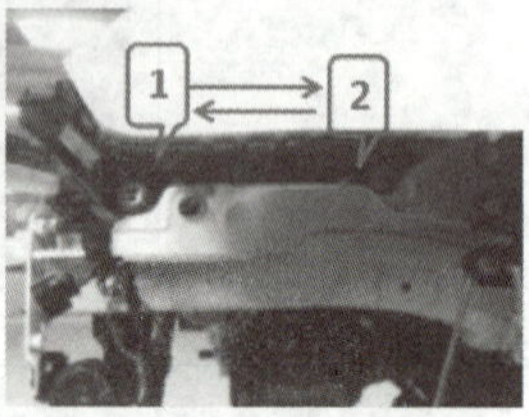 | 螺母须先预紧再紧固 | |
| 6 | 固定左、右后轮 ABS 线束 | 依次将 ABS 线束固定在车身钣金卡处 | 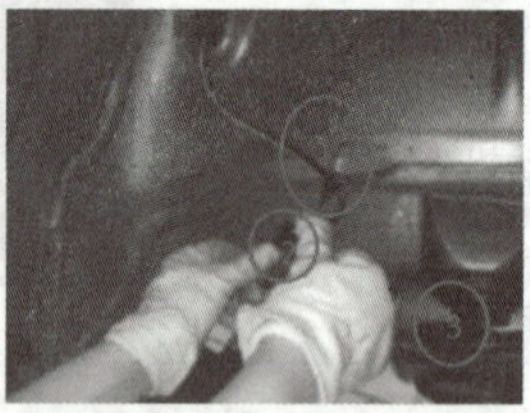 | 不要让 ABS 线束拧劲,白线尽可能处于一条直线 | |
| 7 | 连接 ABS 线束插头 | 将 ABS 线束插头连接至车轮刹车盘后的插口处,连接完成后反向拉伸检查并确认插头无虚插 | 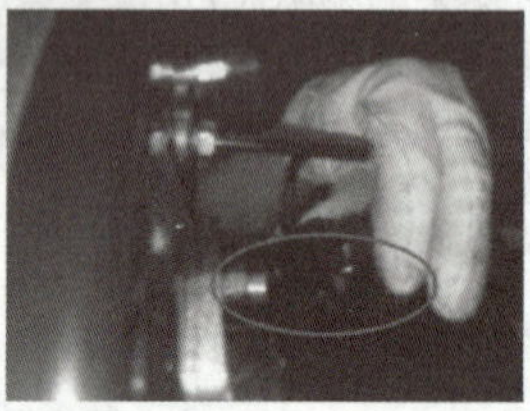 | 注意插头不要虚插 | |
| MA021 | 安装制冷剂管总成 | 取下制冷剂管和低压管上的防尘帽,按照 1—2 的顺序安装制冷剂管与低压管,安装时先将制冷剂管上的定位孔与压缩机上的定位销对正,然后将制冷剂管压入压缩机,安装低压管时安装手法与制冷剂管一样,安装完成之后将制冷剂管放置右纵梁下方 |  | 1.制冷剂管与压缩机应完全结合防止密封圈损坏;<br>2.制冷剂管总成密封圈与定位销不可缺少或损坏 | 制冷剂管总成 |

续表

| 序号 | 操作步骤 | 操作方法 | 操作图示 | 注意事项 | 零件名称 |
|---|---|---|---|---|---|
| 2 | 紧固制冷剂管总成 | 用之前从空气压缩机上面卸下的螺栓将制冷剂管总成按照1—2的顺序预紧，再用力矩进行紧固，并点漆确认 |  | 螺栓先预紧再紧固，避免螺栓打坏 | |
| 3 | 固定后轮ABS线束 | 依次从上至下将ABS线束固定在车身钣金卡处 | 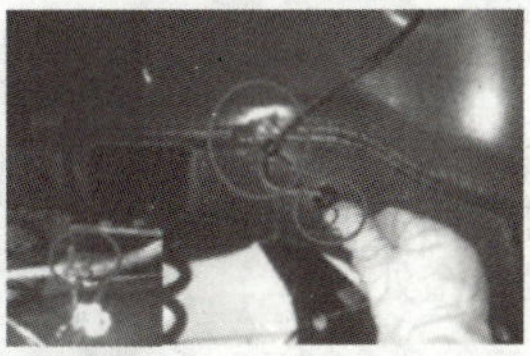 | 不要让ABS线束拧劲，白线尽可能处于一条直线 | |
| 4 | 连接ABS线束插头 | 将ABS线束插头连接至车轮刹车盘后的插口处，连接完成后反向拉伸检查并确认插头无虚插 |  | 用手推拉推插头检查确认插头 | |
| 5 | 紧固左侧底盘护板总成螺栓 | 用9个螺母紧固底盘护板 | 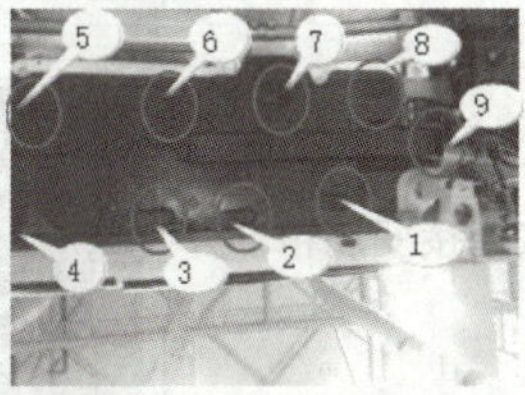 | 底盘护板总成左侧边缘要平整地放在凸出的钣金内侧 | 左侧底盘护板总成、螺母 |
| 6 | 紧固右侧底盘护板总成螺栓 | 用9个螺母紧固底盘护板 | 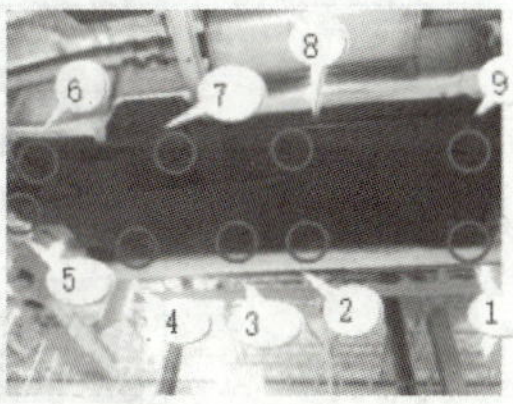 | 底盘护板总成左侧边缘要平整地放在凸出的钣金内侧 | 右侧底盘护板总成、螺母 |
| MA031 | 装配盖板 | 将盖板安装在焊柱上 |  | 安装在紧固六角螺母的焊柱上 | 板 |

续表

| 序号 | 操作步骤 | 操作方法 | 操作图示 | 注意事项 | 零件名称 |
|---|---|---|---|---|---|
| 2 | 整理前舱线束 | 依次将卡扣固定在纵梁钣金孔和焊柱上，并连接发动机对接插头 | 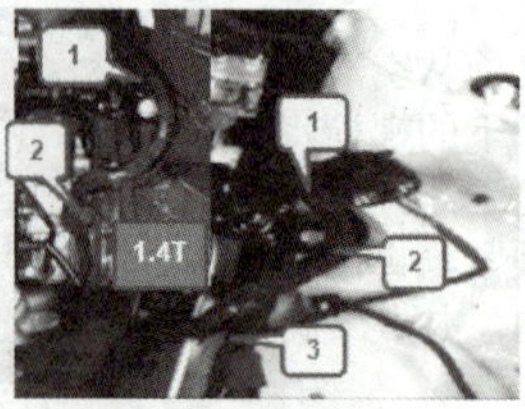 | 发动机线束不能与换挡机构干涉 | |
| 3 | 连接变速箱上方插头及固定变速箱上方插头线束 | 连接变速箱上方插头，并将固定卡卡在悬置一处钣金处 | 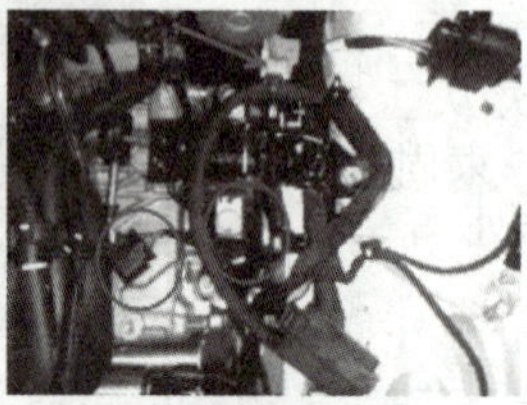 | 插头连接好后，用手推拉推检查确认连接是否到位 | |
| 4 | 连接前舱线束插头 | 依次连接变速箱下方插头，连接发电机绿色插头后并进行检查发电机插头与固定卡座固定状态，确定无松动现象 | 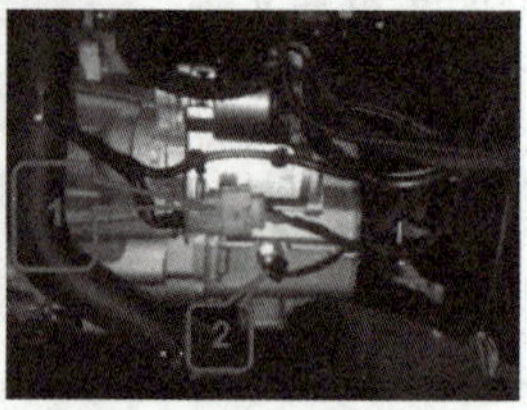 | 插头连接好后，用手推拉推检查确认连接是否到位 | |
| 5 | 连接前舱线束插头 | 依次连接变速箱下方插头 |  | 插头连接好后，用手推拉推检查确认连接是否到位 | |
| 6 | 连接前舱线束插头 | 依次连接变速箱下方插头 |  | 插头连接好后，用手推拉推检查确认连接是否到位 | |
| 7 | 固定正极线束、固定风扇插头线束 | 依次将正极线束固定卡扣开口对准车身焊柱，并用力按下，将风扇线束固定白色扎钉对准冷风控制器工艺孔并用力按下 | 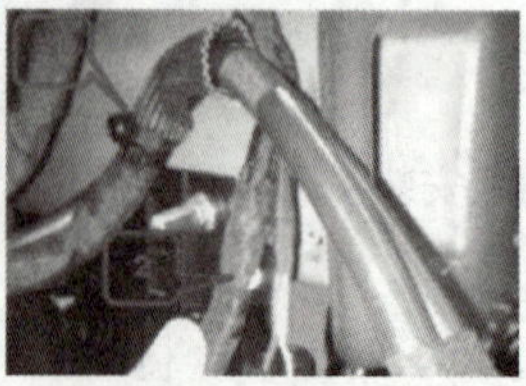 | 插头连接好后，用手推拉推检查确认连接是否到位 | |

续表

| 序号 | 操作步骤 | 操作方法 | 操作图示 | 注意事项 | 零件名称 |
|---|---|---|---|---|---|
| 8 | 固定正极线束、固定风扇插头线束 | 依次将正极线束固定卡扣开口对准车身焊柱，并用力按下，将风扇线束固定白色扎钉对准冷风控制器工艺孔并用力按下 |  | 插头连接好后，用手推拉推检查确认连接是否到位 | |
| 9 | 连接进油管 | 将回油管与变速箱上方回油管接口连接，在连接后注意反向拉下检查回油管有无虚插，并确认弹簧卡卡在固定位置，无翘起现象 |  | 安装前注意检查油管外观是否完好 | |
| 10 | 紧固预装线束 | 使用电枪紧固六角螺母 | 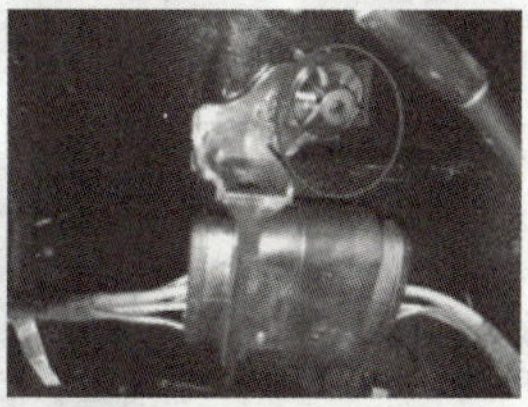 | 紧固时，及时调整好线束的位置 | 螺母 |
| MA041 | 连接油箱插头 | 将插头用力按下，并将红色插头锁锁死 |  | 确保插头连接到位，无虚插现象 | |
| 2 | 用电枪依次紧固3个十字槽平圆头自攻螺钉 | 用电枪依次紧固3个十字槽平圆头自攻螺钉 | 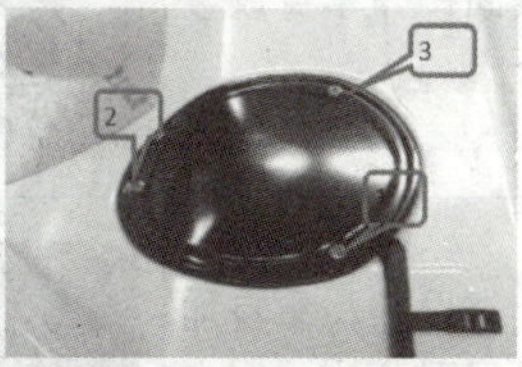 | 确保堵盖边缘与钣金贴合完整，无翘边 | 堵盖、螺钉 |
| 3 | 分装控制器—燃油泵、堵盖 | 先将插头处固定，再将堵盖双面胶上的保护箔撕开，最后将控制器固定到堵盖上 |  | 在安装控制器之前，撕掉双面胶的保护膜 | 燃油泵、堵盖 |
| 4 | 连接插头，安装堵盖 | 将线束从控制器线束下方穿过，连接插头。先将堵盖1处卡入，再将2处卡入，最后将3处卡入 |  | 连接好插头后，来回推拉推检查确认是否连接到位 | |

265

续表

| 序号 | 操作步骤 | 操作方法 | 操作图示 | 注意事项 | 零件名称 |
|---|---|---|---|---|---|
| 5 | 粘贴燃油特性铭牌及轮胎气压铭牌 | 先将辅具固定，然后将燃油特性铭牌紧贴辅具后进行粘贴。将轮胎气压铭牌紧贴辅具进行粘贴 | 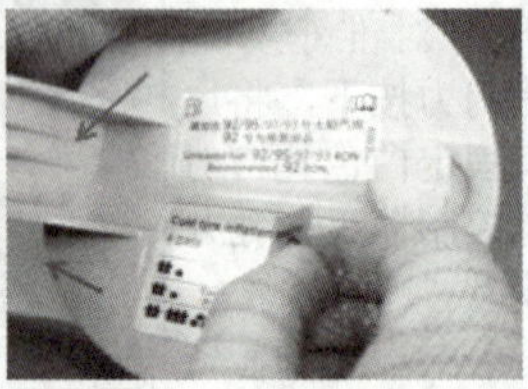 | 燃油特性铭牌在辅具上方，轮胎气压铭牌在辅具下方，在粘贴时保证两者均不能有气泡、褶皱等缺陷 | 轮胎气压铭牌、燃油特性铭牌 |
| 6 | 安装油箱盖 | 将软管穿过油箱口盖工艺孔，并拉至软管末端与油箱口盖底部平齐 |  | 在最终位置，软管凸缘必须明显下沉 | 软管、油箱加注盖 |
| MA051 | 安装油箱口盖 | 将软管放至车身加注口内 | 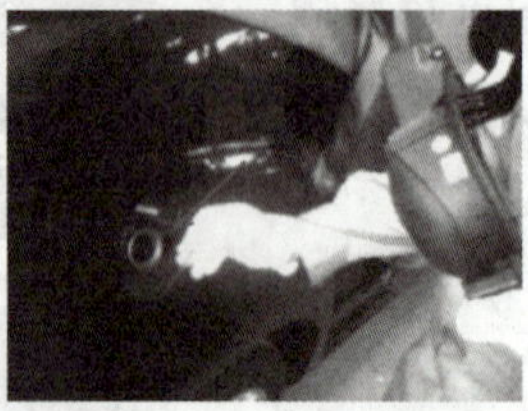 | 确保油箱口盖与钣金贴合完整 | 油箱口盖 |
| 2 | 安装油箱口盖 | 将油箱口盖右端放入加注端口，然后将油箱口盖表面棱与车身钣金棱对齐 | 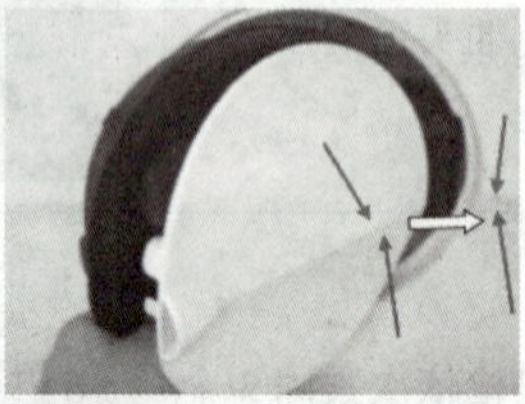 | 注意不要划伤车漆 | 油箱口盖 |
| 3 | 安装油箱口盖 | 将油箱口盖与车身加注油箱口对齐后，用力按下，然后调整油箱口盖内黑色软橡胶开口使油箱加油口完全露出 | 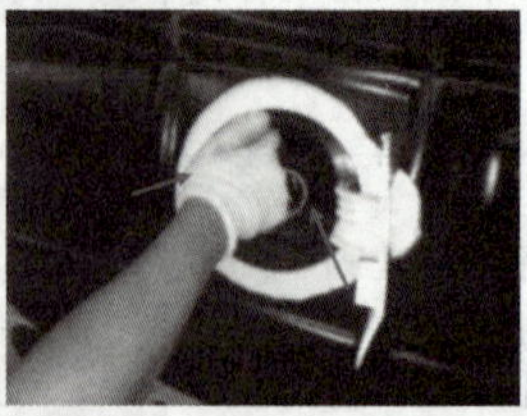 | 注意不要划伤车漆 | |
| 4 | 安装油箱盖锁总成 | 将油箱盖锁对准油箱口后进行旋转，直至听到"咔"声，将油箱盖及锁总成上的固定卡固定于油箱口盖工艺孔上，并用力按下直至固定卡与口盖完全贴平 | 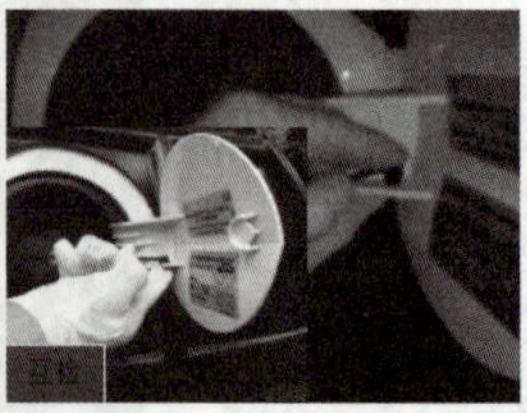 | 确保油箱盖锁安装到位 | 油箱盖锁 |

续表

| 序号 | 操作步骤 | 操作方法 | 操作图示 | 注意事项 | 零件名称 |
| --- | --- | --- | --- | --- | --- |
| 5 | 安装辅助开启开关 | 将辅助开启开关一端有棱的对准口盖工艺孔并按下 | 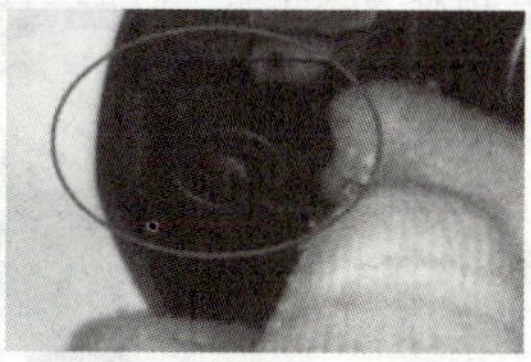 | 确保辅助开启开关安装到位 | 辅助开启开关 |
| MA06 1 | 分装平衡罐总成 | 将密封盖总成分装到平衡罐总成上 |  | 确保安装到位 | 平衡罐、密封盖 |
| 2 | 将平衡罐下方水管固定到支架上 | 整理水管，将平衡罐下方水管固定到支架上 | 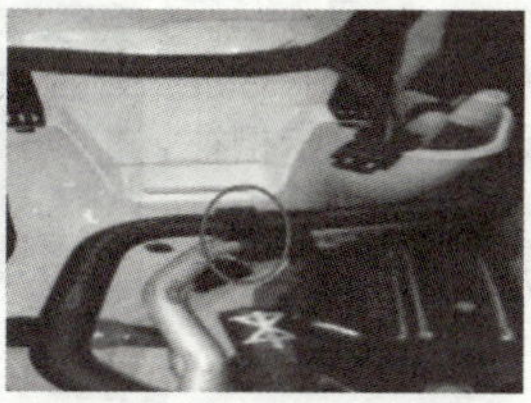 | 确保水管固定卡固定到位，无松动现象 | |
| 3 | 固定及连接黑白燃油管 | 整理黑白燃油管确保白色管路在黑色管路上方，按照1—2顺序依次固定管路，最后按照顺序连接燃油管 |  | 在装配连接管路时才去除保护盖 | |
| 4 | 安装平衡罐总成 | 连接线束插头，用2颗螺栓紧固平衡罐总成至发动机舱。用2个管箍连接平衡罐上2根水管 |  | 连接线束插头时听到"咔"声表示已连接 | 管箍、螺钉 |
| MA07 1 | 连接真空管与真空泵 | 在真空泵泵口喷洒异丙醇，然后将真空管与真空泵泵口连接 |  | 在安装真空管前去除栓塞（防尘帽），连接前必须喷洒异丙醇，起到清洁、润滑作用 | |

续表

| 序号 | 操作步骤 | 操作方法 | 操作图示 | 注意事项 | 零件名称 |
|---|---|---|---|---|---|
| 2 | 紧固油管 | 用手预紧2#油管，然后用定值力矩紧固2#油管；再用手预紧3#油管，然后用定值力矩紧固3#油管，最后调整2#、3#油管，保证2#、3#油管不干涉 |  | 使用定值力矩避免划伤油管 | |
| 3 | 连接电脑板线束插头 | 查看电脑板零件号是否正确。按照1—2顺序对齐线束插头连接，然后扳动锁紧开关 | 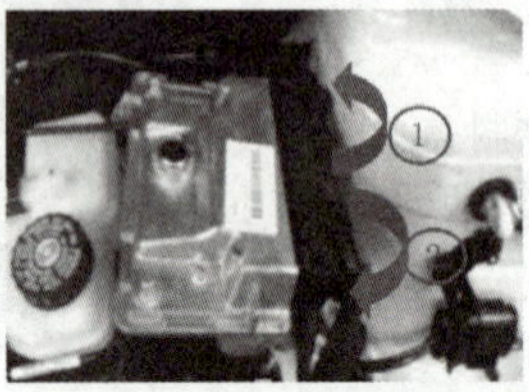 | 保证扳动锁紧开关至最大限度关闭 | 电脑板 |
| 4 | 安装电脑板 | 按照1—2顺序对准电脑板支架下方卡槽往下按，再对准电脑板支架上方卡槽往上推 | 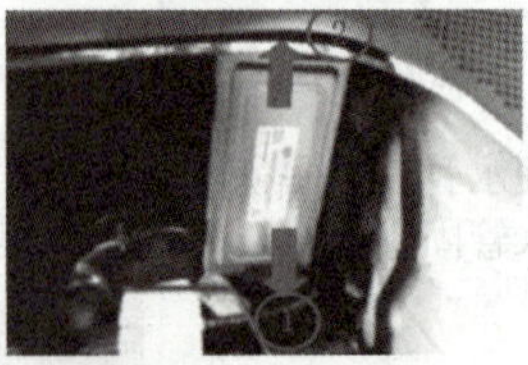 | 用手左右晃动电脑板以保证电脑板固定 | |
| 5 | 安装右侧水室盖 | 将水室盖板R角处放入钣金与风挡之间，再将盖板卡槽卡住钣金，调整水室盖板R角，使其与钣金面贴合，最后将卡条用手拍入风挡卡槽 | 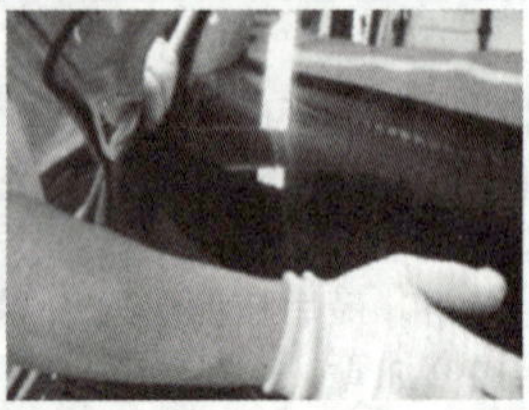 | 检查水室盖零件无划伤、磕伤等缺陷，注意不要划伤右侧翼子板 | 右侧水室盖 |
| 6 | 安装左侧水室盖 | 将水室盖板穿过雨刮电动机柱，再将盖板R角处放入钣金与风挡之间，用盖板卡槽卡住钣金，再调整盖板R角，使其与钣金贴合，最后将卡条用手拍入风挡卡槽 | 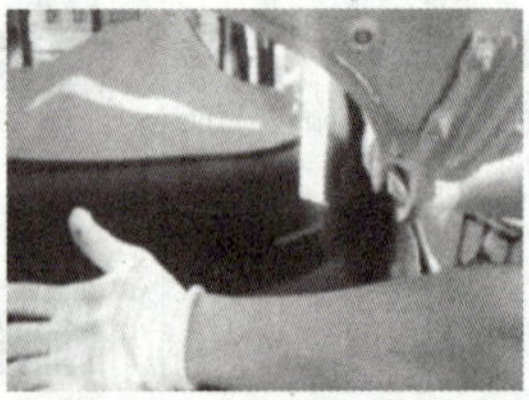 | 检查水室盖零件无划伤、磕伤等缺陷，注意不要划伤左侧翼子板 | 左侧水室盖 |
| MA08 1 | 安装及紧固蓄电池托架 | 将蓄电池托架安装到前舱左侧车身焊柱上，用1颗螺栓、2个螺母预紧。再用电枪按照1—3顺序依次紧固蓄电池托架螺栓、螺母 |  | 螺栓、螺母须先预紧再紧固 | 螺栓、螺母、托架 |

续表

| 序号 | 操作步骤 | 操作方法 | 操作图示 | 注意事项 | 零件名称 |
|---|---|---|---|---|---|
| 2 | 安装及紧固支架-控制器 | 将支架-控制器右侧固定在托架上，左侧用1颗螺栓预紧。再用电枪紧固螺栓 |  | 螺栓须先预紧再紧固。避免损坏螺栓 | 支架—控制器、螺栓 |
| 3 | 安装控制器 | 将控制器安装到支架-控制器上，左右要对称地卡到卡槽内，保证其固定稳固。连接控制器插头 |  | 安装前注意查看零件号，不要装错零件 | 控制器 |
| 4 | 连接及紧固悬置搭铁线 | 将悬置搭铁线与车身焊柱连接，用手预紧螺母（2～3圈），用EC扳手紧固螺母 | 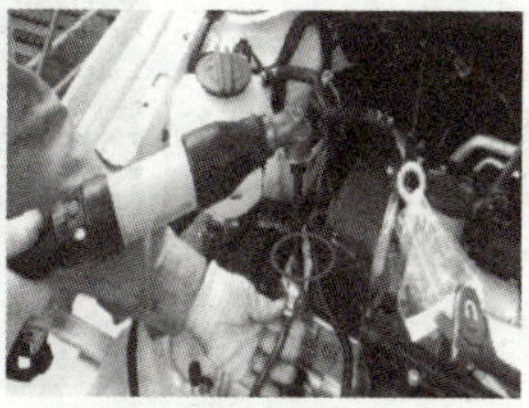 | 搭铁线靠右与正面成30°角，注意搭铁线有铜丝的一面朝上 | 搭铁螺母 |
| 5 | 连接前舱2根空调水管 | 用异丙醇喷洒2根空调水管管口，然后2根空调水管连接至空调装置。用管箍松开工具松开管箍 |  | 注意空调水管的管箍一定要在水管两条白线内，反向拉伸检查确保水管卡到位 | |
| MA09 1 | 查看FIS单 | 行走到车前查看FIS单，确认蓄电池型号 |  | 注意不要将蓄电池零件号看错了 | |
| 2 | 安装蓄电池 | 操作设备慢慢将蓄电池移动到蓄电池托架上方，调整蓄电池方向，使蓄电池落在托架上的正确位置 | 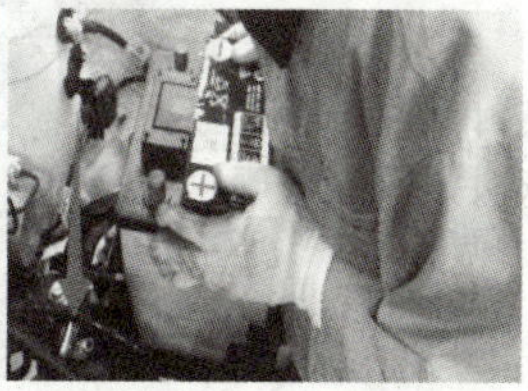 | 不要让蓄电池碰到车身钣金 | 蓄电池 |

续表

| 序号 | 操作步骤 | 操作方法 | 操作图示 | 注意事项 | 零件名称 |
|---|---|---|---|---|---|
| 3 | 装配蓄电池护套 | 将蓄电池护套打开，包裹于蓄电池外侧 | 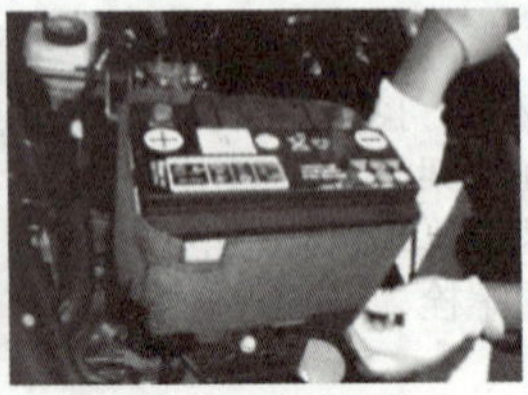 | 蓄电池护套应在蓄电池托架卡子内侧；蓄电池护套表面不可弄脏，弄褶皱 | 蓄电池护套 |
| 4 | 蓄电池压板安装 | 左手手指压住蓄电池压板，用1颗蓄电池压板螺栓垂直于蓄电池压板电枪开始紧固 | 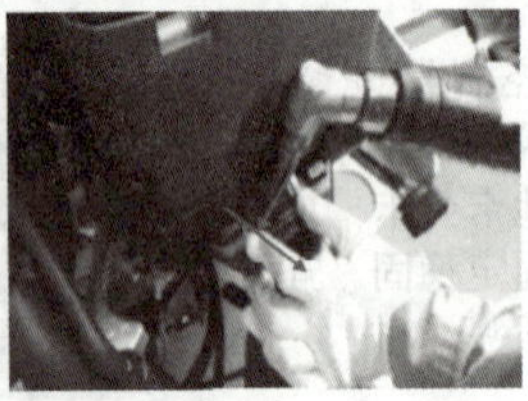 | 蓄电池压板螺栓必须垂直于蓄电池压板 | 蓄电池压板、螺栓 |
| 5 | 安装储液罐总成 | 将储液罐总成对准车身右纵梁焊柱和工艺孔安装 |  | 安装前检查储液罐总成零件质量：储液罐总成有滤网，盖子无变形情况 | 储液罐总成 |
| 6 | 整理线束，固定储液罐总成 | 整理储液罐线束、前照灯线束、雾灯线束，以保证线束不绕线，将固定卡子固定到车身上 | 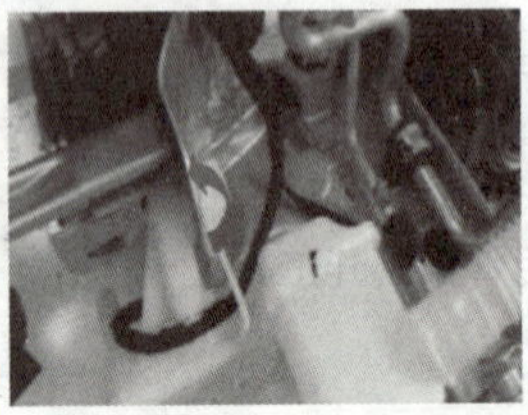 | 整理线束的目的是避免后期操作误将线束压坏 | |
| MA101 | 连接储液罐线束、酒精泵插头，固定波纹管 | 先连接储液罐线束插头，再连接酒精泵插头，最后固定波纹管 | 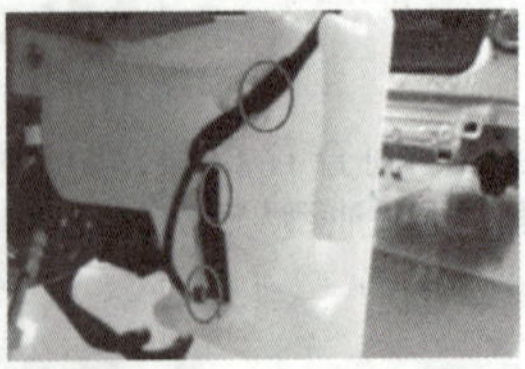 | 插头连接到位后用手来回推拉推检查确认 | |
| 2 | 紧固储液罐总成 | 拿取电枪按照1—2顺序依次紧固储液罐总成2个螺母 |  | 螺母须先预紧再紧固，避免打滑螺纹 | 螺母 |

续表

| 序号 | 操作步骤 | 操作方法 | 操作图示 | 注意事项 | 零件名称 |
|---|---|---|---|---|---|
| 3 | 连接氧传感器插头，固定氧传感器 | 安装1个线卡基座。先连接后排氧传感器插头，再固定后排氧传感器（黑色）；然后连接前排氧传感器插头，再固定前排氧传感器（灰色） |  | 前排氧传感器为黑色、后排氧传感器为灰色，注意捆绑扎带时扎带要扎在线束白线上 | 线卡基座 |
| 4 | 正极线束整理 | 安装1个线卡基座，1个支架。将线束卡在蓄电池托架卡槽处，正极线端子完全套柱极柱，检查端子两条腿不接触 | 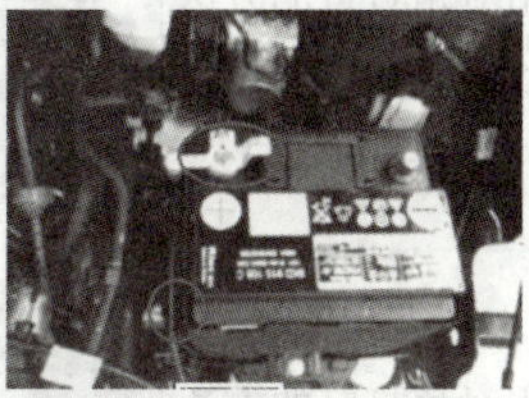 | 装配过程中不允许用橡皮锤进行敲击，如此操作会损坏蓄电池极柱造成漏液 | 线卡基座、支架 |
| 5 | 整理线束 | 将线束卡在蓄电池支架卡槽内 | 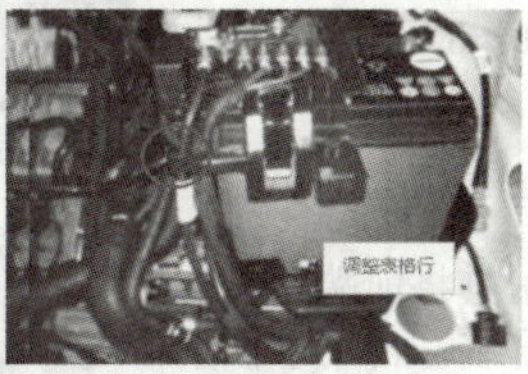 | 确保线束卡子卡紧到位，无松动 | |
| 6 | 整理线束捆绑扎带 | 将线卡基座安装到蓄电池托架上，整理蓄电池极线板线束，捆绑扎带 | 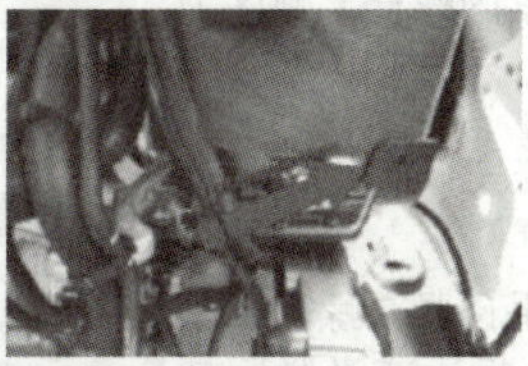 | 扎带收紧后要及时剪掉多余部分 | 扎带 |
| 7 | 紧固螺母 | 用3颗螺母预紧蓄电池极板线束、正极线、搭铁线，然后拿取电枪进行紧固并点漆 |  | 螺母须先预紧再紧固。避免损坏螺纹 | 螺母 |
| 8 | 安装蓄电池极板盖 | 先将极板盖与线板一段卡槽对应，然后分别找到相应的位置，依次用力按压装配 |  | 先将极板盖与线板一段卡槽对应，然后分别找到相应的位置，依次用力按压装配 | 蓄电池极板盖 |

续表

| 序号 | 操作步骤 | 操作方法 | 操作图示 | 注意事项 | 零件名称 |
|---|---|---|---|---|---|
| MA11 1 | 查看装配指令单 | 查看PR号所在位置 | 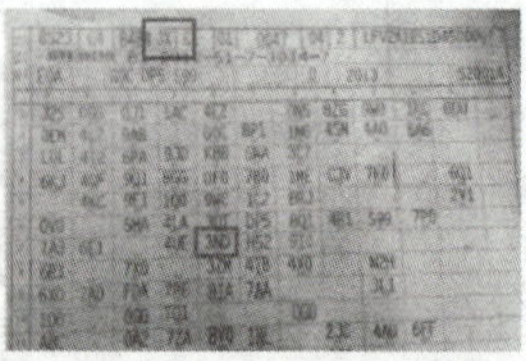 | 注意不要弄错零件号，造成装配错误 | |
| 2 | 安装支架 | 采用对角打钉的方法安装支架顺序为1—6 |  | 注意拉铆前要确保拉铆钉与孔位钣金无间隙，按图示数字顺序进行紧固 | 支架、抽芯铆钉 |
| 3 | 安装支架—中间扶手 | 采用对角打钉的方法安装支架—中间扶手顺序为1—8 |  | 注意拉铆前要确保拉铆钉与孔位钣金无间隙，按图示数字顺序进行紧固 | 支架—中间扶手、抽芯铆钉 |
| 4 | 安装前端总成左侧 | 用吊具将前端总成与车身合装，再用手预紧3螺栓，拿取EC扳手交叉紧固螺栓，顺序为1—3 | 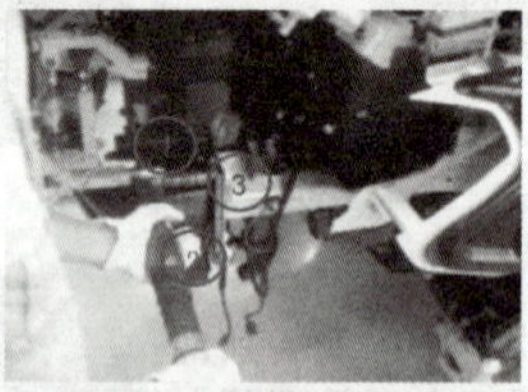 | 必须先用手预紧，避免打滑螺纹 | 螺栓、前端总成 |
| 5 | 安装前端总成右侧 | 用手预紧3螺栓，拿取EC扳手交叉紧固螺栓，顺序为1—3 | 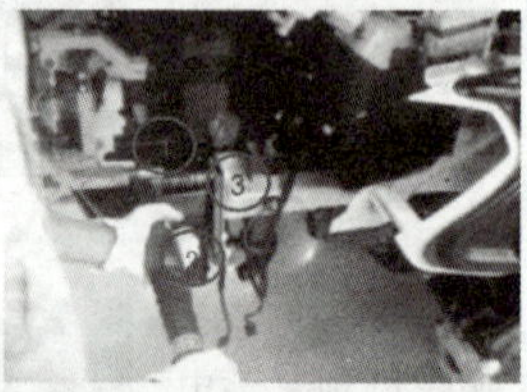 | 必须先用手预紧，避免打滑螺纹 | 螺栓 |
| MA12 1 | 打开点火开关 | 用右手轻轻旋转钥匙门，旋转至点火启动位置 |  | 不要来回旋转点火钥匙，确定钥匙保留在车上 | |
| 2 | 预紧螺栓 | 将壳体连接螺栓插入螺纹孔按顺时针旋转 | 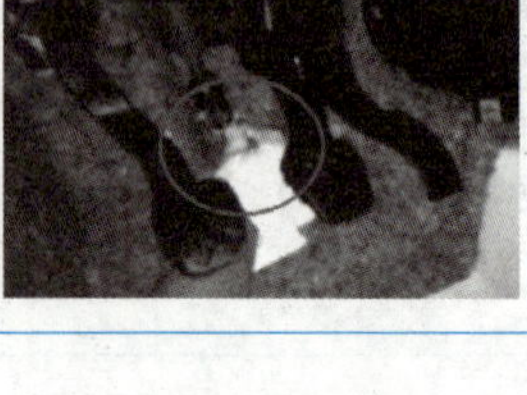 | 按顺时针预紧2～3圈 | 螺栓 |

续表

| 序号 | 操作步骤 | 操作方法 | 操作图示 | 注意事项 | 零件名称 |
|---|---|---|---|---|---|
| 3 | 连接转向柱与横拉杆 | 用手把转向柱上的螺纹孔与转向机连接杆上的缺口对齐，向下按转向柱，使转向机连接杆进入转向柱，完成连接 |  | 转向机连接杆缺口必须与转向柱螺纹孔对齐 | |
| 4 | 紧固螺栓及自检 | 拿取 EC 扳手对转向柱连接点进行紧固，完成以上操作，检查本道工序，点漆确认 | 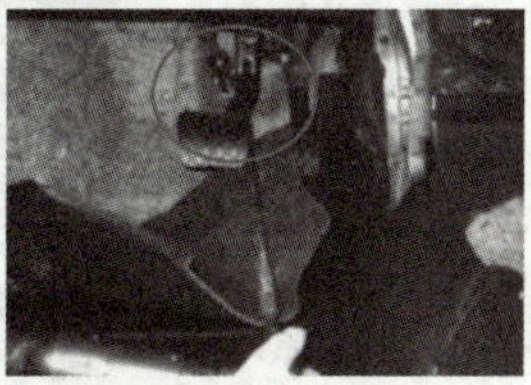 | 紧固完成后设备应显示合格 | |
| 5 | 安装泡沫件 | 将泡沫件左右两侧对准车身孔位插入，然后挤压泡沫件胶条位置 |  | 取下粘条上的保护膜；将坐垫泡沫总成插入白车身，并且沿着带有黏胶的位置挤压 | 泡沫件 |
| MA13 1 左侧 | 紧固左侧大灯支架 | 先预紧1再紧固2之后紧固3再紧固1，顺序为1—2—3—1 |  | 紧固大灯支架时，小心划伤支架 | 大灯支架、螺栓 |
| 2 | 安装拉丝固定座 | 将拉丝连接起来并固定到后后备厢锁支架固定座中。盖上装饰盖 | 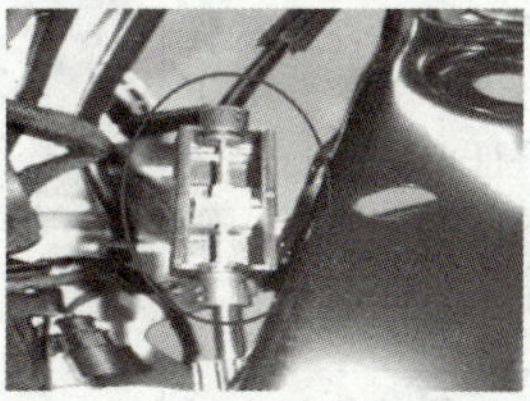 | 注意开口向外 | 装饰盖、固定座 |
| 3 | 查看大灯PR号 | 查看大灯PR号所在位置，拿取相应大灯 |  | 注意不要查看错误，造成零件装配错误 | |

续表

| 序号 | 操作步骤 | 操作方法 | 操作图示 | 注意事项 | 零件名称 |
|---|---|---|---|---|---|
| 4 | 连接大灯插头 | 连接大灯插头 | 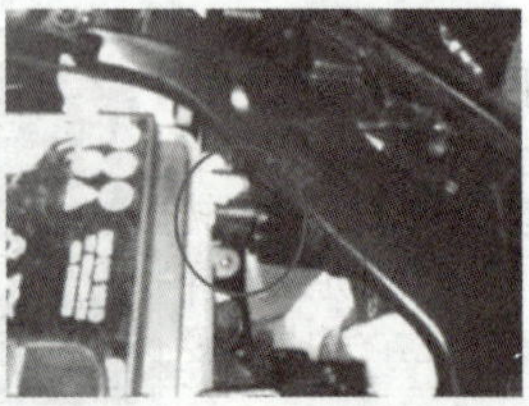 | 注意，拿取大灯时必须检查有3C标识，否则不予装车。确认插头连接到位 | 大灯 |
| 5 | 预紧大灯 | 将大灯上方安放到后备厢锁支架下面，先将后备厢锁上方的螺钉1按入大灯的螺母内，其次预紧下方螺钉2，最后预紧固前方螺钉3 | 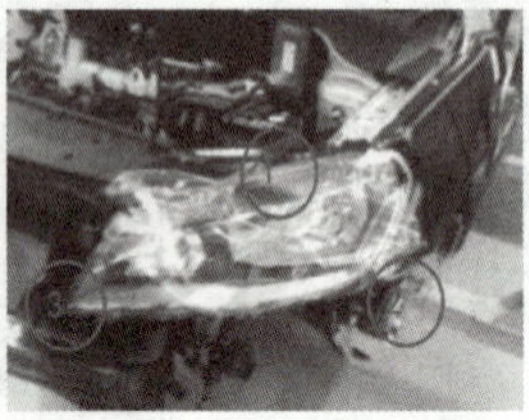 | 一定要按顺序紧固大灯，注意电枪要垂直螺母的切面 | 螺栓 |
| MA15 1 | 安装发动机罩撑杆 | 把发动机罩撑杆的一端插入前端孔，以旋转的方法将支撑杆旋入前端孔，直到完全卡在里面为止，然后用发动机罩撑杆撑起前盖 |  | 将支撑杆插入前端框架的装配孔；将支撑杆插入前端框架；并注意安装后不要反弹出来 | 发动机罩撑杆 |
| 2 | 安装辅具 | 将左右辅具卡在大灯与钣金间隙处 | 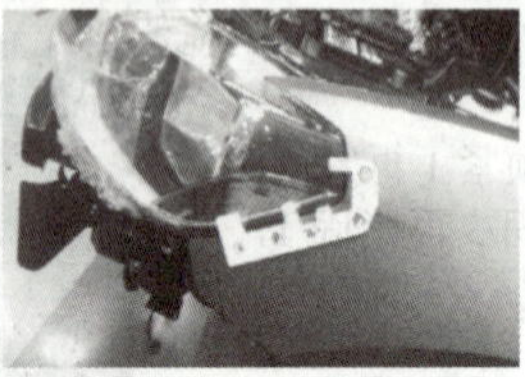 | 安装时注意不要磕伤翼子板 | 辅具 |
| 3 | 调整左前照大灯与翼子板底部间隙平度 | 右手扶住前大灯与翼子板下沿，左手扶住前照大灯与翼子板下沿，保证前照大灯与翼子板底部间隙平度，辅助操作者紧固大灯螺钉 | 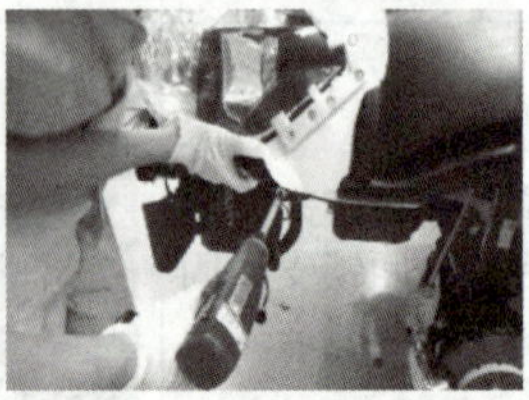 | 前照大灯与翼子板底部间隙为（2.0±0.5）mm | 螺栓 |
| 4 | 调整右前照大灯与翼子板上部间隙平度 | 右手扶住前照大灯与翼子板下沿，左手扶住前照大灯与翼子板下沿，保证前照大灯前侧螺钉的间隙与平度，辅助操作者紧固大灯螺钉 | 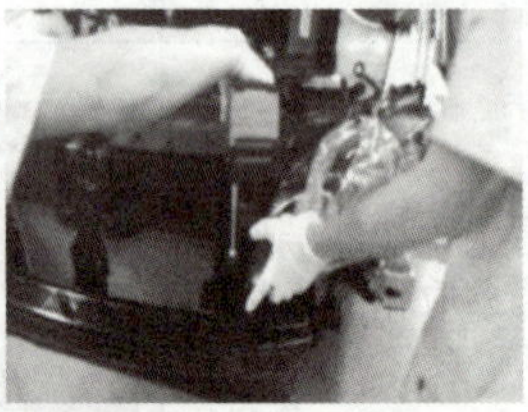 | 前照大灯与翼子板上部间隙为（2.0±0.5）mm | 螺栓 |

续表

| 序号 | 操作步骤 | 操作方法 | 操作图示 | 注意事项 | 零件名称 |
|---|---|---|---|---|---|
| 5 | 调整前照大灯R角处间隙平度 | 右手扶住前照大灯与翼子板下沿,左手扶住前照大灯与翼子板下沿,保证后备厢锁支架上方螺钉所调整大灯R角处间隙平度,辅助操作者紧固打钉 | 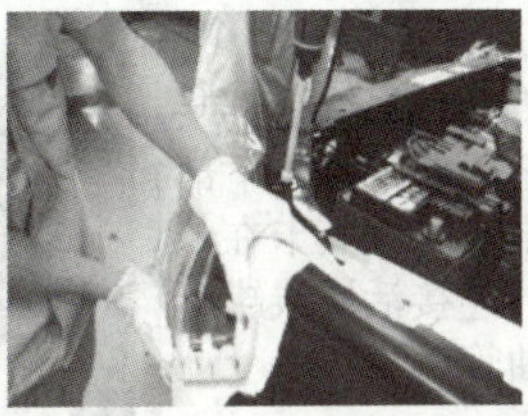 | 前照大灯与翼子板R角处间隙为(2.0±0.5)mm | |
| MA161 | 粘贴前端铭牌 | 将辅具固定在前端上,将空调装置的右上角与辅具贴紧粘在前端上,将组合警示标签左上角与辅具贴紧粘在前端上 | 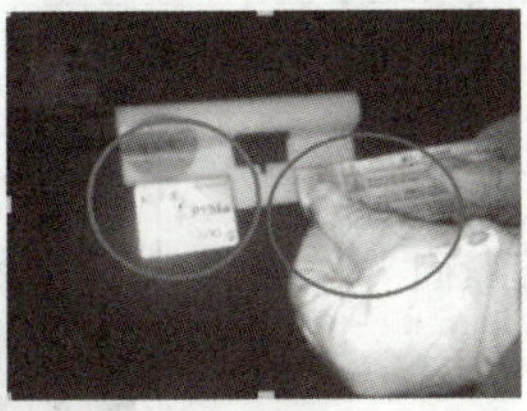 | 空调装置右上角和组合警示标签的左上角要与辅具定位贴紧,不要有气泡 | 空调装置、组合警示标签 |
| 2 | 连接内部温度传感器 | 将内部温度传感器插头插接到前端上 | 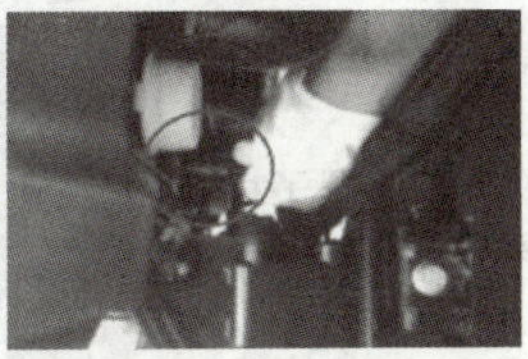 | 检查插头有无损坏;要连接牢固 | |
| 3 | 连接外部温度传感器 | 将外部温度传感器线束卡在车上,然后将外部温度传感器插头插在传感器上 | 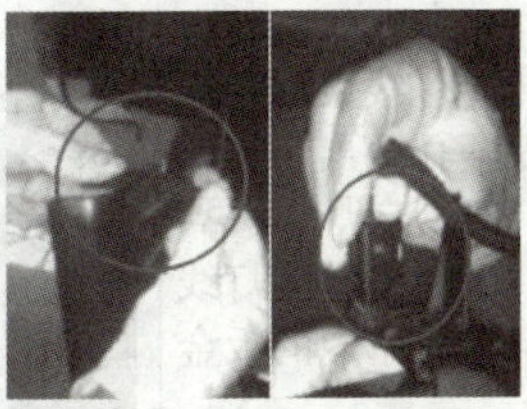 | 传感器插头一定要连接到位;连接后向反方向拉伸检查是否连接牢固 | |
| 4 | 连接上水管 | 用水管夹子夹住水管卡子,用手将水管安装到位,调整好水管卡子位置 |  | 软管定位标记和弹簧带夹锁标记都必须在12点位置 | |
| MA171 | 紧固空调高低压管 | 取下空调管的堵盖,涂抹适量润滑脂至空调管口,将空调管连接至冷凝器。用2颗螺栓预紧,再用电枪紧固 |  | 先紧固空调低压管,再紧固空调高压管 | 螺栓 |

续表

| 序号 | 操作步骤 | 操作方法 | 操作图示 | 注意事项 | 零件名称 |
|---|---|---|---|---|---|
| 2 | 安装活性炭罐总成 | 先将活性炭罐上部装到钣金内侧，再将下部向内推入，使其卡在卡槽内。连接活性炭罐下方的油管 |  | 新鲜空气进气一周；装配时上部先挂入支架，向下推入，下部卡入，左右两侧需同步，对称安装 | 活性炭罐总成 |
| 3 | 安装、紧固固定条 | 将固定条按照1—4的顺序紧固 |  | 首先，将固定条通过圆孔1固定，随后，通过长孔2调整定位并且拧紧 | 固定条总成 |
| 4 | 安装左右侧隔声垫—翼子板 | 将隔声垫—翼子板安装至翼子板与车身内侧 | 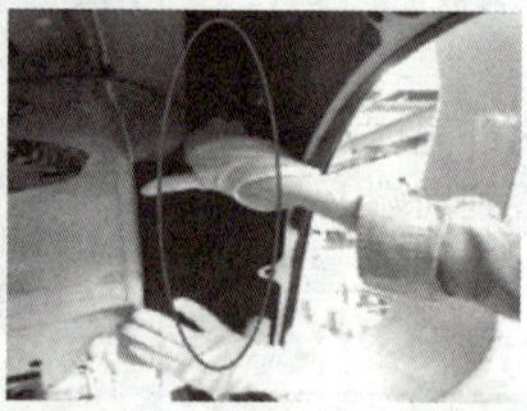 | 一定要与钣金完全贴合，且从外侧看不能有间隙 | 隔声垫—翼子板 |
| 5 | 安装左右侧转向灯 | 将转向灯线束从翼子板上钣金孔穿出，连接插头，将转向灯卡进翼子板。最后将转向灯线束固定在轮罩内的钣金上 | 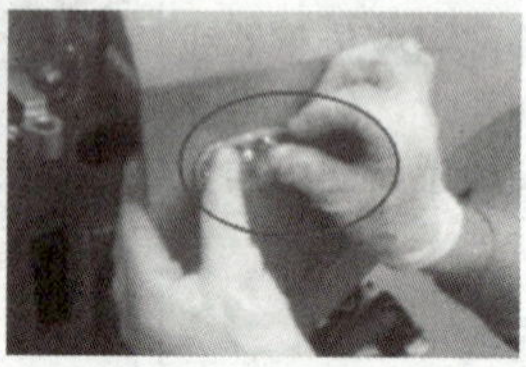 | 检查CCC标签，缺失、破损的不可装车；转向灯与钣金无间隙，未夹异物 | 侧转向灯 |
| MA18 1 | 安装地毯隔声垫 | 与右侧操作者配合将地毯隔声垫按车内地板形状平整地铺到车内地板上，拽出吹脚风道口 | 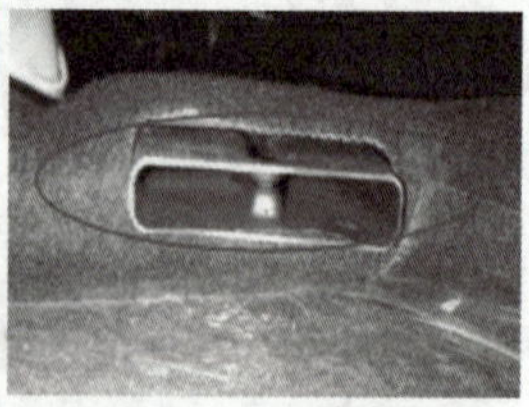 | 地毯隔声垫要塞进中通道仪表，不要遮挡簧片螺母 | 隔声垫 |
| 2 | 安装地毯及地毯卡紧螺母 | 平铺地毯至油门及刹车踏板的下方，拿取地毯卡紧螺母对准车身焊柱按下，将地毯下方开口处安装到螺柱上 | 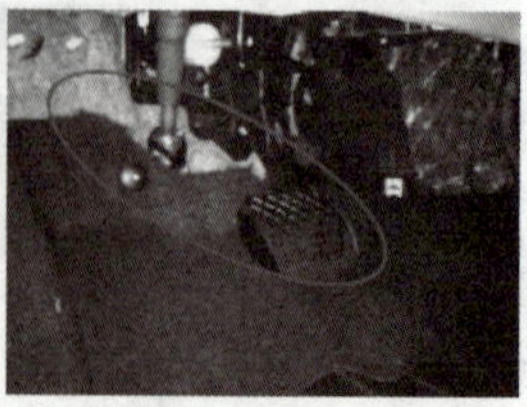 | 地毯要塞进中通道仪表，不要遮挡簧片螺母，检查地毯无褶皱 | 地毯隔声垫 |

续表

| 序号 | 操作步骤 | 操作方法 | 操作图示 | 注意事项 | 零件名称 |
|---|---|---|---|---|---|
| 3 | 安装隔声垫—翼子板 | 对准翼子板中间，先将隔声垫一边卡在翼子板里，然后将另一端卡在翼子板下端 | 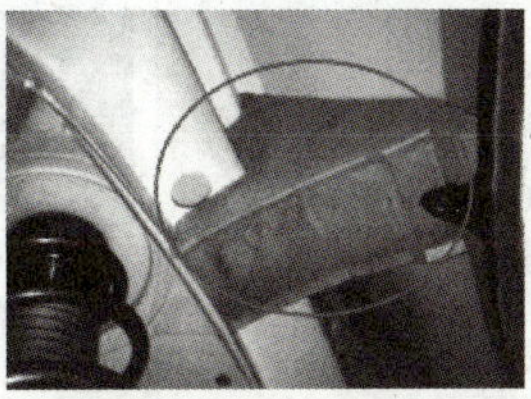 | 一定要与钣金完全贴合，要与工艺孔相切 | 卡紧螺母—前防护罩 |
| 4 | 安装前盖缓冲器 | 将4个前盖缓冲器顺时针旋转，安装到定位孔之中 | 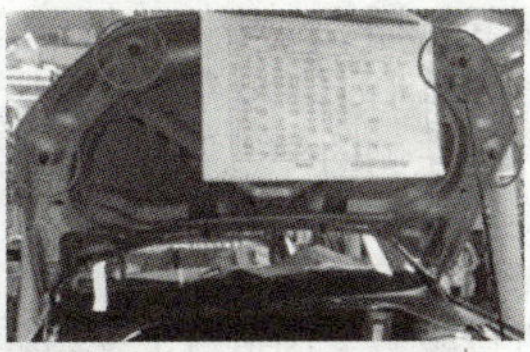 | 确保缓冲器安装到位，无松动现象 | 可调式橡胶缓冲器 |
| 5 | 连接下冷却水管 | 将水管的2个管箍套进水管头，在管口涂抹润滑脂。安装水管至空调装置接头。用钳子松开2个管箍，紧固水管 | 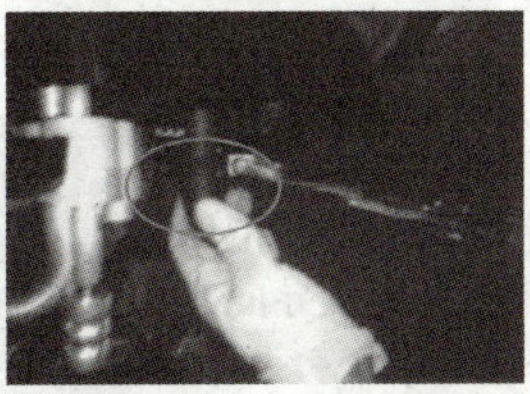 | 紧固管箍时，确保管箍紧固在水管的两根白线范围内 | 下冷却水管 |
| MA19 1 | 紧固左侧后杠导向支架 | 把左侧后杠导向支架6个固定孔与嵌装螺母对齐，用蓄电池扳手按照顺序紧固螺钉 | 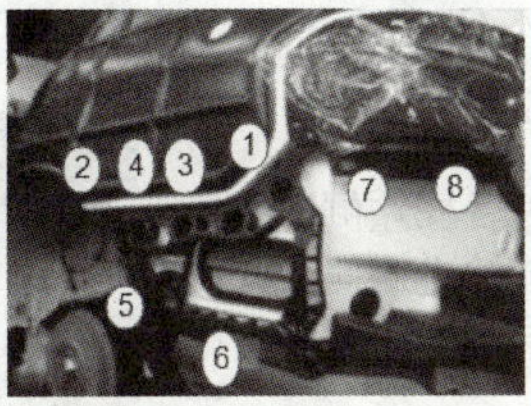 | 支架与钣金缝隙不要过大，否则影响后杠匹配。按照1—6的顺序紧固螺钉，严格按照此顺序紧固 | 左侧后杠导向支架、后杠导向支架、螺钉 |
| 2 | 紧固右侧后杠导向支架 | 把右侧后杠导向支架6个固定孔与嵌装螺母对齐，用蓄电池扳手按照顺序紧固螺钉 | 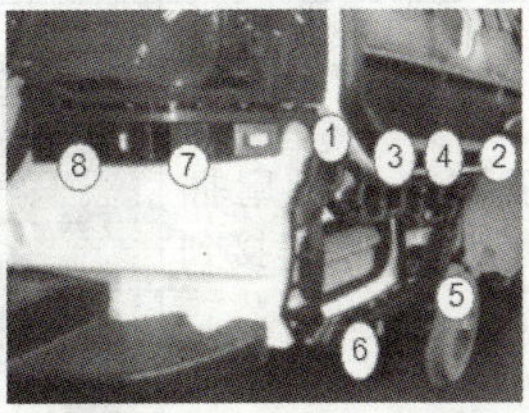 | 支架与钣金缝隙不要过大，否则影响后杠匹配。按照1—6的顺序紧固螺钉 | 右侧后杠导向支架、后杠导向支架、螺钉 |
| 3 | 查看FIS单 | 查看PR号，确认保险杠型号 | 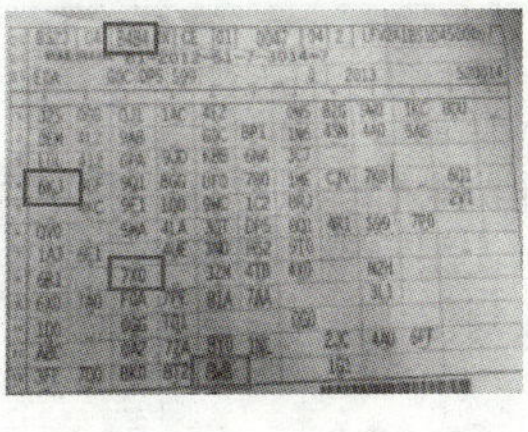 | 前杠雾灯，8WA无前雾灯，8WB有前雾灯；后杠PR号 | |

续表

| 序号 | 操作步骤 | 操作方法 | 操作图示 | 注意事项 | 零件名称 |
|---|---|---|---|---|---|
| 4 | 检查前保险杠 | 两人配合取保险杠，检查CCC标识，查看表面质量 |  | 检查CCC标签完整，前杠表面无划伤、脏点、露漆等表面缺陷 | 前保险杠总成 |
| 5 | 安装前保险杠 | 连接雾灯插头，将保险杠装配到前端框架上，对准左侧的导轨及格栅将保险杠拍击到导轨中。用2颗内多齿半圆头自攻螺钉紧固进气格栅 |  | 1. 前杠与翼子板间隙标准为（0.5±0.5）mm。<br>2. 平度标准为（-0.5±0.5）mm | 自攻螺钉 |
| 6 | 安装后保险杠 | 拍进后杠后端，把后保险杠拍进后杠导向支架的卡槽里 | 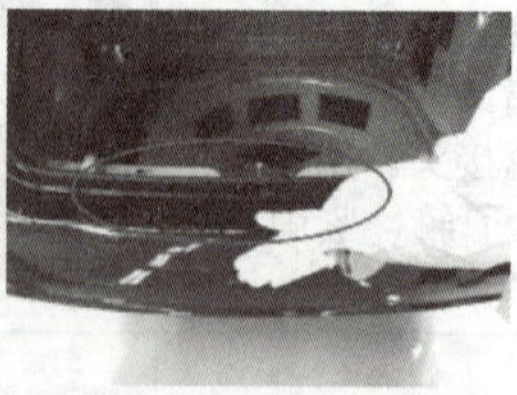 | 卡进卡槽后，后杠表面不能有凹凸现象 | 后保险杠 |
| 7 | 安装后保险杠 | 拍进后杠左侧，把后保险杠拍进左侧导向支架的卡槽里 |  | 1. 后杠与侧围间隙标准为（0.5±0.5）mm。<br>2. 平度标准为（-0.5±0.5）mm | |
| MA201 | 连接风扇插头 | 连接散热器风扇插头，将风扇插头连接到位 | 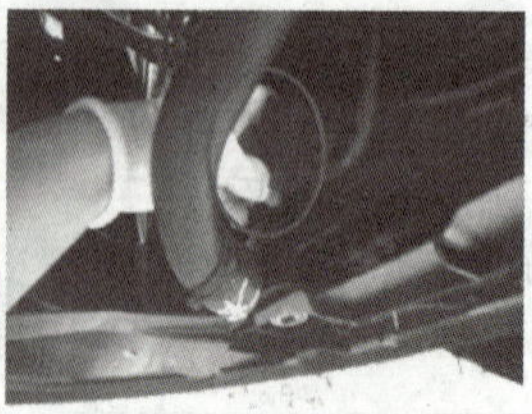 | 插头不要虚插，连接后要反方向拉伸插头确保连接牢固 | |
| 2 | 连接下水管 | 在水管管口喷涂润滑脂，连接水管至散热器接口。使用水管钳将水管连接到位 | 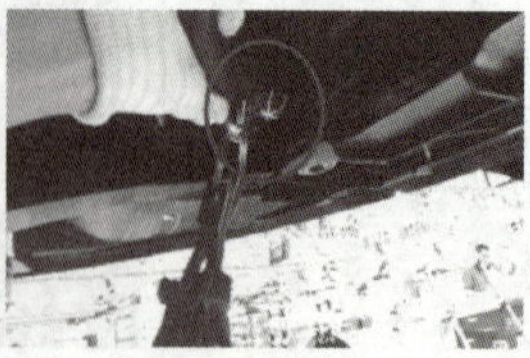 | 水管不要夹歪，两侧保持水平 | |

续表

| 序号 | 操作步骤 | 操作方法 | 操作图示 | 注意事项 | 零件名称 |
|---|---|---|---|---|---|
| 3 | 安装底护板 | 将底护板前端卡片与前端底部卡对准，稍用力推底护板，使其相啮合。用6颗螺钉紧固 | | 安装时确保护板各个卡扣卡接到位，无露出现象 | 底护板、自攻螺钉 |

## 二、底盘区域装调实训练习

学生按班组划分，班组长给每位成员分配两个工位进行操作，各位成员互相监督操作（有些工位是在实际的生产车间才能实现的，所以分配岗位时注意规避）。

要求：

（1）正确穿戴劳保用品。

（2）严格执行工位工艺操作标准。

（3）遵守生产现场管理秩序。能正确回答操作流程中的注意事项、安全事项。

将底盘区域装调的工艺流程和注意事项填入表10-2。

表10-2 底盘区域装调的工艺流程和注意事项

| 姓名 | | 工位 | |
|---|---|---|---|
| 是否正确穿戴劳保用品？ | | | |
| 工艺流程 | 结果 | 注意事项 | 结果 |
| | | | |
| | | | |
| | | | |
| | | | |
| | | | |

单元测试

一、选择题

1. 装配的零部件必须保证没有毛刺、铁屑、锈蚀和锐角。这种说法（　　）。

　　A. 正确　　　　　　B. 不正确　　　　　　C. 没什么影响

2. 隔声棉的主要作用是（    ）。
   A. 隔绝噪声          B. 防止车身与管路发生摩擦   C. 以上都正确
3. 装车的各种管路，装配时还应该（    ）。
   A. 过孔处安装保护套保护
   B. 保证各管理表面清洁
   C. 各管路型号正确无误
4. 安装线束时应与热源保持（    ）距离。
   A. <40 mm          B. >40 mm          C. <35 mm
5. 拧紧螺栓的正确操作为（    ）。
   A. 直接拧紧螺栓
   B. 随意拧紧
   C. 先预紧一颗，再拧紧第二颗，在拧紧第一颗
6. 在生产安全上，如果吊装重物突然掉落，正确处理方法为（    ）。
   A. 及时上去扶住     B. 及时避让          C. 原地不动
7. 在前轮定位中，转向轻便主要是靠（    ）。
   A. 前轮内倾         B. 主销后倾          C. 主销前倾
8. 越野车的越野性能主要是在传动系统中增加了（    ）。
   A. 分动器           B. 差速器            C. 万向节
9. 下列不属于转向机构的是（    ）。
   A. 转向盘           B. 传动轴            C. 转向轴
10. 车间管理中，当叉车在作业时，应与叉车保持（    ）距离。
    A. 1 m             B. 2 m               C. 3 m
11. 提高汽车行驶安全的前轮定位参数是（    ）。
    A. 前轮外倾         B. 主销后倾          C. 主销前倾
12. 汽车的装配体是（    ）。
    A. 车身             B. 发动机            C. 车架
13. 尺寸精度包括（    ）。
    A. 距离精度         B. 配合精度          C. 两种都是
14. 以下属于安全件的零件是（    ）。
    A. 制动管           B. 仪表台            C. 螺栓
15. 螺栓规格 M8×1.25，1.25代表的意思是（    ）。
    A. 强度             B. 质量              C. 螺距
16. 拧紧螺栓前，如果不提前预拧紧螺栓，（    ）。
    A. 不会有什么影响    B. 工作效率提高了     C. 螺栓会打歪
17. 装配的生产组织形式有移动形式装配和（    ）。
    A. 固定式装配        B. 旋转式装配        C. 连接式装配

## 综合训练题

1. 在图10-21空白处填写前悬、后悬各个零部件的名称。

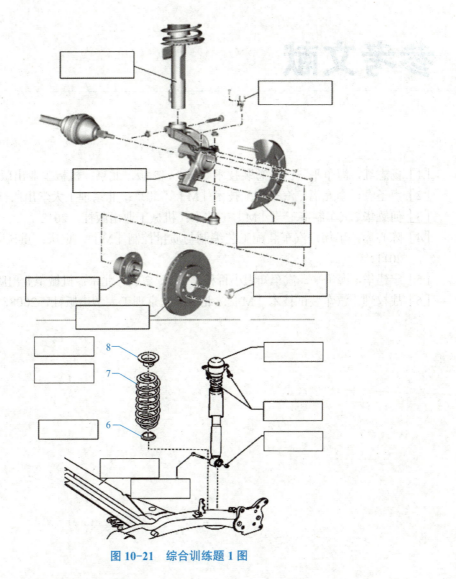

图 10-21　综合训练题 1 图

2. 请描述动力总成在吊装作业时的注意事项。
3. 请说明汽车底盘装调工艺流程。

# 参考文献

[1] 杨志红,海争平. 汽车总装技术 [M]. 2版. 北京:机械工业出版社,2019.
[2] 卢圣春,李元福. 汽车装配技术 [M]. 北京:北京理工大学出版社,2013.
[3] 何耀华. 汽车制造工艺 [M]. 北京:机械工业出版社,2012.
[4] 陈心赤,丁伟. 汽车装配工艺编制与质量控制 [M]. 重庆:重庆大学出版社,2011.
[5] 宁建华,海争平. 汽车知识小百科 [M]. 2版. 北京:机械工业出版社,2013.
[6] 战权理. 汽车装试技术 [M]. 北京:北京理工大学出版社,2008.